Schamaiten
Schalauen
Nadrauen
Sudauen
Litauen
Gr.
Barten
Kl.
Wons-
dorf
Meru-
niske
alinden
Silva
Raduka
sovien
Minge
Jura
Gilge
Memel
Schwentė
Scheschuppe
Laukne
Ossa
Inster
Deime
Angerapp
Pissa
Goldap
Wisztyter-
See
Nordenburger
See
Löwentin-
See
Spirding-
See
Raygrod-
See
Lyck
Bober
Wissa
Narew
Wisna
Grodno
Niemen
Swislock
Mereczanka
Bug
1343
1422
Entwurf: Harmjanz

GEORG HERMANOWSKI

OSTPREUSSEN-WEGWEISER

durch ein unvergessenes Land

Mit Federzeichnungen von
Johannes Hinz

ADAM KRAFT VERLAG

Titelbild: Bernsteinkogge (Foto: Hans Georg Kuhlenkamp) mit freundlicher Genehmigung der PREUSSAG Hannover

Karte im Nachsatz: Ernst R. Döring

BILDNACHWEIS: Döring (4); Hinz (157); Podehl (10); alte Vorlagen (283).

CIP-Kurztitelaufnahme der Deutschen Bibliothek

Hermanowski, Georg:
Ostpreußen-Wegweiser durch ein unvergessenes Land / Georg Hermanowski.
Mit Federzeichnungen von Johannes Hinz. – Mannheim: Kraft, 1983.
(Wegweiser-Reihe; 1)
ISBN 3-8083-1190-8

NE: GT

ISBN 3-8083-1190-8

ADAM KRAFT VERLAG GmbH & Co. KG Mannheim
Satz: Georg Aug. Walter's Druckerei GmbH Eltville am Rhein
Druck: Heidelberger Reprographie A. Grosch GmbH Eppelheim
Einband: Klambt-Druck GmbH Speyer

OSTPREUSSEN LEBT

Der Mensch ist von Natur aus vergeßlich, selbst wenn es um die höchsten Werte geht, zu denen ja die Heimat zählt. Für uns jedoch muß Ostpreußen Wirklichkeit bleiben; nur so lebt es in unseren Herzen fort. In einer Zeit, da Geschichte oft klein geschrieben wird, gilt es, das Geschichtsbewußtsein zu stärken. „Die Örtlichkeit", sagte einst Helmuth Graf von Moltke, „ist das von einer längst vergangenen Begebenheit übrig gebliebene Stück Wirklichkeit." Grenzen wandeln sich ständig.

Ostpreußens Städte und Dörfer, seine Wälder und Seen, Höhen und Täler, Flüsse und Kanäle, die Haffe und Nehrungen, das Oberland und die Niederung, das Ermland und Natangen, Masuren und das Samland aber bleiben. Viele Werte fielen dem Zahn der Zeit zum Opfer: Burgen und Kirchen wurden gebaut und verfielen. Neue Schlösser und Kirchen entstanden, die das Antlitz des Landes mitprägten, die jenen Zusammenklang zwischen Vergangenheit und Gegenwart schufen, dem wir allerorts begegnen. Ostpreußen zu Wasser und zu Lande, auf der Schiene und Straße neu zu entdecken, will dieses Buch helfen.

Oft mußten wir auf Quellen zurückgreifen, die ihre eigene Sprache sprechen. „Die Zahlenangaben in mittelalterlichen Chroniken", so der Literarhistoriker Gisbert Kranz, „pflegen nicht gerade Muster an Zuverlässigkeit zu sein." Die Namensschreibung wandelte sich im Laufe der Zeiten; und wo zwei Chronisten über eine und dieselbe Tatsache berichten, weichen nicht nur die Meinungen, sondern auch die Darstellung der Tatsachen (und der Jahreszahlen) oft erheblich voneinander ab. Nicht nur für mittelalterliche Geschichtsforscher galt die Volksweisheit: „Wes' Brot ich eß', des' Lied ich sing'."

An solchen Äußerlichkeiten sollte sich keiner stoßen. Allein der Kern der Dinge zählt. Ihn gilt es, aus dem Schatten der Vergangenheit herauszulösen; ihn gilt es zu bewahren.

1. *Land der dunk - len Wäl - der und kri - stall - nen Seen.*
Ü - ber wei - te Fel - der lich - te Wun - der gehn.
2. *Starke Bauern schreiten hinter Pferd und Pflug,*
über Ackerbreiten streicht der Vogelzug.
3. *Tag ist aufgegangen über Haff und Moor.*
Licht hat angefangen, steigt im Ost empor.
4. *Und die Meere rauschen den Choral der Zeit.*
Elche stehn und lauschen in die Ewigkeit.

OSTPREUSSEN – EINE WELT FÜR SICH

Eine der prussischen Landschaften – das Samland – birgt in ihrer blauen Erde ein prähistorisches Zeugnis: ein erstarrtes fossiles Harz eozäner Nadelbäume, zuweilen mit Einschlüssen tertiärer Tiere, den Bernstein. Hier hat es bereits im Eozän eine Vegetation, im Tertiär Insekten gegeben.
Ob es im ostpreußischen Raum vor der Eiszeit eine Bevölkerung gab, läßt sich nicht feststellen. Die Vergletscherung des Landes – von Skandinavien über die Ostsee bis in die Norddeutsche Tiefebene hinein – vernichtete alles Leben oder zwang zur Abwanderung in südlicher Richtung. Erst nach der letzten Schmelze – in der letzten Zwischeneiszeit – treten Pflanzen und Tiere auf, unter den Tieren das Mammut, der Urstier, der Wisent.
Bearbeitete *Knochenfunde* von Mammut und Rentiergeweihstangen: Hacken, Äxte aus Geweih oder Horn, Lanzenspitzen, Angelhaken, Harpunen aus Knochen lassen darauf schließen, daß Jäger, Fischer, Nüssesammler in der jüngeren Steinzeit, von Süden oder Westen kommend, den Norden des Landes durchquerten, daß im Süden des Landes Menschen klingenförmige Werkzeuge aus Feuerstein benutzten. Vom Ackerbau gibt es in dieser Zeit noch keine Spuren, woraus sich schließen läßt, daß der Mensch noch nicht seßhaft war. Man vermutet, daß die Urbewohner des Landes Urfinnen waren, die nach der Eiszeit hierher gekommen sind.
Erstes *Seßhaftwerden* wohl in der jüngeren Steinzeit, vorerst längs Flußläufen, in Waldlichtungen oder wo Brände Wälder gerodet haben. In dieser Zeit treten feiner bearbeitete Steine – geschliffen, poliert – an die Stelle der bisher roh behauenen, treten auch erste Töpferwaren auf. Die Menschen, die hier lebten, lassen sich nicht bestimmten Völkern, wohl aber bestimmten Kulturkreisen zuordnen.

Ordenspostbote

Zur *Kammkeramik* zählen zwischen Darkehmen, der Kurischen Nehrung und bis zur Nogat hinauf gefundene Zeugnisse der Trichterbecherkultur, darunter zahlreiche Bernsteinfunde. Hier haben Jäger und Fischer gelebt, die ihre Toten in Megalithgräbern beisetzten, während im Süden des Landes Steinkistengräber unter der Erde üblich waren. Funde bebänderter Feuersteinbeile lassen auf erste Handelsbeziehungen mit dem mittleren und südlichen Polen schließen.
Zur *Schnurkeramik* zählen Funde aus der jüngeren Steinzeit, die man auf der Elbinger Höhe, am Frischen Haff und auf der Kurischen Nehrung gemacht hat: Zeugnisse der sogenannten Haffküstenkultur. Die Menschen lebten hier vom Fischfang und von der Seehundjagd, von Viehzucht und Getreideanbau. Sie müssen bereits seßhaft gewesen sein, denn sie bauten Häuser aus Pfosten und Balken. Sie begruben ihre Toten in Hockstel-

lung, was auf den Glauben an ein Fortleben nach dem Tode schließen läßt.

Der kammkeramische und der schnurkeramische Kulturkreis verschmolzen zur baltischen Kulturgruppe, zu der die Litauer, Letten und Prussen gehörten.

Mit dem Bernstein betrieb man schon früh regen *Tauschhandel.* Als Tauschobjekte kamen Kupfergegenstände ins Land. So lernte man die Bronze kennen. Doch blieben Waffen und Geräte vorerst aus Stein, nahmen allein die Formen der Bronzegegenstände an, woraus sich auf den Wert der Bronze schließen läßt, die zu kostbar war, um den Toten beigegeben zu werden. Nicht aus Grab-, sondern aus Schatzfunden kennen wir die ersten Bronzearbeiten.

Auf die Einfuhr folgte die Selbstherstellung. Der Gebrauch des Eisens löste die Bronze nicht ab, sondern floß allmählich mit ein. Das Eisen eignete sich für die Herstellung von Waffen und Geräten, während Schmuck weiterhin aus Bronze gefertigt wurde.

Über die Elbinger Höhen drang ins Oberland und bis zur Passarge die *Gesichtsurnenkultur* vor.

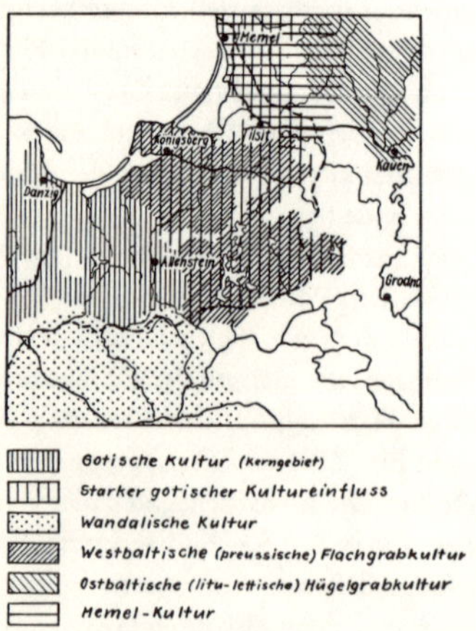

Völker und Kulturen der älteren Eisenzeit

Schon vor Christi Geburt bauten die Prussen Pfostenhäuser mit Vorlauben und schützten sie durch Steinwälle vor dem Wasser und durch Palisaden landeinwärts. Die ersten Packwerkbauten, Pfahlbauten, entstanden im östlichen Masuren.

Brandgrubengräber und deren Beigaben verraten im Samland skandinavische Einflüsse. In den südwestlichen Teil des Prussenlandes drangen die Vandalen vor, legten dort Brandschüttungsgräber mit reichen Totengaben aus Eisen und Bronze an. Im Innern des Landes dominierte die Hügelgräberkultur.

Um 100 nach Christus drang ein Teilstamm der Goten, die *Gepiden,* bis zur Passarge vor; im Kunsthandwerk bewandert, brachte er Schmuck aus Bronze, Silber, ja sogar Gold ins Prussenland, dazu formschöne Tongefäße. Neben der Leichenverbrennung pflegte er die Körperbestattung. Unter den Totengaben befanden sich Stücke römischer Herkunft. Sie müssen also in Handelsbeziehungen zu den Römern gestanden haben. Davon zeugen auch die Moorbrücken südlich des Drausensees.

Eine Handelsstraße führte von der unteren Weichsel zum Samland: die erste *Bernsteinstraße.* Plinius der Ältere, im Jahr 79 gestorben, wußte zu berichten, daß zur Zeit des Kaisers Nero ein römischer Ritter von Staats wegen zur Bernsteinküste reiste und eine erstaunliche Menge Bernstein nach Rom mitbrachte. Tacitus erwähnte bald darauf in seiner „Germania" den Bernsteinreichtum der östlichen nichtgermanischen Nachbarn der Goten, die er Ästier nannte. Zum ersten Male wurde die Bewohnerschaft des Prussenlandes beim Namen genannt: Aesten oder Ästier – die Ahnen der Prussen oder die Prussen selbst?

Zur Zeit der *römischen Kaiser* blühte die Kultur. In Gräbern fand man bunte Perlenketten, kostbare Beigaben römischer Herkunft, farbige Gläser, Mischkrüge und Schüsseln aus der „terra sigillata" wie auch römische Münzen. All dies, eine Be-

reicherung der gotisch-gepidischen Kultur, festigte diese im Lande.
Östlich der Passarge festigte sich – unbehelligt von der Völkerwanderung, die das Prussenland nicht berührte – das *baltische Volkstum* und zeigte eine erste Siedlungsbeständigkeit in vier Kreisen: dem samländisch-natangischen, dem westmasurischen, dem ostmasurischen und der Pregel-Inster-Gruppe, für die durchweg Feuerbestattung und Flachgräber typisch waren. Hinzu kam eine Memelgruppe, die zum Ostbaltischen überleitete und die Körperbestattung pflegte. Im Jahr 180 n. Chr. erwähnte der griechische Geograph Ptolemäus, der die Ästier nicht nannte, zwei prussische Stämme: die Galinder und die Sudauer, die er als „Völker" bezeichnete.
Die zweite Hälfte des ersten nachchristlichen Jahrhunderts stand im Zeichen der *Goten* und *Wikinger*. Jordanes, der Geschichtsschreiber der Goten, berichtete von der Herrschaft des Ostgotenkönigs Hermanrich über die Ästier. Senator Cassiodorus verriet, daß die Ästier den Dank Theoderichs des Großen für ein Bernsteingeschenk mitsamt einer Gegengabe erhielten. Die Funde der „masurisch-germanischen" Kultur, in der Gegend um Allenstein gemacht, sind Zeugnisse für die hohe Blüte gotisch-germanischer Kultur um 600 n. Chr., wenn auch bisher nicht einwandfrei festgestellt werden konnte, wie diese Funde hierher kamen.
Nach der Räumung des Weichsellandes durch die Goten kam es – wie Gräberfunde im Kreis Elbing und Preußisch Holland zeigten – zu einer Verschiebung der Wohnsitze der damaligen Bevölkerung im nordwestlichen Teil des Landes gen Westen und Südwesten, bis zur Weichsel hin und über diese hinweg.
Im 7. Jh. beeinflußten die Wikinger die Kultur des Landes erneut bis nach Ostmasuren hin. Zeugnisse der Waffenschmiedekunst, Hufeisenfibeln, Armringe und Halsschmuck fand man auf dem Wikingergräberfeld Wiskiauten bei Cranz. Im

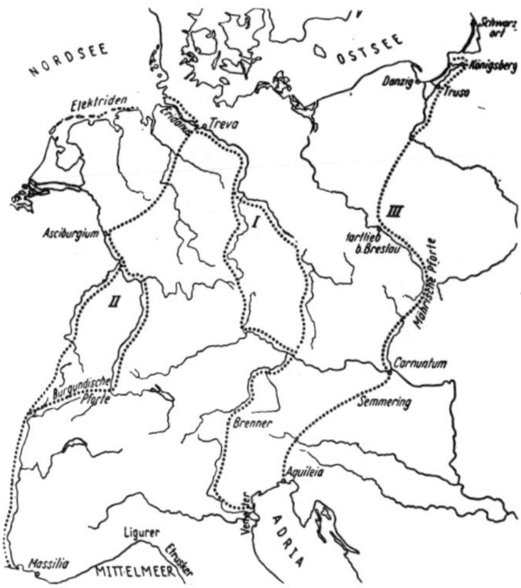

Bernsteinstraßen

Moor bei Frauenburg und im Kreis Stuhm wurden Wikingerboote ausgegraben.
Wir kennen zwei Zeugnisse: Der dänische Geschichtsschreiber *Saxo Grammaticus* berichtete vom Einfall der Wikinger ins Samland, wo sie „gesiegt und geheiratet" hätten. Wulfstan berichtete von ihrem Auftreten als Händler auf dem prussischen Handelsplatz Truso bei Elbing, wovon auch die „Hacksilberfunde" verschiedenster Münzen Zeugnis ablegen. In Linkuhnen bei Tilsit fand man sechzig überreich verzierte Wikingerschwerter.

DIE PRUSSEN

Der spanische Jude *Ibrahim ibn Ja'cub* bereiste um 965 die Slawenländer. In seinem Bericht erwähnte er als deren östlichste Nachbarn das Volk der Brus. Selbst nannten sie sich wahrscheinlich Prusai, später ins Lateinische übertragen: Pruteni, Borussi.

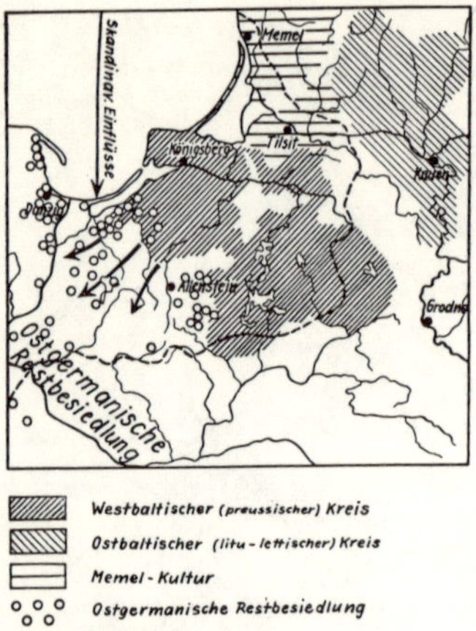

Völker und Kulturen der mittleren Eisenzeit

In der Schenkungsurkunde *„Dagone iudex"* des ersten polnischen Königs Mieszko an Papst Johannes XV. sind die „Pruzze" als nördlichste Nachbarn der Polen erwähnt.

Noch vor dem Jahr 1000 wurde der Name Pruci, Pruzzi, Prusi, Pruteni, Prutones zum Allgemeinbegriff, ausgelöst vor allem durch den Märtyrertod Adalberts von Prag, dessen drei älteste Lebensbeschreibungen ihn genauso erwähnen wie die Quedlinburger Annalen, die Chronik des Thietmar von Merseburg, die Hamburgische Kirchengeschichte Adams von Bremen, die Chroniken des Cosmas von Prag, des Gallus Anonymus, Helmolds Slawenchronik und die Magdeburger Annalen.

Die Archäologie erbrachte den Nachweis, daß Ästier und Prussen dasselbe Volk bezeichnen.

Über die Sitten und Anschauungen der Prussen wissen wir aus zeitgenössischen Quellen sehr wenig. Das wichtigste Zeugnis bildet die Ordenschronik des *Peter von Dusburg* aus dem ersten Viertel des 14. Jh., allerdings unter den Zweckaspekten des Ordens geschrieben. Aus allen Quellen zusammengenommen ergibt sich etwa folgendes Bild:

Die Prussen waren in zehn oder zwölf Gaue eingeteilt; sie hatten kein Oberhaupt. Die Gaue setzten sich aus Familienverbänden zusammen. Die meisten waren – bis zum Eintreffen des Deutschen Ritterordens – freie Bauern, die entweder in dörflichen Gemeinschaften oder auf Einzelhöfen lebten. Sie pflegten Ackerbau und Viehzucht. Das Pferd liebten sie sehr. Städte kannten sie nicht, dafür Handelsplätze (wie Truso). Gewerbe und Kunstfertigkeit waren ihnen keineswegs unbekannt. Als ihre Haupttugenden pries man Freiheitsliebe, Friedensliebe, Gastfreundschaft und tiefe Religiosität.

Ihre Religion war Naturverehrung, bei der es jedoch persönliche Gottheiten gab. Sie hatten einen Priesterstand und heilige Haine (Romowe). Sie glaubten an ein Fortleben nach dem Tode und ehrten ihre Toten durch den Zarm oder Zärm.

Die Prussen lebten in einem gewissen Wohlstand, den ihnen Bernstein und Pelztiere bescherten. Sie waren auf Verteidigung eingerichtet, da sie ständig Grenzüberfälle seitens der Nachbarn befürchten mußten. Öfters kam es zu Auseinandersetzungen, insbesondere – als die Christianisierung des Landes einsetzte.

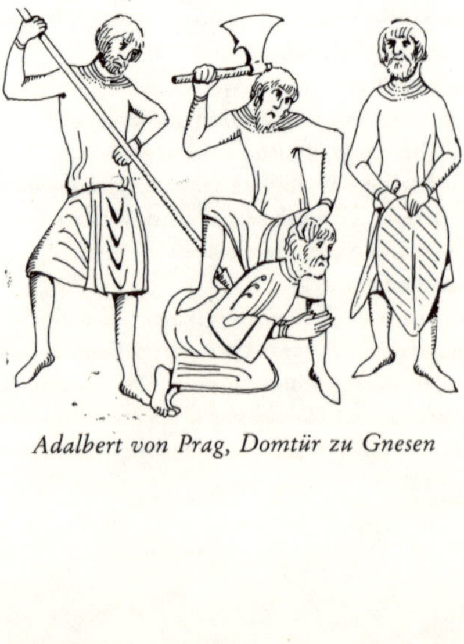

Adalbert von Prag, Domtür zu Gnesen

ERSTE MISSIONARE

966 wurde der erste Herrscher Polens, Mieszko I., getauft. Damit trat Polen in die abendländische Geschichte ein. Einen ersten Christianisierungsversuch bei den Prussen unternahm der Sproß eines tschechischen Fürstenhauses, mütterlicherseits ein Verwandter der Ottonen, Wojtjech, bekannt geworden als *Adalbert von Prag,* im Jahr 997. Unter dem Einfluß der asketischen Gedankenwelt des Klosters St. Bonifacius und Alexius auf dem Aventin in Rom zog er zur Prussenmission aus.

Nach anfänglichen Erfolgen in Danzig erreichte er mit seinen beiden Begleitern über das Frische Haff die prussische Küste, wirkte – der prussischen Sprache nicht mächtig – eine Woche im Prussenland und erlitt am 3. April 997 bei Fischhausen – nach anderer, wohl zuverlässigerer Quelle über Truso kommend zwischen der Nogat und der Elbinger Weichsel – den Märtyrertod.

Der zweite – ebenfalls gescheiterte – Missionsversuch ging von demselben Kloster auf dem Aventin in Rom aus. Der in der Missionsarbeit bereits erfahrene und vom Papst zum Erzbischof der Heiden ernannte, einem thüringischen Grafengeschlecht entstammende *Brun von Querfurt* setzte seinen Bekehrungsversuch vom Süden her an. Vom Hof Boleslaw Chrobrys zog er ins Gebiet der Sudauer, wo er – ebenfalls nach anfänglichem Erfolg – am 9. März 1009 mit seinen 18 Gefährten den Märtyrertod fand.

Nach diesen beiden fehlgeschlagenen Missionierungsversuchen ruhte zwei Jahrhunderte lang jedes weitere Unterfangen, diese – wie Gallus Anonymus sie genannt hatte – „höchst unbändige heidnische Nation“ zum Christentum zu bekehren.

Anfang des 12. Jh. unternahm Boleslaw III. Krzywonsty einen Vorstoß zur Ostseeküste, der jedoch mißlang. Nach seinem Tode zerfiel Polen in Teilfürstentümer, die es nur zu „Scharmützeln“ mit den Prussen brachten. Papst Innozenz III., dem die Bekehrung der Heiden im Osten ein Herzensanliegen bedeutete, übertrug 1210 dem Bischof von Gnesen die bischöflichen Pflichten des Missionsgebiets. Damals muß es am Rande des Prussenlandes bereits „Bekehrte“ gegeben haben, denn 1212 verbot der Papst den Herzögen von Polen und Pomerellen, „die Neubekehrten in Preußen mit Frondiensten zu belasten“.

Hermann von Salza

1215 wurde der erste Bischof von Preußen ernannt: der Zisterziensermönch *Christian.* Ihm war der ganze „Bekehrungsbereich“ unterstellt. Die Prussen widersetzten sich dem; es kam 1216 zu einer für sie erfolgreichen Erhebung, worauf Papst Honorius III. zum Kreuzzug gegen sie aufrief und diesen einem Kreuzzug ins Heilige

Land gleichsetzte. Der Aufruf fand keinen Widerhall.
So entschloß sich Herzog *Konrad von Masowien* im Winter 1225/1226, den Deutschen Orden zu Hilfe zu rufen. Dieser, 1198 endgültig vor Akkon gegründet und durch päpstliche Bulle von 1199 mit dem schwarzen Kreuz auf weißem Mantel belehnt, schenkte dem Ruf des Masowiers unter seinem vierten Hochmeister, dem Thüringer *Hermann von Salza,* Gehör, sah er darin doch eine einmalige Gelegenheit, seinem Grundsatz „die Ehre der Kirche und des Kaiserreiches zu lieben und nach beider Erhöhung zu streben" gerecht zu werden. Der Missionierungsgedanke verband sich bei Hermann von Salza vom ersten Augenblick an mit dem Staatsgründungsgedanken; die Ausbreitung des Gottesreiches sollte durch Kolonisierung des Neulandes im Osten dessen Inbesitznahme einschließen.

Siegel des Schwertbrüderordens (um 1205)

Hochmeisterwappen des Deutschen Ordens

Ehe Hermann von Salza Bruder *Hermann Balk* mit sieben Ordensbrüdern und einer Schar Kreuzfahrer – Kaufleute, Handwerker, Bauern – gen Osten schickte, sicherte er sich rechtlich zum Kaiser wie zum Papst hin ab. Ersteres gelang ihm sogleich. Kaiser Friedrich II. gab ihm die Besitzgarantie und die Genehmigung zur Staatsgründung bereits im März 1226 in der Goldenen Bulle von Rimini.
Die Verhandlungen mit Bischof Christian waren schwieriger. Dieser hatte aus eigener Erfahrung erkannt, daß die Kreuzzugsidee des Ordens: „gegen Verächter Christi als milites zu Felde zu rücken" hier nicht am Platze war, da es sich bei den Prussen um ein Volk handelte, das Christus noch nicht kannte und somit nicht „verachten" konnte, daß ferner das Bodenregal unangebracht war, da es sich beim Prussenland um kein herrenloses Land, sondern um das Wohngebiet eines Kulturvolkes handelte, so daß hier eine staatsrechtliche Grundlage ohne weiteres gar nicht

geschaffen werden konnte. Bischof Christian versagte somit 1228 seine Zustimmung zu dem Vorhaben des Hochmeisters.
Der Papst nahm dies zum Anlaß, im Jahr darauf Bischof *Wilhelm von Modena* als „besonderen Legaten" ins Prussenland zu schicken. 1233 geriet Bischof Christian in prussische Gefangenschaft. Als er 1238 nach Rom zurückkehrte, war durch die Bulle von Rieti (1234) dem Orden bereits das neueroberte Land „zu ewigem Besitz übertragen". Seinen Protest überhörte die Kurie. Als ihm 1245 die Übernahme eines der vier neugeschaffenen Bistümer angeboten wurde, verzichtete er.

DER ORDEN BRICHT AUF

Bruder Hermann Balk hatte die Bulle von Rieti nicht erst abgewartet. Im Frühjahr 1231 hatte er bereits die Weichsel überschritten und Thorn und Kulm zum Ausgang für die Eroberung des Prussenlandes genommen. Aus dem Schicksal Adalberts von Prag und Bruns von Querfurt, wie aus den Mißerfolgen bei den polnischen Bekehrungsversuchen zog er die Lehre: Er ließ zuerst das Schwert und dann das Kreuz sprechen.
Das Land mußte erobert werden, um die Menschen bekehren zu können. Zuerst sollten feste Burgen, dann Gotteshäuser errichtet werden. Der Orden war sich seiner politischen Aufgabe und seiner Aufgabe als Träger einer christlichen Kultur stärker bewußt als seiner missionarischen Sendung. Daher betrat er das „Innenland" vorerst nicht, stieß längs dem Frischen Haff vor, legte an der Mündung des Elbingflusses eine Burg an, sicherte vorerst den Seeweg. Dabei spielte der Handelsgeist eine dominierende Rolle. Unterwegs wurden „Handelsverträge" abgeschlossen, wie der von Kalisch im Jahr 1238.
Durch Vereinigung mit dem *livländischen Schwertbrüderorden* gelang es dem deutschen Ritterorden, bis 1241 einen großen Teil des Prussenlandes zu unterwerfen: Pomesanien, Pogesanien, Natangen und Barten, und den eroberten Besitz durch Anlage von Burgen, später von Städten wie durch Zuführung von Siedlern aus dem Westen zu sichern.
Das freie Volk der Prussen wehrte sich gegen die Unterwerfung, denn die Ordensritter führten ihren Kampf mit aller Härte. Ihr Ziel war: Unterwerfung oder Tod. Die Prussen wurden nicht nur bekämpft, weil sie Heiden waren oder sich weigerten, den Christenglauben anzunehmen; es mußte vor allem Lebensraum für die bereits mitgekommenen und ständig nachrückenden Siedler geschaffen werden, die der Orden als „zuverlässigere Vasallen" aus dem christlichen Westen – bis

Winrich von Kniprode

nach Holland und Flandern hin – „gen Ostland reiten“ hieß, um ihnen die versprochene „bessere Stätte“ zu geben.

Weder Hochmeister Hermann von Salza, der prussischen Boden nie betreten hat, noch Landmeister Hermann Balk konnten die Früchte ihres Lebenswerkes ernten: Beide starben 1239, der eine im fernen Salerno, der andere im westlichen Deutschland.

Papst Gregor IX. hatte dem Deutschen Orden das Prussenland 1234 zwar übertragen, sich aber die kirchliche Ordnung vorbehalten. So wurden am 29. Juli 1243 gemäß der Teilungsurkunde von Anagni *vier Bistümer* errichtet. Papst Innozenz IV. bestätigte diese Regelung am 8. Oktober 1243. Der Deutschordenspriester *Anselm* wurde zum ersten Bischof des Ermlands ernannt. Er wählte sich am 27. April 1251 ein Drittel seines geistlichen Gebietes als weltliches Herrschaftsgebiet aus, in dem er fortan Landesherr war.

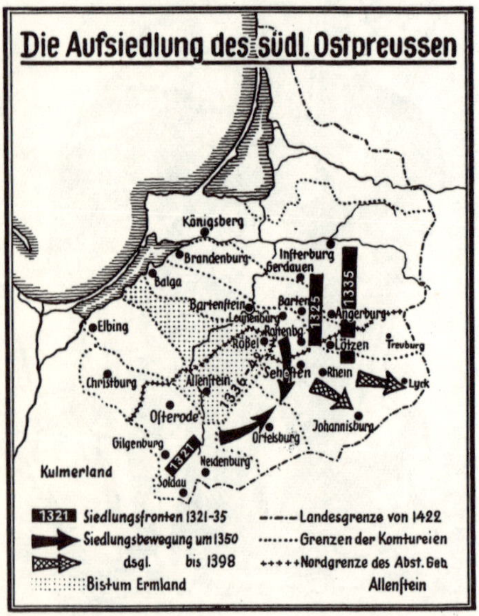

Besiedlung des südlichen Ostpreußens

Siegel Ottokars von Böhmen

Am 27. Dezember 1254 fand gemäß der Landnahme des Deutschen Ordens im Prussenland die zweite Festlegung der Bistumsgrenzen statt. Papst Alexander IV. bestätigte sie am 10. März 1255 in Neapel. 1260 gründete Bischof Anselm das ermländische Domkapitel mit dem Sitz in Braunsberg. Die letzte und endgültige Regelung der Grenzen wurde am 29. Juli 1374 getroffen.

Das Domkapitel verlegte seinen Sitz 1284 nach Frauenburg, wo die Kathedrale errichtet wurde. Durch die Teilungsverträge von 1288 und 1346 bekam es ein Drittel des Hochstiftes – die Kammerämter Frauenburg, Allenstein und Mehlsack – als weltliches Territorium. Darin hatte es die gleichen landesherrlichen Rechte wie der Bischof in seinem Herrschaftsgebiet.

Im Gegensatz zu dem pomesanischen und samländischen Domkapitel war das ermländische dem Orden nicht inkorporiert, so daß dieser auf seine „Staatsführung“ keinen Einfluß hatte. Der Ordenspriester Anselm blieb während der ganzen Geschichte der einzige Ordenspriester auf der ermländischen Kathedra. Es kam mehrfach zu

Ausfahrt der Ordensritter

harten Auseinandersetzungen zwischen dem Orden und dem Fürstbistum. Doch wußte dieses seine Autonomie bis 1772 zu wahren.
Der Prussenaufstand im Jahr 1243 zwang den Orden zu einem vierzigjährigen harten Kampf. Im Frieden von Christburg wurde er gezwungen, die bekehrten Prussen als „gleichberechtigte Vertragspartner" anzuerkennen.
1252 begann die Eroberung Galindens und des Samlandes. Zur Unterstützung des Ordens war ein Kreuzfahrerheer unter *König Ottokar II.* von Böhmen eingetroffen, zu dessen Ehren 1255 die Ordensfeste Königsberg neu angelegt wurde. 1260 war die Unterwerfung im Landesinnern so gut wie abgeschlossen. Die Prussen erhoben sich jetzt unter Führung des Natangerfürsten *Hercus Monte*. Bis auf Elbing, Königsberg und Balga ging dem Orden das eroberte Land wieder verloren. Doch scheiterte der Freiheitskampf der Prussen an den festen Steinburgen des Ordens. 1273 waren nur noch Schalauen, Nadrangen und Sudauen freie prussische Gaue. Während die beiden ersten

rasch unterworfen werden konnten, hielt Sudauen bis 1283 stand. In dreiundfünfzigjährigem hartem Ringen war der Deutsche Orden Herr über das Prussenland geworden – nun konnte er an die Gründung eines Deutschordens-Staates denken. Inzwischen hatte er 1280 mit dem Bau der Marienburg begonnen.

GLANZZEIT DES ORDENS

Die Zeit der großen Hochmeister begann 1309 mit der Verlegung des Haupthauses und der Hochmeisterresidenz von Venedig nach Marienburg. Im selben Jahr erwarb der Orden Pomerellen, das in der Hauptsache Kaschuben bewohnten, und eröffnete damit den langjährigen Konflikt mit Polen, der zu seinem Untergang führen sollte. 1327 kam es zur ersten kriegerischen Auseinandersetzung.

Außenpolitisch betrachtet war diese Zeitspanne von drei Ereignissen gekennzeichnet: vom Kampf des Ordens gegen die ins Heidentum zurückgefallenen Litauer, die 1370 in der Schlacht bei Rudau geschlagen wurden, durch die Regelung der Verhältnisse mit Polen und durch die Fehde mit dem

Professoren im Mittelalter

Münze Heinrichs von Plauen (1411)

Erzbischof von Riga, dem kirchlichen Haupt des gesamten Prussenlandes.

Innenpolitisch war diese Zeit durch die Bildung und Festigung des Deutschordens-Staates bestimmt. Es gab zweierlei Recht in diesem Staat. Die Stammbevölkerung – vor allem die Bauern – war unfrei geworden. Die Rechte der Prussen und der slawischen Bewohner waren das preußische bzw. polnische Recht. Die „Einzöglinge" dagegen, wie man die Kolonisatoren nannte, waren abgesehen von sprachlichen und nationalen Verschiedenheiten als geschlossene Einheit mit dem kulmischen Recht ausgestattet. Die Beleihung mit dem kulmischen Recht bedeutete eine erhebliche Rechtsverbesserung, so daß die Urbevölkerung eine „mindere Stellung" einnahm. Das lübische Recht blieb auf wenige Küstenstädte beschränkt, im Bodenrecht spielte es ohnehin keine Rolle. In den Städten galt bei der Rechtsprechung das magdeburgische Recht, hinsichtlich des Erbrechts das flämische Recht.

Handelspolitisch spielten in dieser Epoche drei Städte eine besondere Rolle: Elbing, Königsberg und das nicht zum Orden gehörende Braunsberg. Alle drei waren Hansestädte. 1370 erreichte die Macht der Hanse ihren Höhepunkt. Die wichtigste der drei Städte war Elbing, das 1246 seine Handfeste und Stadtverfassung nach lübischem Recht bekommen hatte und 1251 Sitz des Landmeisters wurde. Im 13. Jh. war Elbing der eigentliche Ein- und Ausfuhrhafen des Prussenlandes und blieb dies bis zum Ende des 14. Jh., als Danzig es überflügelte.

Königsberg, ebenfalls Landmeistersitz des Ordens, mit einer Handfeste nach kulmischem Recht von 1286, war von der See zu weit entfernt, um Ausgangspunkt des Überseehandels zu werden. Es wurde eine Behörden-, Bildungs- und Industriestadt, ein Stapelplatz und Waffenarsenal für die Züge des Ordens in die außerprussischen Gebiete. Eine Sonderstellung nahm die 1154 ge-

Ulrich von Jungingen

gründete Stadt Braunsberg ein: Sitz des autonomen Fürstbistums – Bischof und Domkapitel von Ermland – mit einer Verfassung nach lübischem Recht. Es verlor an Bedeutung, als in der zweiten Hälfte des 14. Jh. der Fürstbischof nach Heilsberg und das Domkapitel nach Frauenburg zogen, blieb aber weiterhin Handelszentrum des Fürstbistums.

Die Leistung des Deutschen Ordens auf *kulturellem* Gebiet lag darin, daß er bis 1400 auf prussischem Boden 93 Städte und an die 1400 Dörfer gründete. Weltanschaulich gesehen hat der Orden eine heidnische Kulturlandschaft in eine christliche Kulturlandschaft verwandelt, wobei die kulturellen Werte und Zeugnisse der ersten verloren gingen. Kunstgeschichtlich betrachtet war diese Periode eine Hochzeit der Backsteingotik, im Ordensland wie im Fürstbistum; literarisch gesehen die Zeit der geistlichen und weltlichen Ordensdichtung und Ordensgeschichtsschreibung.

BEGINNENDER UNTERGANG

Großfürst *Jagiello* von Litauen, 1386 vom polnischen Adel zum König von Polen gewählt – nach der Taufe Wladislaw II. genannt –, erklärte dem Hochmeister Ulrich von Jungingen, daß ein Angriff des Ordens auf Litauen seinen Angriff gegen das Ordensland zur Folge haben würde. Daraufhin erklärte der Hochmeister 1409 Polen den Krieg. Am 6. Juli 1410 überschritt das polnisch-litauische Heer die Grenze bei Lautenburg, bog nach Soldau ab und erstürmte am 13. Juli Gilgenburg.

Am 15. Juli erlitt der Orden bei *Grünfelde* und *Tannenberg* eine vernichtende Niederlage. Der Hochmeister und 200 Ordensritter fielen in der Schlacht. Das Ordensheer wurde vernichtet, seine 51 Banner erbeutet und in den Dom zu Krakau gebracht. König Jagiello brach gen Marienburg auf, eroberte eine Reihe Ordensburgen, ehe er am

Schlacht bei Tannenberg 1410

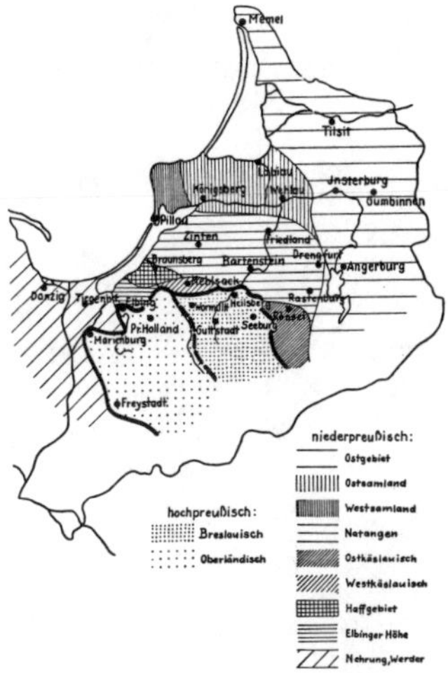

Ostpreußische Mundarten

23. Juli dort eintraf. Der Komtur von Schwetz, *Heinrich von Plauen,* hatte die Marienburg durch Niederbrennen der Stadt in Verteidigungszustand versetzt. Eintreffende Hilfstruppen des Ordens, vor allem aber eine Seuche, die im Heerlager der Polen ausbrach, zwangen König Jagiello, die Belagerung aufzugeben und sich zurückzuziehen. Heinrich von Plauen gelang es, weite Landesteile zurückzugewinnen. Am 9. November 1410 wurde er zum Hochmeister des Ordens gewählt.

Im Frieden zu Thorn gelang es, das Fortbestehen des Ordensstaates zu sichern, doch mußte er als Lösegeld für die Gefangenen 100000 Schock böhmische Groschen an den Polenkönig zahlen. Das leitete den finanziellen Ruin des Ordensstaates ein, der vor die Alternative gestellt war, das Geld durch Abgabepflicht seiner Untertanen zu beschaffen und damit Unruhe zu säen oder aber erneut den Polen den Krieg zu erklären. Der Orden bat König *Sigismund von Ungarn* um einen Schiedsspruch; dieser bestätigte die Abmachungen von Thorn. Zwanzig Jahre führte der Orden Verzweiflungskämpfe gegen Polen, begonnen mit dem Hungerkrieg bis hin zu den Kämpfen im Jahr 1435.

Peter Wormditt wurde zum Konstanzer Konzil geschickt, um dort zu interpellieren. Aber die Klage des Ordens wurde abgewiesen. Kaiser Sigismund vertrat die Meinung, es sei nicht Aufgabe des Ordens, gegen christliche Polen und Litauer zu kämpfen. Er empfahl dem Hochmeister, in Ungarn den Kampf gegen die Osmanen aufzunehmen.

53 preußische Edelleute und 19 Städte schlossen sich am 14. März 1440 in Marienwerder zum „Bund vor Gewalt" *(Preußischer Bund)* zusammen. Weitere Städte traten dem Bund bei. Papst und Kaiser sprachen sich gegen den Bund aus, forderten seine Auflösung. Doch Reichsacht, Bann und Interdikt blieben ohne Wirkung. Dem Hochmeister wurde der Gehorsam aufgesagt. Elbing und das Konventhaus des Königsberger Schlosses wurden dem Erdboden gleich gemacht. Im Februar 1454 empfing König *Kasimir IV.* in Krakau eine Gesandtschaft des Bundes unter der Führung Hans von Baysens, die ihm nach kurzen Verhandlungen die Schutzherrschaft über das Prussenland antrug. Am 22. April erklärte der König dem Hochmeister den Krieg und ließ sich anschließend in Elbing huldigen. Alle Bemühungen des Ordens, die Selbständigkeit des Fürstbistums Ermland zu unterwandern, scheiterten. Der Orden sah sich gezwungen, einen Krieg mit Söldnern zu führen, denen er den Lohn nicht bezahlen konnte.

Das mächtige Danzig unterstützte den Preußischen Bund. 1455 verpfändete der Hochmeister seinen Söldnern die Marienburg, die nichts Eiligeres zu tun hatten, als sie – zusammen mit 22 festen Plätzen – dem Polenkönig zu verkaufen, der triumphal dort einzog. Der Hochmeister mußte seinen Sitz nach Königsberg verlegen.

Als 1464 die Pest das Land heimsuchte, unterstell-

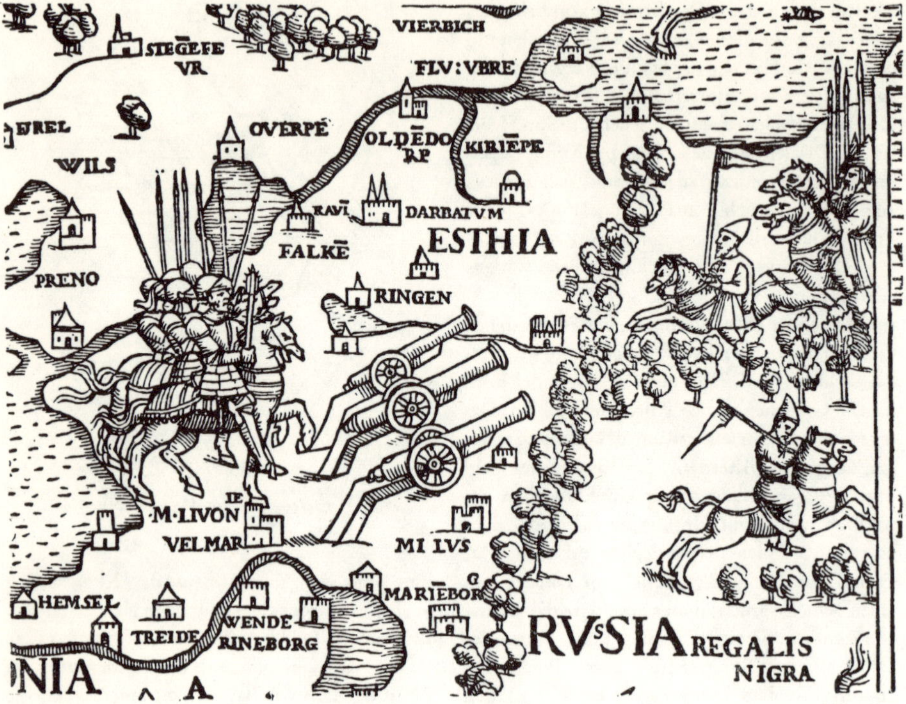

Deutschordensritter in Abwehr (1539)

te sich im *Zweiten Thorner Frieden* das Fürstbistum Ermland aus freien Stücken König Kasimir IV. in dessen Eigenschaft als Herzog der Lande Preußen, behielt die innere Verwaltung weiter in eigener Hand und überließ dem Monarchen allein die bisher vom Hochmeister wahrgenommene Schutzherrschaft über das Fürstbistum.

Der König war mächtiger und bot dem Bistum besseren Schutz als ein immer ohnmächtiger werdender Ordensstaat. Die Großmachtstellung des Ordens war endgültig vernichtet. Er hatte Elbing, Marienburg, Stuhm und Christburg verloren. Der Hochmeister wurde verpflichtet, dem polnischen König den Treueid und Heerfolge zu leisten. Kaiser Friedrich III. wie auch Papst Paul II. weigerten sich zwar, den Thorner Friedensschluß anzuerkennen, doch das änderte kaum etwas an der Lage des Ordens.

Noch vier Ordenshochmeister haben in Königsberg residiert und versucht, das Verhältnis zu Polen mehr gewaltsam als durch Verhandlungen zu ändern. Martin Truchseß von Wetzhausen führte zusammen mit dem Ungarnkönig Krieg gegen Polen, den *„Pfaffenkrieg"*, der sich größtenteils im Ermland abspielte und dort zu Verwüstungen führte, jedoch am Ende erfolglos aufgegeben werden mußte. Der König erzwang vom Fürstbistum Ermland das Zugeständnis, künftig

nur Domherren zum Bischof zu wählen, die ihm genehm seien. Das Domkapitel wußte dieses Zugeständnis klug zu umgehen.
Zwischen König und Fürstbischof kam es zu keinem offenen Kampf, da die Stadt Danzig sich hinter das Fürstbistum stellte und dem König jede finanzielle Hilfe versagte. Die Untertanen des Fürstbischofs erhielten ein Appellationsrecht an den König von Polen, das bis 1655 bestand.
Schon im 14. Jh. hatte der Orden Menschen aus dem polnischen Herzogtum Masowien zur „Erschließung der Wildnis" herbeigerufen, die 1360 Beutnerdorf bei Ortelsburg gegründet hatten. Seit 1411 nahm die Bewegung ständig zu. So bildete sich im 15. Jh. die masurische Bevölkerung, die durch die 1525 in Preußen einsetzende Reformation und Staatsumbildung deutschsprachig blieb.
Eine letzte Hoffnung des Ordens – zugleich aber auch die Beschleunigung des Untergangs seines Staates – war die Ernennung von Fürstensöhnen aus dem Reich zu Hochmeistern. *Friedrich*, Herzog von Sachsen-Meißen, führte eine Verwaltungsreform ein und setzte eine Heeresverfassung durch, bildete einen humanistischen Gelehrtenkreis und berief Landesräte.
Damit begann bereits die Umwandlung des Ordensstaates in ein Territorialfürstentum, die Markgraf *Albrecht von Brandenburg-Ansbach*, Sproß der Hohenzollern und mütterlicherseits Neffe des polnischen Königs Sigismund, vollenden sollte, nicht ohne das Dazutun Martin Luthers, der sein Reformationswerk dadurch sichern wollte, daß es in einem Staat zur Staatsreligion erhoben würde.
Am 1. Januar 1520 begann der letzte und unrühmlichste Krieg des Deutschen Ordens gegen Polen, der *„Reiterkrieg"*. Fürstbischof Fabian von Lossainen erklärte die Neutralität des Ermlands. Darauf befahl der Hochmeister, das Hochstift Ermland zu überfallen und heimzusuchen. Der Krieg begann mit der Überrumpelung Braunsbergs und gewaltsamen Zerstörungen. Von der Wut des Hochmeisters zeugte sein Verlangen, die „Stadt der Lieben Frouwe", Frauenburg, dem Erdboden gleich zu machen.
Dieser Befehl aus dem Munde eines Hochmeisters, dessen Orden der Gottesmutter geweiht war und sie zur Schutzpatronin hatte, spiegelt die Verzweiflung in der Untergangsphase des Ordensstaates wider. Allein die Burg des ermländischen Domkapitels in Allenstein konnte durch das mutige und entschlossene Eingreifen des Nicolaus Coppernicus vor den Söldnern des Ordens gerettet werden.
Das reiche Elbing, das eine Rückkehr der Ordensherrschaft befürchtete, unterstützte den Polenkönig mit Geld und Leuten und trug so wesentlich zur Entscheidung in diesem Kriege bei.
Hochmeister Albrecht begab sich nach Deutschland, um neue Kreuzfahrer zu gewinnen. Es gelang ihm, Söldner in Bewegung zu setzen, die jedoch bereits unterwegs umkehrten, als sie erfuhren, daß die Kassen des Ordens leer waren. Schließlich trat der Kaiser als Vermittler auf. Es kam zu einem vierjährigen Waffenstillstand. Re-

Albrechtstaler (1520)

Wappen Herzog Albrechts

formation und Bauernerhebung erschienen wichtiger, als „was im fernen Osten vorging“. Hochmeister *Albrecht von Brandenburg* hörte in Nürnberg eine Predigt Andreas Oseanders und suchte 1523 heimlich *Martin Luther* auf, der ihm die dringende Empfehlung gab, den Deutschen Orden aufzugeben und den Deutschordens-Staat in ein weltliches, evangelisches Erbherzogtum der Hohenzollern zu verwandeln. Im Dezember veröffentlichte Luther seine Schrift „An die Herren Deutschen Ordens, daß sie falsch Keuschheit meiden und zu recht ehelicher Keuschheit greifen, Ermahnung!“

Am 8. April 1525 wurde der Deutschordensstaat in das erbliche evangelische Herzogtum Preußen umgewandelt. Hochmeister Albrecht wurde erster Herzog in Preußen. Am 9. Mai huldigten ihm die Städte Preußens in Königsberg. Die Ritter legten zum Teil ihre Ordenstracht ab, andere verließen das Land. Vergeblich blieb der Versuch, den Papst zu einer gewaltsamen Aktion gegen den Herzog zu bewegen. Das Fürstbistum Ermland schloß sich der Reformation nicht an, es blieb unter der Schirmherrschaft des polnischen Königs katholisches Fürstentum.

DAS NEUE HERZOGTUM

Das neue Territorialfürstentum Preußen mußte von Anfang an mit zwei starken Bestrebungen rechnen, mit der seines Landesherrn, *Herzog Albrecht,* sich von der Lehnsabhängigkeit vom polnischen König, mit deren Zugeständnis er diesen Staat erkauft hatte, zu lösen, wie auch mit der Bestrebung der Stände, in Preußen ein Ständeregiment zu errichten. Es begann mit einer Neuordnung der Landesverwaltung, mit der Umwandlung der Komtureien, Vogteien und Pflegeämter des Ordens in Hauptämter, von denen einige sogar erblich wurden wie z. B. Gerdauen, Gilgenburg, Deutsch Eylau und Schönberg.

Hinzu kam eine Neureglung des Kirchenwesens, die durch die Säkularisierung der beiden Bistümer Pomesanien und Samland notwendig geworden war. Beide hatten auf ihre weltliche Gewalt verzichtet, so daß es zwischen den Bischöfen und dem Oberherrn der Kirche, dem Herzog, keinen Konfliktstoff gab. Beschlußorgane wurden die Landtage, auf denen die Stände eine ranggeordnete Stellung bezogen. Die Bauern hatten kein Wahlrecht – sie waren bei weitem in der Überzahl.

Der Herzog verfolgte zwei Ziele: seiner Dynastie auf alle Fälle die Herrschaft zu sichern und den Frieden im Lande möglichst zu wahren. Da weder Kaiser noch Papst dem *„Krakauer Kuhhandel von 1525“* zugestimmt hatten und der Orden sich mit der Säkularisierung seines Staates nicht abfand, sondern den Deutschmeister Walter von Cronberg als neuen Hochmeister mit Preußen belehnte, gelang es, Kaiser Karl V. dazu zu bewegen, auf dem Speyrer Reichstag von 1532 die Reichsacht über Herzog Albrecht zu verhängen und deren Vollstreckung auf dem Reichstag in

Augsburg durchzusetzen. Da kam dem preußischen Herzog die Lehnsabhängigkeit vom polnischen König zugute.

Abgesehen vom *„Nußkrieg"* im Herbst 1563 blieb das Land 43 Jahre vom Kriege verschont, so daß ein friedliches Aufbauwerk durchgeführt werden konnte, das drei Schwerpunkte hatte: die Wiederaufnahme der Kolonisationstätigkeit, den Ausbau der Stadt Königsberg und die Erhaltung des tragbaren Verhältnisses zum Fürstbistum Ermland.

Die *Kolonisationstätigkeit* erstreckte sich vor allem auf die Aufnahme verfolgter Glaubensbrüder. Als die nichtkatholischen Holländer von Karl V. ausgewiesen wurden, siedelte der Herzog bei Preußisch Eylau holländische Bauern und in Königsberg holländische Handwerker an. Der Siedlungswelle von 1543 folgte dreizehn Jahre später eine zweite in die Drausensee-Niederung. In den stark entvölkerten südlichen Teil seines Landes rief der Herzog die protestantischen Masowier, erstmals 1466 auch masowische Adlige. Schließlich siedelten Litauer im Osten des Gebietes. 1552 wurden Tilsit, 1560 Marggrabowa, 1567 Goldap gegründet.

Den größten Nutzen aus der Säkularisierung des Ordensstaates zog die *Stadt Königsberg.* Hier errichtete der Herzog eine Kammerbibliothek zum eigenen Gebrauch und 1540 die öffentliche Schloßbibliothek. Beide bildeten den Grundstock für die spätere Staats- und Universitätsbibliothek. 1542 wurde das Partikular gegründet, aus dem zwei Jahre später die Albertina hervorging, die bald eine der führenden protestantischen Universitäten Deutschlands werden sollte. 1542 erschien die erste gedruckte Karte des Preußenlandes von Heinrich Zell. Das Schulwesen wurde ausgebaut, Künste und Wissenschaften gefördert.

Die überragende Gestalt der Epoche jedoch war der Frauenburger Domherr *Nicolaus Coppernicus,* der dem Herzog als Arzt und Gutachter bei der Münzreform zur Seite stand.

Die neue Verfassung vom 5. Oktober 1566 festigte die Macht der Stände, so daß dem Fürsten eigentlich nur noch der Name blieb. Preußen wandelte sich zur Adelsrepublik, geführt vom allmächtigen Kollegium der Oberräte. Gebrochen an Leib und Seele starb am 20. März 1568 Herzog Albrecht auf Schloß Tapiau, wenige Stunden später folgte ihm seine zweite Frau, Maria Anna von Braunschweig, in Schloß Neuhausen. Zurück blieb der einzige minderjährige Sohn des Herzogs, Albrecht Friedrich, rechtmäßiger Erbe des Herzogtums – und mit ihm der Streit um den Vollzug der Erbfolge.

Die Regierungszeit des 15jährigen *Albrecht*

Polnische Edelleute um 1550

Preußischer Adler

Friedrich begann unter der Vormundschaft der Oberräte. Kirchliche Wirren waren dadurch entstanden, daß der Herzog nach dem Tode der Bischöfe Polentz von Samland und Speratus von Pomesanien die bischöfliche Würde abgeschafft und an ihre Stelle Präsidenten, also fürstliche Beamte, gesetzt hatte. Die Stände, die in den Bischöfen eine Stütze ihrer Selbständigkeit sahen, zwangen den Herzog, die Bischöfe wieder einzusetzen. Theologische Streitigkeiten griffen erstmals aufs Bürgertum über, das bisher nur am Handel Interesse gezeigt hatte. Als der junge Herzog 1569 in Lublin dem polnischen König Sigismund II. August huldigte, mußte er die Verpflichtung der Augsburger Konfession als alleiniger Glaubensgrundlage für Preußen wie auch das Recht des Adels zur gerichtlichen Appellation in Königsberg in Kauf nehmen. 1573 verfiel der Herzog in Geisteskrankheit.

Georg Friedrich, Markgraf von Brandenburg, der letzte Sproß der fränkischen Hohenzollernlinie, erkaufte von König Stephan Bathory die Belehnung mit dem Herzogtum Preußen und die Anerkennung als Herzog. Er stellte sich auf die Seite des ersten Standes, der Herren und Landräte wie der Städte. 1578 erließ er eine Hofgerichtsordnung und löste die Bischofsfrage.

An die Stelle der bisherigen Diözesen traten Konsistorien in Königsberg und Saalfeld. Er erbaute die Königsberger Schloßkirche, bewilligte dem Lucas David die Mittel zur Fortführung seiner Preußischen Geschichte, dem Kaspar Hennenberger zur Vollendung der Landkarte Preußens. 1586 verließ er Preußen und ging nach Ansbach, wo er 1603 starb.

Was Georg Friedrich errungen hatte, ging unter seinem Nachfolger, *Joachim Friedrich,* wieder verloren.

1608 folgte in der Reihe der Herzöge *Johann Sigismund,* der fünf Jahre später zum Calvinismus übertrat und deshalb in Preußen als „Fremder“ betrachtet wurde. Er konnte die Duldung des Calvinismus beim polnischen König nicht durchsetzen. Stattdessen sprach dieser den Katholiken die Gleichberechtigung in Preußen zu, so daß 1616 eine katholische Kirche auf dem Sackheim in Königsberg eingeweiht werden konnte. Von freier Religionsausübung konnte allerdings im „toleranten Preußen“ über zwei Jahrhunderte hinweg keine Rede sein, da die Katholiken nach wie vor keine öffentlichen Ämter bekleiden durften und jeder Übertritt zur katholischen Kirche erschwert wurde.

Preußen war sich stets bewußt, daß es als protestantisches Herzogtum gegründet worden war. Doch wurde die geistliche Jurisdiktion der ermländischen Fürstbischöfe, dank des Eingreifens des polnischen Königs, wieder anerkannt und sogar erweitert. Sie ging im Gebiet des untergegangenen Bistums Samland auf den ermländischen Bischof über, 1617 vom Papst bestätigt.

Am Vorabend des Dreißigjährigen Krieges übernahm *Georg Wilhelm* – ein Protegé des Schwedenkönigs – das Herzogtum. Am 5. Juni 1626 stand Gustav Adolf vor Pillau und kassierte die Zolleinnahmen des preußischen Seehandels. Für vier Jahre machte er Elbing zu seinem Hauptquartier, eroberte von dort aus das nördliche Ermland und die Weichselniederung bis Marienburg, besetzte Marienwerder und das Oberland.

Beim Waffenstillstand von Altmark wurde den Schweden die preußische Küste mit Elbing, Pillau und Memel zugesprochen. Sie erhielten die Seezölle und die Kontrolle über den Handel für sechs Jahre. Beim Waffenstillstand von Stuhmsdorf gaben die Schweden ihre preußischen Besitzungen auf.

Friedrich Wilhelm, der *Große Kurfürst,* huldigte dem polnischen König im Jahre 1641 und ließ sich bei dieser Gelegenheit die Zölle in Pillau und Memel kontrollfrei zugestehen. So erhielt er das notwendige Geld, um seine Gesamtpolitik finanzieren zu können. Aus Preußen holte er Pferde, Getreide und Naturalien für seine Berliner Hofhaltung. Im Krieg zwischen Schweden und Polen versuchte er, Neutralität zu wahren, doch Karl X. Gustav rückte auf Königsberg vor und zwang ihn 1656 zu einem Vertragsschluß, nach dem er das Herzogtum Preußen samt dem Fürstbistum Ermland von Schweden als Lehen erhielt und die Häfen von Pillau und Memel den Schweden öffnen mußte. Die Bedingungen dieses Vertragsschlusses wurden wenige Monate später im Vertrag zu Marienburg gemildert, doch auf die Lehnshoheit verzichteten die Schweden nicht.

Im Vertrag von Labiau erhielt der Kurfürst für den Verbleib bei Schweden die Anerkennung der Souveränität Preußens und des Ermlandes; zehn Monate später erkannte auch Polen im Vertrag von Wehlau die Souveränität Preußens an, jedoch unter der Bedingung, daß der Kurfürst auf das Ermland verzichtete.

Im Frieden von Oliva wurde am 5. Mai 1660 mit der Anerkennung der Souveränität Preußens durch die Großmächte die Grundlage für die Schaffung des preußischen Gesamtstaates und seine Stellung als Großmacht gelegt. Damit war die ständische Periode in der Geschichte Preußens beendet. Der Kurfürst legte 1661 eine Verfassungsurkunde vor. Doch in Königsberg erhoben sich die Stände, so daß Friedrich Wilhelm mit einer Heeresmacht dorthin ziehen mußte, um die Anerkennung seiner Souveränität von den Ständen zu erzwingen.

Am 18. Oktober 1663 fand die Huldigung auf dem Königsberger Schloßhof statt. Doch als der Kurfürst sechs Jahre später die Bewilligung von Geldern für Heereszwecke forderte, versagten sich ihm die Stände erneut.

Als Friedrich Wilhelm im Zweiten Raubkrieg Ludwigs XIV. zwischen Rhein und Mark weilte, fielen die Schweden in Preußen ein und gefährdeten Königsberg. Über Marienwerder rückte der Kurfürst vor und trieb sie über das Eis des Kurischen Haffes zurück. Die Niederlage bei Tilsit zwang sie zum Abzug.

Königsberg, Burgkirche

Das Fürstbistum Ermland erlitt in den Schwedenkriegen schwere Verluste an Menschen und sächliche Schäden. 1656/1657 wurde es vorübergehend kurbrandenburgisches Fürstentum.

PREUSSEN WIRD KÖNIGREICH

Seit Beginn seiner Regierungszeit war *Friedrich III.* bestrebt, dem Staatswesen, das sein Vater, der Große Kurfürst, zu europäischer Bedeutung erhoben hatte, durch Erwerb der Königskrone auch äußeren Glanz zu verleihen. Die kaiserliche Anerkennung mußte er mit zwölfjähriger militärischer und politischer Unterstützung des Reiches im spanischen Erbfolgekrieg erkaufen, so daß wichtige Interessen im Osten vernachlässigt wurden.

Durch die Krönung zum König in Preußen rückte Königsberg 1701 für drei Monate in den Mittelpunkt europäischer Aufmerksamkeit. Krönungsakt, Salbung durch zwei eigens dazu ernannte evangelische Bischöfe, die Einweihung der Burgkirche, der ersten reformierten Kirche in Preußen, die Erhebung des Friedrichskollegiums zur königlichen Schule und die Gründung des königlichen Waisenhauses, nicht zuletzt die Stiftung des Schwarzen-Adler-Ordens waren die äußeren Zeichen. Den Ständen wurden die Privilegien erneut zugesichert, obwohl die Verschmelzung mit dem Gesamtstaat Preußen längst beschlossene Sache war.

Wappen des Königreichs Preußen

Krönungsmedaille Friedrichs I. (1701)

Friedrich I., gebürtiger Königsberger, sprach zu seinen Landsleuten, ernannte die Oberräte zu Geheimen Räten und erhöhte ihre Zahl auf sechs. Dem prunkvollen Krönungszeremoniell folgte eine Zeit prunkvoller Barockentfaltung auf dem Gebiet des Schlösser- und Kirchenbaus, der Bürgerhäuser und der schmückenden Kunstzweige. Die Römische Kurie protestierte gegen die Krönung unter Berufung auf den Deutschen Ritterorden. Die Bulle von Rieti hatte sich als beständiger erwiesen denn die von Rimini. Erst 87 Jahre später redete der Papst Friedrich Wilhelm II. erstmals offiziell mit dem Königstitel an.

Nach der Königskrönung löste der Pietismus die

Schwarzer Adlerorden

Herrschaft der lutherischen Orthodoxie ab. Es folgte die Zeit des Retablissements: Steuern und Domänenbestimmungen wurden neu geordnet, eine neue Kolonisierungswelle setzte ein: Preußisch-litauische Bauern, französische Schweizer, Nassauer, Pfälzer, Süddeutsche, Magdeburger und Halberstädter kamen ins Land. Ihnen folgten weitere Glaubensbrüder: Salzburger und französische Réfugiés. Eine Reihe neuer Städte wurde gegründet, aber das Land blieb arm. 1736 wurde die allgemeine Schulpflicht eingeführt.

Unter *Friedrich dem Großen* brach der Siebenjährige Krieg ins Land ein. Königsberg kapitulierte, Ostpreußen geriet unter russische Oberhoheit. Das Wirtschaftsleben erlahmte, die Wälder wurden für den Flottenbau abgeholzt, der Wildbestand wurde vernichtet. Erst im September 1762 räumten die Russen das Land.

Bis 1774 kamen 15.000 Kolonisten in den Osten, um die entstandenen Lücken zu füllen. Der König, der die Liebe zum Land nicht vom Vater ererbt hatte, wagte nicht, sich in Ostpreußen zu zeigen. Am 5. August 1772 schloß er mit der Zarin Katharina von Rußland und der Kaiserin Maria Theresia von Österreich jenen Vertrag, der als *Erste Teilung Polens* in die Geschichte eingegangen ist.

Am 13. September erschienen preußische Kommissare in den ermländischen Städten, pflanzten den preußischen Adler auf und verlasen ein Patent des Königs, das die Ermländer zu preußischen Untertanen machte und sie aufforderte, sich „willig zu unterwerfen". Innerhalb von 14 Tagen hatten sie dem König in Marienburg den Huldigungseid zu leisten.

Überall herrschte Bestürzung, doch nirgends kam es zu offenem Widerstand. Der ermländische Fürstbischof Ignaz Krasicki, ein Freund Friedrichs des Großen, wandte sich protestierend an Kaiser und Papst, fand jedoch bei ihnen kein Gehör, so daß ihm und seinem Domkapitel nichts anderes übrig blieb, als „unter Berücksichtigung der politischen Lage auf die Selbständigkeit des Fürstbistums zu verzichten".

Roter Adlerorden

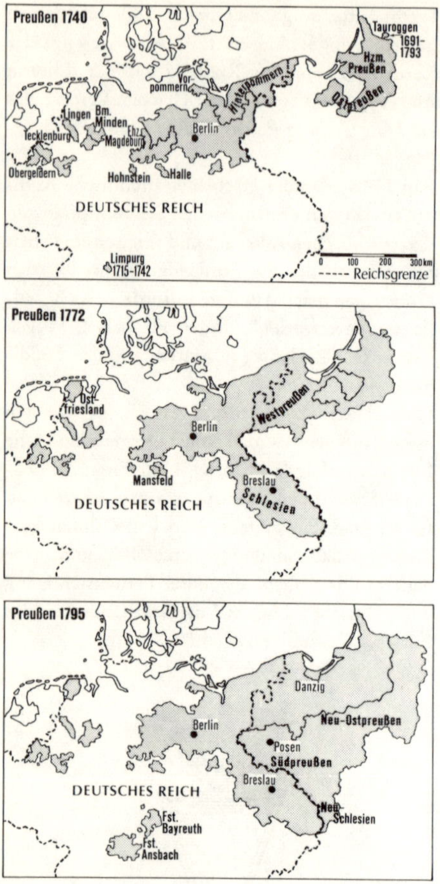

Entwicklung Preußens 1740–1795

Friedrich der Große, dem das Ermland „keine sechs Sous“ wert war, hielt es nicht für der Mühe wert, zur Huldigung persönlich zu erscheinen, was zur Folge hatte, daß auch der Fürstbischof und der höchste weltliche Beamte des Fürstbistums sich vertreten ließen.

Wichtiger als das Fürstbistum Ermland war dem König der Netzedistrikt mit den Städten Elbing, Marienburg, Marienwerder, Riesenburg, Schönberg und Deutsch Eylau, die ihm ebenfalls zufielen, obgleich er auch in diesem Gebiet nur „Heide, Sand und Juden...“ zu sehen vermochte.

Die Großmächte, die diese Teilung geplant hatten, waren sich bewußt, daß sie damit ein Unrecht begingen. Der *russische Kanzler* stellte fest, je mehr die Mächte „in den Schlamm des Perfiden versanken“, desto größer sei für sie die Verlokkung geworden, der Angelegenheit dadurch ein schnelles Ende zu bereiten, „daß sich alle miteinander auf den Schwachen und Unschuldigen stürzten“.

Friedrich der Große konstatierte: „Und das wird die drei Religionen, die griechische, katholische und protestantische vereinigen, denn sie werden alle von dem gleichen eucharistischen Leib Polens kommunizieren, und wenn es auch nicht ihren Seelen zum Heil gereicht, so wird es doch sicher ihren Staaten zum größten Wohl dienen.“

Maria Theresia schrieb an Kaunitz: „Aber in dieser Sach, wo nit allein das offenbare Recht himmelschreiend wider uns, sondern auch alle Billigkeit und die gesunde Vernunft wider uns ist, muß bekennen, daß zeitlebens nit so beängstigt mich befunden und mich sehen zu lassen schäme.“ Grundsätze des Völkerrechts und der Moral galten wenig in einem Zeitalter der Machtpolitik.

Durch Kabinettsorder vom 31. Januar 1773 erhielten die beiden Provinzen des Königreichs Preußen ihre Namen: die neu besitzergriffene Westpreußen, die alte, einschließlich des Ermlands, Ostpreußen. Damit wurde die Bezeichnung *Ostpreußen* erstmals offiziell in einer Kabinettsorder gebraucht. Seit dem Besitzergreifungspatent von 1772 nannte sich Friedrich der Große König von Preußen, statt bisher König in Preußen.

Am Abschluß seiner Regierungszeit standen eine Rechtsreform und die Justizverfassung von 1782 mit der Errichtung der Landesjustizkollegien der ostpreußischen Regierung in Königsberg und

Die drei polnischen Teilungen

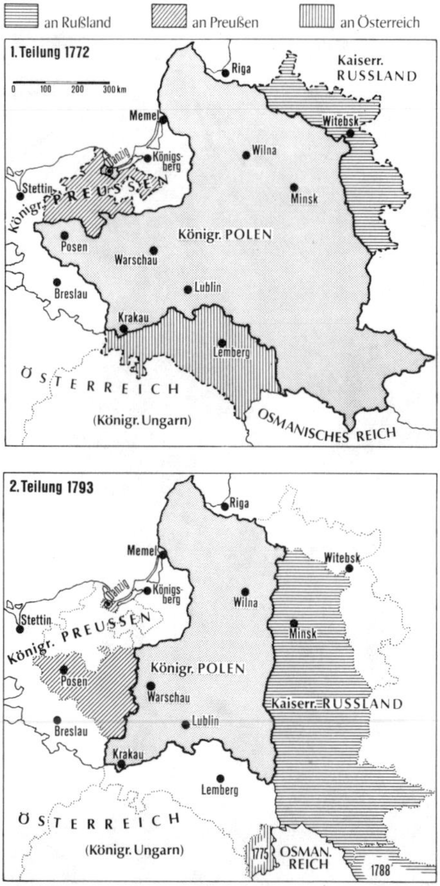

dem neu eingerichteten Hofgericht in Insterburg. Das Erbe Friedrichs des Großen wurde von seinen unfähigen Nachfolgern rasch vertan. *Friedrich Wilhelm II.* und *Friedrich Wilhelm III.* führten zwar das Siedlungswerk fort, bahnten auf verschiedenen Gebieten neue Reformen an, versuchten die Wirtschaft zu heben und den Frieden zu erhalten. Aber einen wirklichen Aufstieg erlebte nur das Geistesleben: Führend wurde erstmals die Literatur mit Gottsched, Hamann, Herder, E. T. A. Hoffmann, Zacharias Werner und Theodor Gottlieb von Hippel. Als strahlender Stern stand am Philosophenhimmel *Immanuel Kant.*

Der Friede von Tilsit im Jahr 1807 machte das Werk der ersten preußischen Könige zunichte und strich Preußen aus der Liste der Großmächte. Bis zur Memel wurde Ostpreußen, einschließlich Königsberg, von den Franzosen besetzt. Dem Land wurde eine Kontribution von acht Millionen Franken auferlegt. Die Kontinentalsperre traf Königsberg hart.

Ende 1806 war die königliche Familie nach Königsberg gekommen und von dort über die Kurische Nehrung nach Memel geflüchtet. Friedrich Wilhelm III. und *Königin Luise* weilten zwei Jahre in Ostpreußen, gewannen die Herzen der Bewohner und machten ihnen Mut. Patriotisch gesonnene Männer sammelten sich in dem 1808 gegründeten „Tugendbund“. Reformen bahnten sich an, bei denen Theodor von Schön, Hermann von Boyen, Friedrich Leopold von Schroetter sich um die Provinz verdient machten. Gottfried Frey bemühte sich um die Durchsetzung der Städteordnung des Freiherrn vom Stein, Wilhelm

Friedensbündnis von Tilsit (1807)

Schlesische privilegirte Zeitung.

No. 34. Sonnabends den 20. März 1813.

Se. Majestät der König haben mit Sr. Majestät dem Kaiser aller Reußen ein Off= und Defensiv=Bündniß abgeschlossen.

An Mein Volk.

So wenig für Mein treues Volk als für Deutsche, bedarf es einer Rechenschaft, über die Ursachen des Kriegs welcher jetzt beginnt. Klar liegen sie dem unverblendeten Europa vor Augen.

Wir erlagen unter der Uebermacht Frankreichs. Der Frieden, der die Hälfte Meiner Unterthanen Mir entriß, gab uns seine Segnungen nicht; denn er schlug uns tiefere Wunden, als selbst der Krieg. Das Mark des Landes ward ausgesogen, die Hauptfestungen blieben vom Feinde besetzt, der Ackerbau ward gelähmt so wie der sonst so hoch gebrachte Kunstfleiß unserer Städte. Die Freiheit des Handels ward gehemmt, und dadurch die Quelle des Erwerbs und des Wohlstands verstopft. Das Land ward ein Raub der Verarmung.

Durch die strengste Erfüllung eingegangener Verbindlichkeiten hoffte Ich Meinem Volke Erleichterung zu bereiten und den französischen Kaiser endlich zu überzeugen, daß es sein eigener Vortheil sey, Preußen seine Unabhängigkeit zu lassen. Aber Meine reinsten Absichten wurden durch Uebermuth und Treulosigkeit vereitelt, und nur zu deutlich sahen wir, daß des Kaisers Verträge mehr noch wie seine Kriege uns langsam verderben mußten. Jetzt ist der Augenblick gekommen, wo alle Täuschung über unsern Zustand aufhört.

Brandenburger, Preußen, Schlesier, Pommern, Litthauer! Ihr wißt was Ihr seit fast sieben Jahren erduldet habt, Ihr wißt was euer trauriges Loos ist, wenn wir den beginnenden Kampf nicht ehrenvoll enden. Erinnert Euch an die Vorzeit, an den großen Kurfürsten, den großen Friedrich. Bleibt eingedenk der Güter die unter ihnen unsere Vorfahren blutig erkämpften: Gewissensfreiheit, Ehre, Unabhängigkeit, Handel, Kunstfleiß und Wissenschaft. Gedenkt des großen Beispiels unserer mächtigen Verbündeten der Russen, gedenkt der Spanier, der Portugiesen. Selbst kleinere Völker sind für gleiche Güter gegen mächtigere Feinde in den Kampf gezogen und haben den Sieg errungen. Erinnert Euch an die heldenmüthigen Schweitzer und Niederländer.

Große Opfer werden von allen Ständen gefordert werden: denn, unser Beginnen ist groß, und nicht geringe die Zahl und die Mittel unserer Feinde. Ihr werdet jene lieber bringen, für das Vaterland, für Euren angebornen König, als für einen fremden Herrscher, der wie so viele Beispiele lehren, Eure Söhne und Eure letzten Kräfte Zwecken widmen würde, die Euch ganz fremd sind. Vertrauen auf Gott, Ausdauer, Muth, und der mächtige Beistand unserer Bundesgenossen, werden unseren redlichen Anstrengungen siegreichen Lohn gewähren.

Aber, welche Opfer auch von Einzelnen gefordert werden mögen, sie wiegen die heiligen Güter nicht auf, für die wir sie hingeben, für die wir streiten und siegen müssen, wenn wir nicht aufhören wollen, Preußen und Deutsche zu seyn.

Es ist der letzte entscheidende Kampf den wir bestehen für unsere Existenz, unsere Unabhängigkeit unsern Wohlstand; keinen andern Ausweg giebt es, als einen ehrenvollen Frieden oder einen ruhmvollen Untergang. Auch diesem würdet Ihr getrost entgegen gehen um der Ehre willen, weil ehrlos der Preuße und der Deutsche nicht zu leben vermag. Allein wir dürfen mit Zuversicht vertrauen: Gott und unser fester Willen werden unserer gerechten Sache den Sieg verleihen, mit ihm einen sicheren glorreichen Frieden und die Wiederkehr einer glücklichen Zeit.

Breslau den 17. März 1813. **Friedrich Wilhelm.**

Aufruf „An mein Volk“

von Humboldt um die Hebung des Bildungswesens.

Als das Königspaar im Dezember 1809 nach Berlin zurückkehrte, verlor Königsberg seine zentrale Lage in Preußen, wurde jedoch zum Sammelpunkt jener Kräfte, die die Erhebung Preußens vorbereiteten, die mit der Konvention von Tauroggen begann und von *General von Yorck* mit der ostpreußischen Landwehr durchgeführt wurde.

Den Aufruf „An mein Volk“ vom 20. März 1813 hatte Theodor Gottlieb von Hippel verfaßt, der Mitarbeiter Hardenbergs in der Berliner Staatskanzlei. Friedrich Wilhelm III. hatte ihn unterzeichnen müssen. 1814 wurde in Preußen die vom General von Boyen angeregte allgemeine Wehrpflicht eingeführt.

Ostpreußen litt unter der Agrarkrise, die von 1823 bis 1827 anhielt. 1835 wurden die Generalkommissionen in Königsberg und Marienwerder aufgelöst und durch vier Provinzregierungen ersetzt. Die Bevölkerung konnte auf dem Lande ein starkes Wachstum verzeichnen, hinter dem die Städte trotz der vorangetriebenen Industrialisierung vorerst noch zurückblieben.

Als Friedrich Wilhelm III. 1840 starb, nutzte man die Gelegenheit, seinen Nachfolger *Friedrich Wilhelm IV.* bei der Huldigung um die Einführung einer Verfassung zu bitten. Der König kam der Bitte nicht nach. Von Schön forderte die Einfüh-

rung der Generalstände. Zum ersten Male trat der bürgerliche Liberalismus offen hervor. 1842 wurde von Schön in allen Ehren verabschiedet.
1848 wurde Ostpreußen in den *Deutschen Bund* aufgenommen und erhielt das Recht, Vertreter ins Parlament nach Frankfurt zu entsenden. Während der Adel weiterhin preußisch dachte, neigte das Bürgertum dem Reichsgedanken zu. Der Königsberger Professor Eduard von Simson bot im Namen der Frankfurter Nationalversammlung Friedrich Wilhelm IV. am 13. April 1849 die Kaiserkrone an, die dieser jedoch ablehnte.

Nach den Befreiungskriegen (1815)

Wappen der Provinz Ostpreußen

PROVINZ DES DEUTSCHEN REICHES

Die Kaiserproklamation in Versailles, 1871, rief in Ostpreußen Erinnerungen an *Kaiser Wilhelm I.* wach, der zusammen mit seinen Eltern von 1806 bis 1813 in Ostpreußen Zuflucht gefunden hatte. Nach der Reichsgründung setzte eine Abwanderung großen Stils aus der Provinz ein. Zwischen

Preußen zur Zeit der Reichsgründung (1871)

In Berlin wurde der Bau der Ostbahn beschlossen, um das Wirtschaftsleben in Ostpreußen neu anzukurbeln. Zur Völkerschlacht bei Leipzig durfte die ostpreußische Landwehr entscheidend beitragen, doch die geschichtliche Entwicklung ging weitgehend über Ostpreußen hinweg, das auf Grund seiner liberalistischen Grundhaltung in die Opposition gedrängt wurde. Die Politik wurde fortan in Berlin gemacht.

Deutsche Ostgebiete (1919)

1871 und 1910 verließen 1,3 Millionen Menschen das östliche und westliche Preußen, um hauptsächlich im rheinisch-westfälischen Industriegebiet oder aber in der Hauptstadt Berlin eine sichere Existenz zu begründen. In der Provinz selbst machte sich ein starker Zug vom Lande zur Stadt bemerkbar.

Das *Ermland*, seit dem Tod des letzten Fürstbischofs Josef Wilhelm Friedrich Prinz von Hohenzollern-Hechingen nur noch kirchliche Diözese, bekam den Kulturkampf hart zu spüren. Dem Bischof wurden die Temporalien entzogen, das Priesterseminar in Braunsberg wurde geschlossen, der Jesuitenorden verboten. Klerus und Volk leisteten passiven Widerstand. Am östlichen Himmel zogen die Wolken des Ersten Weltkriegs auf.

Nach den Plänen seines Generalstabschefs Ludendorff schlug von Hindenburg die Russen am 26. bis 30. August 1914 in der Schlacht bei *Tannenberg*. Die Narewarmee unter Samsonow wurde vernichtet, ehe die Njemen-Armee unter Rennenkampf ihr Hilfe leisten konnte.

Die Abstimmung in Zahlen.

Nach den Angaben der interalliierten Kommission.

Kreis	Anzahl der eingetragenen Abstimmungsberechtigten				Anzahl der Gemeinden, die stimmten für		Anzahl der abgegebenen Stimmen für		Anzahl der ungültigen Stimmen	Gesamtzahl der Stimmen
	Liste 1*	Liste 2**	Liste 3***	Zusammen	Ostpreußen	Polen	Ostpreußen	Polen		
Oletzko+	18957	13053		32010	121		28625	2	23	28650
Lötzen	19720	13652	2312	35684	116		29378	9	14	29401
Rössel	22786	16673	1900	41359	117	1	35252	758	29	36039
Allenstein (Stadt) .	13848	3900	2412	20160	1		16742	342	54	17138
Osterode	29432	20605	4261	54298	244	4	46385	1043	54	47482
Johannisburg+ .	24561	13831		38392	198		34036	14	19	34069
Allenstein (Land) .	25616	14295	1460	41371	179	3	31486	4902	185	36573
Sensburg	23416	14431	960	38807	190		34334	25	13	34372
Neidenburg . . .	14481	10830	1298	26609	142	1	22233	330	37	22600
					eine Gemeinde mit gleichen Stimmen					
Ortelsburg . . .	32517	22630	1164	56311	197		48204	511	65	48780
Lyck	25370	13528	1406	40304	190		36534	44	33	36611
Insgesamt:	250704	157428	17173	425305	1695	9	363209	7980	526	371715

Volksabstimmung

Vor dem Zweiten Weltkrieg (1938)

Die auf Königsberg vordringende Njemen-Armee wurde vom 8. bis 11. September von Süden her aufgerollt. Rennenkampf zog sich zum Njemen zurück. Ostpreußen war vom Feind befreit. In der Masurischen Winterschlacht vom 7. bis 21. Februar 1915 wurden die Russen in den Wäldern von Augustowo geschlagen. Damit waren die Kämpfe des Ersten Weltkriegs für Ostpreußen endgültig beendet. Zwar gelang es den Russen, am 18. März 1915 Memel zu besetzen, doch ein Handstreich auf Tilsit wurde abgewehrt. Bei Tauroggen wurden sie am 28. März endgültig zurückgeschlagen.

Immerhin 39 ostpreußische Städte waren schwer getroffen, 13600 Menschen nach Rußland verschleppt worden, von denen 4000 nicht mehr zurückkehrten.

Dank der Ostpreußenhilfe, die überall im Reich einsetzte, dank der Patenschaften konnte mit dem Wiederaufbau der Provinz noch im Kriege begonnen werden.

Am 11. Juli 1920 fand im südlichen Ostpreußen unter Leitung einer interalliierten Kommission eine *Volksabstimmung* statt, bei der auf 97,8 v. H. der abgegebenen Stimmzettel das Wort „Ostpreußen“ stand.

Ostpreußen wurde durch einen *„Korridor“* vom übrigen Reich abgetrennt. Lebenswichtig war für die Provinz die Frage des Absatzes ihrer Agrarerzeugnisse. Die Inflation von 1924 brachte die Rentenmark mit sich und zwang zur Kreditaufnahme. Helfend versuchte das 1920 gegründete Institut für ostdeutsche Wirtschaft an der Albertina einzugreifen.

Wie schwierig die Lage war, zeigt, daß der Reichsminister des Innern der Landwirtschaft durch die Gründung eines *„Ostfonds“* helfen mußte. 1931 wurde das Osthilfegesetz erlassen und im Oktober 1932 verbessert. Entscheidend aber für das Durchhalten war die Produktionssteigerung bei Ackerbau und Viehzucht zu Höchstleistungen durch die Bevölkerung selbst. Nur so konnte in den Dreißiger Jahren eine Konsolidierung der Agrarverhältnisse eintreten.

Hoffnung erweckte bei vielen Ostpreußen der Abschluß eines deutsch-polnischen Nichtangriffspaktes am 26. Januar 1934. Doch die Hoffnung erwies sich als trügerisch, genauso wie die Hoffnung des Bischofs von Ermland, die sich an den Abschluß des Reichskonkordats vom 20. Juli 1933 geknüpft hatte.

War im Ersten Weltkrieg Ostpreußen in die erste

Im Zweiten Weltkrieg (1939–1941)

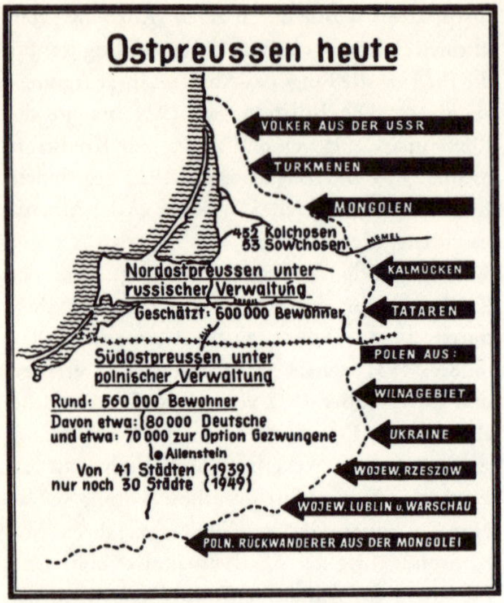

Herkunft der neuen Siedler

Phase der Kampfhandlungen einbezogen gewesen, so zögerte sich im *Zweiten Weltkrieg* die Einbeziehung der Provinz bis in den Spätsommer 1944 hinaus, als die Ostfront in ihre Nähe rückte. Vom Luftkrieg war die Provinz bis dahin weitgehend verschont geblieben. Ende Juli 1944 griffen die Russen Tilsit an, Ende August legten britische Geschwader die Innenstadt von Königsberg in Trümmer. Anfang Oktober begann der Einmarsch der Russen am Kurischen Haff und die Ostseeküste entlang mit dem Ziel, zwei Kessel zu bilden, offen allein zur See hin.

In den ersten Monaten des Jahres 1945 flüchteten fast eine Million Menschen über See, die Hälfte davon von Pillau aus. Am 25. März wurde der Heiligenbeiler Kessel geschlossen. 200000 Menschen entkamen über die Frische Nehrung oder auf dem Landweg bis Hela, wurden jedoch bereits in Pommern von russischen Panzern erwartet. Am 9. April kapitulierte Königsberg mit 110000 Überlebenden, von denen die Hälfte in den kommenden Monaten an Entkräftung starb. Am 25. April kapitulierte Pillau.

Die Provinz Ostpreußen wurde in ihren Grenzen vom 31. Dezember 1937 durch das *Potsdamer Abkommen* am 2. August 1945 polnischer und sowjetischer Verwaltung unterstellt mit dem Vorbehalt, daß diese Regelung bis zu einem Friedensvertrag Gültigkeit haben solle. Die Sowjetunion übernahm die Verwaltung der nördlichen Provinz, Polen die der südlichen.

Ostpreußen umfaßte am 17. Mai 1939 (ohne das Memelland) ein Gebiet von 36996 qkm mit 2488000 Einwohnern. Das Memelland, das am 22. März 1939 zum Reich zurückkehrte, umfaßte ein Gebiet von 2566 qkm mit 134000 Einwohnern.

Tannenberg-Ehrenmal

Adamsverdruß (poln. *Szklarnia*), Kreis Ortelsburg, südlich Puppen in einer Lichtung der Johannisburger Heide gelegen. Das Dorf erhielt seinen Namen nach dem Domänenbeamten Adam aus der Nachbargemeinde Friedrichsfelde, der sich im Jahr 1780 gegen die Anlage einer Glashütte widersetzt hat. Ende des 19. Jh. bestand die Hütte nicht mehr; alle Anlagen waren völlig verschwunden. Man fand nicht einmal Spuren von Glasschlacke.

Kirche in Allenburg

Alle (poln. *Łyna*), der größte Nebenfluß des Pregels, um 1290 Alne, bei Hennenberger Alla genannt. Ihre Quellen liegen im Kreis Neidenburg. Sie sammeln sich bei dem Kirchdorf Lahna. Die Alle durchfließt den Marannsen-, Schwenty- und Großen Kernossee, erreicht die Südspitze des Lansker Sees, hernach durch den Ustrichsee Allenstein. Bei Schmolainen, unterhalb Guttstadt, durchbricht sie den Nordrand des Preußischen Landrückens, fließt an dessen Fuß entlang nach Heilsberg und Bartenstein, in östlicher Richtung nach Schippenbeil und in nördlicher nach Friedland, wo sie schiffbar wird. Durch Allenburg, vorbei am Aussichtspunkt Silberberg, mündet sie bei Wehlau in den Pregel.

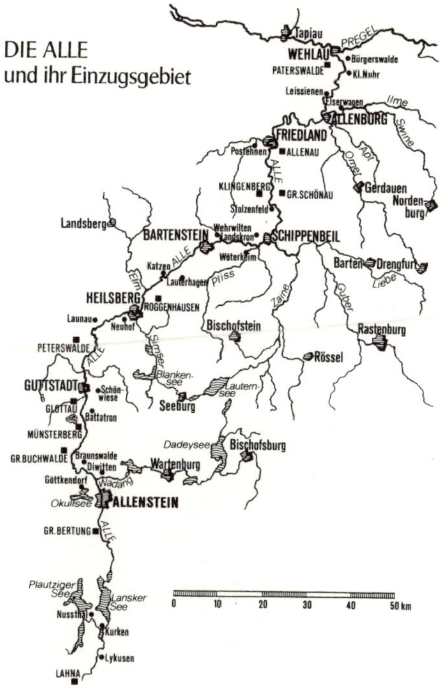

Einzugsgebiet der Alle

1796 begann der Schippenbeiler Mühlenbesitzer Döhnecke im Auftrag des Staates mit der Schiffbarmachung. An den Ufern, insbesondere bei Allenburg, befanden sich mehrere Ziegeleien. Die Alle diente vornehmlich dem Ziegeltransport.

Der Fluß war sehr fischreich; man fing vor allem Aale und in der Nähe der Pinnauer Mühlenwerke Neunaugen, in der ganzen Provinz beliebt. Nebenflüsse von rechts: der Wadang, die Simser, der Guber mit Deime, Zaine und Liebe, der Omet, die Swine mit der Ilme; von links: Elm und Schwöne.

Bei Groß Wohnsdorf, zwischen Friedland und Allenburg, befand sich eine bequeme Übergangsstelle, die schon die Prussen gekannt und durch Anlage einer Burg, wahrscheinlich Capostete, gesichert hatten. Sie spielte in den Kriegen des Ordens und auch später eine beachtliche Rolle.

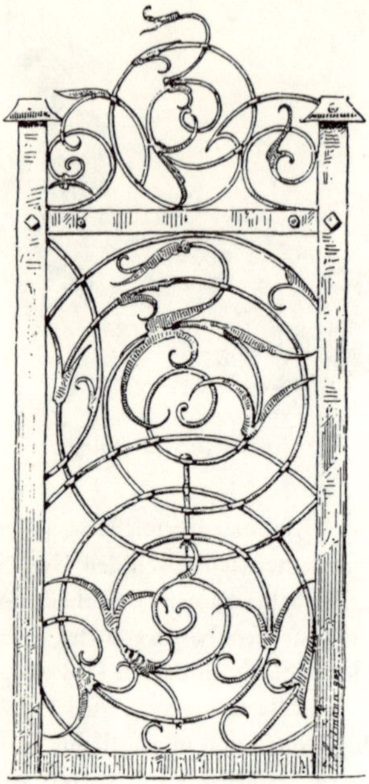

Gitter zu Allenburg

Der Flußlauf beträgt 225 km, das Gefälle 120 m.
Allenburg (russ. *Drushba*), Kreis Wehlau, an der Mündung des Masurischen Kanals in die Alle, auf einer Halbinsel zwischen Abtfluß, Alle und Schwöne erbaut. Den Namen erhielt die Stadt nach einem 1384 gegründeten Wildhaus des Deutschen Ordens, der Alleburg, einer Grenz este gegen die Große Wildnis.

Die erste Ansiedlung war das Vorwerk Progen. 1400 erhielt die Stadt von Hochmeister Konrad von Jungingen 54 Hufen nach kulmisch-magdeburgischem Recht und war kurz darauf eine Lehnstadt, 1540 im Besitz der Familie des samländischen Bischofs Polentz. 1406 ist als Baujahr der Kirche überliefert.

Da die Stadt sich dem Preußischen Bund anschloß, zerstörte der Orden sie 1455 zum größten Teil. 1527 – nach der Säkularisierung des Ordensstaates – erhielt sie von Herzog Albrecht das Recht, Märkte abzuhalten. 1663 bestätigte der Große Kurfürst das Stadtrecht.

Die Schweden besetzten Allenburg im Jahre 1679. 1683 gründeten Kammerherr Albert Friedrich und Kammerherrin Anna Helene von Rauschke auf Eiserwegen das Rauschkesche Frauenstift, das diesen Namen dreihundert Jahre lang trug.

1711 wütete in Allenburg die Pest, nur elf Einwohner überlebten die Seuche.

Von 1757 bis 1762 unter russischer, 1807 unter französischer Besetzung, 1867 und 1875 von großen Bränden heimgesucht, zerstörten die Russen 1914 das Stadtbild, beschädigten die Kirche, vor deren Altar ein sargähnlicher Leichenstein stand, und sprengten deren Turm.

Abseits vom Verkehr, konnte sich die Stadt kaum entfalten.

Um 1400 entwickelte sich aus dem Vogelschießen eine Schützengilde; doch die Lehnsherrschaft verbot 1608 den Bürgern jegliches Waffentragen. Seit

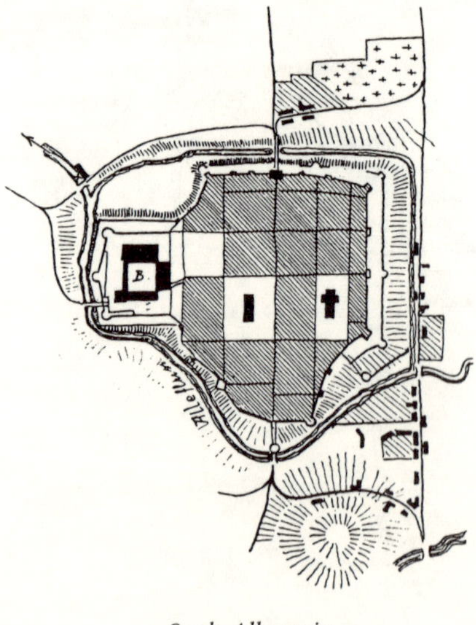

Stadt Allenstein

Panorama von Allenstein

1682 wechselnde Garnisonen. Die erste Schule entstand 1409.
1939 zählte die Stadt 2694 Einwohner.
Allenstein (poln. *Olsztyn*), beiderseits der oberen Alle in wald- und seenreicher Hügellandschaft gelegene größte Stadt des Ermlands, wirtschaftlicher und kultureller Mittelpunkt Südostpreußens mit Sitz eines Regierungspräsidenten.
Das ermländische Domkapitel, dem die prussischen Gaue Gudikus und Bertingen als weltliches Territorium zugesprochen worden waren, errichtete eine Kapitelburg mit Mühle und Ansiedlung, 1348 als Nova civitas erwähnt. Die Handfeste erhielt die Stadt am 31. Oktober 1353 vom Domkapitel, dessen höchster Beamter, der Kapiteladministrator, bis 1772 in der Burg Allenstein residierte. Bald war die junge Stadt in die Litauerkämpfe verwickelt. 1400 durch Feuer zerstört. Es war der erste von vier Großbränden – 1420, 1458 und 1622 –, bei denen nur Schloß, Pfarrkirche und Ringmauern verschont blieben.
Im Reiterkrieg belagerte Hochmeister Albrecht von Brandenburg 1521 die Stadt, griff sie aber nicht an, da der Administrator, Nicolaus Coppernicus, sie zur Verteidigung gerüstet hatte. Auch die Schweden bestürmten sie, ohne daß es ihnen gelang, sie einzunehmen.
Die Große Pest von 1709 bis 1711 raffte ein Drittel der Bevölkerung weg. Im Januar 1807 besetzten die Franzosen die Stadt und plünderten drei Tage lang. Am 3. Februar traf Napoleon in Allenstein ein. Bei einer Truppenparade auf dem Markt legte von der Dachluke eines der Laubenhäuser ein Ortelsburger Jäger auf den Kaiser an. Es gelang, ihm in letzter Minute das Gewehr aus der Hand zu schlagen.
1772 kam Allenstein zu Preußen. Bis dahin hatte kulmisch-magdeburgisches Recht gegolten. Die

Stadt zählte 1770 Einwohner. Als sie 1817 Kreisstadt wurde, war die Einwohnerzahl auf 2100 angestiegen. Erst als sie 1872 nach Eröffnung der Bahnstrecke Thorn – Insterburg Eisenbahnknotenpunkt Südostpreußens geworden war, nahm die Bevölkerungsziffer rasch zu. 1905 Sitz der Regierung Südostpreußens.
Ziegeleien, Mühlen, Maschinen- und Möbelfabriken, Textilien, Getreide- und Holzhandel, eine Zündholzfabrik und eine Glockengießerei prägten ihre Wirtschaft. Das kulturelle Leben gipfelte im Bau eines Landestheaters, Geschenk der preußischen Regierung als Dank für den Abstimmungssieg am 11. Juli 1920 – sie war „Hauptquartier" der interalliierten Kommission gewesen und hatte sich mit 97,8 v.H. für Ostpreußen entschieden.
Kultur und Natur gingen eine glückliche Verbindung ein. Allenstein, die „Stadt im Grünen"; der große Stadtwald, über hundert Seen im Stadt- und Landkreis lockten Feriengäste an. Jakobsberg, Waldfrieden und die nahe gelegene Herta-Insel im Wulpingsee waren vielbesuchte Ausflugsziele.
Kapitelschloß, vor 1353 erbaut, mit unten quadratischem, oben rundem Eckturm, eine der festesten Burgen im Osten. Im Nordflügel residierte von 1516 bis 1519 und von 1521 bis 1524 der Landpropst Nicolaus Coppernicus. Meister Nikolaus, Maurer in Allenstein, erbaute 1530 die St.

Remter im Schloß Allenstein

Dansker am Schloß Allenstein

Annenkapelle, die nach 1772 der evangelischen Gemeinde als Gotteshaus diente.
St. Jakobikirche, ein dreischiffiger Hallenbau mit Netz- und Sterngewölben, nach einer Inschrift an der Chorseite 1315 erbaut. In der Handfeste von 1353 wird ihre Dotierung erwähnt. Eine der bedeutendsten Leistungen der Backsteingotik im Osten. Sie überstand die Feuersbrünste im 15. Jh.; im 16. Jh. von den Schweden schwer beschädigt. Bis 1866 hatte sie zwölf Altäre. Ein großer Kruzifixus hängt von der Decke herab, Kronleuchter aus dem 16. und 17. Jh. zieren das Schiff. Im Winter 1807 hielten die Franzosen in ihr 1500 preußische und russische Soldaten gefangen. Heute Kathedrale des Bistums.
Hohes Tor, das einzige erhaltene Stadttor, Zeugnis frühmittelalterlicher Stadtbefestigung, im Laufe der Zeiten zerstört, doch getreu wieder aufgebaut, diente im 20. Jh. als Jugendherberge und Stadtgefängnis.
Benno Böhm, geboren 1891, Sohn eines Realschullehrers. Kehrte nach dem Studium der Altphilologie als Lehrer ans Allensteiner Gymnasium zurück. Mit seinem Buch „Sokrates im 18.

Jh." erregte er einiges Aufsehen. Er war ein hervorragender Pädagoge.

Lucas David, geboren 1503, Sohn eines Tuchmachers, Magister an der Leipziger Universität, schloß sich 1533 der Lehre Luthers an, kehrte 1540 als Kanzler des Kulmer Bischofs in die Heimat zurück, trat in den Dienst des Herzogs in Preußen und konnte sich als Hofgerichtsrat ausschließlich seinen historischen Interessen widmen. Die herzoglichen Archive in Königsberg und Tapiau standen ihm offen, auch das bischöfliche in Frauenburg. Er sammelte an die 2000 Urkunden und schrieb eine „Preußische Chronik", wurde Bahnbrecher preußischer Geschichtsschreibung.

Hugo Haase, geboren 1863, Jurist und Politiker, leitete zusammen mit Friedrich Ebert von 1911 bis 1916 die Sozialdemokratische Partei Deutschlands. 1915 plädierte er als Mitglied des radikalpazifistischen Flügels gegen die Kriegskredite. In der Weimarer Nationalversammlung strebte er eine Kombination von Rätesystem und Parlamentarismus an. Er starb an den Folgen eines Attentats.

Erich Mendelsohn, geboren 1887, schuf als Architekt Bauentwürfe, Zeichnungen, Bühnenbilder und führte seit 1919 größere Bauten auf, darunter den Einsteinturm in Potsdam, das Columbushaus in Berlin, Kaufhäuser in Nürnberg, Stuttgart, Chemnitz und Breslau. In Jerusalem baute er das Medizinische Zentrum der Universität und die Anglo-Palestine-Bank. Als Professor lehrte er in Kalifornien.

Hubert und *Leo Schrade*, geboren 1900 und 1903, Kunsthistoriker der eine, Musikwissenschaftler der andere, machten sich um die Erforschung der deutschen Romantik, der Orgelmusik und der Entwicklung der Musiklehre verdient.

Ingrid Wagner-Andersson, geboren 1905, Schwester der Schriftstellerin Hedwig Bienkowski-Andersson, war letzte Meisterschülerin an der Königsberger Kunstakademie und fand mit ihren

St. Jakobikirche in Allenstein

Aquarellen und Ölgemälden, Zeichnungen und Pastellen Aufnahme in vielen Museen des In- und Auslands.

Klaus-Joachim Zülch, geboren 1910, Sohn des Allensteiner Oberbürgermeisters, genießt als Leiter der ständigen Kommission für Hirntumorforschung der Weltvereinigung für Neurologie und führender Neuropathologe Weltruf.

Wenn auch nicht in Allenstein geboren, so sind durch die hier verbrachte Jugend- und Schulzeit der E. T. A. Hoffmann-Forscher und Schriftsteller *Walther Harich*, der Erneuer der deutschen Musik und Erforscher der Vogelstimmen *Heinz Tiessen* und der weltbekannte Goetheforscher *Erich Trunz* von der Stadt mitgeprägt.

Einen besonderen Beitrag hat Allenstein zum ostpreußischen Sagenschatz geliefert. Lucas David hat in seiner Preußischen Chronik die Sage von den Männlein zu Allenstein erwähnt, die gütig, aber auch böse sein konnten. Weitere Sagen umkreisen das Verwunschene Schloß im Stadtwald, die Teufelsbrücke, den Ungetreuen Torwächter von Allenstein, das Goldene Pferd im Burghof und die Waldbrücken.

1565 errichtete das Domkapitel eine Lateinschule an der Pfarrkirche. 1873 erhielt die Stadt eine Höhere Mädchenschule, 1907 in ein Lyzeum umgewandelt und nach der Königin Luise benannt, 1877 ein Staatliches Gymnasium und 1898 eine Realschule (1906 zur Oberrealschule erhoben), 1910 eine Mädchenmittelschule.

Einen „Schießgarten" gab es 1765, ab 1783 wechselnde Garnisonen. Neben der alteingesessenen ermländischen Bevölkerung, meist Ackerbürger und Handwerker, machte sich bald nach Beginn des 20. Jh. der Beamten- und Soldatenstand geltend, der sich aus Neubürgern zusammensetzte, die „aus dem Reich" gekommen waren. Es entstand eine religiöse wie auch politische Kluft, die sich in den beiden Zeitungen der Stadt spiegelte, der deutschnationalen Allensteiner Zeitung, hervorgegangen aus dem Kreisblatt von 1842, und dem Allensteiner Volksblatt. Seit 1886 erschien auch ein polnisches Wochenblatt.

Eine Besonderheit war die Bettlerzunft von 1766. Ein Protokoll des Bürgermeisteramtes legte fest, daß fortan „zehn Frauen und einem stummen Menschen" der Status tolerierter Bettler zukommen solle. Als äußeres Zeichen der Zugehörigkeit zu dieser „edlen Zunft" sollten sie ein „Stadtzeichen tragen, öffentlich, an ihre Röcke angemachet".

Stadtmauer in Allenstein

1939 hatte die Stadt 50396 Einwohner.

Alt Christburg (poln. *Stary Dzierzgoń*), Kreis Mohrungen. In der Christnacht von 1234 soll – der Sage zufolge – der Deutsche Orden die Prussenfeste auf dem Schloßberg erobert haben. Er baute sie aus und nannte sie Christburg. Doch die Pogesanier griffen die Burg immer wieder an, so daß der Orden sie schließlich aufgab. 1248 baute er nördlich der Stelle eine neue Burg, an der Sorge, die er ebenfalls Christburg nannte. Überreste der Burg standen auf dem Schloßberg der Stadt Christburg.

1939 hatte das Dorf 988 Einwohner.

Altfelde (poln. *Stare Pole*), Kreis Marienburg. „Luther von Braunschweig, oberster Trapier, gab am 14. Februar 1330 dem Hannus von Montau auf der Fischow das Dorf Aldenvelt genannt, zu besetzen, mit 30 Hufen zu kulmischem Recht". Erst durch die Eröffnung des Bahnhofs 1852 und den Bau der Zuckerfabrik 1881 stieg Altenfelde zum größten Dorf im Landkreis Marienburg und zum „Mittelpunkt des Kleinen Werders" auf. 1580 wurde der erste evangelische Gottesdienst abgehalten, 1638 die erste Kirche gebaut. 1705 wurde „eine gantz neue und große Kirche gebauet, weil viel Schwedische Offiziers ein gutes Contingent zum Kirchen-Bau gegeben hatten". Eine neue Kirche wurde 1879 eingeweiht, ein turmloser Backsteinbau, einfach eingerichtet, doch mit wertvollen Stücken aus der alten Kirche, dem Altar, der Kanzel, dem Beichtstuhl und kostbarem Kirchengerät.

1939 hatte das Dorf 1026 Einwohner.

Altmark (poln. *Stary Targ*), Kreis Stuhm, eine Gründung des Christburger Komturs Hermann von Schönberg zwischen 1271 und 1276 nach kulmischem Recht. Die Ordenskirche St. Simonis und Judae erstand nach 1320.

Am 26. September 1629 schlossen Schweden, Polen und Brandenburg einen Waffenstillstand, der sechs Jahre anhielt. Brandenburg mußte die gesamte ostpreußische Ostseeküste, dazu Fischhausen, Lochstädt und das Gebiet von Schaaken den Schweden überlassen. Auch besetzten sie Elbing, Braunsberg und Tolkemit. Sie gaben ihre ostpreußischen Besitzungen erst im Stuhmsdorfer Frieden von 1635 zurück. Das Dorf Altmark war 1664 völlig zusammengeschrumpft. Zehn Jahre später erwähnt eine Urkunde einen Schloßgrund. Bei der Abstimmung von 1920 entschied sich die Mehrheit der Bevölkerung für Polen.
1939 hatte das Dorf 1283 Einwohner.

Alt Schöneberg (poln. *Wrzesina*), Kreis Allenstein. Die älteste Handfeste stammt aus dem Jahr 1352, eine zweite aus dem Jahr 1575. Die Pfarrkirche wurde um 1500 der heiligen Maria Magdalena geweiht. Der Ostgiebel stammt aus dem Jahr 1872, abgetreppt, aber ohne Pfeilerchen. Zu dieser Zeit wurden auch Spitzbogenfenster neu eingebaut. Die Decke war aus Holz in Korbbogenform.
1939 hatte das Dorf 421 Einwohner.

Altstadt (poln. *Stare Miasto*), Kreis Mohrungen, an der Sorge gelegen. Soll den Namen von der „alten Stadt" haben, die bei Alt Christburg lag. Östlich vom Dorf befand sich eine Fliehburg, die zur Ordenszeit den Übergang über die Sorge decken sollte. Sie war zugleich Zufluchtsstätte für die Bewohner von Altstadt und ihr Vieh.
Die Pfarrkirche stammt aus der Ordenszeit, sie hat starke Wandungen. 1682 wurde sie gründlich wiederhergestellt, fast neu gebaut.
Turm, Langhaus und Vorhalle stehen auf hohem Feldsteinfundament, sind aus Ziegeln erbaut. Die Kirche ist im Innern flach gedeckt. Vor dem Altar befinden sich Grabsteine mit dem Wallenrodtschen Wappen, 1626.
1939 hatte das Dorf 364 Einwohner.

Alt Wartenburg (poln. *Barczewko*), Landkreis Allenstein, am Wadangsee gelegen. Bistumsvogt

Monstranz zu Alt Wartenburg

Friedrich von Liebenzell baute zu Beginn des 14. Jh. ein Wildhaus, als Beobachtungsposten nach Litauen gerichtet. Im Schutze dieses Ordenshauses bildete sich die Stadt Wartenburg, 1329 von Bischof Heinrich II. Wogenap in einer Urkunde genannt.
Die Litauer überrumpelten die Stadt 1353/1354, als Olgierd und Kynstut ins Ermland eingefallen waren. Nach ihrem Abzug baute man sie wieder auf, nicht an derselben Stelle, sondern eine Meile weiter gen Osten. An der alten Stelle, am Wadangsee, entstand das Kirchdorf Alt Wartenburg, 1369 erstmals erwähnt. Bischof Heinrich III. Sorbom gab dem Schulzen Heinrich von Blankensee am 9. Juli 1376 die Handfeste nach kulmischem Recht. Es hatte schon früher eine Handfeste gegeben, die verloren gegangen war.
1582 weihte Bischof Martin Kromer die Pfarrkirche St. Katharina, 1813 im neoromanischen Stil erneuert.
1939 hatte das Dorf 830 Einwohner.

Andreaswalde (poln. *Kosinowo*), Kreis Johannisburg. Hier hatte die Sekte der Sozinianer ihr

Gotteshaus. Weil sie die Lehre von der Dreieinigkeit verwarf und auch sonst „abweichende“ Ansichten von der Person und den Werken Christi vertrat, 1648 in Polen geächtet. 1676 ließen sich Anhänger dieser Sekte im Kreis Johannisburg nieder.

1939 hatte das Dorf 133 Einwohner.

Angerapp (russ. *Osersk*), Kreisstadt im Regierungsbezirk Gumbinnen, auf dem linken Ufer der Angerapp gelegen. 1539 als Dorf Dargekyem erwähnt, 1615 mit Krug und Kirche beliehen, letztere 1842 und 1854 völlig umgebaut.

Schultheiß von Unfried entwarf die gitterförmige Ortsanlage um den dreizehn Morgen großen Markt, die Friedrich Wilhelm I. im Jahr 1725 mit dem Stadtrecht ausstattete.

Die schnellen Wasser der Angerapp förderten die Festigung von Gerbern und Tuchmachern. Zahlreiche Franzosen siedelten hier. 1725 war jeder

Angerapp

siebente Bewohner Salzburger Herkunft.

Nach den Befreiungskriegen ging das Handwerk zurück; gefördert vom umliegenden Großgrundbesitz, blühte die Pferdezucht auf. Mühlenwerke sorgten für die Elektrizitätsgewinnung. Die Stadt erhielt – als eine der ersten in Deutschland – 1880 elektrische Straßenbeleuchtung.

Die Nähe der Angerappfront brachte im Ersten Weltkrieg russische Besetzung vom 23. August bis 11. September 1914 mit sich. An der Angerappfront brach der Vormarsch der Russen zusammen. Nach starken Zerstörungen übernahm Dresden die Patenschaft über Angerapp. Die Stadt blühte zur Gartenstadt auf, zum beliebten Ausgangspunkt für Faltbootfahrten zum Pregel und zur Masurischen Seenplatte. Bis 1938 Darkehmen, dann in Angerapp umbenannt.

Die Nähe von Nemmersdorf bewog im Zweiten Weltkrieg viele Bewohner zur Flucht.

Eine private höhere Schule aus dem Jahr 1922 erhielt 1929 den Status einer Realschule. 1739 war die Stadt Standort des Dragonerregiments von Zieten. Seit 1854 erschien ein Kreisblatt.

1939 hatte Angerapp 4336 Einwohner.

Angerapp, Quellfluß des Pregels. Der Name ist prussisch: *ungurys* = der Aal; *upe* = der Fluß. Schon in prussischer Zeit war dieser Fluß sehr reich an Aalen. Er entströmt oberhalb Angerburg dem Mauersee, ist bis zum Angerburger Hafen kanalisiert, umfließt in großem Bogen die Stadt; in nördlicher Richtung geht es auf Darkehmen zu. Der landschaftlich schönste Teil ist das Angerapptal bei Insterburg. Vorbei am sagenumwobenen Kamswikusberg führen die Wasser gen Georgenburgkehlen, wo sie zusammen mit Inster und Pissa in den Pregel münden. Die wichtigsten Nebenflüsse, die die Angerapp unterwegs aufnimmt: Goldap und Gawaite. Der Flußlauf beträgt 153 km, das Gefälle 108 m.

Angerburg (poln. *Węgorzewo*), Kreisstadt im Regierungsbezirk Gumbinnen. Auf hügeligem Gelände an der Angerapp, kurz vor deren Einfluß in den Mauersee, erbaute der Deutsche Orden 1335 unter Hochmeister Dietrich von Altenburg ein Wildhaus, das die Litauer unter Kynstut 1335 zerstörten. Weiter landeinwärts in Stein wieder aufgebaut, entstand neben ihm 1450 die Ansiedlung Gerothwol (Gerate wohl), die 1514 eine Neuverschreibung unter dem Namen Neudorf erhielt. Sie baute 1528 die erste Kirche aus Holz. Herzog Albrecht Friedrich von Preußen verlieh der Dorfsiedlung 1571 das Stadtrecht. 1611 baute die Stadt eine Kirche aus festem Stein; im 18. Jh. erweitert. Auf den Bau von Stadtmauern verzichtete man. Angerburg war das friedliche Nordtor zu den Masurischen Seen. Es besaß die größte Fischbrutanstalt Deutschlands, vornehmlich für Maränen- und Hechtbrut. Im 17. Jh. hatten sich hier Schotten niedergelassen.

Die Stadt besaß die Quednausche Vogelsammlung, in der an die dreihundert Vogelarten des Mauerseegebietes vereint waren. In der Wohltätigkeitsanstalt Bethesda fanden verkrüppelte Kinder aus ganz Deutschland Aufnahme. Sie erlernten, soweit möglich, ein Handwerk und fanden eine sinnvolle Lebensaufgabe.

Angerburg wurde im Zweiten Weltkrieg fast völlig zerstört.

Gregor Andreas Helwig, geboren 1666, der Erfinder der Herbarien. Auf dem Kirchberg ließ er

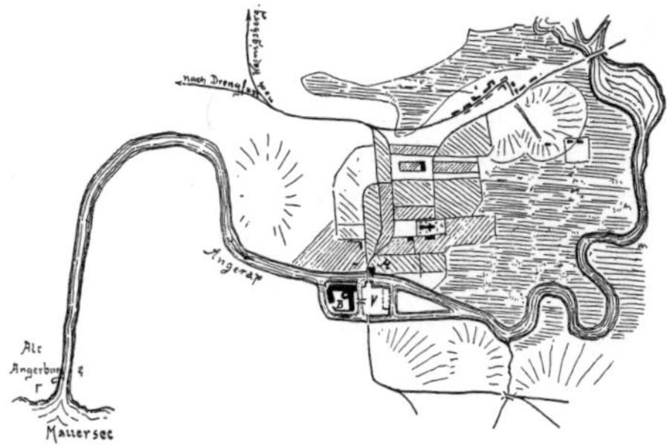

Stadt Angerburg

Kirche zu Angerburg

während der Pestzeit Bäume anpflanzen, die die Zeiten überstanden. Der Pfarrerssohn hatte in Königsberg, Wittenberg, Leipzig und Jena Naturwissenschaften studiert. Als Propst und Erzpriester der Hauptämter Angerburg und Lötzen setzte er seine botanischen Studien fort und sammelte Herbarien. Das „Erleuterte Preußen“ erwähnt ihn als den „deutschen Plinius“. 1717 erschien in Königsberg aus seiner Feder eine „Litographia Angerburgica“. Die handgeschriebenen Verzeichnisse von Pflanzen und ein Gesteinslexikon gingen in den Bombennächten von 1944 mit der Königsberger Staats- und Universitätsbibliothek unter.

In Angerburg weilten berühmte Gäste: Markgraf Georg Friedrich, Johann Sigismund, Kurfürst Georg Wilhelm, Friedrich Wilhelm I., Friedrich II. und Friedrich Wilhelm IV., General von Katte, der Vater des unglücklichen Freundes Friedrichs des Großen, lag hier von 1718 bis 1740 mit seinem Kürassierregiment in Garnison. Ihm verdankte die Stadt die Pflasterung ihrer Straßen, die

Straßenbeleuchtung, die Einführung von Ziegeldächern und die Beseitigung der leicht feuerfangenden Holzscheuern. Katte ließ auch die Wasserkunst erbauen.

Nach Pest, Krieg und Brand im 17. und 18. Jh. blühten der Getreidehandel, die Leinwandmärkte, Angerburger Tuch und Bier, vor allem die Ausfuhr der Angerburger Aale. Hinzu kam zunehmender Fremdenverkehr.

Eine Lateinschule bestand seit 1571, 1811 in eine Bürgerschule umgewandelt. Der Schützengilde von 1612 folgte später die Einrichtung einer beständigen Garnison. Ab 1860 erschien ein Kreisblatt.

1939 hatte die Stadt 10922 Einwohner.

Arnau (russ. –), Kreis Samland, am Pregelufer oberhalb Königsberg gelegen, erstmals erwähnt 1304.

1322 entstanden hier ein festes Haus des Ordens und auf einem Nachbarhügel eine Kirche, der heiligen Katharina geweiht, die zu den schönsten Dorfkirchen der Ordenszeit zählte. Sie gehörte von 1349 bis 1636 zu einem Nonnenkloster, später als Großes Hospital im Löbenich fortgesetzt.

Kirche zu Arnau

Monstranz von Arnsdorf

Von 1826 bis zu seinem Tode 1856 verwaltete das Gut gegenüber der Kirche der Staatsminister und Oberpräsident Theodor von Schön – bis 1808 einer der engsten Mitarbeiter des Freiherrn vom Stein –, der sich seit 1844 als Leiter des Ostpreußischen Zentralvereins der Hebung der wirtschaftlichen Produktion widmete. Er ließ den Gutspark anlegen und liegt, mit seiner Frau und seiner Tochter, unter einem Granitblock auf dem Arnauer Friedhof begraben, von dem man eine Aussicht auf das Pregelgebiet hat.

St. Katharinenkirche stammte aus der Zeit der ersten Hochblüte der Baukunst im Ordensland; als Wallfahrtskirche um die Mitte des 14. Jh. erbaut, um 1350 der Chor, mit fünf Fenstern zwischen starken Strebepfeilern im Vieleck, hernach das Hochschiff. Das Gesims hatte einen Fries aus glasierten braunen und grünen Ziegelsteinen.

Die Kirche hatte achtzackige Sterngewölbe; ihr Westturm war teilweise ins Schiff eingezogen. Im Norden stand eine Vorhalle. An den Portalen

befanden sich Anrufungen der heiligen Katharina. Die gotischen Wandmalereien im Innern stammten aus der zweiten Hälfte des 14. Jh. 119 Einzelbilder waren, bis zu drei Reihen übereinander, als Fries um das Schiff gezogen. Sie stellten Szenen aus dem Heilsspiegel dar. Die Figuren waren leicht eingefärbt. Im Chor befanden sich Fresken aus dem Marienleben, vermutlich von einem Schüler des Meisters des Königsberger Domchors geschaffen. Die Windfahne trug eine Jungfrauenfigur mit Spindel und Messer. Nach der Sage soll die Tochter eines edlen Prussen sich in einen Ordensritter verliebt und ihm den unterirdischen Gang zur Burg verraten haben. Sie soll von ihrem Vater getötet worden sein.
1939 hatte das Dorf 438 Einwohner.

Arnsdorf (poln. *Lubomino*), Kreis Heilsberg, südöstlich von Wormditt gelegen. Am 12. August 1308 gab Bischof Eberhard von Neisse seinem Bruder Arnold 120 Hufen zu kulmischem Recht, damit er ein Dorf gründe; nach dem Lokator Arnoldsdorf oder Arnsdorf genannt.

Fürstbischof Mauritius Ferber erneuerte die Handfeste am 28. Mai 1525, vergrößerte die Feldmark und gab dem Dorf einen Wald. So wurde Arnsdorf das größte Dorf im Fürstbistum.
Pfarrkirche St. Katharina, chorlos, Anfang des 14. Jh. aus Backstein erbaut. Der Turm dem Wormditter Turm ähnlich: quadratisches Mauerwerk geht in achteckige Dachpyramide über, entstand nach 1380. 1316 hat es einen Pfarrer Bartholomäus gegeben. Das alte Kirchenschiff brannte 1807 aus; später stark verändert neu erbaut.

1617 ließ der schottische Kaufmann Johann Maier die *Rochuskapelle* errichten, als Dank an Gott für den Wohlstand, zu dem er gelangt war. Er hatte seine Laufbahn als Knecht in Arnsdorf begonnen. 1939 zählte das Dorf 1365 Einwohner.

Kirche in Arnsdorf

Arys (poln. *Orzysz*), ältestes Kammeramt Masurens, Kreis Johannisburg, am Arys-See gelegen, an dessen Nordufer man Pfahlbauten aus der jüngeren Bronze- und frühen Eisenzeit gefunden hat. 1443 von Hochmeister Konrad von Erlichshausen als Zinsdorf „Neudorf" gegründet, 1507 erstmals als Aris erwähnt. Die Stadt an der Handelsstraße Rastenburg – Rhein – Warschau, eine Straßensiedlung, deren 180 Meter lange Straße zugleich Marktplatz ist, erhielt 1721 von Friedrich Wilhelm I. die Handfeste. Seit 1530 bestand eine Kirche, aus Feldstein erbaut, in der bis 1702 nur masurisch gepredigt wurde. Sie war im Siebenjährigen Krieg von den Russen besetzt, 1826 durch Feuer völlig vernichtet, im Ersten Weltkrieg dem Boden gleich gemacht worden. Hochtrabende Namen der Gaststätten wie „Deutsches Haus", „Kaiserhof", „Königlicher Hof", „Café Hohenzollern" verrieten nicht, daß Arys die kleinste Stadt Masurens war.
Schützengilde 1876 gegründet. 1890 legte man einen Truppenübungsplatz an. Auf den Paprodt-

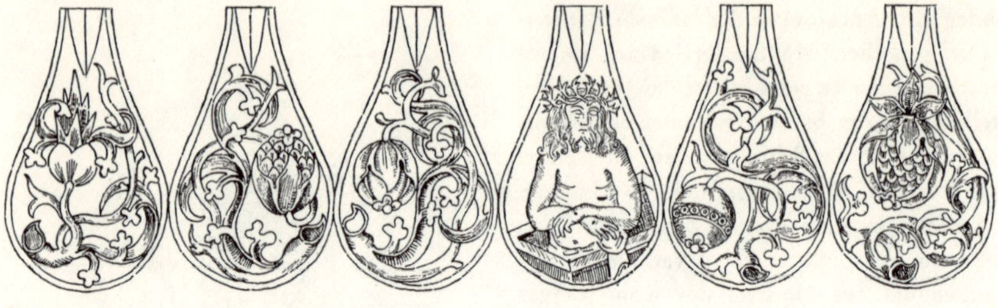

Kirche zu Aweyden

ker Bergen, am Spirdingsee, lagen 1914 die deutschen Hauptstellungen.
Erste Schule 1541 erwähnt. Bei der Volksabstimmung des Jahres 1920 hat Arys keine einzige Stimme für Polen abgegeben.
1939 hatte die Stadt 3553 Einwohner.
Auglitten (russ. –), Kreis Bartenstein, bei Allenburg gelegen. Eine Siedlung bestand zwischen dem 9. und 13. Jh. Das Kirchdorf Auglitten hatte seinen Namen von der Prussenfeste Ochtolite, die auf dem nördlichen Alleufer gestanden haben muß; 1256 vom Orden eingenommen und ausgebaut. Erwähnt wird 1368 ein kleines Ordenshaus Auclithen, später Auctoliten genannt, 1406 ein Dorf Aucolliten, das im selben Jahr bereits eine Schule hatte. 1423 folgte eine Mühle, 1446 ein Krug.

Kirche zu Bäslack

Die Wehrkirche, Patronatskirche des naheliegenden Groß Wohnsdorf, innerhalb des Burgwalls gelegen, hatte 1420 bereits einen Pfarrer. In ihr hing eine Madonna auf der Mondsichel; auch hatte sie eine heilige Barbara von 1520. 1525 kam der Hof Auglitten in adligen Besitz; in jüngster Zeit war Auglitten Vorwerk des Rittergutes Althof.
1939 hatte Althof 230 Einwohner.
Aweyden (poln. *Nawiady*), Kreis Sensburg, früher Nawiadi, bei Hennenberger 1595 Abweden. Johann von Schönfeld, Komtur von Rhein, gründete das Beutnerdorf 1397. Ein evangelischer Pfarrer wird bereits 1527 genannt.
Die Pfarrkirche, der heiligen Barbara geweiht, war ein Feldsteinbau, dessen Erdgeschoß aus der Ordenszeit stammte. Der vorgelegte Turm war unten aus Feldstein, oben aus Holz. Die Wetterfahne zeigte das Jahr 1687 an, darüber ein dreifaches Kreuz. Sie wurde 1881 wiederhergestellt.
Die Kirche besaß einen spätgotischen, ganz vergoldeten Kelch, dessen Fuß im Sechspaß hergestellt war, mit Rautengravierungen auf den Pässen, auf einem ein leidender Christus. Eingraviert stand am Fuß: „Dysser Kelch hort zcu sante Barbara zcu Aveyden“. Auf dem Knauf stand in gotischen Majuskeln der Name Jhesus.
1939 hatte das Dorf 657 Einwohner.
Bäslack (poln. *Bezławki*), Kreis Rastenburg, ein

Kirchdorf, das um eine kleine Ordensburg entstand, wahrscheinlich in der zweiten Hälfte des 14. Jh. erbaut, 1402 als Wildhaus erstmals erwähnt. Die Burg lag am linken Deimeufer und sollte gegen die Litauereinfälle schützen.
Das zweigeschossige Wildhaus, 1583 in eine Kirche umgewandelt, erhielt nach 1726 an der Südseite einen Turm. Das Innere der Kirche wurde 1884 umgestaltet. Neben dem Ordenshaus stand eine Wassermühle, um 1356 erbaut.
In der Nähe des Dorfes befand sich das Rittergut Bäslack, ursprünglich im Besitz der Familie von Gröben.
1939 hatte das Dorf 686 Einwohner.
Balga (russ. *Weselnoje*), Kreis Heiligenbeil, am Frischen Haff. Eine Prussenburg (Honeda?) fiel 1239 in die Hände des Ordens, der sie nach dem Nehrungstief, an dem sie lag, benannte (balge = Wassergraben).

Kirchhof zu Bäslack

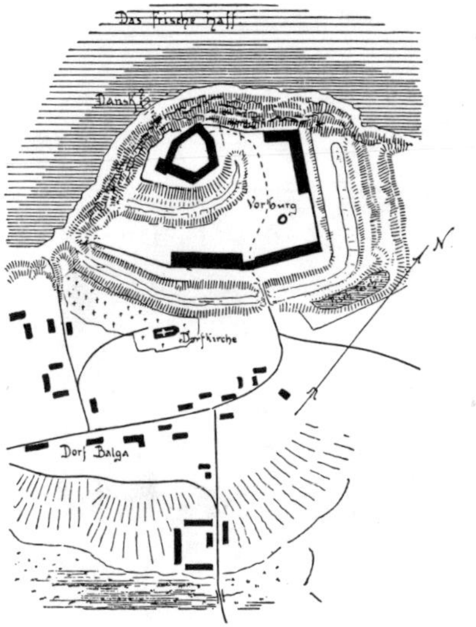

Lageplan der Burg Balga

Die Burg, von 1270 bis 1290 fest ausgebaut, war die älteste Steinburg des Ordens. Das unregelmäßige Sechseck des Haupthauses verriet, daß die Form der Prussenburg beibehalten worden war. Von 1250 bis 1499 bewohnte die Burg ein Ritterkonvent, dem ein Komtur vorstand, seit 1308 zugleich Vogt von Natangen, seit 1451 Obertrapier des Ordens.
Von Balga aus baute der Orden in der „Großen Wildnis" zwischen 1325 und 1398 sieben Ordensburgen, gründete er zehn Städte oder belehnte diese erneut.
Die Befestigungen, 1457 bis 1518 weiter ausgebaut, boten Schutz vor Feuerwaffen.
Nach der Säkularisierung des Ordensstaates erhielt der Bischof von Samland, Georg von Polentz, die Burg als Wohnsitz. Von 1526 bis 1550 lebte er meist hier. Schon während dieser Zeit begann das Haupthaus zu verfallen. 1701 ließ König Friedrich I. die Steine des Haupthauses

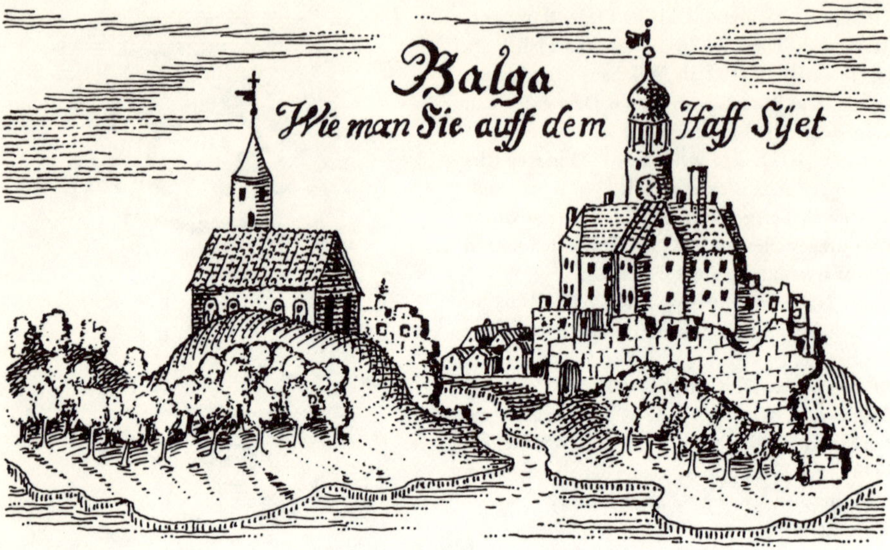

Balga

zum Festungsbau in Pillau brechen. Ende des 18. Jh. war das Haupthaus bis auf die Fundamente abgetragen, nur ein Teil der Vorburg stand noch. Bis 1752 wohnten Amtshauptleute in der Burg. Der Turm der Ruine, 1836 mit einem neuen Dach versehen, diente von 1931 bis 1945 als Heimatmuseum.

Hof Balga, zur Ordenszeit wegen seiner Pferde-, Rinder- und Schafzucht bekannt, später Domäne, schließlich Rittergut der von Glasows.

Neben der Burg entstand früh ein Flecken, an dem sich Gärtner, Kleinbauern, Fischer, später auch Seefahrer niederließen. Die Kirche hatte ein bedeutsames Portal aus dem 14. Jh.

Im März 1945 war Balga der letzte Brückenkopf am östlichen Haffufer. Dorf und Ruine wurden zerstört.

1939 hatte das Dorf 755 Einwohner.

Bansen (poln. *Bęsia*), Kreis Rößel. In der Nähe der Bahnstation Bergenthal lag das größte Rittergut des an Gütern armen Ermlands. Mitten in einem prächtigen Park erhob sich ein schön ausgestattetes Schloß. Auf einer Anhöhe steht die massiv gebaute Windmühle.

1939 hatte das Dorf 244 Einwohner.

Barten, prussischer Gau, östlich der Alle gelegen, bestehend aus Klein Barten und Groß Barten. Eine Binnenlandschaft ohne Zugang zur See, grenzend an Natangen, Nadrauen, Galinden und Pogesanien. Eine Urkunde von 1326, als Barten unter die Komtureien Balga, Brandenburg und Königsberg aufgeteilt wurde, nennt die Grenzen. Klein Barten und den Südzipfel Groß Bartens erhielt das Bistum Ermland, das war das Gebiet um Rößel, das fortan ein bischöflicher Kämmerer verwaltete. Der Name des Gaues lebt im Namen der Stadt und der Burg fort.

Barten (poln. *Barciany*) an der Liebe, einem Nebenfluß der Omet, im Kreis Rastenburg gelegen. Auf einer Geschiebemergelinsel stand im

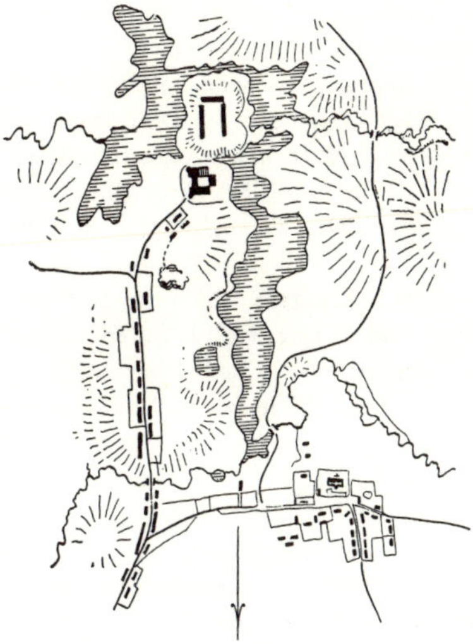

Barten

Mittelpunkt des prussischen Gaues Barten eine Siedlung. 1325 gründete der Komtur von Brandenburg eine Grenzfeste und legte ein Konventshaus des Ordens an, das Winrich von Kniprode 1377 ausbauen und verstärken ließ. In der „Burg", zugleich Waffenplatz für das Ordensheer, residierte seit 1349 ein Vogt, von 1361 bis 1525 ein Pfleger. Der bekannteste Pfleger, 1402 bis 1406, später Hochmeister des Ordens, war Heinrich von Plauen.

Im Schutze der Burg entstand eine „Lischke", die 1389 bereits eine Kirche hatte, 1473 „Städtlein" genannt, 1480 vom Orden verpfändet.

1525 verschrieb Herzog Albrecht das Amt Barten dem letzten Pfleger des Ordens, Heinrich von Miltitz, bekannt als Dichter der Reformationszeit. Er legte die Verwaltung 1533 nieder, ließ sich aber die Einkünfte bis zu seinem Tode, 1545, auszahlen.

Kurfürst Georg Wilhelm verlieh der Stadt 1628 die Handfeste nach kulmischem Recht.

Eine Schützengilde bestand seit 1497; im 18. Jh. war Barten Garnisonstadt. Die erste Schule wurde 1548 eingerichtet; ab 1918 gab es eine Mittelschule.

1939 zählte die Stadt 1543 Einwohner.

Bartenstein (poln. *Bartoszyce*), Kreisstadt im Regierungsbezirk Königsberg, eine Marktsiedlung in einer Flußschlinge am Alleufer, im Schutze einer Burg auf dem Schloßberg gegründet, 1249 erstmals erwähnt. Ihre Handfeste erhielt die Stadt, die damals Rosental hieß, am 17. Februar 1332 vom Hochmeister Luther von Braunschweig nach kulmischem Recht. 1354 bis 1359 entstanden die Stadtbefestigungen, zu denen drei Tore gehörten, von denen nur das nach der Schlacht bei Tannenberg erbaute „Heilsberger Tor" erhalten blieb. 1390/1391 lebte der Litauerfürst Witold mit seiner Familie in der Stadt. Hochmeister Ulrich von Jungingen hielt hier ab 1407 Residenz.

Als Georg von Polentz die Reformation einführen wollte, leistete der Komtur Widerstand. Er verwehrte dem evangelischen Prediger den Zugang zur Stadt, die 1525 dann doch reformiert wurde. Friedrich Wilhelm III. und Zar Alexander von Rußland weilten dreizehn Wochen in Bartenstein und schlossen hier die „IV. Koalition".

Stadtkirche von 1332, der bedeutendste Bau, eine dreischiffige Basilika, später im spätgotischen Stil umgebaut, mit Seitenkapellen aus frühester Zeit

Haus Barten

und einer Doppelreihe von elf Sterngewölben über dem überhöhten Mittelschiff. Das dem heiligen Johannes, dem Evangelisten, geweihte Gotteshaus mit den niedrigen Nebenschiffen, dem nach 1500 hinzugefügten Turm und dem Dachreiter von 1732 ist ungewöhnlich groß für eine Basilika im Ordensland. Beachtlich der 1650 geschaffene Hauptaltar. Agnes Miegel hat diese Kirche besungen:

„Am Alleufer wuchs die Stadt,
der ihres grauen Markttors Uhr
‚Sechshundert' nun geschlagen hat.
Getreuer doch als Uhr und Turm
hab ich die Stadt bewacht.
Hab Not und Tod und Kriegessturm
seelsorgend mit ihr durchgemacht."

In der Nähe der Ordensburg gab es eine zweite

Pfarrkirche zu Bartenstein

Johanneskirche, diese Johannes dem Täufer geweiht, von 1404 bis 1484 erbaut.

Burg, ursprünglich eine Holzerdbefestigung, 1241 errichtet, später in Stein umgebaut, hielt um die Mitte des 13. Jh. einer vierjährigen Belagerung stand. 1454 zerstört. Ihre Geschichte lebt in einer Sage fort: „Das Totenglöckchen von Bartenstein".

Die Stadt trieb bereits vor 1466 regen Handel mit Elbing und Danzig. Im 19. Jh. entstanden eine Eisengießerei, eine Dampfschneidemühle, eine Ofen- und eine Wagenfabrik. Nach einem Brand um die Mitte des Jahrhunderts prägte der Markt das Bild der Stadt, die 1902 zur Kreisstadt aufstieg.

Eine Kirchenschule gab es bereits 1377, später in eine Lateinschule umgewandelt. Seit 1831 hatte die Stadt eine Höhere Töchterschule, seit 1872 ein Gymnasium. Traditionsregimenter hatten hier seit 1698 ihren Standort. Die erste Zeitung erschien 1848.

Zwei in der Nähe von Bartenstein gefundene Steinfiguren aus prussischer Zeit, sogenannte Baben, Bartel und Gustebalde genannt, deuten darauf hin, daß der Ort schon zu prussischer Zeit bewohnt war.

Am 4. Februar 1945 besetzte die Rote Armee Bartenstein und zerstörte über die Hälfte der Stadt.

1939 hatte die Stadt 12912 Einwohner.

Basien (poln. *Bażyny*), Kreis Braunsberg. Bischof Heinrich I. Fleming von Ermland verlieh seinem Bruder Albrecht im Jahr 1289 das Feld Baysen, auf dem später das Dorf Basien gegründet wurde. Bis 1609 war die Familie Baysen, ein wahrscheinlich aus Lübeck zugewandertes einflußreiches Adelsgeschlecht, im Besitz des Dorfes. Dann verkaufte es der letzte Sproß an den Braunsberger Bürger Jakob Bartsch, wahrscheinlich einen Verwandten. Die Baysens sollen ursprünglich Fleming geheißen haben.

1939 hatte das Dorf 973 Einwohner.

Am Beldahnsee

Baude, entspringt bei Hermsdorf, 130 m hoch. Nördlich von Mühlhausen nimmt sie den Gardienebach auf. Die Gardiene hat zuvor die Donne aufgenommen, an der Mühlhausen liegt.
Die Baude mündet zwei Kilometer nördlich von Frauenburg ins Frische Haff. Durch einen Kanal wird Wasser von ihr nach Frauenburg geleitet; bildet hier den Hafen. Daß Coppernicus den nach ihm benannten Kanal gebaut haben soll, gehört in den Bereich der Legende. Ein bei der Mühle stehender Turm trägt eine Inschrift, Coppernicus habe ihn zum Betreiben einer Wasserleitung für die Domburg angelegt.
Beisleiden (poln. *Bezledy*), Gemeinde Legden, Kreis Preußisch Eylau, in der Ordenszeit ein prussisches Freiendorf im Kammeramt Preußisch Eylau, urkundlich 1338 erstmals erwähnt. Die Burg Beselede verteidigten 1274 die Prussen gegen die Sudauer. Von 1801 bis 1945 war Beisleiden im Besitz der Familie von Oldenburg-Januschau. Ihr bekanntester Vertreter war der konservative Politiker Elard Kurt Maria Fürchtegott von Oldenburg-Januschau. Bis 1945 lebte hier die Sagen- und Märchensammlerin Hertha Grudde. 1939 hatte die Gemeinde Legden 554 Einwohner.
Beldahnsee, zwischen Wiersba und Rudczanny. Er zieht sich 15 km, langgestreckt, durch Wälder, einer der naturschönsten Seen Masurens. Die Ufer sind dicht bewachsen, auf ihnen erheben sich tiefe Wälder. Ab und zu begegnet man kleinen Inseln, die sich märchenhaft im klaren Wasser spiegeln. Immer wieder sorgen Buchten und Einschnitte für Überraschungen.
Der See hat eine Oberfläche von 13 qkm.

Benern (poln. *Bieniewo*), Kreis Heilsberg, erhielt seine Handfeste 1316 von Bischof Eberhard von Neisse. Bald darauf baute man eine Kirche, an der 1346 ein Pfarrer Wenczeslaus wirkte. Eine neue Kirche weihte Bischof Kromer 1580; sie war der heiligen Maria Magdalena geweiht. 1697 brannte sie ab. Den dritten Kirchenbau weihte Bischof Załuski 1702, dem heiligen Rochus gewidmet. Auf einem Unterbau von Feldsteinen erhob sich 1722 ein Ziegelturm. 1784 trug man sie teilweise ab. Von 1796 bis 1798 wurde das Gotteshaus umgebaut. Es erhielt 1877 eine Holzdecke mit Malereien von Günther.
1939 hatte das Dorf 599 Einwohner.

Benkheim (poln. *Banie Mazurskie*), Kreis Angerburg, an der Goldap gelegen, gegründet am 16. Juni 1566 und einem Bianicz verliehen. Der Name enthält in der Endsilbe das lit. Kiemen = Dorf. Die Kirche wurde zwischen 1566 und 1574 erbaut. In der Kirchenkassenrechnung von Angerburg wird sie 1574 mit aufgezählt. Das Dorf wurde 1657 von den Tataren niedergebrannt, nur die Kirche blieb verschont. Sie war ein verputzter Ziegelbau mit vorgesetztem Turm, fünfgeschossig, aus dem Jahr 1698. Auf der Wetterfahne stand das Jahr 1698, dazu ein Adler. Die Wetterfahne auf dem Langhaus verriet das Jahr 1646. Das Innere der Kirche wurde 1876 renoviert.

Kirche von Benern

1939 hatte das Dorf 1970 Einwohner.

Bergfriede (poln. *Barkweda*), Kreis Allenstein. Unweit der Bahnstation Buchwalde lag das Gut Bergfriede. Hier hatten Franzosen und Russen am 3. Februar 1807 um die Allebrücke gekämpft. In der Nähe stand die größte Eiche Ostpreußens, die „Napoleonseiche“. Von ihr aus soll Napoleon die Schlacht geleitet haben. Ihr Stamm war 25 Meter hoch. Einen Meter über dem Boden hatte sie einen Umfang von 9,85 Metern. Sie stand unter Naturschutz.

Bernsteinküste. Die eigentliche Bernsteinküste, an der der Bernstein im Bergwerk-Tagebau gewonnen wird, ist die Samland-Westküste. Oft wird auch die gesamte Samlandküste so bezeichnet, zumal auch an der Nordküste angeschwemmte Bernsteinstücke gefunden werden.
Der Bernstein ist ein fossiles Harz eozäner Nadelbäume und besteht aus Kohlenstoff, Wasserstoff, Sauerstoff und geringen Schwefelmengen. Er tritt in verschiedenen Färbungen auf, vom hellsten, durchsichtigen Gelb bis zum dunklen, milchigen Braun. Den Namen hat er vom mittelniederdeutschen bernen = brennen. Er findet sowohl zur Schmuckherstellung als auch zur Herstellung von Bernsteinsäure und Bernsteinöl Verwendung. In vielen Funden befinden sich sogenannte Einschlüsse, Tiere, vornehmlich Insekten, und Pflanzenteilchen aus dem Jungpaläolithikum.
Zur Zeit des Deutschen Ordens gab es ein Bernsteinregal. Strandbewohner mußten Bernstein suchen und, was sie gefunden, an den Orden verkaufen. Geregelt war das Lesen, Schöpfen, Stechen und Abliefern.
Später wurden in Lochstädt und Balga Bernsteinämter eingerichtet, denen ein Bernsteinherr vorstand. Das Regal war durch hohe Strafen geschützt. Wer Bernstein fand und ihn nicht ablieferte, konnte aufgehängt werden. An der Samlandküste stand ein Galgen.
Herzog Albrecht bezahlte das Bernsteinlesen mit Salz, da der Orden das Salzmonopol hatte. In der

Bernsteinküste

preußischen Zeit wurde die Bernsteingewinnung verpachtet. Der Große Kurfürst richtete in Fischhausen ein Bernsteingericht ein. Strandreiter sammelten den Bernstein ein, den die Strandbewohner gefunden hatten. Diese konnten ihn auch direkt in Palmnicken abliefern, von wo er zur Bearbeitung nach Königsberg geschickt wurde. 1811 erhielt eine Gesellschaft das Ausbeutungsrecht, ab 1837 in zwölfjähriger Pacht, ab 1867 auch auf Erdfunde ausgedehnt, da Küstenbewohner nach Bernstein zu graben begannen. Seit 1898 war die Bernsteingewinnung verstaatlicht.

Bernsteinstraße. Sie zählte zu den bedeutendsten Handelswegen des Altertums. Von der Samlandküste wurde der Bernstein zum Handelsplatz Truso (bei Elbing) gebracht. Von dort führte die Straße zum Weichselknie und hinüber zur Oder, dann durch die Mährische Pforte über den Semmering nach Aquileja.

Die Bernsteinstraße gilt nach neuester Forschung als umstritten. Tatsache aber bleibt, daß die Römer den Bernstein kannten und daß Kaiser Nero ihn von der Samlandküste nach Rom holen ließ. Inwieweit bereits die Phönizier Bernstein aus dem Samland geholt haben, bleibt dahingestellt. Man glaubte bisher aus Münzfunden darauf schließen zu können. Auch arabische Münzen wurden in Ostpreußen gefunden.

Aus diesen Münzfunden schloß man auf drei Bernsteinstraßen zum Mittelmeer und eine zum

Bernstein-Einschluß

Schwarzen Meer. Gold und Salz waren die frühesten Tauschmittel; später kam es zum regelrechten Bernsteinhandel.

Beynuhnen (russ. –), Kreis Angerapp. Aus dem 17. Jh. stammt das Gutshaus des Kriegsrats von Fahrenheid, der als erster die Erbuntertänigkeit aufhob und viele Schulen einrichtete, dessen Sohn als Gründer des ersten Litauischen Gestüts bekannt wurde. Ein Nachfahre, Fritz von Fahrenheid, ließ 1862 bis 1864 von Albert Wolff das Gutshaus zu einem Schloß im klassischen Stil umbauen, um seine Kunstsammlungen unterzubringen. Sie bestanden aus etwa 250 Abgüssen antiker Plastiken und Originalen aus der römischen Kaiserzeit, an die 270 Gemälden, darunter etwa 60 Originalen aus dem 16. bis 18. Jh., und ausgezeichneten Kupferstichen.

Der Park erhielt reichen Figurenschmuck und einen dorischen Tempel mit einer Laokoon-Gruppe. Im Park fand der Begründer die letzte Ruhestätte neben seinem Freund Salpius, an dessen Grab die „Hoffnung" von Thorvaldsen ihren Platz fand. Majoratsbesitzer von Fahrenheid war Patron der Kirche von Szabienen.

Noch vor seinem Tode (1888) ließ er seinen Besitz in eine öffentliche Stiftung umwandeln, um die gehorteten Schätze jedermann zugänglich zu machen.

Biala s. Gehlenburg

Bilderweiten (russ. *Lugowoje*), Kreis Ebenrode. Das Dorf wurde 1718 vom Kirchspiel Stallupönen abgezweigt. Ein großer Teil seiner Bewohner waren Salzburger. Daher hatte es zwei Kirchen. Die evangelische Pfarrkirche von 1730 war ein Feldsteinbau, ein Achteck, an das sich die Sakristei lehnte, mit einem hölzernen Dachreiter mit Zeltdach. Die drei Glocken waren ein Geschenk Friedrich Wilhelms I. aus dem Jahr 1729.

Die katholische Pfarrkirche, für die Katholiken der Kreise Stallupönen und Pillkallen 1860 bis 1861 erbaut und der Unbefleckten Empfängnis Mariae geweiht, war ein Ziegelbau mit Westturm, innen Holzgewölbe, gipsverkleidet. Ein Seitenaltar war dem heiligen Adalbert geweiht. Im Dorf gab es eine Klete (Vorratsspeicher, Schlafstube der jungen Eheleute, ehe ein Kind da war, und

Fahrenheid-Pyramide, Beynuhnen

Prunkgemach für Gäste). Präzeptor Schultz zu Lasdehnen hat sie wie folgt geschildert:
Diese Klete ist ein vom Wohnhaus etwa zehn bis zwanzig Schritte entferntes hölzernes kleines Gebäude. Auf erhöhtem Fundament (Steine) erbaut, so daß man sie nur über eine kleine Treppe betreten kann (Die großen Fundamentsteine sind typisch für die Klete!). An der Frontseite des Gebäudes standen einige hölzerne Säulen, die ein Überdach trugen. Zwischen den Säulen und der Wand befand sich die Treppe. Der ganze untere Raum war ein Gemach, in dem sich kein Fenster befand, doch hatte er hölzernen Dielenboden, gehobelte Wände und eine Decke aus gespundenen Brettern. Aus dem Raum führte eine Treppe zum Getreidebehältnis hinauf. Der untere Raum, der allein die Klete war, diente den Litauern als Prunkzimmer. Hier standen Kisten und Kasten mit allen Vorräten (außer dem Getreide). Im Sommer wurden hier Gäste aufgenommen. Der Raum war nicht heizbar, alt und jung schliefen im Kalten.
1939 hatte das Dorf 342 Einwohner.
Bischdorf (poln. *Sątopy-Samulewo*), Kreis Rößel. Seit der Mitte des 14. Jh. lag im Zainetal ein bischöfliches Tafelgut. Bischof Heinrich III. Sorbom beauftragte gegen Ende des 14. Jh. die Brüder Johann und Michael Bercow mit der Gründung eines Dorfes, 1594 in ein bischöfliches Vorwerk umgewandelt.
Bischdorf war im 17. Jh. Sommerresidenz der ermländischen Bischöfe, die von hier zur Jagd ausritten. Bischof Wenzeslaus Leszczynski ließ ein Lustschloß bauen, das noch nicht vollendet war, als die Brandenburger 1656 das Ermland besetzten. Damals war nur von einem Baumgarten und einem Hopfengarten, von hervorragenden Viehbeständen und einer Schweinezucht mit holländischen Zuchttieren die Rede. Das bischöfliche Landgestüt besaß 1656 insgesamt 136 Pferde.
1772, als das Ermland zu Preußen gefallen war,

Paul Wegener

zog ins Schloß die Verwaltung des Domänenamtes Rößel ein. Das Gut wurde verstaatlicht, also Domäne, ein Teil der Feldmark als Gut Niederhof abgezweigt. Beide Güter kamen vor 1828 in Erbpacht und damit in Privatbesitz. Der bekannte Schauspieler Paul Wegener, 1874 in Arnoldsdorf bei Graudenz geboren, verbrachte seine Jugend und Schulzeit in Bischdorf. Er hat hier seine eigentliche Heimat gefunden.
1939 hatte das Dorf 332 Einwohner.
Bischofsburg (poln. *Biscupiec*), Kreisstadt des Kreises Rößel, an der Dimmer gelegen. Schon vor 1389 stand ein Wach- und Wildhaus des Ordens, eine Sperre zu den Litauern hin. Daran lehnte sich die Stadt, die am 17. Oktober 1395 von Bischof Heinrich III. Sorbom von Ermland die Handfeste nach kulmischem Recht erhielt. Eine vom Unglück verfolgte Stadt: im Hungerkrieg und im Ständekrieg mitsamt der Burg eingeäschert, im Reiterkrieg dem Erdboden gleich gemacht, in den Schwedenkriegen abgebrannt, von acht weiteren Bränden heimgesucht, im Zweiten Weltkrieg zur Hälfte zerstört.

Bischof Lucas Watzenrode, der Onkel des Nicolaus Coppernicus, schenkte den Bischofsburgern die Baustoffe der abgebrochenen Kirche zum Heiligen Geist in Heilsberg, damit sie ihre abgebrannte Kirche wieder aufbauen konnten. 1580 wurde die neue, dem heiligen Johannes, dem Täufer, gewidmete Kirche geweiht. Sie erhielt erst 1721 einen massiven Turm. Nach Osten hin 1728 bis 1735 erweitert, kamen 1881/1882 die Seitenschiffe hinzu.

Bischof Kromer gründete 1586 das Hospital am Rößeler Tor, 1910 mit dem Waisenhaus zusammengelegt. Bischofsburg, die letzte der zwölf im Bistum Ermland gegründeten Städte, gehörte zum Kammergut Seeburg. Erst als die Kreisbehörden in die Stadt verlegt wurden, blühte diese auf. Der Kreis behielt weiterhin den Namen Rößel.

Bis zur Mitte des 19. Jh. waren der Haupterwerb der Bischofsburger Ackerbau und Viehzucht,

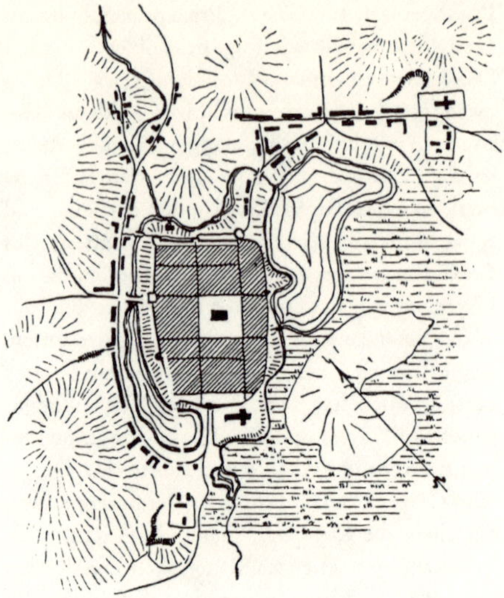

Stadt Bischofstein

Bischofsburg

Leinwand- und Garnhandel. Jährlich fanden Leinwandmärkte statt, die jeweils acht Tage dauerten. Leinweber aus der Lausitz hatten sich angesiedelt. 1865 erstand eine Ofenfabrik, 1885 eine Großbrauerei. Die Stadt hatte die erste festbegründete evangelische Gemeinde im Ermland, die 1791 einen Lehrer und einen Geistlichen erhielt. 1842 erbaute sie nach den Plänen Schinkels eine dreischiffige Basilika im Rundbogenstil mit Apsis, der sich 1872 ein durch einen Säulengang mit der Kirche verbundener kampanileartiger Turm zugesellte.

Das erste Schulgebäude stammte aus dem Jahr 1565. Eine Mädchenschule gab es erst nach den Befreiungskriegen, höhere Schulen im 20. Jh. Eine Garnison löste 1899 die Schützengilde von 1852 ab.

1939 hatte die Stadt 8463 Einwohner.

Bischofstein (poln. *Bisztynek*), ermländische Stadt im Kreis Rößel, die einzige, die sich aus

Heilsberger Tor in Bischofstein

einem Dorf entwickelt hat. Der Vogt von Pogesanien, Bruno von Luter, legte auf der Landzunge des Rohrdommelteiches ein prussisches Dorf an und gab ihm 1346 die Handfeste. Es sollte Schönfließ heißen, doch der Name setzte sich nicht durch; es nannte sich prussisch Strowangen. Bischof Heinrich III. Sorbom erhob es 1385 zur Stadt, nach dem in der Nähe gefundenen Findlingsblock von mehr als zwanzig Meter Umfang und über drei Meter Höhe, dem „Griffstein", Bischofstein genannt. Nach der Erweiterung erhielt die Stadt 1447 eine neue Handfeste.

Im Städtekrieg setzte sich ein feindlicher Heerhaufen in Bischofstein fest. Um dem Feind den Stützpunkt zu nehmen, ließ Bischof Paul von Legendorf die Stadt in Asche legen. Nach langem Zögern gab Bischof Nicolaus von Tüngen die Genehmigung zum Wiederaufbau. Von ihm erhielt Bischofsburg 1481 seine dritte – später 1548 noch eine vierte – Handfeste.

Die vorletzte, vom Bistum Ermland gegründete Stadt erhielt keine Burg, sondern nur ein bischöfliches Amtshaus.

Von der Befestigungsanlage blieb das Heilsberger Tor mit dem Wiekhaus, dem Torschreiberhäuschen, erhalten. Die Stadt, von Pest und Bränden mehrfach heimgesucht, verlor ihr typisches Aussehen, als 1598 das Rathaus, von Hackenbuden umgeben, und 1908 die Lauben um den Markt abbrannten.

Die Pfarrkirche von 1400 war Sankt Matthias geweiht; ein Findlingsbau, mit Backstein verkleidet, mit einem Glockenturm von 1509 und im 18. Jh. wegen der Wallfahrer zum Heiligen Blut um zwei Seitenschiffe erweitert, 1781 erneuert.

Im Jahr 1772 waren von den 1053 Einwohnern 23 Tuchmacher. Vom Tuch und den zahlreichen Mühlenanlagen lebte die Stadt, in der Käslauisch gesprochen wurde und bis zu Beginn des 18. Jh. Latein Amtssprache war.

Eugen Brachvogel, geboren 1882, Sohn eines Gerichtskanzlisten, machte sich durch seine Coppernicus-Forschungen einen Namen. Nach dem Besuch des Rößeler Gymnasiums studierte er in Braunsberg Theologie. 1906 zum Priester ge-

Ermländisches Haus in Bischofstein

Kirche in Blankensee

weiht, beschäftigte er sich neben der seelsorgerischen Tätigkeit mit kirchenhistorischen und heimatgeschichtlichen Themen. Er richtete im Copernicus-Turm in Frauenburg ein Museum ein. Die Berufung in die Akademie der Naturforscher der Universität Halle kam zu spät; er war inzwischen gestorben.

Eine Schützengilde kam im 16. Jh. zustande. Die erste katholische Pfarr-Knabenschule datiert aus dem Jahr 1565, die erste Mädchenschule aus dem Jahr 1697. Höhere Schulen gab es erst Ende des 19. Jh. Die erste Zeitung erschien 1926. Bei der Volksabstimmung im Jahr 1920 erhielt Polen keine einzige Stimme.

1939 hatte die Stadt 3163 Einwohner.

Bischofswerder (poln. *Biscupiec*), Kreis Rosenberg, am Übergang über die Ossa gelegen, 1325 gegründet, erhielt vom Landesherrn, dem Bischof Rudolf von Pomesanien, 1331 die erste Handfeste nach kulmischem Recht. Im selben Jahr begann man mit dem Bau einer Pfarrkirche.

Bis 1527 gehörte die Stadt zum Bistum Pomesanien, kam dann als Immediatstadt im Amt Rosenberg zu Preußen. 1533 erhielt sie das „wüste Dorf“ Stangenwalde zugeschlagen und zählte zehn Jahre später 350 Einwohner.

Obwohl die Reformation 1540 Einzug hielt, war der Ort 1625 noch „halb katholisch“.

Vom 16. bis 18. Jh. wanderten Masowier ein. Am Kreuzpunkt zweier Handelsstraßen, lebte die Stadt vom Vieh-, Getreide- und Lederhandel.

Eine erste Stadtschule wird 1543 erwähnt. Seit 1719 gab es eine Garnison. Die erste Zeitung erschien 1906.

1939 zählte die Stadt 1828 Einwohner.

Blankensee (poln. *Blanki*), Kreis Heilsberg, in einer Urkunde von 1346 als „bewohnter Ort“ erwähnt. Erhielt die Handfeste 1363 und gründete eine Tochterkirche von Sifridiswalde, 1437 zur Pfarrkirche erhoben, ab 1868 selbständige Pfarrei. Die Kirche war dem Erzengel Michael und dem heiligen Nikolaus geweiht. An seine Stelle trat später die heilige Apollonia. Schlichter Bau mit Flachdecke und einem Turm, im Untergeschoß Ziegel, oben Holz. Im Innern trifft man Stilelemente vom Barock über das Rokoko bis zum Klassizismus an.

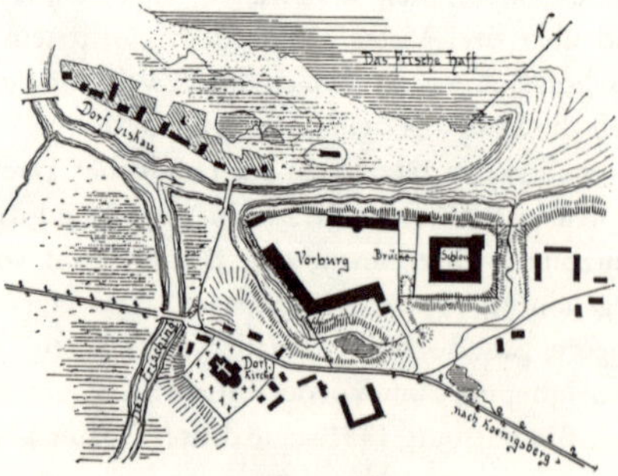

Burg Brandenburg

1939 hatte das Dorf 349 Einwohner.

Bludau (poln. *Bludowo*), Kreis Braunsberg. Das Dorf erhielt die Handfeste 1310. Lokator war Hermann von Bludau. Mit den Patronatsrechten über die Pfarrei erhielt er vier Hufen Land. Die Kirche, 1703 erneuert und von Weihbischof Remigius Laszewski geweiht, war der Jungfrau Maria und dem heiligen Nikolaus gewidmet. Die Wetterfahne trug die Jahreszahl 1718.

1939 hatte das Dorf 381 Einwohner.

Blumenau (poln. *Kwietnik*), Kreis Preußisch Holland, 1299 von der Komturei Christburg aus gegründet. Pfarrkirche mit originellem Holzturm von 1707. Im Innern hölzernes Stichbogengewölbe, hatte einen gotischen Altarschrein, der ins Königsberger Prussia-Museum überführt wurde, einen Marienaltar, eine bemalte Holzschnitzarbeit aus Nürnberg. Kanzel von 1685.

Im Kirchspiel liegt das Schlachtfeld an der Sorge von 1233. Nach der Chronik von Dusburg hat Landmeister Hermann Balk hier zusammen mit dem Pommernherzog Swantopolk 5000 Prussen totgeschlagen. Ein Schwert, eine Anzahl Sporen, Pferdegebisse und Pfeilspitzen wurden aus der Sorge gebaggert und im Gut Jankendorf aufbewahrt. Am Sorge-Ufer fand man prussische Grabstätten und Urnen.

1939 hatte das Dorf 293 Einwohner.

Bolken (poln. *Cichy*), Kreis Treuburg. Beim Einfall der Tataren sollte das Gotteshaus zerstört werden, doch die Legende weiß von einem Tataren zu berichten, der beim Eintritt in die Kirche das Bild der Gottesmutter mit dem Kind erblickte und seine Kameraden daran hinderte, die Kirche in Brand zu stecken.

1939 hatte das Dorf, das früher Czychen hieß, 305 Einwohner.

Borchersdorf (russ. *Selenopolje*), Kreis Samland. Ein Pfarrer wird 1481 in Borghardsdorf erwähnt. 1595 heißt das Dorf Burckhardsdorff – wahr-

Brandenburg

scheinlich nach der vielfach dort vorkommenden Familie Borchert benannt.
Die Kirche war 1735 baufällig, wurde 1814 restauriert. Sie hatte einen Beichtstuhl von 1770 mit dem Dönhoffschen Wappen und eine neugotische Taufe, gestiftet vom Graf von Dönhoffschen Legat 1878. Das Kirchensiegel stammte aus dem Jahr 1787.
1939 hatte das Dorf 590 Einwohner.
Brandenburg (russ. *Uschakowo*), Kreis Heiligenbeil, an der Mündung des Frischings ins Frische Haff gelegen. Die Brandenburg wurde 1266 von Markgraf Otto III. von Brandenburg errichtet und gleich darauf von Warmiern zerstört, 1267 bereits neu aufgebaut und von 1275 bis 1290 in Stein erneuert.
1266 bis 1499 war die Burg Sitz eines Ritterkonvents, von 1467 bis 1499 auch Komturei und Sitz des Obersten Spittlers. Ihr unterstanden fünf Kammerämter und ein Waldamt.
Komtur Günther von Hohenstein erhielt 1379 von Kaiser Karl IV. eine Reliquie der heiligen Katharina für die Burgkapelle. Seitdem zogen Wallfahrten nach Brandenburg.
1415 bis 1422 weilte der amtsenthobene Hochmeister Heinrich von Plauen als Gefangener in der Burg. Im Städtekrieg 1454 bis 1456 erlitt sie Zerstörungen, 1520 brannte sie aus.

Kirche zu Brandenburg

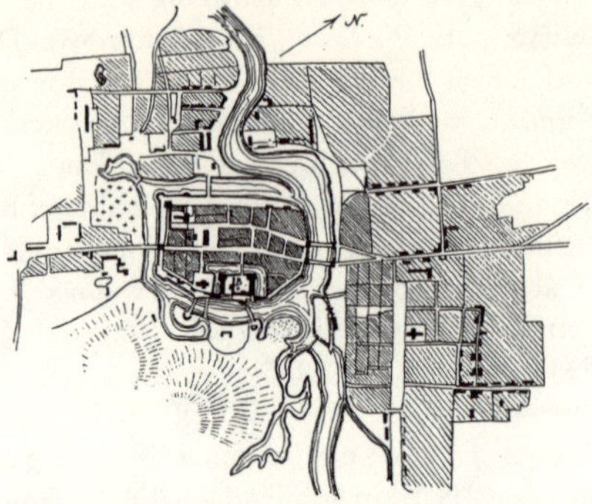

Stadt Braunsberg

1525 bis 1752 war die Burg Sitz eines Amtshauptmanns. Kurfürst Georg Wilhelm verlegte sein Hoflager auf der Flucht vor der Pest 1629 ins Schloß. 1655 holte Friedrich Wilhelm, der Große Kurfürst, seine Gemahlin ab.
Seit 1776 verfiel das Schloß, schließlich trug man es ab.
Im Schutz der Burg entstand früh eine Lischke, der Hochmeister Albrecht 1513 die Handfeste erteilte. Im 16. und 17. Jh. war Brandenburg ein Marktflecken. Gärtner, Fischer, Schiffer, Kleinbauern lebten hier. 1652 wird es als „offenes Stättlein“ bezeichnet und von Merian als Stadt mit einem großen Hafen voller Schiffe gestochen und beschrieben. König Friedrich Wilhelm wollte Brandenburg zur Stadt erheben, doch es kam nicht dazu, es heißt, die Bürger legten keinen Wert darauf.
Die wohl um 1320 erbaute gotische Kirche hatte einen im Halbzylinder abgerundeten Chor, der als Grabstätte für Günther von Hohenstein diente. Der Ostgiebel war siebenteilig, mit Treppen und Spitzbogenblenden. Der Hochaltar stammte

Braunsberg

aus dem Jahr 1680, das Gestühl von 1580. Die Kirche hatte eine bunte Flachdecke. An der Westwand befand sich ein Gemälde des „Jüngsten Gerichts", nach dem Entwurf des A. Möllerschen Bildes im Artushof in Danzig gemalt. Interessant war die Bemalung des Hochaltars im Ohrmuschelstil.

Der hohe spitze Turm stammte aus dem Jahr 1648. Eine Schule ist 1408 nachgewiesen. 1422 gab es zwei, 1425 drei Mühlen.

1939 hatte der Ort 1596 Einwohner.

Braunsberg (poln. *Braniewo*), Kreisstadt im Regierungsbezirk Königsberg, oberhalb der Mündung der Passarge ins Frische Haff. Wo der Fluß die alte Küstenstraße kreuzte, lag eine prussische Siedlung, die zum Gau Warmien gehörte. 1240 drang der Orden in den Gau ein und errichtete die Burg Brunsberge, 1242 von den Prussen zerstört. Der Sohn eines Lübecker Ratsherrn, Johannes Fleming, zog 1249 zu dieser Stelle und gründete eine Siedlung, der der erste Bischof von Ermland, Anselm, 1254 das lübische Stadtrecht verlieh. 1260 wurde alles von den Prussen vernichtet.

Oberhalb der alten Stelle siedelte Fleming erneut. Am 1. April 1284 erteilte sein inzwischen zum Bischof von Ermland ernannter Bruder, Heinrich I. Fleming, dem Lokator die Handfeste nach lübischem Recht. Inzwischen war Braunsberg 1260 Sitz des ermländischen Domkapitels geworden, bis 1340 war es auch Bischofssitz.

1296 wurde am Stadtrand ein Franziskanerkloster gebaut, das, 1330 in die Altstadt verlegt, bis zur Reformation bestand. Bischof Hermann von Prag gründete 1342 am rechten Passargeufer die Neu-

Steinhaus in Braunsberg

stadt, ebenfalls nach lübischem Recht, doch unbefestigt.

St. Katharina, Altstadtkirche, neben dem Frauenburger Dom die einzige ermländische Hallenkirche mit Chor, zählte zu den stattlichsten backsteingotischen Kirchen. Baubeginn 1343; Vollendung 1442. Ihr durch Blenden gegliederter Westturm überragte die Stadt. 1726 erhielt sie eine Orgel von Josua Mosengel aus Königsberg, der auch die Barockorgel für Heiligelinde geschaffen hat. Im Zweiten Weltkrieg zerstört; 1983 wieder aufgebaut.

Burg des Bischofs aus dem Jahr 1282, von 1320 bis 1330 in Backstein ausgebaut, wich 1873 dem Neubau des Seminars.

Rathaus; als Baujahr ist 1350 überliefert; 1739 im Barockstil umgestaltet, 1900 abgebrochen. Es hatte beachtlichen Figurenschmuck.

Während der Reformation verließen die Franziskaner ihr Kloster. Bischof Kardinal Stanislaus Hosius übergab ihre Baulichkeiten den Jesuiten. Sie gründeten ein Kolleg, dem ein ermländisches Priesterseminar und ein päpstliches Missionsseminar angeschlossen waren. Nach Aufhebung des Jesuitenordens Umwandlung in ein Staatliches Gymnasium und in das Collegium Hosianum mit einer philosophischen und einer theologischen Fakultät. Aus diesem ging 1912 die Staatliche Akademie Braunsberg hervor.

1571 gründete die Tochter des Kaufmanns Peter Protmann und seiner Ehefrau Regina Tingel, Regina Protmann, die „Löbliche Gesellschaft Sanct Catharinen, Jungfrawen und Martyrinnen" mit den Konventen Braunsberg, Wormditt, Heilsberg und Rößel, einen Orden, der sich rasch weiter ausbreitete und später bis nach Brasilien gelangte. Er widmet sich der Krankenpflege und dem Schulunterricht.

1626 eroberte Gustav Adolf die Stadt. Die Schweden hielten sie zehn Jahre besetzt. Um den Frevel der schwedischen Soldateska zu sühnen, wurde 1730 die Kreuzkirche erbaut, die einzige ermländische Kirche mit kreuzförmigem Grundriß. Die

Braunsberg, Chorturm

Schweden hatten Braunsberg geplündert; Schätze aus der Bibliothek des Jesuitenkollegs befinden sich heute in der Universität Uppsala.
Das stolze Braunsberg, einst Stapelplatz aller ermländischen Produkte, Mitglied der Hanse, an der Gründung des Preußischen Bundes führend beteiligt, Seehandelshafen für Getreide, Flachs und Garn, erlitt manch eine Demütigung: im letzten Krieg des Ordens, dem Reiterkrieg, vom Hochmeister überrumpelt und zerstört; im Kulturkampf schloß man das Priesterseminar; 1938 beschlagnahmten die Machthaber des Dritten Reiches die ermländische Druckerei.
Rainer Barzel, 1924 geboren, von 1962 bis 1963 Bundesminister für gesamtdeutsche Fragen, 1964 Fraktionsvorsitzender im Deutschen Bundestag, 1969 Führer der Opposition, 1982 abermals Minister des inzwischen umbenannten Ministeriums für Innerdeutsche Beziehungen. 1983 Bundestagspräsident.

Braunsberg, Pfaffenturm

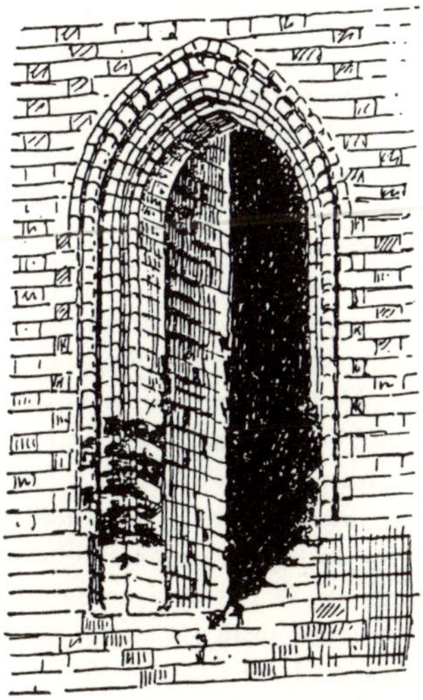

Fenster im Pfaffenturm, Braunsberg

Simon Berent, um 1585 geboren, Reisebegleiter des Prinzen Radziwill, bemühte sich nach dem Abzug der Schweden um die Wiedereröffnung des Jesuitenkollegs. Zeitgenossen rühmten seine mathematischen Kenntnisse und seine musikalischen Fähigkeiten. Die Herausgabe des ersten nachweisbaren Kirchengesangbuches im Ermland „Himmlischer Harffenklangk", 1639 gedruckt, ist auf ihn zurückzuführen. Er hat das Weihnachtslied „Es ist ein Ros entsprungen" vertont.
Jakob Aloys Lilienthal, geboren 1802, Sohn eines Schmiedemeisters, Hauslehrer bei Staatsrat Schmedding, ein eifriger Heimatgeschichtler, einer der ersten, die sich eingehend mit der ermländischen Geschichte befaßten. Als ein Schulrat sich abfällig über die Arbeiten des Pädagogen ausließ, verbrannte er aus Ärger sein umfangreiches Manuskript zur Stadtgeschichte Braunsbergs.
Regina Protmann, schon erwähnte Ordensgründerin, 1552 geboren. Ihre „blühenden Jahre"

verbrachte sie „weltlicher Eitelkeit und Üppigkeit fast geneigt", empfand Lust und Wohlbehagen an Schönheit und schönen Kleidern. Ihre Haupttugenden waren Liebe zum Nächsten und Demut. Im Spital leistete sie Armen und Bedürftigen Hilfe, verfertigte Medikamente gegen Fieber, Zahnweh und Geschwulst. Bei Kriegsrüstung oder Gefahr des Reiches, der Christenheit oder ihrer Heimatstadt achtete sie auf Fasten und Gebet, versäumte keine Predigt. Bei der Führung ihrer Konvente zeigte sie sich resolut, war den Mitschwestern eine „liebe, getreue geistliche Mutter".

Peter Rosenbüchler, Buchdruckergeselle, gestorben 1719, erwarb durch Heirat eine Buchbinderei und Buchhandlung und erhielt als Bibliopola Brunsbergensis 1712 ein Monopol für diesen Handel auf Lebenszeit. Im ganzen Ermland durfte niemand Bücher verkaufen außer der Firma Rosenbüchler. Das Vorrecht galt bis 1772; die Buchhandlung bestand bis 1812.

Michael Schorn, geboren 1719, übernahm das noch in den Anfängen steckende Postwesen des Ermlands und war bis 1772 der Postmeister des Fürstbistums.

Braunsberg, bei der Pfarrkirche

Ernst Tiessen, geboren 1871, Lieblingsschüler des Geographen Ferdinand Freiherr von Richthofen, schrieb dessen wie auch Sven Hedins Biographie. Lesenswert auch seine eigenen Memoiren.

Erste Pfarrschule 1382 eröffnet. Neben Königsberg war Braunsberg auf dem schulischen Gebiet die in Ostpreußen führende Stadt. Eine Garnison ist 1773 nachgewiesen. Das erste Wochenblatt erschien 1809, die erste Zeitung 1840.

Im Zweiten Weltkrieg wurde die Stadt zu 80 v. H. zerstört. Untergegangen ist mit ihr die alte Pfarrkirche St. Katharina, der Ernst Laws im „Ermlandbuch" einen ergreifenden Nachruf gewidmet hat.

1939 hatte die Stadt 21 142 Einwohner.

Braunswalde (poln. *Brąswałd*), Kreis Allenstein. Das Dorf erhielt seine Gründungsurkunde 1337, vom Vogt Heinrich von Luter 1363 bestätigt, und erbaute gleich darauf ein Kirchlein, das die heilige Katharina zur Patronin erhielt. Kirchdorf und Kirchspiel zugleich. In den Kriegen der ersten Jahre hat es schwer gelitten. 1500 lag ein Drittel der Bauernhufen „verlassen und verödet" da. Anfang des 17. Jh. brannte die Kirche ab. Auf den stehengebliebenen Grundmauern wurde ein zweites Gotteshaus errichtet, im Unterbau aus Feldsteinen, oben aus Ziegeln. Auch der Turm war unten massiv angelegt, oben aus Holz mit einem Schindeldach. Die neue Kirche weihte 1617 Bischof Rudnicki. Sie stand bis 1895; dann brach man sie ab. Um 1700 und 1750 war sie mit neuen Altären ausgestattet worden.

Da das Kirchspiel immer größer wurde, war die Kirche 1867 zu klein. Man begann für den Bau eines stattlichen Gotteshauses zu sammeln, mit dessen Errichtung man 1893 anfangen konnte. Bauherr war der Pfarrer Macherzynski, Förderer des Baues Bischof Andreas Thiel, der sich für den Bau von Hallenkirchen in altgotischer Bauweise

einsetzte. Die Kirche, dreischiffig angelegt, aus rotem Backstein erbaut, mit ausgeprägtem Altarraum, bekam ein schönes Gewölbe. Den Eckstein setzte 1893 der Allensteiner Erzpriester Karau. Im Sommer 1895 war der Bau abgeschlossen. Er zählt zu den stattlichsten Dorfkirchen im südlichen Ermland. In den Hochaltar arbeitete man Teile des alten Hochaltars der St. Jakobikirche in Allenstein ein. Die Altarplatte aus kostbarem Marmor war ein Geschenk des Bischofs.
1939 hatte das Dorf 503 Einwohner.

Breitenstein (russ. –), Kreis Tilsit-Ragnit, im Instertal gelegen, ein Kirchdorf, in dem sich Salzburger angesiedelt hatten. Der nahe gelegene Schloßberg galt bis in die jüngste Zeit als heiliger Berg der Litauer. Erster Geistlicher in Kraupischken war Pfarrer Augustin Jamund. 1555 hat er das Neue Testament ins Litauische übersetzt. Herzog Albrecht weilte hier oft zur Jagd. Neue Pfarrkirche 1772 eingeweiht, besaß eine Orgel von 1787 und erhielt 1893 einen Turm. Das Dorf Kraupischken wurde in Breitenstein umbenannt.
1939 hatte es 1363 Einwohner.

Brüsterort (russ. –), Kreis Samland, liegt am Ende der Bernsteinküste. Kahl und steil ragt ein

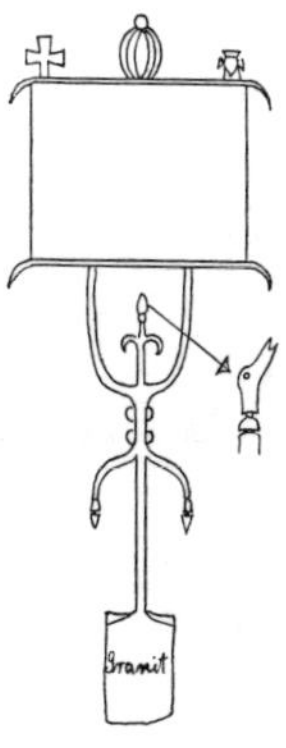

Grabdenkmal in Kraupischken

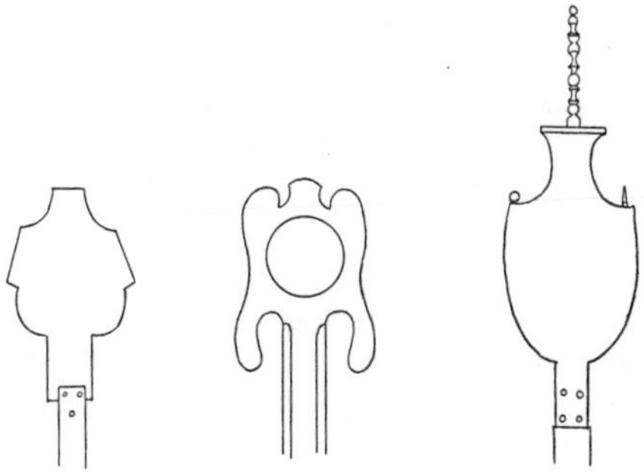

Grabdenkmäler

30 Meter hoher Küstenfels ins Meer. Vorgelagert ist ein Leuchtturm, ein Ziegelrohrbau, achteckig, im Dezember 1846 fertiggestellt. Sein Blinkfeuer liegt 59 Meter über dem Meeresspiegel; der Turm ist 30 Meter hoch. Von ihm hat man einen weiten Panorama-Blick. Er ist zum Schutz vor den „Brüsterorter Steingründen“ errichtet worden.

Brüsterwalde (russ. –), Kreis Heiligenbeil. Auf dem Ordenshof Beisteren empfing der Komtur von Balga zwischen 1308 und 1522 seine Gäste und Reisende. Zum Hof gehörte ein Gestüt. Den Wirtschaftstrakt verwaltete ein Hofmeister. 1441 wird eine Kirche erwähnt. 1520, zu Beginn des Reiterkrieges, wurde der Hof zerstört, 1522 aufgelöst.
Beim Hof lag, dicht am Haff, der Wald Beistern, später Brüsterwalde, 1469 erstmals erwähnt. Hier stand 1515 ein Bild der heiligen Anna, zu dem die Menschen aus Braunsberg, Heiligenbeil und den umliegenden Ortschaften wallfahrteten. Am Rande des Waldes entstand 1628 das Schatulldorf Brüsterwalde.

Bubainen (russ. –), Kreis Insterburg. In den Jahren 1734 bis 1737 ließ sich der Alte Dessauer ein Schloß bauen, das wegen seiner Lage und Architektur als eine „Zier des Landes“ galt. Es soll 130 Zimmer gehabt haben. Der Fürst hielt sich hier im Sommer auf. 1757/1758 wurde es, noch nicht restlos fertiggestellt, von den Russen eingeäschert. Nicht wieder aufgebaut.

Cadinen (poln. *Kadyny*), Kreis Elbing, am Frischen Haff gelegen. Ursprünglich war Cadinen Gerichtshof des Komturs von Elbing, bis 1410 ein Waldmeister des Ordens dort seinen Sitz nahm. 1431 verpfändete der Orden das Gut Cadinen der Familie Bausen, deren Mitglied Hans von Bausen 1454 zu der Delegation des Preußischen Bundes gehörte, die dem König von Polen die Herrschaft über das Ordensland anbieten sollte. Mehrfach wechselten die Besitzer.

1683 gründete Graf von Schlieben ein Franziskanerkloster, 1744 ausgebaut, das zu Beginn des 19. Jh. verfiel. 1898 erwarb Kaiser Wilhelm II. das Gut und richtete seinen Sommersitz ein. 1920 ließ der Kaiser eine Kirche im Stil des Deutschen Ordens bauen. Als letzter Besitzer flüchtete Prinz Louis Ferdinand von Preußen 1945 von Cadinen über das zugefrorene Haff.

An der Küste lag eine Majolikafabrik, wegen ihrer kunstvollen Erzeugnisse weithin bekannt.

1939 hatte der Ort 448 Einwohner.

Christburg (poln. *Dzierzgoń*) im Kreis Stuhm, an der Sorge gelegen. Am Abhang des Schloßberges, einer Wehranlage aus der frühen Eisenzeit, später einer Prussenburg, baute der Orden einen Komtursitz, den die Prussen zerstörten. Der Christburger Vertrag beendete 1249 den Prussenaufstand. In ihm entschied der päpstliche Richter Jakob von Lüttich, daß den bekehrten Prussen persönliche Freiheiten und ungestörter Besitz gesichert werden sollten. Die Sage berichtet, daß die Prussenburg dem Orden in der Christnacht in die Hände gefallen sei und darum die später nördlich an der Sorge errichtete Burg den Namen Christburg erhalten habe.

Neben der Burg entstand eine Siedlung, 1254 als „oppidum“, 1260 als „civitas“ erwähnt. 1288 verlieh ihr Komtur Helwig von Goldbach die

Jagdschloß Cadinen

Christburg

Gründungsurkunde eines Schulzenamtes. Landmeister Meinhard von Querfurt gab dem Ort das magdeburgische Recht und die Fischereifreiheit. Die Handfeste nach kulmischem Recht erhielt Christburg 1451 vom Hochmeister Ludwig von Erlichshausen.

Von 1250 bis 1410 war die Burg Sitz eines Komturs, der seit 1309 Trapier des Ordens war. Herzog Luther von Braunschweig, der dieses Amt seit 1314 – bis er 1331 zum Hochmeister gewählt wurde – innehatte, machte sich um die Besiedlung von Pomesanien und Sassen verdient.

Die um 1310 erbaute Pfarrkirche war eine Hallenkirche mit leicht erhöhtem Mittelschiff und einer Balkendecke ohne Gewölbe. 1770 erneuerte man nach einem Brand den Turm. Die der heiligen Katharina geweihte Kirche barg eine Heiligenfigur von 1370, die neben der Kanzel stand. Später wurden barocke Einbauten vorgenommen.

1678 gründeten die Franziskaner ein Reformatenkloster, aus den Ziegeln des abgetragenen Schlosses erbaut; 1832 in eine Schule verwandelt. Man hat in der Nähe von Christburg frühgeschichtliche Moorbrücken aus starken Eichen-

Nicolaus Coppernicus

bohlen gefunden, die über das versumpfte Sorgetal führten. Vom Wasserturm bietet sich eine weite Aussicht über das Land.

Die erste Schule wurde 1299 erwähnt. Eine Garnison bekam die Stadt 1789. Im Jahr 1909 erschien die erste Zeitung.

1939 hatte Christburg 3604 Einwohner.

Coppernicus-Städte. Drei Städte waren es, in denen Nicolaus Coppernicus im Ermland gewirkt hat:

Heilsberg, wohin er nach 12jährigem Studium im Jahr 1503 zur Residenz seines Onkels, des Fürstbischofs Lucas von Watzenrode, gelangte, um bis Ende 1510 als dessen Leibarzt zu wirken. In Heilsberg übersetzte er die Episteln des Theophylaktos aus dem Griechischen, der „Sprache des Teufels", und widmete sie seinem Onkel. Hierher führen auch die ersten Himmelsforschungen zurück.

Allenstein, wo er als Kapiteladministrator und Landpropst von 1516 bis 1519 und von 1521 bis 1524 wirkte, die Kammerämter des Domkapitels verwaltete, Bauernhöfe besetzte und sich als Verwaltungsbeamter bewährte, wo er an seinen „Entdeckungen" arbeitete und schließlich im Reiterkrieg das Schloß des Domkapitels zur Verteidigung rüstete.

Frauenburg, wo er in seiner Kurie auf der Domburg die Zwischenzeit und die Jahre von 1524 bis zu seinem Tode (1543) verbrachte, wo er sein Hauptwerk, die „Revolutiones", vollendete, wo er als Kartograph, als Münzsachverständiger, als

Ostseebad Cranz

Arzt, als Politiker dem Domkapitel wie auch dem Herzog in Preußen zur Verfügung stand, wo er schließlich starb und begraben wurde.

An mehreren anderen Städten des Ermlands und Westpreußens wie auch Ostpreußens ist ein kurzer Aufenthalt nachweisbar, so 1504 auf dem Preußischen Städtetag in Marienburg, bei Hochmeister Albrecht von Brandenburg, dem späteren Herzog in Preußen, in Königsberg, auf der Durchfahrt oder beim Durchritt in den meisten Orten der Kammerämter Frauenburg, Allenstein und Mehlsack.

Cranz (russ. *Selenogradsk*), Kreis Samland, das größte Seebad Ostpreußens. Der Name wird vom prussischen Wort für Uferhang = *krantas* hergeleitet. Der Orden gründete einen Krug für den Reiseverkehr über die Nehrung, um den sich eine Fischersiedlung bildete, aus der das erste Seebad an der Samlandküste entstand. Das Wasser der Ostsee war durch keine Zuflüsse getrübt, die Lage brachte den höchsten Wellengang mit sich, Strand und Wald boten einen idealen Aufenthalt.

1816 richtete Medizinalrat Dr. Kessel das Bad ein. 1817 bestand ein Badehaus mit warmem Wasser. 1855 wurde ein kleines Bethaus erbaut, zu dem Rudau eine Glocke stiftete. Seit 1777 war Cranz Kirchdorf. Die Bahnverbindung mit Königsberg (seit 1885) ermöglichte den Bewohnern der Provinzhauptstadt, in einer halben Stunde an der Ostsee zu sein. Lokomotiven mit den Namen der Seevögel führten die Züge dorthin.

Bis 1895 war Cranz das „königliche Bad", dann Gemeinde Cranz. Es hatte einen Korso mit einer 900 Meter langen Uferpromenade, die zugleich

Der Crutinnenfluß

Uferbefestigung war. Von Cranzbeek – etwa 2 km entfernt – fuhren die Dampfer nach Memel ab, mit denen man die wichtigsten Orte auf der Kurischen Nehrung erreichte.
Spezialität waren die Cranzer Flundern, bis zu 45 cm lange Plattfische aus der Familie der Schollen, die, an Leinen aufgereiht, über Räuchergruben gehängt, über schwelenden Tannenzapfen geräuchert, warm zum Kauf angeboten wurden.
1939 hatte der Ort 5079 Einwohner.

Crutinnen-Fluß, auch Crutinna genannt, verbindet den Muckersee über den im Nikolaiker Forst gelegenen Gartensee mit dem Beldahnsee. In vielen Windungen zieht er sich durch waldreiches Gebiet, ist stellenweise so flach, daß er nur mit Stakbooten befahren, fast überall durchwatet werden kann. Nach Westen zu ist die Johannisburger Heide stark zerrissen, von Lichtungen durchzogen, zumal im Sensburger Kreis, in dem Alt Ukta liegt. Durch eine der Lichtungen schlängelt sich der Fluß, an dessen Ufern Landschaftsbilder erstehen, die einmalig in der Provinz sind. Der Crutinnenfluß mündet in den Gartensee. Er wird als „Kleinod der Johannisburger Heide" bezeichnet.

Czychen s. Bolken

Dange, zu prussischer Zeit Dagha und Danoa genannt, nach dem prussischen Wort *Danga* = Fluß, entspringt in der Gegend von Wilna. Unterhalb Russisch Krottingen betritt sie ostpreußischen Boden, fließt in südlicher Richtung an Bajohren und Deutsch Krottingen vorbei und mündet bei Memel ins Kurische Haff. Auf ihr können nur kleine Kähne verkehren. Breit und tief ist jedoch ihre Mündung, die einen Teil des Memeler Hafens bildet. Sie hat ihren Lauf während der Jahrhunderte mehrfach geändert. Davon zeugen noch die toten Arme, die „faule Dange". Die Dange fließt an Tauerlauken vorbei, wo Königin Luise im Jahr 1807 mehrfach weilte.

Darethen (poln. *Dorotowo*), Kreis Allenstein, südlich der Stadt am Wulpingsee, einem der 95

Kirche zu Deutschendorf

Seen im Landkreis Allenstein, gelegen; in besonders naturschöner Gegend. Im See befindet sich die Herta-Insel, hügelig und bewaldet, mit einer gepflegten Gaststätte. Ein beliebter Ausflugsort der Allensteiner, besonders am Himmelfahrtstage, wenn die Herrenpartien nach Darethen fuhren, um sich mit dem Boot auf die Insel übersetzen zu lassen.
1939 hatte das Dorf 565 Einwohner.

Darkehmen s. Angerapp

Deime, Arm des Pregels zum Kurischen Haff hin, früher Deme und Deume genannt, bei Labiau fast fünf Meter tief. Für den Orden wichtig als Schutz gegen die Litauereinfälle. Darum wurden die Burgen Labiau und Tapiau errichtet.
1313 hat Hochmeister Karl Beffart von Trier zwölf Fahrzeuge, mit Proviant beladen, den Pregel aufwärts bis Tapiau und von dort die Deime

abwärts zur bedrängten Memelburg geschickt, die jedoch im Sturm auf dem Kurischen Haff untergingen. Der Orden benutzte die Deime später für Litauenfahrten. 1395 wurden ihr Bett vertieft und vier Schleusen angelegt, später als überflüssig wieder abgebrochen.

Die Deime bildete lange Zeit einen Teil der Handelsstraße Königsberg – Tilsit/Labiau. Der Flußlauf ist 37 km lang.

Deutschendorf (poln. *Wilczęta*), Kreis Preußisch Holland, war bis 1852 Sitz des Patrimonialgerichtes der Grafschaft Dohna. Die Kirche stammt in ihren ältesten Teilen aus dem Jahr 1330 und ist der heiligen Katharina geweiht. 1480 wird ein Pfarrer Stephanus Cluge erwähnt. Der Turm ist unten aus Fachwerk, oben aus Holz und hat eine Wetterfahne von 1752 mit dem Dohnaschen Wappen. Im Innern wurde die Kirche 1870 restauriert. Altaraufsatz und Kanzel stammen aus dem Jahr 1681, die Orgel von 1776.

1939 hatte das Dorf 620 Einwohner.

Deutsch Eylau (poln. *Iława*), Kreis Rosenberg, auf einer in den Geserich-See vorspringenden Landzunge im südwestlichen Ostpreußen erbaut.

Deutsch Eylau

Unter dem Namen Ylavia 1317 erstmals erwähnt, 1333 als Ylaw und 1421 als Ilow theutonicalis verzeichnet. An der Stelle einer Prussenburg gründete Sieghard von Schwarzburg, der Komtur von Christburg, eine Siedlung, die 1317 von Luther von Braunschweig die Handfeste erhielt; von Günther von Schwarzburg 1333 nach kulmischem Recht erweitert.

Bis 1340 gehörte die Stadt zur Komturei Christburg, ging dann an Osterode über. Die Burg war Sitz eines Pflegers des Ordens. Schloß und Kirche, 1318 erbaut, waren eine Befestigungsanlage.

1317 bekam die Stadt ein Rathaus, das dem großen Brand von 1706 zum Opfer fiel. Das Ordenshaus verkauften 1457 böhmische Söldner dem Preußischen Bund und dem König von Polen.

Seit 1522 an verschiedene Herren verpfändet, zuletzt an die Grafen Dohna-Schlodien. Eine Schützengilde bestand seit 1643. Im 15. Jh. wurde eine Kirchschule eröffnet. 1902 erhielt die Stadt ein Gymnasium.

Als Eisenbahnknotenpunkt der Strecken Danzig–Warschau und Berlin–Insterburg wie als Marktflecken und Ausflugsort ins Oberland und zum Geserich-See bekannt, zerstörten die Russen den strategisch wichtigen Ort im Zweiten Weltkrieg zu 75 v. H.

1939 hatte die Stadt 13922 Einwohner.

Dietrichsdorf (poln. *Dzietrzychowo*), Kreis Gerdauen. Die Handfeste erhielt der Lokator Dietrich Skomand 1366 vom Hochmeister Winrich von Kniprode. Das Dorf hieß ursprünglich Barskelauken. 1483 wurde der Pfarrer Nikolaus Masow eingeführt. Die Kirche war der heiligen Maria geweiht. Ein Feldsteinbau mit wenig Ziegeln, der Turm, ein zurückspringender, sich verjüngender Holzbau mit achteckiger, teils mit Schindeln, teils mit Zink bedeckter Spitze. Darauf eine Wetterfahne von 1793. Die Wetterfahne auf der Vorhalle zeigt die Jahreszahl 1631. Die Glokke stammte aus dem Jahr 1545. Altar und Kanzel, barock, Ende des 17. Jh. Die Kirche besaß einen gotischen Kelch; in den Fuß war in gotischen Minuskeln eingraviert: S. Maria.

1939 hatte das Dorf 280 Einwohner.

Dietrichswalde (poln. *Gietrzwałd*), Kreis Allenstein. Die Handfeste erhielt der Lokator Andreas 1352. Eine Kirche muß bereits nach 1400 gestanden haben, denn von 1405 bis 1409 wird ein Pfarrer Sternchen erwähnt. Die Pfarrkirche weihte Weihbischof Johannes im Jahr 1500. Sie war Mariae Geburt gewidmet.

1877 soll die Mutter Gottes mehreren Gläubigen an einem Baum außerhalb des Dorfes erschienen sein, um den später ein Gitter gezogen wurde. Menschen, die die Erscheinung sehen wollten, strömten herbei; es entstand ein Wallfahrtsort. Die neue Kirche entwarf der Paderborner Diözesanbaumeister Güldenpfennig im romanisch-gotischen Stil.

1939 hatte das Dorf 941 Einwohner.

Kirche in Dietrichswalde

Dittlacken (russ. –), Kreis Insterburg, benannt nach dem Dittowafluß (lit. diddis = groß). Die Kirche gründete 1665 der Gouverneur der Festung Pillau, Pierre de la Cave, der seines Glaubens wegen aus la Cave in Courteney in Frankreich ausgewandert war und die Didlackschen Güter erworben hatte. Als sein Sohn Wilhelm, als letzter des Stammes, 1731 starb, fielen Güter und Kirche an den Staat, der später das Hauptgut an den Herzog von Dessau verkaufte.

Die Kirche, ein Fachwerkbau, brannte mitsamt dem Pfarrhaus bei der russischen Invasion 1757 ab. Sie wurde 1783 aus geputzten Feldsteinen neu erbaut; ohne Turm, im Innern sehr einfach.

Hinter dem Altar stand ein Epitaph des Gründers aus Sandstein, hinter der Sakristei das 1676 errichtete Mausoleum des Pierre de la Cave mit dessen erhaltener Mumie.

1939 hatte das Dorf 452 Einwohner.

Diwitten (poln. *Dywity*), Kreis Allenstein, erhielt seine Handfeste 1366. 1913 legte das in Allenstein stationierte XX. Armeekorps einen Luftschiffhafen an und errichtete eine Luftschiffbergehalle als reichseigenen Bau, 200 m lang, 44 m breit und 34 m hoch. Sie kostete 400000 Mark. Das in Königsberg stationierte Luftschiff LZ 16 bekam im November 1914 im Einsatz bei Lyck 300 Treffer und mußte nach Diwitten manövriert werden. Es war das erste Luftschiff, das für längere Zeit anlegte. Repariert, diente es als Schulluftschiff.

Im Juli 1915 wurde die LZ XII unter Kapitän Lehmann an der Ostfront eingesetzt. Sie war im Luftschiffhafen Diwitten stationiert, flog von hier aus ihre Einsätze. Später verlegte man sie nach Königsberg. Für kurze Zeit kam die LZ 39 nach Diwitten, bewährte sich jedoch nicht im Einsatz; wurde von der LZ 85 abgelöst, die am 12. September 1915 eintraf. Sie flog über Sofia bis nach Saloniki. Nach dem Krieg war die Aufgabe des Luftschiffhafens beendet; 1921 demontiert.

1939 hatte das Dorf 626 Einwohner.

Dixen (russ. *Deksyty*), Kreis Preußisch Eylau. 1335 als „Zum Decksen“ erwähnt, „Dexen sonst

Krantzberg", auf dem Stablacker Höhenzug gelegen, früher wahrscheinlich Sutwiert, wo man 1249 eine Kirche anlegen wollte.
Die Pfarrkirche wurde 1320 gegründet, Feldstein mit Ziegelgiebeln und einem Steinturm bis 1853, dann durch einen niedrigen hölzernen Notturm ersetzt. Schinkel hatte einen Turm für die Kirche entworfen, der jedoch nicht zur Ausführung kam. Altaraufsatz von 1705, Chorstühle von 1600 und 1609.
1939 hatte das Dorf 222 Einwohner.
Dobrowolla s. Hanskirchen
Döbern (poln. *Dobry*), Kreis Preußisch Holland. In der Kirche befindet sich das Grabdenkmal des Grafen Elias von Kanitz, gestorben 1674. 1704 in Königsberg aus Sandstein gefertigt, zeigt es die Denkmalsfigur in liegender Stellung. Die von Kanitz hatten ihr Schloß in dem nahen Podangen. Oberburggraf Friedrich Wilhelm von Kanitz ließ es 1701 erbauen. Neben dem Kirchturmeingang befinden sich in der Mauer in Halshöhe Teile eines aus Eisen gefertigten Prangers, Zeugnis für die Grausamkeit und Menschenunwürdigkeit der Strafen in früherer Zeit.
1939 hatte das Dorf 685 Einwohner.

Kirche in Diwitten

Dönhofstädt (poln. *Drogosze*), Rittergut im Kreis Rastenburg, westlich von Barten gelegen, benannt nach seinem Begründer Bogislaw Friedrich Graf von Dönhoff, der das Schloß 1710 durch den Oberingenieur von Collas erbauen ließ. Dabei wurden Urnen gefunden. Im Schloß wurde 1725 eine reformierte Familienkapelle angelegt, die bis 1875 einen eigenen Pfarrer hatte. Sie hatte Gewölbe und Rippen aus Holz. Den Altar hatte August Wittig in Rom aus carrarischem Marmor hergestellt; aus weißem Marmor waren auch zwei Basreliefs: Taufe und Auferstehung Christi darstellend.
In einer hinzugefügten Gedächtniskapelle standen die Marmorsarkophage mit lebensgroßen Bildnissen des im Duell gefallenen Stanislaus Graf von Dönhoff und der Gräfin Angelika zu Dohna, geborene von Dönhoff, beide von Eduard Lürssen 1889 ausgeführt.
1939 hatte das Dorf 1526 Einwohner.
Domnau (russ. *Domnowo*), Kreis Bartenstein, an der Gertlack gelegen. Nach dem Christburger Vertrag sollte im Gebiet Tummonis eine Kirche gebaut werden. Als Schutz der Straßen Königsberg–Schippenbeil und Friedland–Preußisch Eylau legte der Orden in dem „moorigen Gebiet" auf dem Schloßberg 1324 eine Ordensburg an; 1460 zerstört. Um sie bildete sich eine Lischke. Die Kirche muß 1319 bereits gestanden haben.
Ab 1334 war die Burg Mittelpunkt des Kammeramtes Domnau, von 1335 bis 1349 saß hier ein Pfleger. Domnau soll 1400 bereits Stadtrecht erhalten haben; 1427 erstmals als Stadt erwähnt, 1437 als tatsächliche Stadt. Die Handfeste erneuerte Ritter Eyloffstein 1480. Bis 1809 war Domnau Mediatstadt. Die Burg wurde 1458 vermut-

lich zerstört. Die Kirche war eine filia von Georgenau. Einer ihrer Prediger war der Kartograph und Chronist Kaspar Hennenberger. Der Kirchenlieddichter Georg Weißel wurde 1590 geboren.

Im 16. und 18. Jh. durch fünf Großbrände nahezu vernichtet, galt Domnau als das „ostpreußische Schilda". Die Anekdote weiß zu berichten, daß die Domnauer das Langholz für den Bau ihres Rathauses quer zur Straße durchs Stadttor fahren wollten. Als sie im Begriff standen, das Tor abzubrechen, kam ein Vöglein mit einem Strohhalm geflogen und zwitscherte ihnen zu: „Spitz nach vörn!" Die Redensart „der kommt aus Domnau" war häufig. Auch sangen Kinder das Verslein: „In Domnau ist der Himmel blau. Da tanzt der Ziegenbock mit seiner Frau".

Eine Garnison erhielt die Stadt 1711; die erste Schule ist 1406 nachgewiesen.

1939 hatte die Stadt 2990 Einwohner.

Drausensee (poln. *Jezioro Druzno*), ursprünglich wohl ein Teil der damals weiter nach Süden reichenden Danziger Bucht, am Ostrand der Weichsel-Nogat-Niederung gelegen, teils zum Kreis Preußisch Holland, teils zum Kreis Elbing gehörend. Der Seefahrer Wulfstan kam gegen Ende des 9. Jh. auf seiner Fahrt zum Prussenland durch die Mündung eines Weichselarms und den Elbingfluß ins Ästenmeer – in den Drausensee –, an dessen Ufer er bei Truso anlegte. Im Randgebiet des Drausensees fand er viele prussische Burgen vor – Wöklitz, Meislatein, Preußisch Holland. Das 1244 erwähnte stagnum Drusine hat seinen Namen sicher von dem prussischen Handelsplatz Truso erhalten. Im 13. Jh., berichtet Peter von Dusburg in seiner Chronik, war der Drausensee für große Schiffe befahrbar. Bilder vom See aus dem Jahr 1733 zeigen große Segelschiffe.

Der See wuchs im Laufe der Zeiten immer mehr zu, verschilfte und vertorfte, man wollte ihn ganz trockenlegen, entwässerte jedoch nur bestimmte

Portal der Kirche in Domnau

Teile nach Eindeichung durch holländische Deichbauer, die ins Land kamen. Sie schufen fruchtbares Acker- und Weideland.

Der Drausensee ist reich an Fischen und Wasservögeln. In ihn strömen die Sorge und die Weeske ein; er mündet ins Frische Haff, mit dem er fast auf gleicher Höhe liegt. Er unterscheidet sich von den übrigen Seen des Oberlandes dadurch, daß er 104 m tiefer liegt als diese. An seinem Ufer wurde die Wolffia arrhiza, die kleinste Samenpflanze, entdeckt.

Seeoberfläche: 18 qkm, Tiefe bis zu 2,5 m.

Dreimühlen s. Kallinowen

Drengfurt (poln. *Srokowo*), Kreis Rastenburg, am Flüßchen Omet am Fuße der Fürstenauer Berge. Das Dorf Drengfurt – später eingemeindet – bestand schon vor 1397 als „Angerdorf", später „Vorstadt" genannt. Wegen der ungünstigen Verkehrslage konnte die 1403 von Hochmeister Konrad von Jungingen nach kulmischem Recht gegründete Stadt kaum aufblühen. Nur im Winter führte die Straße von Lötzen nach Angerburg – wenn der Mauersee zugefroren war – über Drengfurt.

Ebenrode

Die Stadt, 1469 einem Peter Siegelvoith verliehen, gehört seit dem 16. Jh. zum Kreis Rastenburg. 1657 hausten in ihr die Tataren und verwüsteten Stadt und Kirche. Das Schützenprivileg stammt aus dem Jahr 1618. 1721 erhielt Drengfurt eine Garnison.

1939 hatte die Stadt 2289 Einwohner.

Drigelsdorf (poln. *Drygały*), Kreis Johannisburg. Martin Drygall verlieh Drygallen 1438 an Gerosch und Matzke. 1568 werden die Brüder Hans und Adam Drygalsky genannt.

Die Kirche war früher Mutterkirche von Rosinsko. 1438 wird „unseres Caplans" gedacht. Auf Präsentation des Komturs von Balga, Siffrid Vlach, wurde 1480 ein Pfarrer aus der Diözese Plock, Petrus von Miesky, in Drigelsdorf eingeführt.

1656 brannten die Tataren die Kirche nieder, sie wurde 1660 wieder aufgebaut. 1729 war sie baufällig und mußte im Jahr darauf abgebrochen werden. 1731 bis 1732 wurde sie neu gebaut aus verputztem Ziegelstein, mit einem Dachreiter, darauf eine Wetterfahne: 1732.

1939 hatte das Dorf 1798 Einwohner.

Dubeningen (poln. *Dubeninki*), Kreis Goldap, ehemals Gordeyken. Die erste Pfarrkirche wurde 1620 gegründet; die zweite wurde 1683 aus Holz erbaut, die dritte 1743 aus Feldsteinen mit hölzernem Turm. Der Turm wurde 1812 abgebrochen. Ein Orkan beschädigte die Kirche 1818 schwer,

1822 erbaute man sie fast neu aus Feldstein und Ziegelbrocken. 1879 mußte sie erneuert werden. Dubeningen war der einzige Ort in Ostpreußen, in dem zu Beginn des 20. Jh. noch in drei Sprachen gepredigt wurde: deutsch, polnisch, litauisch.

1939 hatte das Dorf 404 Einwohner.

Ebenrode (russ. *Nesterow*), Kreisstadt im Regierungsbezirk Gumbinnen, bis 1938 Stallupönen genannt. Der Name ist prussischer Herkunft: stalas = der Tisch und upe, appe = der Fluß deuten auf eine Opferstelle am Fluß: Stalupenn hin. An der Landstraße nach Litauen, zehn Kilometer vor der Grenze, 1539 als Marktflecken mit neun Höfen angelegt; erhielt 1585 die erste Kirche. Im Zug des Retablissements siedelte Friedrich Wilhelm I., nachdem der Ort von der Pest 1709 bis 1711 nahezu entvölkert war, Nassauer, Franken und Schweizer an und erhob ihn durch Mandat 1722 zur Stadt. 1726 Kirche neu erbaut, 1732 Salzburger angesiedelt.

Prussischer Geist war nicht erstorben. Bis 1730 fanden Litauer-Wallfahrten zu dem steinernen Opfertisch und dem Götzenbildnis statt, stets am Himmelfahrtstag.

Ein Rathaus erstand, mehrfach umgebaut. Die Russen zerstörten es 1914 mit einem Großteil der Stadt. Die Stadt, nach Plänen von Schultheiß Unfried angelegt, hatte Sägewerke, Mühlen, eine Fabrik für Landwirtschaftsmaschinen und unterhielt einen blühenden Markt. Im Oktober 1944 vor Einmarsch der Russen durch Fliegerangriffe zerstört.

Die 1726 erbaute Kirche mit hohem Turm wird zweimal in historischem Zusammenhang erwähnt: Am 2. August 1757 eroberte General Apraxin die Stadt. In der Kirche mußten tags darauf alle Bürger den russischen Untertaneneid schwören. Als Napoleon Stallupönen – als letzte deutsche Stadt – verließ, mußten die Kirchenglocken läuten.

Erste Schule 1585 gegründet. Seit 1717 eine Garnison, vornehmlich für Reitertruppen. 1717 bis 1733 war das Dragonerregiment von Zieten stationiert.

1939 hatte die Stadt 6608 Einwohner.

Eckersberg (poln. *Okartowo*), Kreis Johannisburg, an der Nordostecke des Spirdingsees gelegen. Die Eckersburg – auch Haus Eckersberg genannt –, um 1340 vom Komtur zu Balga erbaut, wurde 1361 zum erstenmal, 1378 zum zweitenmal vom litauischen Großfürsten Kynstut zerstört. Der Orden ließ das dort eingerichtete Pflegeramt erlöschen, die Burg nicht wieder aufbauen. Nach 1525 Domäne.

Eine erste Siedlung bei der Burg ist 1492 nachgewiesen. Sie erlebte den Einfall der Tataren, die Pest und mehrfache Besetzung. 1724 der Kriegs- und Domänenkammer Gumbinnen unterstellt, kam sie 1752 zum Kreis Seehesten, 1818 zum Kreis Johannisburg.

1939 hatte das Dorf 234 Einwohner.

Eckertsdorf (poln. *Wojnowo*), Kreis Sensburg, in der Johannisburger Heide gelegen. Das Dorf wurde um 1828 von den Philipponen angelegt, einer griechisch-orthodoxen Sekte, benannt nach ihrem Oberhaupt Philipp Pusteswjat, die sich als „Altgläubige“ bezeichneten und aus Rußland nach Masuren gekommen waren. Schon im 18.

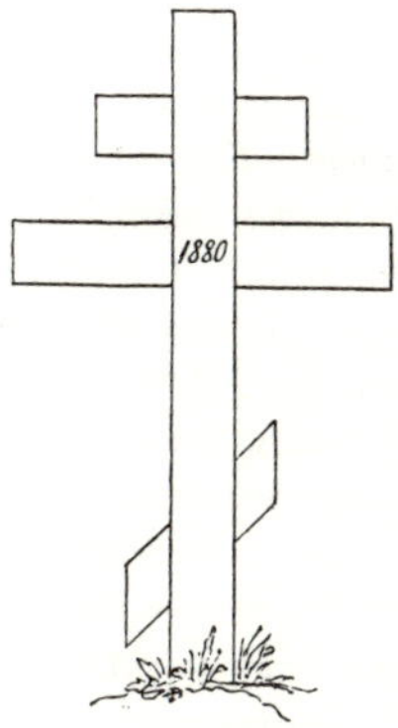

Grabkreuz in Eckertsdorf

Die Bürgerstunde (Ludwig Richter)

Jh. traf man erste Angehörige der Sekte in der Johannisburger Heide an. Von 1828 bis 1832 führten sie ihr Siedlungsvorhaben unter der Aufsicht des Forstmeisters Eckert durch, begonnen am Cruttinnenfluß. Nach einer Kabinettsorder von 1825 durften sie nur unkultivierten Boden erhalten. Sie schufen eine Kolonie zwischen dem Mucker- und Beldahnsee. Zu dieser gehörten die Dörfer Schönfeld, Feodorwalde, Peterheim, Schlößchen, Iwanowo, Nikolaihorst und Galkowo. Dazu kamen östlich des Beldahnsees Onufrigowo und Piasken. Ursprünglich zählten sie um die 600 Seelen, ihre Höchstzahl erreichten sie 1842 mit 1277 Seelen. Als sie 1843 zum Kriegsdienst ausgehoben werden sollten, drohten sie mit Auswanderung, gaben aber nach, als man ihnen gestattete, beim Militär ihre Bärte zu behalten.
Eckertsdorf ist das Hauptdorf ihrer Siedlung. Sie bauten hier ein Gotteshaus und legten am nahen Dußsee 1839 ein Nonnenkloster an, das einzige russische Kloster auf deutschem Boden. Der Glockenturm hatte eine Zwiebelkuppe, darin ein vierstimmiges Geläut, auf der Spitze ein Kreuz mit drei Querbalken, die beiden obersten waagerecht, der untere schräg. Solche Kreuze standen auch auf dem Friedhof.
Typisch für ihre Gehöfte waren die riesigen Öfen, die sie für ein Dampfbad brauchten, das sie vor jedem Gottesdienst nahmen. Sie hatten auch eine Reihe Badestuben, Vorläufer der späteren Sauna. 1939 hatte das Dorf 605 Einwohner.
Eichmedien (poln. *Nakomiady*), Kreis Sensburg, früher Nakomniaden. Zwischen 1392 und 1396 vom Komtur von Balga, Konrad von Kyburg, gegründet, von dessen Nachfolger, Ulrich von Jungingen, 1402 mit einer neuen Handfeste ausgestattet.
Das Eingangsportal der Pfarrkirche mit dem abgetreppten Spitzbogen stammte aus Ordenszeit. Die Kirche war dem heiligen Antonius geweiht,

ein verputzter Feldsteinbau ohne Turm. Im Nordosten stand ein hölzerner Glockenstuhl, in dem zwei Glocken hingen.

In der Sakristei stand ein Tauftisch mit einer kupfernen runden Taufschale, in die in lateinischen Majuskeln eingraviert stand: „Jesus spricht zu Petrus, wer gewaschen ist gantz rein, 1580.“

Die Sage von der Krügerin aus Eichmedien s. unter Schwarzstein.

Das Herrenhaus wurde 1680 auf Befehl des Großen Kurfürsten für den Freiherrn von Hoverbeck gebaut. Es hatte zweistöckige Keller.

1939 hatte das Dorf 736 Einwohner.

Einsiedel (poln. *Siedlisko*), Kreis Heiligenbeil. Hart an der Grenze zum Bistum Ermland erbaute der Orden vor 1330 den Hof Einsiedel, der 1372 urkundlich als Eynsedil erwähnt wird. Er diente als Absteige- und Tagungsort für durchziehende Angehörige des Ordens.

1374 wurde hier die Grenze zwischen dem Fürstbistum Ermland und dem Deutsch-Ordens-Staat ausgehandelt und festgelegt.

Anstelle des im Reiterkrieg 1520 zerstörten Hofes baute man 1538 ein Gutshaus, das bis in die jüngste Zeit hinein bestanden hat.

Eisenberg (poln. *Żelazna Góra*), Kreis Heiligenbeil, gegründet vom Komtur von Balga, Heinrich von Isenberg, der ihm 1308 die Handfeste gab. Die Kirche, zu Beginn des 14. Jh. erbaut, lag neben einem Ordenshof, der das Waldamt Eisen-

Elbing (1626)

Brücktor in Elbing

berg verwaltete, zu dem neben 42 Zinsdörfern mehrere kleine Ortschaften gehörten, geschaffen von der Komturei Balga zwischen 1320 und 1340 auf Waldboden. Im Ordenshof saßen von 1330 bis 1445 Waldmeister des Ordens. 1460/1461 zerstört, ersetzte man ihn 1470 durch das Kammeramt Pellen. Eisenberg erlitt im Zweiten Weltkrieg schwere Zerstörungen.
1939 hatte das Dorf 813 Einwohner.

Elbing (poln. *Elbląg*), Regierungsbezirk Westpreußen, ab 1939 Danzig, vor der Mündung des Elbingflusses ins Frische Haff. Gräberfunde aus der Eisenzeit verweisen auf eine gotisch-gepidische Siedlung an der Stelle, an der Landmeister Hermann Balk 1237 auf dem rechten Flußufer eine Burg anlegte. Ifling – Elvigge, 1242 erstmals erwähnt, Elbinge 1246, Melvingen 1300 verweist auf prussische Herkunft.

Der Seefahrer Wulfstan hat 890 den prussischen Handelsplatz Truso ganz in der Nähe entdeckt. Gleichzeitig mit dem Ordenslandmeister gründeten Lübecker Kaufleute nördlich der Burg die Stadt Elbing, die 1246 von Hochmeister Heinrich von Hohenlohe eine Handfeste nach eingeschränkt lübischem Recht erhielt, später erweitert. 1242 war bereits gemeinsam von Orden und Bürgerschaft zwischen Burg und Stadt das Heilig-Geist-Spital gegründet worden, ab 1291 Hauptspital des Ordens.

1339 trat Hochmeister Dietrich von Altenburg die Hohe Gerichtsbarkeit über das Landgebiet an die Stadt ab; 1343 bewilligte Hochmeister Ludolf König die Appellation nach Lübeck und gab damit der Stadt eine mit den Reichsstädten vergleichbare Stellung: Der Rat der Stadt war Territorialherr über das städtische Landgebiet. 1337 Neustadt Elbing gegründet, 1478 in die Altstadt eingegliedert.

Seit 1251 war das Ordenshaus Haupthaus des Ordens in Preußen, Sitz des Landmeisters in Preußen. Es blieb dies auch, als 1309 der Hochmeistersitz von Venedig in die Marienburg verlegt wurde. Seit 1312 war der Komtur von Elbing Oberster Spittler des Ordens.

Bis 1370 war Elbing im Ostseehandel und in der Hanse-Schiffahrt führend – vor Danzig. Nach 1410 Vorverlegung der Mauern und Rundtürme, nachdem die Palisaden bereits vorher durch feste Mauern und Wehrtürme ersetzt waren. Die Stadt stieg zum ersten Seehafen Preußens und zur führenden Handelsmacht in der Hanse auf.
1440 wurde in Elbing der Preußische Bund gegründet. 1454 zerstörten die Elbinger die Ordensburg. Bürgermeister Georg Räuber verwandelte die Stadt in eine autonome Republik unter der Oberhoheit des polnischen Königs. Elbing erhielt 1457 alle früheren Rechte wieder, durch Staatsvertrag von König Kasimir bestätigt. Damit war der Abfall vom Ordensstaat endgültig vollzogen. Elbing war eine freie Stadt, lehnte es jedoch 1495 und auch später ab, eine Reichsstadt zu werden. 1521 steht die Stadt in den Reichsmatrikeln unter

Kaufhaus im Mittelalter

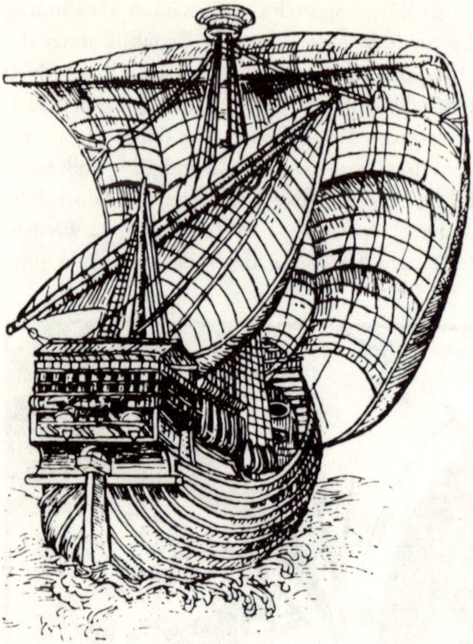

Hansa-Kogge

freien und Reichsstädten verzeichnet. Eine neue Blütezeit begann, als die Stadt 1579 Sitz der Eastland Company wurde. 250 Seeschiffe verließen jährlich den Elbinger Hafen, ein Drittel davon auf Fahrt nach England.

1550 hatten sich Mennoniten in größerer Zahl angesiedelt, nachdem die Reformation bereits vor 1525 Fuß gefaßt und sich 1531 endgültig gefestigt hatte.

1626 war Elbing Hauptquartier Gustav Adolfs, der 14 moderne Bastionen erbauen ließ und englischen Fürsten Schutz gewährte. Die Schweden wurden der Stadt jedoch 1703 zum Verhängnis, als General von Stenbock Kontributionen erpreßte, die sie nicht aufzubringen vermochte. Die Hilfe des Polenkönigs blieb aus, ja, er verpfändete Elbing an Preußen, das die Stadt 1703 endgültig besetzte.

Zuvor hatte der Rat 1644 Amos Comenius für das Elbinger Gymnasium gewonnen; 1645 war Elbing von Kaiser Ferdinand III. zu den Friedensverhandlungen eingeladen worden, die den Dreißigjährigen Krieg beenden sollten.

1737 wurde Händel in die Stadt gerufen, um anläßlich des 500jährigen Jubiläums eine Festkantate zu schreiben und einzustudieren.

1772 ließ Preußen die Festungswerke schleifen und in Plätze und einen Lustgarten verwandeln. Das Ende des selbständigen Stadtstaaates war gekommen. Die Napoleonischen Kriege brachten eine hundertjährige Schuldenlast.

Städteordnungen von 1808 und 1853 veränderten die Lage kaum. Kaufleute waren es, die der Stadt einen neuen Aufschwung gaben. Schichau baute den ersten Dampfer in Preußen, Franz Komnick eröffnete eine Maschinenfabrik, Loeser und Wolff gründete den größten Tabakhandel Deutschlands. Bald begann Schichau, auch Lokomotiven, Lastwagen, Turbinen und Traktoren zu bauen. Eine Lebensmittelindustrie entstand.

Der Zusammenbruch der Wirtschaft nach dem Ersten Weltkrieg bescherte der Stadt die höchste Arbeitslosenzahl in Deutschland im Jahr 1933.

Im Zweiten Weltkrieg besetzten die Sowjets am 10. Februar 1945 Elbing und zerstörten die Vororte zum großen Teil.

Nikolaikirche, in der Altstadt im 14. Jh. als Basilika erbaut, im 15. Jh. in eine dreischiffige Hallenkirche verwandelt. Sie erhielt 1598 bis 1603 zwei Frühbarocktürme, die 1777 bei einem Gewitter zusammen mit den Kirchenschiffgewölben einstürzten. 1786 zog man eine flache Bohlendekke ein. Es gab in der Kirche frühe Wandmalereien. Ihr Prunkstück war neben den hölzernen Apostelfiguren an den Pfeilern von 1405 das achteckige Taufbecken des Meisters Bernhuser aus dem Jahr 1378, ein auf Löwen ruhender Bronzeguß.

St. Marien, ehemaliges Dominikanerkloster, 1238 gegründet, hatte einen Chor von 1246. Das zweischiffige Haupthaus erneuerte man nach dem Brand von 1504 neun Jahre später in spätgotischem Stil. Die Dominikaner hatten das Langhaus 1504 bis 1513 zur Hallenkirche umgebaut. 1552 übergaben die beiden letzten Mönche Kloster und Kirche dem Rat der Stadt.

Erwähnenswert auch die *St. Georgskirche* aus derselben Zeit, wie das Beginenkloster von 1258 nach Auflösung des Ordens abgebrochen; auf den Fundamenten das Gymnasium errichtet.

Wilhelm Albrecht, geboren 1800, bekannt geworden durch seine Lehre von der juristischen Persönlichkeit, zählte zu den Vertrauensmännern, die mit dem Entwurf einer Verfassung für Deutschland beauftragt waren. Zum Geheimen Hofrat ernannt und von Hannover in die Nationalversammlung geschickt, schied er aus dieser 1848 aus. Durch sein Hauptwerk „Die Gewere als Grundlage des älteren deutschen Sachenrechts" hat er die Rechtswissenschaft in neue Bahnen gelenkt.

Christel Ehlert, geboren 1932, machte sich als Romanschriftstellerin rasch einen Namen.

Paul Otto Heinrich Fechter, geboren 1880, widmete sich der Theaterkritik. Er schrieb eine Geschichte der Literatur des deutschen Volkes von den Anfängen bis zur Gegenwart und ging der Entwicklung des deutschen Dramas nach. Bekannt wurde er durch sein Bühnenstück „Der Zauberer Gottes".

Berthold Hellingrath, geboren 1877, ging als der „Radierer von Danzig" in die Kunstgeschichte ein. Wir verdanken ihm Radierungen von Marienburg, Elbing und Marienwerder. Er hat die Ostseeküste von Kiel bis Memel mit dem Zeichenstift festgehalten. Als Maler wurde er auch in Holland und England bekannt.

Walter Lietz, geboren 1914, machte als Schriftsteller und Rezitator von sich reden. Die Natur hat ihm eine Sehnsucht nach der Weite ins Herz gelegt. Immer wieder trieb es ihn in die Welt hinaus, wo er Lebenserfahrungen sammelte und Betrachtungen in seine Gedichte und Spiele einbezog.

Albrecht Schäffer, geboren 1885, schrieb vielbeachtete Romane und Novellen. Sein Hauptwerk ist der Roman „Helianth". Von ihm stammt eine fünfbändige „Schöpfungsgeschichte des Menschen".

Gottlieb Ferdinand Schichau, 1814 geboren, eröffnete in Elbing eine Maschinenbauanstalt und baute in ihr die erste Dampfmaschine als Kraftquelle für den eigenen Betrieb. 1859 erhielt er den ersten Lokomotivauftrag. 1886 gründete er die Elbinger Dampfschiffahrtsreederei F. Schichau. In seinem Todesjahr beschäftigte das Werk 4000 Menschen.

Heinrich Splieth, geboren 1877, war Meisterschüler Menzels in Berlin und Schöpfer bedeutender Tierplastiken. Er schuf Entwürfe für die Cadiner Majolikamanufaktur. Auch als Maler leistete er Beachtliches. Von ihm stammt die „Kreuzabnahme" in der Elbinger Nikolaikirche.

Mit der Stadt Elbing verbinden sich die Namen von drei ermländischen Bischöfen.

Nikolaikirche in Elbing

Anselm, der erste Bischof des Bistums, der einzige Deutschordenspriester auf der Kathedra, starb in der Stadt und wurde hier begraben.

Heinrich Wogenap, der fünfte Bischof, stammt von dem Gut Wogenap bei Elbing. Er hat der Stadt Guttstadt die Handfeste verliehen. Unter ihm begann das Kolonisationswerk in der „Großen Wildnis". Er begann den Massivbau des Frauenburger Doms, in dem er begraben liegt.

Heinrich Sorbom, der neunte Bischof, Sekretär Kaiser Karls IV., brachte die erste Kolonisationsperiode im Bistum zum Abschluß, gründete die Städte Bischofstein und Bischofsburg, baute die Stiftskirche in Guttstadt und vollendete Schloß Heilsberg und den Frauenburger Dom. Seine Regierungszeit gilt als Höhepunkt in der Geschichte des Fürstbistums.

Auf Grund der Handfeste von 1246 prägte die Stadt bis 1357 Münzen für den Ordensstaat. 1319 öffnete die Schola senatoria ihre Pforten. An der Neustädter Kirche gab es 1467 eine Schule. 1535 ist das Gründungsjahr des Gymnasiums, das 1645 bereits 600 Schüler zählte und 1846 verstaatlicht wurde. 1926 entstand die Pädagogische Akademie in Preußen.

Schützengilden gab es für Bogenschützen 1630, für Langrohrschützen kurz darauf. Beide vereinigten sich und bestanden bis 1768. Die Neustadt hatte eine eigene Bruderschaft, die bis 1772 zusammenkam. Ab 1717 hatte Elbing eine Garnison. Die erste Zeitung erschien 1787.

1939 hatte die Stadt 85952 Einwohner.

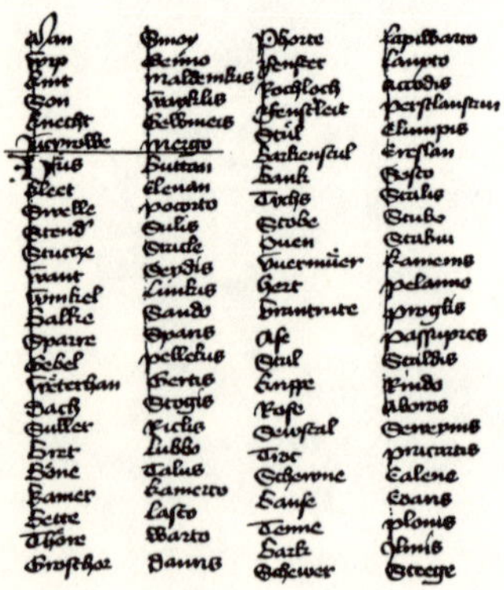

Elbinger deutsch-prussisches Vokabular

Elditten (poln. *Ełdyty Wielkie*), Kreis Heilsberg, erhielt die Handfeste 1289. Die Kirche, dem heiligen Martinus geweiht, zählte zu den wenigen ermländischen Kirchen, die einen Gutsherrn als Patron hatten. Sie war von der Gutsherrschaft erbaut worden; diese unterhielt sie mitsamt dem Pfarrer. Das Gut entstand vor 1300. Bischof Heinrich I. Fleming von Ermland, der einer Lübecker Patrizierfamilie entstammte, hatte seiner Schwester Walpurgis und ihrem Mann Konrad Wendepfaffe 110 Hufen auf dem prussischen Feld zugewiesen. In den Gutsdörfern Kleinfeld und Hohenfeld wurden Bauern angesiedelt, die auf dem Gut Elditten bis zur preußischen Zeit Scharwerkerdienst leisten mußten.

1939 hatte das Dorf 249 Einwohner.

Engelstein (poln. *Węgielsztyn*), Kreis Angerburg, am See Steinweiken gelegen, als Zinsdorf 1406 vom Obersten Marschall Ulrich von Jungingen gegründet.

Der Sage nach sollen die ersten Bewohner Engelsteins ihre Häuser zuvor am Resausee gehabt haben. Beim Roden der Wälder fanden sie eine Kapelle, „36 Schuhe in der Länge und 24 in der Breite, und die Sakristei 12 Schuh in der Länge und 9 Schuh in der Breite. Und zwar mit dem Walde ganz verwachsen, so daß auch zwischen den Wänden in der Kirchen selbsten große Bäume sollen gestanden und wilde Schweine sich darinnen auffgehalten haben." Weiter heißt es, sie brachen ihre alten Wohnstätten ab und versetzten sie zur gefundenen Kirche, rodeten, reinigten die Kirche, versahen sie mit einem Dach.

1484 wurde in Engelstein der Pfarrer Johannes Litschtscher eingeführt. Die Kirche hat 1478 noch gestanden.

Dorf Engelstein

Die spätere Pfarrkirche bestand aus einem älteren Ostteil und einem jüngeren Westteil. Ein Feldsteinbau mit Turm und einer Wetterfahne von 1714.
1939 hatte das Dorf 592 Einwohner.
Ermland, von 1243 bis 1772 autonomes Fürstbistum, gelegen im Herzen des Deutschordenslandes – 1772 von Preußen besitzergriffen, später nordöstlichste Diözese des Deutschen Reiches.
Am 29. Juli 1243 wurde durch die Teilungsurkunde von Anagni das Prussenland in vier Diözesen aufgeteilt, deren dritte die ermländische wurde. Ein Drittel davon sollte Gebiet des ermländischen Bischofs sein.
1250 wurde der Deutschordenspriester *Anselm* aus den Landen der Krone Böhmens, vermutlich aus Schlesien, vom Kardinallegaten Peter von Albano im päpstlichen Auftrag zum Bischof von Ermland ernannt und geweiht.
Am 27. Juni 1251 wählte er das ihm zustehende Drittel aus. Es fehlte damals noch der spätere Südwestteil des Bistums, der erst bei der zweiten Teilung zwischen Orden und Bischof gemäß der Landnahme des Ordens hinzukam.
Am 27. Dezember 1254 kam es zur Einigung über die Grenzen des Südwestteils. An der Nord- und Westgrenze änderte sich nichts. Papst Alexander IV. bestätigte die neue Grenzziehung am 10. März 1255 in Neapel.
Am 29. Juli 1374 fand die letzte und endgültige Regelung statt. Seitdem blieben die Grenzen – bis auf geringfügige Zuschläge im 16. Jh. – unverändert.
Die Grenzziehung im Südosten war eine für die damalige Zeit ungewöhnliche: Fast 78 km lang wurde schnurgerade eine Grenze durch die „Wildnis“ gezogen.
Das Ermland erhielt seinen Namen nach der terra Warmia. Der Begriff Erm-Land tritt erstmals im 6. Jh. auf. Im Lagerbuch Waldemars II. wird er um 1233 als Ermelandia erwähnt. 1262 kommt er als Wormeland, 1388 als Warmeland vor.
Der erste ermländische Bischof, zugleich der erste und letzte Deutschordenspriester auf der Kathedra, starb 1278 in Elbing und wurde dort beigesetzt.
1260 gründete Bischof *Anselm* das ermländische Domkapitel mit dem Sitz in Braunsberg; unter

dem zweiten Bischof, *Heinrich I. Fleming,* wurde es 1284 nach Frauenburg verlegt, wo die Kathedrale errichtet wurde. Es bekam 1288 ein Drittel des Hochstiftes, nach der endgültigen Regelung 1346 die Kammerämter Frauenburg, Allenstein und Mehlsack, als weltliches Territorium. Darin hatte es die gleichen landesherrlichen Rechte wie der Bischof in seinem weltlichen Herrschaftsbereich.

Da das ermländische Domkapitel – im Gegensatz zum pomesanischen und samländischen – nie in den Deutschen Orden inkorporiert wurde, hatte dieser auf die Staatsführung des Fürstbistums keinen Einfluß. Es kam deshalb mehrfach zu harten Auseinandersetzungen zwischen Hochmeister und Fürstbischof; doch alle Versuche des Ordens, der ermländischen Autonomie ein Ende zu setzen, blieben ohne Erfolg. Das Fürstbistum Ermland blieb bis 1772 autonom.

Wie der Orden in seinem Bereich, nahmen auch die Fürstbischöfe und das Domkapitel in den ihren eine planmäßige Besiedlung vor. Als wirtschaftliche und kulturelle Mittelpunkte wurden Städte gegründet, als erste Braunsberg an der Stelle, wo 1240 der Orden eine Burg errichtet hatte, die zwei Jahre später zerstört worden war, 1249 als Brusebergue erstmals erwähnt. Bischof Anselm gab der neugegründeten Stadt 1254 die Handfeste. Über ein halbes Jahrhundert blieb sie die einzige Stadt im Ermland.

Bischof *Eberhard von Neisse,* ein Schlesier, leitete ab 1290 als Kapiteladministrator die Kolonisation

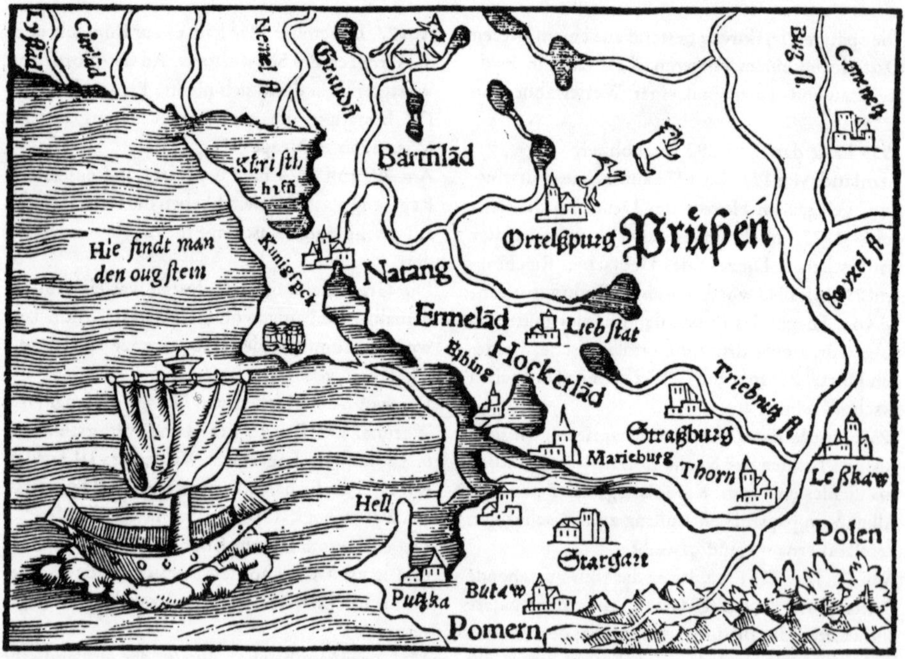

Karte des Preußenlandes (1550)

der terra Wewa, des Mehlsacker Gebietes. Als Bischof betrieb er ab 1300 systematisch die Besiedlung des mittleren Teils des Ermlands mit Hilfe seiner schlesischen Verwandten. Er gründete die Städte Heilsberg, Frauenburg und Wormditt; auch diese an Stellen, die schon im 13. Jh. als Heilsperch, Frouwenburg, Wurmedyten bekannt waren. 1312 wurde Mehlsack gegründet, seit 1282 als Malcekule bekannt.

Bischof *Heinrich Wogenap* war der erste Elbinger auf dem Bischofsstuhl. Während seiner Regierungszeit leitete der Bischofsvogt Heinrich von Luter das Kolonisationswerk in der „Wildnis", dem südöstlichen Teil des Bistums, in dem die Zahl der Prussen relativ groß war. Wogenap gab der Stadt Guttstadt die Handfeste. Er begann mit dem Massivbau des Frauenburger Doms, in dem er 1334 beigesetzt wurde.

Hermann von Prag, der erste Gottesgelehrte auf dem ermländischen Bischofsstuhl, war von Papst Benedikt XII. zum Bischof ernannt und eigenhändig geweiht worden. Das Domkapitel widersetzte sich seiner Ernennung. Es hatte bereits den Domherrn Zindel zum Bischof gewählt, der jedoch nicht bestätigt wurde. So konnte Hermann von Prag sein Bistum erst 1340 betreten.

Das Domkapitel war inzwischen nicht untätig geblieben; von sich aus hatte es erstmals einer Stadt – Rößel – die Handfeste gegeben, 1241 bereits als Resel erwähnt. Ihr folgte Seeburg. Der Bischof residierte in Wormditt, wo man mit dem Bau von Rathaus und Pfarrkirche begonnen hatte. Er hielt die erste Diözesansynode ab, gründete 1341 das einzige Kollegiatstift, das später nach Guttstadt verlegt wurde, und 1347 das Kloster der Augustiner-Eremiten in Rößel.

Der 1350 zum Bischof gewählte kaiserliche Notar *Johann von Meißen* setzte das Siedlungswerk im mittleren und südlichen Ermland fort. Er vergab eine Reihe Dienstgüter. In Rößel und Seeburg ließ er zum Schutz gegen die einfallenden Litauer feste Burgen bauen. Die Bischofsresidenz verlegte er

Ermländische Tracht

nach Heilsberg und begann dort mit dem Bau des Schlosses. Unter ihm wurde das Langhaus des Frauenburger Doms errichtet, in dem er begraben liegt. Sein Kolonisationswerk setzte Bischof *Johann II. Stryprock* aus Lübeck fort, der viele Verwandte ins Ermland holte und seinem Vetter Dietrich von Czecher die endgültige Kolonisierung der „Wildnis" anvertraute. Er gab der Stadt Wartenburg die Handfeste.

Das Domkapitel hatte inzwischen die Stadt Allenstein gegründet und mit dem Bau der Burg und der St. Jakobikirche begonnen (oder stand diese bereits?). Hier sollte der Administrator des Kapitels, der Dompropst, residieren, von hier aus sollte er das dem Domkapitel unterstellte Land verwalten. Der berühmteste Administrator in Allenstein war von 1516 bis 1519 und von 1521 bis 1524 Nicolaus Coppernicus.

Der wahrscheinlich in Elbing geborene Sekretär Kaiser Karls IV. bestieg als Fürstbischof *Heinrich*

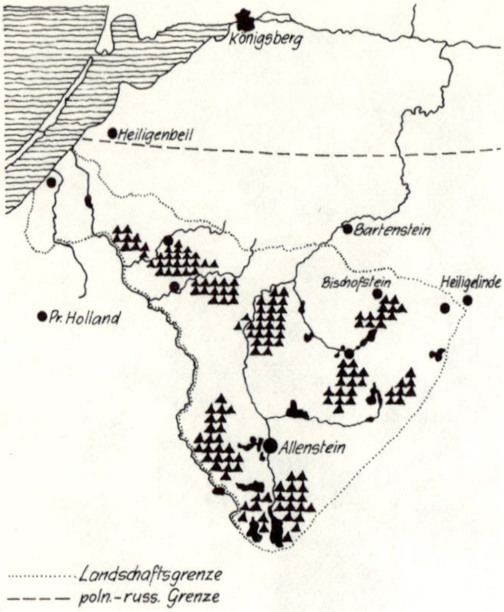

Das Ermland

III. Sorbom, ernannt von Papst Gregor XI., die ermländische Kathedra. Mit der Gründung der beiden letzten ermländischen Städte Bischofstein, hervorgegangen aus dem Dorf Strowangen, und Bischofsburg brachte er die Kolonisationsperiode zum Abschluß. Er stattete mehrere Dörfer mit großem Waldbesitz aus, erbaute die Stiftskirche in Guttstadt und führte den Bau manch einer Stadt- oder Dorfkirche zu Ende. Auch der Frauenburger Dom und die Bischofsresidenz Heilsberg wurden während seiner Bischofszeit vollendet. Dem Domkapitel gab er eine neue Satzung und hielt 1395 die zweite Diözesansynode ab.

Seine Regierungszeit bildete den Höhepunkt in der Entwicklung des Fürstbistums, das um 1400 endgültig Gestalt angenommen hatte. Neue Städte wurden nach diesem Zeitpunkt nicht mehr gegründet, es blieb bei der Zwölfzahl, gemäß der Apostelrunde.

Als nach der Niederlage des Ordens im Jahr 1410 bei Tannenberg die Unzufriedenheit der Städte und Adelsgeschlechter mit dem Ordensregime zunahm und der „Preußische Bund" geschlossen wurde, stellte sich Bischof *Heinrich IV. Heilsberg von Vogelsang*, ein Heilsberger Bäckersohn, gegen Hochmeister Heinrich von Plauen und wurde für dreieinhalb Jahre verbannt. Vergebens versuchte der Hochmeister, die Verwaltung des Fürstbistums in eigene Hände zu nehmen und den Bischof durch ein Ordensmitglied zu ersetzen, um so „der ermländischen Selbständigkeit ein Ende zu bereiten". Der Bischof kehrte zurück, um im Hungerkrieg das Elend mit seinem Bistum zu teilen. Seine Nachfolger *Johann III. Abezier* und *Franz Kuhschmaltz* betrieben als gewiegte Juristen die Versöhnung mit dem Orden. Johann Abezier trat als Bevollmächtigter der preußischen Bischöfe auf dem Konstanzer Konzil auf, Franz Kuhschmaltz wurde Hofjurist des Hochmeisters und nahm am Baseler Konzil wie an der Kaiserwahl in Frankfurt teil.

Gegen den Willen des Polenkönigs ernannte der Papst, nachdem Bischof Kuhschmaltz in Breslau gestorben war, den ordensfreundlichen Kardinal *Äneas Silvius Piccolomini*, der im Auftrage Nikolaus V. das Abendland zu einem gemeinsamen Vorgehen gegen die Osmanen aufgerufen hatte, einen der bedeutendsten Humanisten seiner Zeit, zum Fürstbischof. Er kam jedoch nie in sein Bistum, da er am 18. August 1458 zum Papst gewählt wurde.

Sein Nachfolger wurde der Sekretär der Römischen Kurie *Paul Stange von Legendorf*, ein gebürtiger Westpreuße, der einen Sonderfrieden mit dem Preußischen Bund und mit dem Polenkönig schloß. Im Zweiten Thorner Frieden erschienen der Fürstbischof und das ermländische Domkapitel als autonome Paziscenten; alle Rechte, die bisher der Hochmeister des Ordens dem Ermland gegenüber besessen hatte, gingen auf den König von Polen über.

Das Ermland schied aus der Schutzherrschaft des Ordens aus, bewahrte aber weiterhin volle Selbständigkeit. Dennoch versuchte König Kasimir nach dem Tode Bischof Pauls von Legendorf, den Bischof von Kulm zum Nachfolger zu nominieren.

Das Domkapitel jedoch wählte *Nicolaus von Tüngen*, einen Wormditter, den der polnische Reichstag ächtete und der zu seinem Metropoliten, dem Erzbischof von Riga floh, um von Livland aus sein Bistum mit Gewalt zu nehmen. So entstand der Pfaffenkrieg. Der Papst versuchte zu vermitteln, er versetzte von Tüngen zum Bistum Cammin und gab das Ermland dem Gnesener Archidiakon *Oprowski*. Das Ermland hatte damit drei Bischöfe gleichzeitig. Aber Tüngen gab nicht nach. Begonnen mit Braunsberg, brachte er die ermländischen Städte der Reihe nach in seine Gewalt.

Am 15. Juli 1479 endete der Krieg mit dem Frieden von Petrikau. Das Domkapitel durfte in Zukunft nur noch eine dem König genehme Person (persona grata) zum Bischof wählen. Bischof, Domkapitel, Bischofsvogt, Kapitelvogt und alle übrigen Beamten und Untertanen des Fürstbistums mußten dem König den Treueid schwören. Alle ermländischen Untertanen erhielten ein Appellationsrecht an den König von Polen, das bis 1655 bestand.

Gegen den Willen des Königs wurde *Lucas von Watzenrode*, der Onkel des Nicolaus Coppernicus, 1489 zum Bischof gewählt. Es gelang ihm jedoch, das Vertrauen des Königs zu gewinnen, als er den Vorschlag unterbreitete, den Deutschen Orden aus dem Prussenland zu entfernen, da es

Bauer und Pflug

Küche im Ermland

für ihn hier keine Aufgabe mehr gebe, und ihn gegen die Türken einzusetzen.

Seine Bemühungen, das Bistum zum Erzbistum zu erheben, scheiterten am Widerstand des Ordens und des zuständigen Erzbischofs von Riga. Sein Versuch, in Elbing eine Universität zu errichten, zerbrach am Widerstand der Stadt. Doch gelang es ihm, das religiöse und wirtschaftliche Leben in seinem Bistum zu heben. Dem Sohn seiner Schwester, *Nicolaus Coppernicus*, ermöglichte er durch Verleihung eines Kanonikats das Studium. Er wurde später sein Hausarzt in Heilsberg und verwaltete zeitweise die höchsten Ämter des Fürstbistums. Während eines Interims war er Souverän beider Teile des Hochstifts.

In der letzten Phase des Deutschordensstaates brachte der Reiterkrieg 1520 bis 1521 dem Bistum furchtbare Verheerungen. Der Hochmeister wußte die Neutralität des Fürstbischofs nicht zu schätzen; er befahl, die Städte des Ermlands dem

Schule im Mittelalter

Erdboden gleich zu machen, in Frauenburg sollte kein Stein auf dem anderen bleiben. Bischof *Mauritius Ferber* gab sich alle nur erdenkliche Mühe, das Eindringen der Reformation ins Ermland zu verhindern. Daneben widmete er sich ganz dem Wiederaufbau des schwer heimgesuchten Landes. Es kam zur Säkularisierung des Deutschordensstaates. Fürstbischof *Dantiscus von Höfen*, der von Kaiser Maximilian zum Ritter geschlagen worden war, bemühte sich beim Kaiser und vor dem Reichstag um die Aufhebung der über Herzog Albrecht wegen der Säkularisierung des Ordensstaates verhängten Reichsacht. Er war der größte humanistische Dichter auf dem ermländischen Bischofsstuhl.

Bischof *Tiedemann Giese*, der Freund des Nicolaus Coppernicus, veranlaßte diesen zur Veröffentlichung seines Hauptwerkes über das heliozentrische System.

Stanislaus Hosius, der bedeutendste und vorletzte deutschstämmige Kirchenfürst, der die ermländische Kathedra innehatte, spielte eine entscheidende Rolle auf dem Tridentiner Konzil. Unter Außerachtlassung des Indigenatsprivilegs wurde er auf Wunsch des Königs als erster Nichtpreuße seit 1466 Bischof von Ermland und damit Vorsitzender des preußischen Landesrats. Er war Nuntius am Wiener Hof, wurde 1561 Kardinal und als päpstlicher Legat zum Konzil entsandt.

1565 gründete er das Jesuitenkolleg und das päpstliche Priesterseminar in Braunsberg. Gegen den Widerstand des Domkapitels setzte er durch, daß Martin Kromer, ebenfalls Nichtpreuße, sein Administrator und späterer Nachfolger auf dem

Fürstbischof Dantiscus

Bischofsstuhl wurde. Er förderte die Jesuiten und gab der von *Regina Protmann* neugegründeten Katharinerinnenkongregation die Satzung.

In den Jahren 1589 bis 1795 besetzten 15 polnische Bischöfe den ermländischen Stuhl, unter ihnen Männer von höchstem Rang, gute und verständnisvolle Bischöfe und Landesherren der vorwiegend deutschen Untertanen. Auch die Mehrheit des Domkapitels setzte sich seit Beginn des 17. Jh. aus polnischen Mitgliedern zusammen. Samt und sonders setzten sich Bischöfe und Kapitel für die Erhaltung der Souveränität des Fürstbistums ein, das durch die Schwedenkriege schwere Schäden und Menschenverluste in Kauf nehmen mußte.

Vorübergehend war es sogar kurbrandenburgisches Fürstentum. Seine politische Existenz aber erlosch erst durch die Besitzergreifung Preußens im Jahr 1772, als es ungefragt dem preußisch-brandenburgischen Staat einverleibt und damit säkularisiert wurde.

Unter den polnischen Fürstbischöfen befanden sich *Johann Albert Wasa*, ein Sohn König Sigismunds III., der die Würde eines Kardinals erreichte. *Johann Konopacki* war der Erzieher König Johann Kasimirs von Polen, ehe er auf den ermländischen Bischofsstuhl berufen wurde. *Michael Stephan Radziejewski* war ein Neffe der Könige Wladislaus IV. und Johannes II. und ein Vetter Johann Sobieskis. Er beendete – wie auch zwei spätere Bischöfe des Ermlands – seine Laufbahn als Primas von Polen.

Petrus Tylicki war Vizekanzler Polens, *Johann Stephan Wydżga* polnischer Reichskanzler, *Andreas Chrysostomus Załuski* Großkanzler des Kurfürsten August II. von Sachsen.

Andreas Bathory, die tragischste Figur auf dem Bischofsstuhl, entstammte einem Siebenbürgischen Fürstengeschlecht, wurde ausgewiesen und auf der Flucht aus der Walachei von Szekler Bauern ermordet.

Kein ermländischer Bischof hat sich so sehr für die kirchliche Reform eingesetzt wie *Simon Rudnicki.* Er erreichte die Wiedereinführung des katholischen Kultus nach 1525 in Königsberg und den Bau der dortigen Propsteikirche. In Elbing erwirkte er die Rückgabe der St. Nikolaikirche an die katholische Gemeinde.

Kardinal Hosius

Nikolaus Szyszkowski stiftete das Franziskaner-Minoritenkloster in Springborn als Dank für die Befreiung von der schwedischen Besetzung. *Christoph Andreas Johann Szembek*, Sproß einer Tiroler Adelsfamilie, stattete das Kloster Heiligelinde aus und erbaute die Szembek-Kapelle am Frauenburger Dom. Er schuf die ermländische Wohlfahrtskasse und bewahrte manch einen Ermländer vor den Soldatenwerbern des Preußenkönigs. *Adam Stanislaus Grabowski* war ein großzügiger Mäzen der bildenden Künste und Bibliotheken.

Ignatius Krasicki führte in Heilsberg eine fürstliche Hofhaltung, als Dichter der Aufklärung, bekannt durch seine Fabeln und satirischen Epen „Der Mäusekrieg“ und „Der Mönchskrieg“, verband ihn persönliche Freundschaft mit Friedrich dem Großen, an dessen Tafelrunde in Potsdam er teilnahm, was den König jedoch nicht daran hinderte, ihm sein Fürstbistum abzunehmen. Dafür ließ er ihn 1773 die Hedwigskirche in Berlin einweihen.

Am 5. August 1772 schlossen Friedrich der Große, Katharina von Rußland und Maria Theresia von Österreich jenen Teilungsvertrag Polens, nach dem das Fürstbistum Ermland von Preußen besitzergriffen werden sollte. Schon vor Abschluß des Vertrages hatte der König in einer Kabinettsorder vom 7. Juni 1772 Grundsätze für die Verwaltung der „neuen Provinz“ entwickelt und das Ermland der Königlichen Kriegs- und Domänenkammer Königsberg unterstellt.

Der Protest des Fürstbischofs beim Papst fand kein Gehör. Um den Bauern entgegenzukommen – das Ermland war ein Bauernland! – wandelte Friedrich der Große im Jahr darauf die Leibeigenschaft – die es im Ermland niemals gegeben hat – in eine Erbuntertänigkeit um, die den Bauern die

Teilung Polens

Freiheit weitgehend beschnitt. Durch Kabinettsorder vom 31. Januar 1773 erhielten die beiden Provinzen des Königreichs Preußen ihre Namen Westpreußen und Ostpreußen. Zu dieser gehörte fortan das Ermland.

Als Fürstbischof Krasicki 1795 starb, nominierte und präsentierte Friedrich Wilhelm III. als Nachfolger *Karl von Hohenzollern-Hechingen,* der als Oberst am Siebenjährigen Krieg teilgenommen hatte und dann in preußische Dienste treten wollte, jedoch von seinem „freundwilligen Vetter" Friedrich dem Großen mit der Bemerkung abgewiesen wurde: „Vetter, Ihr taugt nicht zum Soldaten, Ihr müßt Pfaff werden". Obwohl bereits vierzig Jahre alt, studierte er Theologie. Friedrich der Große ernannte ihn zum Weihbischof von Kulm, gab ihm, um sein Einkommen zu vergrößern, zwei Abteien und ließ ihn schließlich zum Bischof aufsteigen.

Als der ermländische Fürstbischofsstuhl frei wurde, der reicher dotiert war als Kulm, bekam er diesen als erster Bischof deutscher Abkunft nach dem 16. Jh. Er war ein geschickter Politiker. Nach Aufhebung des Jesuitenordens wurde er mit der Neugestaltung der Jesuitenschulen beauftragt und 1781 zum Chef des königlichen Schulinstituts ernannt. Als ermländischer Bischof residierte er in seiner Abtei Oliva, wo er einen großen Hof hielt. Seine Diözese besuchte er nur selten, hinterließ ihr aber bei seinem Tode 42000 Taler Schulden, die diese begleichen mußte.

Das Domkapitel führte die „Entschuldung" auf drastische Weise durch: Der Bischofsstuhl blieb fünf Jahre unbesetzt, bis durch Einsparung der Dotation alle Schulden getilgt waren. Erst 1808 wählte es als Nachfolger *Joseph von Hohenzollern-Hechingen,* einen Romantiker, im Gegensatz zu seinem Oheim und Vorgänger ein schlichter Priester und eifriger Seelsorger. Da Schloß Heilsberg nach der Franzosenzeit nicht bewohnbar war, residierte auch er in Oliva und verbrachte nur den Sommer in seinem Bistum, auf dem

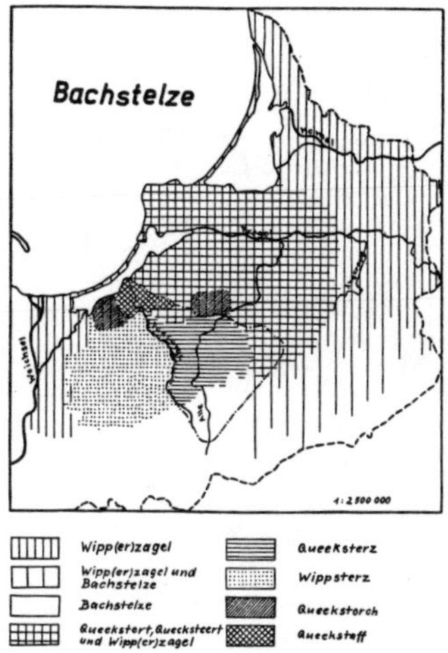

Wortgeographie von „Bachstelze"

Landgut Schmolainen bei Guttstadt. Er war um die geistige Erneuerung bemüht, widmete sich dem Schulwesen und Kirchengesang. Joseph von Eichendorff hat ein Marienlied für ihn geschrieben.

Er gründete das Lyceum Hosianum in Braunsberg, konnte aber, obwohl mit dem Königshof eng verbunden, die Aufhebung der Klöster im Jahr 1810 nicht verhindern. Seine Pläne wurden immer wieder vom Oberpräsidenten Theodor von Schön durchkreuzt, jahrelang sein Gegner. Er starb 1836 als der letzte Fürstbischof von Ermland, als der letzte fürstliche Mitenträger Deutschlands. Dem Frauenburger Dom vermachte er die wertvolle Kopie der Raffaelschen Madonna Sixtina von Gerhard Kügelgen.

Mit dem Oberpräsidenten Schön geriet auch der nächste ermländische Bischof, *Andreas Stanislaus von Hatten,* in Konflikt, der in einem Hirtenbrief vom April 1838 die päpstlichen Weisungen hinsichtlich der konfessionell-gemischten Ehe verteidigte. Er verlegte den Bischofssitz zur Domkirche

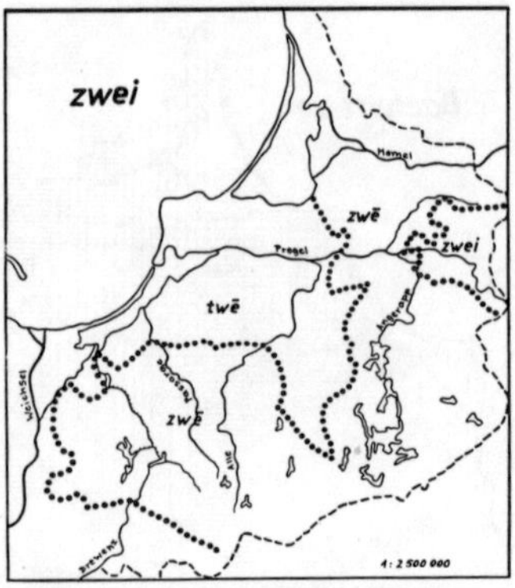

Wortgeographie der Zwei

nach Frauenburg und setzte sich von dort aus für die Erhaltung des Bischofsschlosses in Heilsberg ein, das von Schön niederreißen lassen wollte. 1840 begrüßte er König Friedrich Wilhelm IV. in Frauenburg und huldigte ihm im Namen des Klerus der Provinzen Preußen und Posen in Königsberg. Er wurde in seinem Wohnzimmer von dem Schneidergesellen Kühnapfel beraubt und ermordet. Der Mörder wurde durch das Rad hingerichtet.

1848 hatte Bischof *Joseph Ambrosius Geritz* die Ermländer in der Deutschen Nationalversammlung in Frankfurt vertreten. Sein Nachfolger, Bischof *Philipp Krementz,* ein Förderer der Künste, ließ den Frauenburger Dom ausschmücken und berief einen Dombaumeister. Er setzte sich stark für die ermländische Presse ein.

Im Kulturkampf zwischen Preußen und der katholischen Kirche weigerte er sich, die Exkommunikation zweier Professoren am Lyceum Hosianum – also zweier Staatsbeamter – aufzuheben und an der Durchführung der Kulturkampfgesetze mitzuwirken. Ihm wurden die Temporalien entzogen; das Priesterseminar wurde geschlossen. Durch passiven Widerstand erreichten die Ermländer, daß die Kulturkampfgesetze ab 1880 abgebaut wurden.

Für die Wahrung des kulturellen Erbes setzte sich der Rößeler Bauernsohn *Andreas Thiel* ein, als er Bischof wurde. Er zählt zu den Mitbegründern des Ermländischen Geschichtsvereins von 1856. Als Wilhelm II. das Gut Cadinen erwarb, versäumte er es nie, wenn er dort weilte, seinem „Frauenburger Nachbarn" einen Besuch abzustatten.

Die Neuregelung der deutschen Staatsgrenzen nach dem Ersten Weltkrieg machte auch eine Neuregelung der Diözesangrenzen notwendig. Seit dem Konkordat mit dem preußischen Staat von 1929 stimmten die Diözesangrenzen des Ermlands mit denen der Provinz Ostpreußen überein. Zugleich wurde die Diözese Suffraganbistum der neuen Kirchenprovinz Breslau und hörte damit auf, exemt zu sein.

Aufgrund des Reichskonkordats vom 20. Juli 1933 versuchte Bischof *Maximilian Kaller,* einen modus vivendi mit dem neuen Regime zu finden, was ihm jedoch nicht gelang. Als der Bischof sich gegen jene wandte, die „die Rechte der Kirche verletzten", wurde er verhaftet und nach Danzig gebracht. Er durfte sein Bistum nicht mehr betreten. Als er nach dem Zweiten Weltkrieg zurückkehrte, bewegte ihn der Primas von Polen, Kardinal Hłond, zur Resignation. Die polnischen Behörden verfügten die Ausweisung des letzten deutschen Bischofs.

Zum Ermland gehörten die Kreise Allenstein-Stadt und Allenstein-Land (1355 qkm), Braunsberg (946 qkm), Heilsberg (1095 qkm) und Rößel (852 qkm). Es erstreckte sich über eine Grundfläche von 4248 qkm.

1939 hatte es 277909 Einwohner, von denen 135276 in Städten, 142633 auf dem Lande lebten.

Eschenau (poln. *Jesionowo*), Kreis Heilsberg, war 1366 im Besitz der Frau von Baysen. Die Kirche wurde im Bündner-Krieg verwüstet und 1581 neu aufgebaut. Bischof Kromer weihte sie 1583 der Jungfrau Maria und dem heiligen Martin. Nach Erweiterungsbauten wurde sie 1684

noch einmal geweiht. Der Neubau bestand nur aus Granit; auf dem Zinkdachreiter wies die Wetterfahne das Jahr 1858 aus. Der Hochaltar war barock.
1939 hatte das Dorf 399 Einwohner.
Eydtkau (russ. *Tschernyschewskoje*), Kreis Ebenrode, am Grenzübergang nach Litauen. 1557 zweigte man von dem älteren Wildnisdorf Leponischken einen Bauernhof ab, der nach dem Ansiedler Eitkus den Namen Eittkau erhielt. 1564 kam ein zweiter Hof hinzu. 1601 trat der Name Eydtkuhnen erstmals auf. Dort entstand 1708 ein Krug, der jedoch während der Pestjahre 1709 bis 1711 unterging, um erst 1735 neu eröffnet zu werden. 1785 hatten sich 40 Einwohner um ihn geschart. Erst als 1860 der letzte Teil der Ostbahnstrecke Berlin – Königsberg – Eydtkuhnen in Betrieb kam, begann der Ort aufzublühen. 1861 als Marktflecken genannt, kam 1866 das Zollhauptamt Stallupönen dorthin; ab 1876 gab es das Kirchspiel Eydtkuhnen.
1887 wurde eine Kirche in Kreuzform nach einem Entwurf von Friedrich Adler mit zwei weit sichtbaren Türmen im romanischen Stil gebaut. Zwei Jahre später folgte die Einweihung.
Die Bewohner des Ortes lebten vom Speditionsgeschäft und vom Schmuggel.
Im Ersten Weltkrieg erlitt der Ort schwere Zerstörungen, wurde aber bereits während des Krieges wieder aufgebaut. Durch Erlaß des preußischen Staatsministeriums erhielt er 1922 das Annahmerecht der Städteordnung. Im Zweiten Weltkrieg waren die Zerstörungen erheblich.
Eine erste Zeitung erschien 1897.
1939 hatte Eydtkau 4922 Einwohner.
Eydtkuhnen s. Eydtkau
Finckenstein (poln. *Kamieniec*), Kreis Rosenberg. Das Dorf wird im 16. Jh. erstmals erwähnt. Von 1716 bis 1720 ließ Feldmarschall Albrecht, Graf von Finckenstein sich ein neues Schloß bauen, von Parkanlagen und Wäldern umgeben. 1782 kam das Schloß in den Besitz der Grafen Dohna. Napoleon hat 1807 zwischen den Schlachten von Preußisch Eylau und Friedland das Schloß bewohnt. Hier hat er die Gräfin Walewska empfangen.
1939 hatte das Dorf 1822 Einwohner.
Fischau (poln. *Fiszewo*), Kreis Marienburg. Der Name tritt 1257 erstmals auf, da ein „Sifridus commendator in Wyscovia" genannt wird. Eine Ordensburg, von der der Kampf gegen die Pomesanier ausging, muß 1271 gestanden haben. Vögte und Pfleger wurden von 1320 bis 1392 erwähnt. Dann scheint die Burg untergegangen zu sein.
Das Dorf Visschow wird in einer Urkunde von 1398 erstmals erwähnt, es hatte kulmisches Recht. 1532 kaufte der Elbinger Rat zehn Hufen, aus denen später der Gutsbezirk Fischeraufeld entstand. 1414 war der Ort Pfarrei, 1435 wird ein

Schloß Finckenstein

Kelch von Fischhausen

Nicolaus Salfelt „rector parochialis ecclesie in Fiscaw Pomezaniensis diöcesis" in Bologna immatrikuliert. Die Pfarrkirche ging später an das Priesterseminar in Braunsberg über.
1643 entstand mit Hilfe der Stadt Elbing eine erste evangelische Kirche, die abbrannte und 1886 neu errichtet wurde.
1939 hatte das Dorf 471 Einwohner.
Fischhausen (russ. *Primorsk*), Kreis Samland, am Frischen Haff, aus dem Dorf Schonewik hervorgegangen. Der zweite samländische Bischof, Heinrich von Strittberg, errichtete neben dem ihm vom Orden als Ersatz für Lochstädt 1266 zugewiesenen Dorf einen befestigten Bischofssitz, der vom 13. bis 16. Jh. den samländischen Bischöfen als Residenz diente. 1305 als Vyschuzin, 1436 als Vischhausen oder Bischoveshausen, seit dem 16. Jh. als Fischhausen geführt. 1268 verlieh der Bischof fünf Burglehen an „Bürger". Bischof Christian von Mühlhausen ließ 1271 die Burg umbauen und in eine „feste Anlage" verwandeln. 1299 erteilte Bischof Siegfried von Regenstein vier Unternehmern aus Stralsund das Recht zur Stadtgründung nach kulmischem Recht. Die Stadtgründung zog sich bis 1305 hin; erst 1475 von Bischof Johannes, 1613 vom Kurfürsten Johann Sigismund bestätigt.
Die Kathedralkirche war zu klein geworden und mußte 1302 in die Königsberger Altstadt verlegt werden. Auch das 1294 nach Fischhausen geholte Domkapitel kehrte 1302 nach Königsberg zurück. Das Schloß blieb Bischofssitz bis zur Einführung der Reformation durch den letzten samländischen Bischof Georg von Polentz. Als evangelischer Bischof siedelte er zu seinem Domkapitel nach Neuhausen über. Man schlug das Schloß 1525 der landesherrlichen Domäne zu und gemeindete es 1899 endgültig ein. Die Stadt war ab 1525 Immediatstadt.
1315 war mit dem Bau der Pfarrkirche begonnen worden. Als besonderen Schmuck erhielt sie zwei Terrakotta-Figuren: den heiligen Adalbert und Bischof Georg von Polentz, die, später in Bronze gegossen, am Eingang Platz fanden.
1618 starb im Schloß der geisteskranke Herzog Albrecht Friedrich. 1627 bis 1635 besetzten die Schweden die Stadt; am 31. Oktober 1629 schloß Gustav Adolf hier einen sechsjährigen Waffenstillstand mit dem Kurfürsten Georg Wilhelm von Brandenburg. König Friedrich I. ließ das inzwischen baufällig gewordene Schloß abbrechen, da er Baumaterial für den Ausbau der Festung Pillau brauchte. Im Siebenjährigen Krieg besetzten die Russen, 1807 die Franzosen die Stadt. Seit 1818 gibt es den Kreis Fischhausen, 1939 in Kreis Samland umbenannt.
1305 erhielten die Bürger, die von Ackerbau und Fischfang lebten, das Küstenfischereirecht. Der ärmere Teil der Bevölkerung sammelte Bernstein. Eine Kirchenschule mit lateinischem Unterricht bestand seit der Reformation. 1865 erschien die erste Zeitung.
1939 hatte die Stadt 3879 Einwohner.
Fischzuchtanstalten. Die erste künstliche Befruchtung mit Forellenlaich fand 1725 in Hohenhausen/Lippe statt. In Ostpreußen begann der Rittergutsbesitzer Hensche 1840 mit Hechtlaich

Kirche zu Fischhausen

zu experimentieren, jedoch ohne Erfolg. 1871 richtete er auf seinem Gut Pogrimmen bei Darkehmen die erste Fischbrutanstalt in der Provinz ein. Ihr folgten 1877 die Brutanstalt des Fischereiverbandes Sternfeld bei Sensburg und 1878 die des Fischereiverbandes Königsberg, im selben Jahr die des Fischereivereins Waplitz bei Wittmannsdorf und die Brutanstalt in Nordenthal bei Oletzko.

1879 wurde eine forstfiskalische Brutanstalt für Bachforellen in Lanskerofen im Landkreis Allenstein eröffnet. Später folgten weitere.

Fleming (poln. *Frączki*), Kreis Rößel. Das Dorf erhielt die Handfeste 1358, darin dem Besitzer Heinrich Fleming das Recht zur Gründung einer Kirche zugesprochen. Die Kirche war 1565 Tochterkirche von Freudenberg. 1580 weihte Bischof Kromer sie der heiligen Maria Magdalena. 1869 wegen Baufälligkeit geschlossen, 1870 abgebrochen.

Die neue Pfarrkirche erstand im neugotischen Stil mit flacher Holzdecke, ohne Turm, nur mit einer Vorhalle. Bischof Philipp Krementz weihte sie 1883.

1939 hatte das Dorf 632 Einwohner.

Försterei-Mellneraggen (lit. *Giruliai*) bei Memel. Ein stilles Ostseebad mit Laub- und Nadelwald, einem Kurhaus und einer Strandhalle. Durch Heide und Hochwald Spaziergänge nach Memel. In der Nähe die „Holländische Mütze", eine steil zur Küste abfallende Anhöhe, mit Kiefern bewachsen.

1939 hatte das Dorf 1069 Einwohner.

Frankenau (poln. *Frankowo*), Kreis Rößel. Das Dorf erhielt seine Handfeste 1346. In Kriegszeiten verwüstet und völlig verlassen. Bischof Stanislaus Hosius gründete es erneut. 1565 baute man an der Kirche; es gab noch keinen Pfarrer. Pfarrkirche 1581 von Bischof Kromer geweiht. Bischof Grabowski ließ später auf eigene Kosten einen Neubau errichten, 1751 von ihm geweiht. Sein Herz liegt dort begraben. Der Glockenturm stand

Dom zu Frauenburg

von der Kirche getrennt. Der Hochaltar, in vollendetem Rokoko, stammte aus dem Jahr 1751 und hatte ein Ölbild von Joseph Korzeniewski: Der heilige Stanislaus führt den von ihm auferweckten Piotrowin vor König Boleslaw Chrobry.

1939 hatte das Dorf 927 Einwohner.

Frauenburg (poln. *Frombork*), im Kreis Braunsberg an der Ostküste des Frischen Haffs gelegen, um 1270 gegründet, 1278 als Castrum Dominae nostrae, deutsch: Frowenburg, erstmals erwähnt, 1304 Vrowenburch, 1310 Unser vrowen burk, 1315 als Wrounburc geführt.

Die Burg, auf einem Dünenberge – vielleicht anstelle einer Prussenburg – 1270 begonnen und 1278 ersterwähnt, zog Siedler an, die unter dem Lokator Gerhard Fleming aus Lübeck an ihrem Fuße eine Stadtsiedlung anlegten. Schon 1287 ist von Ratsleuten und Bürgern die Rede, 1304 gab es einen Schultheiß. Die Übersiedlung des ermländischen Domkapitels nach Frauenburg im Jahr 1284 und der Bau der Kathedrale brachten Schwierigkeiten bei der Besitzverteilung mit sich, so daß die Stadt erst 1310 von Bischof Eberhard von Neisse die Handfeste nach lübischem Recht erhielt.

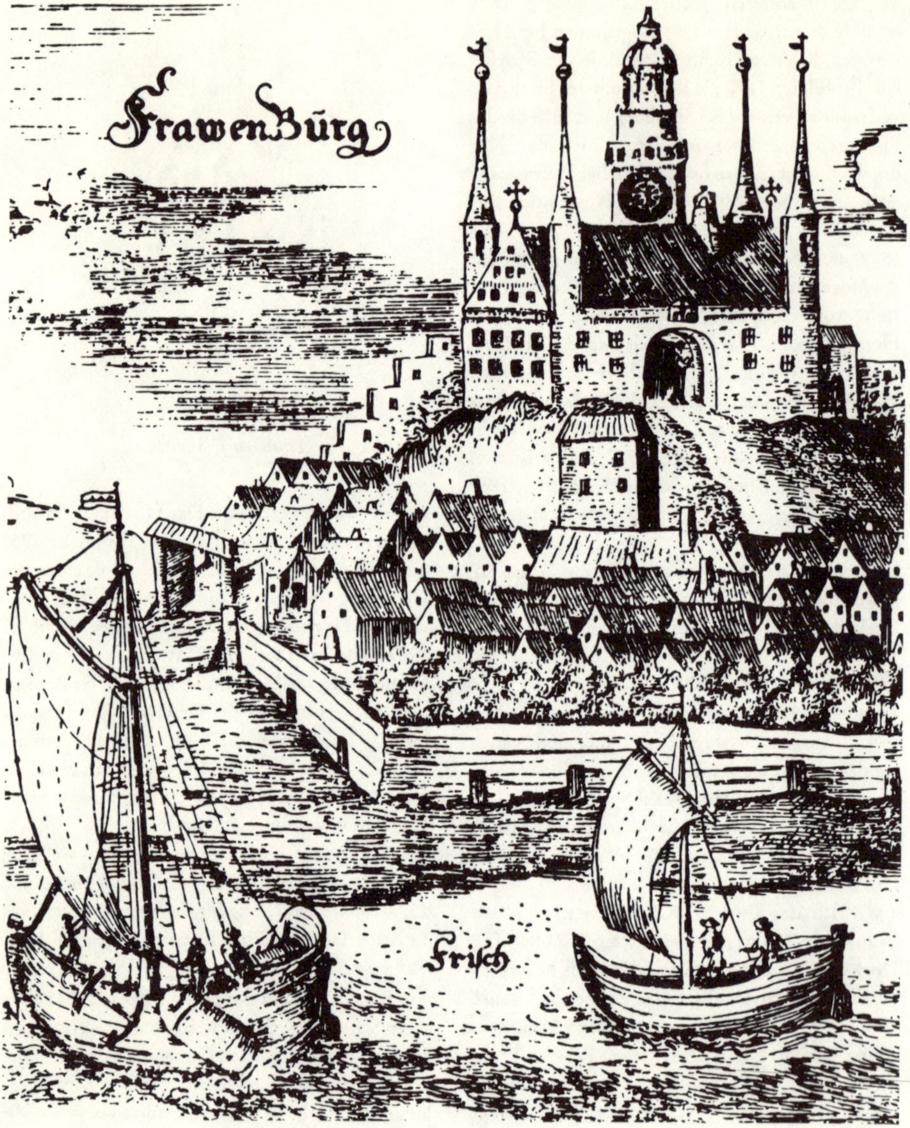

Frauenburg

Sie war bis 1945 Sitz des Bistums Ermland und unterstand bis 1772 mit einem vom Domkapitel ernannten Bürgermeister an der Spitze der Landeshoheit des Domkapitels. Seit der Bischof von Ermland 1836 seine Residenz von Heilsberg nach Frauenburg verlegte, war sie auch Bischofssitz. Frauenburg war Kammeramt des Bistums.
Die Stadt, von niederdeutschen Siedlern bewohnt, lebte von Ackerbau, Fischerei und Handwerk. Sie brachte es nie zu hoher Blüte. 1414 und 1477 von polnischen, hernach böhmischen Söldnern geplündert und zerstört, 1454 von den Söldnertruppen des Ordens, 1520 von den Söldnerhaufen des letzten Hochmeisters, Albrecht von Preußen, schwer heimgesucht – Albrecht wollte sie „bis auf den Erdboden zerstört" wissen –, 1626 der Dom von Gustav Adolf geplündert, 1807 die Stadt von Franzosen eingenommen, von Feuersbrünsten mehrfach überfallen, so 1703 vom „großen Brande". 1818 dem Landkreis Braunsberg unterstellt.
Domburg auf einer zwanzig Meter hohen Diluvialplatte erbaut, das „künstlerisch bedeutendste Werk der Kirchenbaukunst in Ostpreußen". Sie stammt aus dem 14. Jh. In ihrer Mitte erhebt sich die Kathedrale, vor 1288 als Holzkirche erbaut und 1329 mit dem steinernen Chorbau erneuert, das Langhaus 1388 vollendet. Nach Dehio-Gall „das großartigste Muster der ermländischen Bauschule, die unter Zisterziensereinfluß einen fast geschlossenen Charakter entwickelte". Der Zisterziensereinfluß zeigt sich auch darin, daß nach dem Beschluß des Ordens seit 1157 kein Turm mehr gebaut werden durfte, so daß man sich mit vier Ziertürmchen an den Ecken begnügen mußte.
Der *Dom*, als Wehrkirche in Backsteingotik errichtet, mit einem dreischiffigen Langhaus und einer besonders kostbaren Vorhalle am Westgiebel, die 1388 fertiggestellt war. Die Innenausstattung trägt Züge des Barock; die Kanzel ist ein Prunkstück des Rokoko. Der ursprünglich spätgotische Hochaltar mit dem Bild der Lieben Frau mit dem Kind auf dem Arm mußte 1728 einem Prunkaltar aus karpatischem Marmor Platz machen.
Im Seitenschiff steht ein Flügelaltar von 1504. Die „Sixtinische Madonna" an der Nordwand des Chors ist eine Kopie von Gerhard Kügelgen, ein Geschenk des Fürstbischofs Joseph von Hohenzollern an den Dom. Das geschnitzte Domherrengestühl stammt aus dem 18. Jh., in dem auch die Szembek-Kapelle angebaut wurde, unter der Nicolaus Coppernicus begraben liegt.
Einen Glockenturm, freistehend, ließ Bischof Mauritius Ferber mit achteckigem Erdgeschoß und barocker Haube 1536 hinzufügen. Orgel und Orgelempore folgten 1685.
Zur Domburg gehört der Nicolaus-Coppernicus-Turm, in dem sich das Observatorium, der Arbeitsraum und das Sterbezimmer des großen Gelehrten befanden. Da die meisten Beobachtungen, die zu seiner umwälzenden Entdeckung führten, aus Frauenburg datiert sind, kann mit Recht gesagt werden, daß er hier die „größte Entdekkung aller Zeiten" gemacht hat.

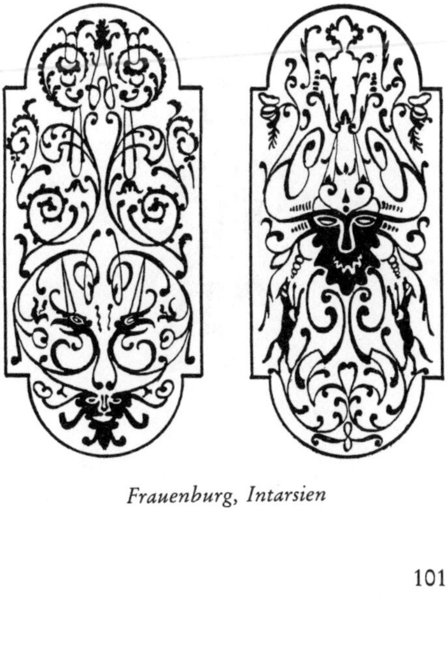

Frauenburg, Intarsien

Coppernicus lebte nach der Zeit, die er am bischöflichen Hofe in Heilsberg als Leibarzt seines Onkels, des Fürstbischofs Lucas von Watzenrode, verbracht hatte – mit Unterbrechung seiner Administratorenzeit auf der Burg Allenstein – von 1510 bis 1543 in Frauenburg. Hier begründete er das neue astronomische Weltbild, hier bewährte er sich als Staatsmann, Jurist, Arzt und Münzexperte. Er stellte das Denken dem sinnlichen Wahrnehmen gegenüber, machte sich mit den Erkenntnissen seiner Vorgänger vertraut und durchdachte sie. Denkend zog er seine Schlüsse. So mußte ein völlig neues Denkbild entstehen: das erste Weltbild, das vom menschlichen Denken erschlossen worden war.
Hier vollzog sich die „Coppernicanische Wende", hier sprach ein Mensch das „Steh still" zur Sonne, hier bewegte Coppernicus die Erde. Hier schuf er die Grundlagen, auf denen Immanuel Kant später sein Werk aufbauen und auf denen die deutsche Klassik basieren konnte. Sein Hauptwerk „De revolutionibus orbium coelestium" erschien an dem Tag, an dem er die Augen für immer schloß: am 24. Mai 1543. Er wurde im

St. Andreas, Patron des Ermlands

Burg Sonnenberg

Fußboden des Frauenburger Doms beigesetzt. Die Pfarrkirche St. Nikolaus, das Hospital zum Heiligen Geist und das Aussätzigenhospital St. Georg waren Gründungen des 14. Jh. Bischof Kromer hat die Pfarrkirche, später umgebaut und mit Barockelementen ausgestattet, 1582 neu geweiht. Ins Hospital zum Heiligen Geist zogen im 16. Jh. vorübergehend Antonitermönche ein, die aus Mecklenburg kamen. Es wich einem Neubau von 1686. Das Hospital St. Georg, 1580 erneuert, bestand bis ins 19. Jh.
Es gab in Frauenburg ein ermländisches Museum mit historischen und kirchengeschichtlichen Exponaten und Dokumenten und einer Bibliothek von 40 000 Bänden; bei der Besetzung der Stadt 1945 verbrannt. Auch der Glockenturm fiel damals der Zerstörung zum Opfer.
Theodor Bornowski, geboren 1829, einer der wenigen ermländischen Dichter, ging schon als Junge Heimatsagen und Volksliedern nach. Eichendorff zollte seiner dichterischen Begabung Anerkennung. Als Romantiker bevorzugte er legendarische Stoffe. 1861 verfiel er in Wahnsinn und endete in einem Alexandrinerkloster.
Julius Cäsar Pohl, geboren 1830, Sohn eines Gerbermeisters, begründete den Ermländischen Hauskalender, der unter dem Titel „Unser Ermlandbuch" noch heute erscheint. Als Schriftleiter der in Braunsberg erscheinenden Ermländischen Zeitung wurde er im Kulturkampf zu vier Monaten Gefängnis verurteilt. Er schrieb volkstümliche Gedichte und Erzählungen im Stil der Neoromantiker. Weit bekannt wurden seine 1895 er-

Taufkapelle in Freudenberg

schienenen Verse „Bernsteinperlen vom Haffesstrand".

Jakob Seeburg, Bullenschreiber an der päpstlichen Pönitentiarie in Rom, erhielt 1424 die Domherrenpfründe des Hermann de Mundo in Frauenburg und im Mai 1430 die Stelle des Domdechanten. Er galt als „sunderlicher" Freund des Deutschen Ordens.

Im 14. und 15. Jh. gab es bei der Kathedrale eine Domschule zur Heranbildung prussischer Jünglinge. Die Pfarr- und Knabenschule in der Stadt bestand sicher vor 1565.

1939 zählte Frauenburg 2981 Einwohner.

Frauendorf (poln. *Babiak*), Kreis Heilsberg, erhielt die Handfeste 1342. Pfarrkirche 1580 von Bischof Kromer der heiligen Anna und dem heiligen Augustinus geweiht. Langhaus mit geradem Abschluß und Turm, 1864 verlängert, der Turm 1844 massiv ausgebaut. Kirche aus gefugten, geputzten Ziegelsteinen. Das Hochaltarbild stellt die heilige Anna dar, das Jesuskind auf dem Schoß, dem Maria Früchte reicht. Sie tragen silberne Gewänder. Vom Frauenburger Maler Howel geschaffen. Darüber ein Ölbild der heiligen Dreifaltigkeit.

Ein Seitenaltar war dem heiligen Nikolaus geweiht, ab 1700 wurde er der heiligen Apollonia, ein zweiter, ursprünglich der heiligen Apollonia geweiht, 1724 dem heiligen Josef zugesprochen.

1939 hatte das Dorf 497 Einwohner.

Freudenberg (poln. *Radostowo*), Kreis Rößel. Vogt Heinrich von Luter gründete 1362 Vrödemberg und erteilte dem Dorf eine Handfeste. 1480 wird ein Pfarrer Thomas Kranch erwähnt. Die Pfarrkirche, dem heiligen Georg geweiht, stammt aus dem 15. Jh.; ein gefugter Ziegelbau im gotischen Verband mit einer später bemalten Flachdecke.

Das große Ölbild für den barocken Hochaltar von 1750, den „Heiligen Georg", malte 1762 Joseph Korzeniewski. Rechts vom Hauptaltar stand ein Flügelaltärchen, dessen Mittelbild doppelstöckig angelegt war: eine Madonna auf der Mondsichel,

Freystadt

darüber die Krönung Mariae durch die drei göttlichen Personen.
1939 hatte das Dorf 887 Einwohner.
Freystadt (poln. *Kisielice*), Kreis Rosenberg, auf den Höhen am Gardengafluß gelegen. Der Ritter Dietrich Stange erhielt das Gebiet 1285 vom Pomesanischen Domkapitel mit dem Recht, eine Stadt zu gründen. 1331 errichtete seine Familie eine Mediatstadt nach kulmischem Recht. Freystadt war der einzige Ort, der von einem Grundherrn geschaffen wurde. Noch im selben Jahr kam es zum Bau der Kirche im Ordensstil. 1696 erhielt sie einen neuen Altar mit reichem Schnitzwerk. 1397 erwarb der Bischof von Pomesanien die Stadt durch Kauf; 1525 ging sie auf Herzog Albrecht über. Vom 16. bis zum 18. Jh. gehörte Freystadt zum Amt Riesenburg und zum Kreis Marienwerder. 1818 wechselte es zum Kreis Rosenberg über. Die meisten Einwohner der Stadt waren Ackerbürger, einige trieben Handel. Ein Rathaus aus dem Jahr 1406 brannte 1860 ab; wurde nicht wieder aufgebaut. 1331 gab es eine Kirchschule. 1719 erhielt die Stadt eine Garnison. Die erste Zeitung erschien 1902.
1939 hatte Freystadt 3351 Einwohner.
Friedland (russ. *Prawdinsk*), Kreis Bartenstein, an der unteren Alle gelegen. Auf dem Wollberg

Kirche zu Friedland

gab es 1312 eine Prussensiedlung. Hier gründete der Komtur von Brandenburg, Heinrich Dusemer, 1334/1335 mit Zustimmung Hochmeister Luthers von Braunschweig eine Stadt, um den Übergang über die Alle zu schützen (Nach anderer Quelle soll Hochmeister Karl Beffart von Trier die Stadt gegründet haben). Die Bürger lebten von Ackerbau und Gewerbe. Aus dem Jahr 1406 ist eine Willkür der Schuhmacher überliefert.
1347 fielen die Litauer ein und zerstörten Stadt und Kirche. 1441 schloß sich Friedland dem Preußischen Bund an. Ordenssöldner eroberten die Stadt 1466 zurück und zerstörten sie. Bei den natangischen Bauernunruhen spielte der Kaplan Gregor Frenzel eine führende Rolle. 1553 brannten Stadt und Kirche ab.
1584 trug man den Wollberg ab und verwandelte den Platz in einen Friedhof. Die Pest von 1709 und 1710 forderte schwere Opfer. Im Siebenjährigen Krieg zündeten die Russen die Stadt an, 1795 fiel sie einer Feuersbrunst zum Opfer.
1807 besiegte Napoleon die Russen unter Bennigsen und ließ die Stadt plündern. Sein Sieg führte zum Tilsiter Frieden.
Vom Westturm der St. Georgskirche überschaute man das Schlachtfeld. Eine Dokumentation über die Schlacht fand man im Heimatmuseum im Rathaus.
St. Georgskirche, in die Stadtmauer einbezogen, von 1360 bis 1500 als dreischiffige Basilika mit ungewöhnlich kräftigem Turm erbaut, war eine Wehrkirche. Den Hauptaltar schuf der Königsberger Isaac Riga; die Orgel stammte von Josua Mosengel. Rechts im Mittelschiff befand sich eine holzgeschnitzte Wurzel Jesse mit einer Anna Selbdritt aus dem Jahr 1530, ein Meisterwerk der Schnitzkunst. Die Kirche zählte zu den größten und schönsten der Provinz.
Auf dem Lorenzfriedhof erinnerte eine drei Meter hohe Pyramide aus Sandstein an den hier gefallenen russischen Generalmajor von Makowsky.

Dieses Denkmal hat die Stadt im Ersten Weltkrieg vor der Zerstörung durch die Russen bewahrt.
Zwei Kilometer oberhalb der Stadt liegt der Reihersee, ein künstlich angelegtes Gewässer mit dreißig Meter langer Staumauer. Seine Wasserreserve versorgte bis 1945 nahezu das ganze nördliche Ostpreußen über das Ostpreußenwerk mit Strom.
Von 1819 bis 1844 war Friedland Kreisstadt, dann wurde es dem Kreis Bartenstein zugeschlagen. Im Zweiten Weltkrieg hat die Stadt schwer gelitten.
Karl Gottlieb Bock, der Übersetzer der Vergilschen Georgica, 1746 geboren, war ein Sohn der Stadt.
Eine Garnison gab es seit 1672.
1939 hatte Friedland 4417 Einwohner.

Friedrichsgraben. Der *Große Friedrichsgraben* ist ein Kanal, der aus der Deime bei Labiau zum Nemonienfluß führt und diesen drei Kilometer oberhalb der Mündung erreicht. Er wurde von 1689 bis 1697 auf Veranlassung der Gräfin Truchseß von Waldburg, der Besitzerin der Grafschaft Rautenburg, angelegt, die das Recht zur Zollerhebung erhielt. 1709 ging der Friedrichsgraben in den Besitz des Staates über.
Er ist eine 19 km lange Wasserrinne, zwei Meter tief, seit 1881 etwa 40 m breit und verläuft fast parallel zum Südufer des Kurischen Haffes. Da das Haff für die Schiffahrt bei Sturm zu gefährlich war und auch für die Holzflößer zum Problem wurde, mußte ein Graben gezogen werden, durch den längs dem Haff verlaufenden Haffwehrdamm geschützt, 11 km lang; 1725 wurde mit dem Bau begonnen.
Der *Kleine Friedrichsgraben* verbindet Nemonienfluß und Gilge. Er wurde 1688 angelegt, 5 km lang. Er beginnt bei Petricken und führt nordwärts bis Seckenburg, dort ist er eingedämmt. Wegen des starken Gefälles nannten die Litauer ihn Greituschka, d.h. „die Schnelle".
Durch die beiden Friedrichsgräben wurde eine Verbindung zwischen Labiau und Tilsit geschaffen: Deime – Großer Friedrichsgraben – Nemonien – Kleiner Friedrichsgraben – Memel.

Kirche zu Friedland, Wurzel Jesse

1833 wurde der Kleine Friedrichsgraben abgeschnitten und in Verlängerung der Neuen Gilge der Seckenburger Kanal angelegt, von Tawellningken bis Marienbruch, wo er in die Alte Gilge mündet, später durch den Neuen Seckenburger Kanal weitergeführt.

Friedrichshof (poln. *Rozogi*), Kreis Ortelsburg, am Rosogfluß gelegen. Ein Marktflecken, 1675 in der Nähe der Jagdbude Rossoggen angelegt. Man hielt hier alljährlich mehrere Kram-, Vieh- und Pferdemärkte ab. Im Spätsommer blühte der Handel mit Gänsen. Der Ort unterhielt lebhaften Grenzverkehr, führte vorwiegend Schweinefleisch über die Grenze hin aus.
Im ersten Drittel des 19. Jh. grub man nach Bernstein.
Friedrichshof hatte bis 1884 ein königliches Leh-

Friedland, Fachwerkhaus

rerseminar, das nach Ortelsburg hinüberwechselte. Bis 1898 bestand eine Präparandenanstalt, die nach Mohrungen verlegt wurde.
1939 hatte das Dorf 1802 Einwohner.

Friedrichstein (russ. –), Kreis Samland, am Südufer des Pregels gelegen.
Inmitten ausgedehnter Waldungen lagen die Güter der Grafen Dönhoff, die in dem von 1709 bis 1714 erbauten Schloß Friedrichstein ihren Stammsitz hatten. Das Schloß barg beachtliche Kunstschätze.
Marion Gräfin Dönhoff, geboren 1909, verwaltete die Güter und wurde nach ihrem Verlust Journalistin. Als erste Frau brachte sie es zur Chefredakteurin einer namhaften Wochenzeitung. Die Verbundenheit mit ihrer Heimat bekundete sie in dem Buch „Namen, die keiner mehr nennt".
1939 hatte das Dorf 525 Einwohner.

Frische Nehrung. Die älteste Verbindung zwischen Frischem Haff und Ostsee kennen wir aus Wulfstans Reisebericht von 890. Sie befand sich gegenüber der Weichselniederung nach Danzig zu. Das Haff dehnte sich damals weiter nach Westen aus.
Im Jahr 1239 gab es eine Balge – ein Tief – auf dem nördlichen Teil der Nehrung: eine Durchfahrt also. Der Begriff Tief ist erst seit dem 16. Jh. gebräuchlich.
Das Balgaer Tief ist zu Anfang des 14. Jh. belegt. Noch im 16. Jh. wird es das „alte Tief" genannt. Nehrung ist ein prussischer Begriff – nergia oder nerige. Südlich des Tiefs wird 1322 und 1366 die „Nehrung, welche sich gegen Danzig hin erstreckt", erwähnt.
1376 gab es einen Durchbruch bei Neutief, an der Stelle, wo später das Pillauer Tief entstand, 1448 „zugedämmt".
Im 13jährigen Städtekrieg haben die Danziger 1456 das Balgaer Tief „verpfählt", um dem Orden den Weg zur Ostsee zu sperren. Der Schiffsverkehr des Ordens mußte über Memel geleitet werden. Danzig hielt die Nehrung besetzt. Elbing wollte seinen Anteil – mit Kahlberg – behaupten, mußte ihn aber 1509 an Danzig abtreten. Dem Orden wurden nur der Störfischfang und der Zoll im Balgaer Tief zugesprochen.
Das Stück der Nehrung zwischen dem Elbinger und dem Ordensgebiet stand dem Bischof von Ermland zu (Vöglers, Neukrug, Narmeln). Er wußte seine Ansprüche gegenüber Danzig 1496 zu behaupten. 1503 kam es zu einer Einigung mit dem Orden.
Aus dem Jahr 1497 stammte das Tief bei Wogram (später von Pillau eingemeindet). Das Pillauer Tief, seit 1510 schiffbar, ließ das „Alte Tief" überflüssig erscheinen. Jetzt galt der Name Nehrung der ganzen Landzunge.
Im Winter 1945 war die Nehrung Fluchtziel vieler Ostpreußen.
Die Frische Nehrung ist 60 km lang und 1 – 3 km breit; ein Dünenwall, entstanden durch die Wechselwirkung der Strömungen und Sandabla-

gerungen. Durch Verlandung des Haffs ist sie zur Halbinsel geworden. Bis Mitte 19. Jh. war sie von Wanderdünen bedeckt, die ganze Siedlungen unter sich begruben, so den Ordenshof Vogelsang und die Kirche von Neukrug. In der zweiten Hälfte des 19. Jh. begann man mit der Aufforstung. Nur östlich Narmeln ließ man eine Wanderdüne bestehen. Seitdem bietet die Nehrung ein Wechselbild von bewaldeten Höhen und mit Strandhafer bewachsenen Dünen. Ihr Hauptort ist Kahlberg, daneben gibt es eine Reihe kleiner Fischerdörfer.

Auf der Nehrung wachsen Kiefern, Birken, Weiden, Espen, vereinzelt auch Eichen. Man findet dort Stranddisteln, Machandelbäume, Wacholdersträucher, Bärlapp, Rotalgen, Leinkraut, Strandsenf, verschiedene Beerensträucher: Blaubeeren, Preiselbeeren, Moosbeeren wie auch seltene Pflanzen, den Sonnentau, die Sandsegge, Wasserschwertlilien, Bocksbart, Adlerfarn und Winterlieb.

Die Vogelwelt hat sich seit der Bewaldung in vielen Arten niedergelassen: Buchfink, Specht, Meise, Singdrossel, Zaunkönig, Star, Möwe, Zwergreiher, Rohrspatz, Bachstelze, Schwalbe und Rohrsänger sind anzutreffen.

Die Nehrung ist naturschön und abwechslungsreich. Sie bietet Erholung bei Ferienaufenthalten.

Frisches Haff; den nördlichen Teil bezeichnet man als das Königsberger, den südlichen als das Elbinger Haff. Die Landseite der Haffküste zeigt sich zwischen Elbing und Braunsberg in ihrer ganzen Schönheit. Die Elbinger Höhen erscheinen hinter Steilufern. Hier führte im Altertum eine Bernsteinstraße entlang. Besiedelt war der Streifen schon in der mittleren Steinzeit, wie Funde ergeben haben. Der Orden hat an der Haffküste die Burgen Elbing, Lenzen, Balga,

Auf der Frischen Nehrung

Am Frischen Haff

Brandenburg gebaut. Die ermländischen Bischöfe bauten die Frauenburger Domburg.

Über das Haff sind Wikinger, Ordensritter, Hanseaten gefahren. Die Fahrzeuge der späteren Zeit waren die Tolkemiter Lomme, der Reisekahn, Keitelkähne und Anglerkähne. Der Fischreichtum des Haffs war bekannt. Hier wurden Aale gefangen, Zander, Kaulbarsche und andere Fische.

Das Frische Haff ist 80 km lang und zwischen 30 und 7,5 km – im Durchschnitt 12 km – breit; seine Tiefe beträgt 2 bis 5 m.

Es hat eine Wasserfläche von 861 qkm.

Frisching kommt vom Südwestrand des Zehlauer Moors und ergießt sich bei Brandenburg ins Frische Haff. Bei Tharau formen sich seine Ufer zu einem schönen Landschaftsbild.

Nebenflüsse: Beisleide, Pasmar mit Kaister und Stradick.

Der Fluß war sehr fischreich. Er fließt durch die Huntau, eine überaus fruchtbare Gegend mit fetten Wiesen und tragenden Äckern, die erstmals 1249 bei einem Friedensvertrag als Wuntenowe erwähnt wird. Prussisch wundan = Wasser, also Wasserland. Wegen dieser Fruchtbarkeit sind früh Siedler hierher gezogen.

Der Flußlauf ist 65 km lang.

Gaffken (russ. –), Kreis Samland.

Wilhelm Wien, geboren 1864, Nobelpreisträger für Physik. Als Assistent bei Helmholtz fand er

das nach ihm benannte „Wiensche Verschiebungsgesetz" und veröffentlichte 1893 das schon früher gefundene „Wiensche Strahlungsgesetz". Für beide Arbeiten erhielt er die hohe Auszeichnung. Ihre Fortsetzung durch Max Planck führte zur Quantentheorie. 1930 erschien seine Autobiographie „Aus dem Leben eines Physikers".
1939 hatte der Ort 321 Einwohner.

Galinden, prussische Landschaft, erstmals 180 n. Chr. von Ptolemäus erwähnt. Eine Binnenlandschaft, die im Norden an Pogesanien und Barten grenzte. Die Südgrenze bestimmten der Narew und der Lyckfluß. Diese Grenze legte erst der Friedensvertrag von Meldensee endgültig fest. Im Osten stieß der Gau an Sudauen.
Bei Ankunft des Deutschen Ordens war die Gegend fast menschenleer. Sie bildete die Große Wildnis. Das Besiedlungswerk, erst später in Angriff genommen, vorerst in den Teillandschaften Gudikus und Gunelauken, ging langsam vor sich.
Der Name Gudikus lebte in dem Dorfnamen Gottken fort; Gunelauken erstreckte sich um das spätere Wartenburg. Hier siedelte das Fürstbistum Ermland, zu dem der westliche Teil Galindens, zu beiden Seiten der Alle, gehörte. Zentraler Punkt war das spätere Allenstein.

Gallingen (poln. *Galiny*), Kreis Bartenstein, an der Pissa gelegen. Die Ostseite der Kirche aus Feldstein erbaut, darüber Ziegel, stammt aus dem Jahr 1350, Turm und Westseite um 1500. 1372 wird erstmals ein Pfarrer erwähnt. 1468 schenkte der Orden das Gut einem Wendt zu Eulenburg. Es blieb im Besitz der Familie.
1585, wird überliefert, stritten sich während des Gottesdienstes Botho Freiherr zu Eulenburg und sein Schwager Truchseß von Waldburg über das Wappen derer zu Eulenburg. Der Schwager behauptete, die brüllenden Löwen im Wappen seien Meerkatzen. Der Pfarrer mußte die Predigt unterbrechen. Er verklagte die beiden wegen Kirchenstörung. Der Richterspruch lautete, es seien zwei Löwen im Wappen. Truchseß von Waldburg wurde verurteilt; er mußte die Herstellung des Kirchengestühls mit dem Wappen bezahlen.
1589 erbaute Botho zu Eulenburg auf der Pissainsel ein Schloß, von einem Park umgeben. 1728 stiftete Freiherr Gottfried Heinrich zu Eulenburg die Gallinger Kirchenbibliothek, eine der beachtlichsten Bibliotheken seiner Zeit. Sie enthielt eine der ältesten Ausgaben des Sachsenspiegels.
Die Kirche war von einer nicht besonders starken Mauer mit Schießscharten umgeben.
1939 hatte das Dorf 800 Einwohner.

Galtgarben, höchste Erhebung im Samland, 111 m über dem Meeresspiegel, 46 m über dem östlich angrenzenden Moor. Er gehört zum Alkgebirge, das den Westen des Samlands von Königsberg bis Brüsterort durchzieht. Der Galtgarben lag in der prussischen Landschaft Ereyno oder Erino, die im Ortsnamen Rinau fortlebte.

Störche am St. Gertrudistag

Auf dem Berg befand sich eine Wehranlage, die der Bischof von Samland 1264 übernahm und 1278 in eine Fliehburg für die umliegende Landbevölkerung verwandelte.
Der Galtgarben hieß auch der Rinauer Berg. 1329 ist an seinem Fuße ein Krug nachgewiesen beim „castrum nostrum Rinow“, einem massiven Steinbau, der um 1400 nicht mehr bestand. 1384 legte Ludeke Gysilbrecht das Zinsdorf Rinau an, das später, mit Pojerstiten vereinigt, dessen Namen annahm.
Der Kriegs- und Domänenrat Johann Georg Scheffner regte 1816 die Errichtung eines eisernen Landwehrkreuzes, zur Erinnerung an die Befreiungskriege, auf dem Galtgarben an. Es wurde am 27. September 1818 eingeweiht. Auf halber Höhe des Berges war ein gewaltiges Grab mit einem

Kirche von Garnsee

Holzkreuz errichtet, der Scharnhorsthügel. Bis 1847 versammelten sich alljährlich am 18. Juni, dem Jahrestag der Schlacht bei Waterloo, die Königsberger Studenten und brannten ein Birkenholzfeuer ab.
1906 wurde an der höchsten Stelle des Berges der Bismarckturm erbaut, auf der Plattform waren Pechpfannen für das Gedenkfeuer am Geburtstag des Kanzlers angebracht. Die Granitfindlinge, aus denen man den Turm errichtete, waren Geschenke der Grundbesitzer des Samlands, die diese selbst herangeschafft hatten. Die Studenten der Albertina feierten das Galtgarbenfest.
Garnsee (poln. *Gardeja*), Grenzstadt im Kreis Marienwerder, zwischen zwei Seen gelegen. Als Garzanum 1285 erstmals erwähnt, 1334 Gardzey und 1515 Gardensehe. Von einer Niederlassung auf einer prussischen Wohnstätte, die sich im Besitz des Ritters Dietrich Stange befand, sollten die Zisterzienser von Pelplin 1285 Boden für eine Klostergründung erhalten. Doch diese kam nicht zustande.
1323 erstmals ein Dorf Garnsee erwähnt. Neben diesem gründete der Bischof von Pomesanien 1328 die Stadt nach kulmischem Recht. Die Gründungsurkunde ging verloren; die älteste Handfeste stammt aus dem Jahr 1334. Nach einem Brand (1554) im Jahr 1559 neu gegründet. Die Pfarrkirche von 1330 bekam 1729 bis 1731 ein neues Schiff.
1783 zählte Garnsee 104 Feuerstellen. Die Bewohner lebten vom Ackerbau, Bierbrauen und Handwerk.
Eine Schützengilde gab es im 18. Jh. Garnisonstadt ab 1719. Erste Schule Anfang des 18. Jh.
1939 hatte die Stadt 2003 Einwohner.
Gedwangen (poln. *Jedwabno*), Kreis Neidenburg, ein Beutnerdorf mit Bienenzucht in den Beuten; in abgestandenen Bäumen angelegte Stöcke, in denen Honig erzielt wurde.
Nach Hennenberger hatte Geswabenen „eine kleine Jagdpuden auff einem alten Schloßberglein

ligent". Pfarrkirche 1768 erneuert, rechteckiger Bau aus Feldstein mit schindelgedecktem Turm. Altar und Kanzel von 1697. Kirche 1842 und 1871 restauriert.

1939 hatte das Dorf 1288 Einwohner.

Gehlenburg (poln. *Biała Piska*), Kreis Johannisburg. Der Komtur zu Balga und Vogt von Natangen, Jobst von Strupperg, gründete 1428 Gelau – auch Gayle, Gaylen, Gehlen genannt – als Zins- und Scharwerksdorf. Die günstige Lage an der polnischen Grenze ermöglichte schon Anfang des 16. Jh. Wochenmärkte. 1650 als „Flecken" bezeichnet. Die Raubzüge der Tataren 1656/1657 brachten schwere Verluste, der Flecken brannte nieder. Die Überlebenden raffte die Pest von 1708 bis 1710 dahin.

Friedrich Wilhelm I. gab dem Marktflecken am Bialaflüßchen die Stadtgerechtigkeit. Die neue Stadt nannte sich Biala. Kirche aus der Ordenszeit durch einen Feldsteinbau Mitte des 18. Jh. ersetzt. Später ein Turm nach Schinkel hinzugefügt. Die Kirche hatte ein flaches Zeltdach mit einer Wetterfahne.

Ende des 18. Jh. zogen Handwerker in die Stadt ein, die in den Kriegsjahren 1806/1807 schwere Requisitionen über sich ergehen lassen mußte. Nach dem Kriege verlor sie infolge der Sperrung des Grenzverkehrs die Möglichkeit zum Handel mit Polen. Einen neuen Aufschwung brachte der Anschluß an die Bahnstrecke Johannisburg–Lyck.

Im Ersten Weltkrieg mußte die Stadt zwei Plünderungen über sich ergehen lassen. Am 9. August 1914 eroberten die Truppen hier die ersten Geschütze.

Seit 1938 führte Biala den Namen Gehlenburg. Eine erste Schule bestand seit 1515. Ab 1764 gab es in der Stadt eine ständige Garnison.

1939 hatte Gehlenburg 2623 Einwohner.

Gelguhnen (poln. *Jełjuń*), Kreis Allenstein. In dem im Ramucker Forst gelegenen Ort gründete der Staat 1782 eine Pottaschesiederei und eine

Geneigte Ebenen, Oberländischer Kanal

Glashütte mit Glasschleiferei. Die Glashütte bestand bis ins 19. Jh. hinein.

Geneigte Ebenen, auch Rollberge genannt, waren „Landunterbrechungen" im Verlauf des Oberländischen Kanals. Zwei dachförmige, ungleiche Ebenen stießen gegeneinander, von denen die kürzere meist noch unter Wasser lag. Darauf befanden sich zwei parallel verlaufende Eisenbahngleise, auf denen zwanzig Meter lange und drei Meter breite Gitterwagen zur Beförderung der Schiffe verkehrten. Beide Enden der Strecke lagen unter Wasser. Ein endloses Drahtseil verband die Fahrzeuge, so daß beide gleichzeitig in Bewegung gesetzt wurden, angetrieben durch ein 8,5 m großes Wasserrad mit einer Kraft von 60 PS. Die später gebaute Kußfelder Ebene wurde durch eine Turbine angetrieben.

Das Wasser aus dem oberen Kanalteil setzte das Rad in Bewegung. Das Schiff – nach Möglichkeit immer zwei Schiffe, an jedem Ende eines, doch auch nur bei einem möglich – fuhr auf den

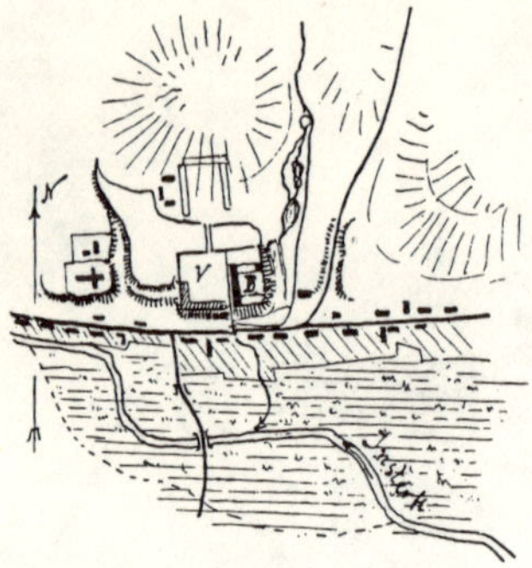

Georgenburg

Gitterwagen unter Wasser, wurde verkettet und vertäut. Auf ein Signal hin wurde das Betriebswasser auf das Rad freigegeben. Das Schiff fuhr die Ebene hinauf bzw. die höher gelegene hinab bis zum Wasser. Die Fahrt über eine Geneigte Ebene dauerte eine Viertelstunde. Jede Ebene hatte ihr eigenes Maschinenhaus.

Auf der oberen Strecke des Oberländischen Kanals gab es fünf solcher Ebenen: Buchwald, Kanten, Schönfeld, Hirschfeld und Neu Kußfeld.

Georgenburg (russ. –), Kreis Insterburg, am Nordufer der Inster gelegen. Wo Angerapp und Inster zusammenfließen, gründete Bischof Jacob von Samland um 1350 die Georgenburg, 1364, 1385 und 1403 von den Litauern schwer heimgesucht. Bis 1525 war sie im Besitz der samländischen Bischöfe, dann wandelte Herzog Albrecht sie zum Kammeramt um. 1547 erbaute man neben der Burg eine Kirche.

1656 fielen die Tataren ein und verschleppten die Bewohner. 1679 war Georgenburg Quartier des schwedischen Generals von Horn.

Nach der Pest von 1709 verpachtete es Friedrich Wilhelm I. als Domäne. Salzburger besiedelten in den nachfolgenden Jahren die nördlich gelegenen Dörfer.

Amtsrat von Keudell begann 1752 in Georgenburg mit der Pferdezucht. Er verkaufte Hengste nach Trakehnen.

1757 wurde die Burg Quartier des russischen Feldmarschalls Apraxin, 1812 des französischen Marschalls Davoust. 1814 ging sie in Privatbesitz über. Wilhelm von Simpson erwarb sie 1828 und entwickelte hier ein Vollblutgestüt. Bis 1898 war sie im Besitz der Familie von Simpson. Der 1882 geborene Schriftsteller William von Simpson hat in seinem Roman „Die Barrings" das Leben des Adels auf Georgenburg geschildert.

1899 übernahm der Staat die Burg und verlegte hierher das Landgestüt aus Insterburg.

1939 hatte das Dorf 605 Einwohner.

Georgenswalde (russ. –), Kreis Samland. Die Ber iner Landbank erwarb das Gut und egte einen Seebadeort mit einer Vi enko onie an. Durch die Gausupschlucht führte von der hohen Steilküste eine lange Holztreppe zur See hinab, vom Volksmund die „Himmelsleiter" genannt. Die wildromantische Schlucht gab dem jüngsten ostpreußischen Seebad ihr Gepräge.

Im nahen Warnicker Forst gab es die Möglichkeit zu langen Spaziergängen. Wahrzeichen des Ortes war der 41 Meter hohe Turm des Zentral-Wasserwerks.

1939 hatte das Dorf 791 Einwohner.

Gerdauen (russ. *Shelesnodoroshnyj*), Kreisstadt am Omet, einem Nebenflüßchen der Alle, benannt nach dem prussischen Edlen Girdaw, der als treuer Anhänger des Ordens beim Prussenaufstand seine Burg in Brand steckte und nach Königsberg flüchtete. 1315 ist ein Ordenskomtur in Gerdauen nachgewiesen. Der Königsberger

Georgenburg

Kirche in Gerdauen

Komtur Heinrich von Isenberg vollendete den Burgbau des Ordens 1325.
1336 gab es eine Lischke am Fuße der Burg, die Hochmeister Konrad von Jungingen am 21. September 1398 durch Verleihung des kulmischen Rechtes zur Stadt erhob. 1428 gründeten Predigermönche aus Nordenburg am Südende der Stadt ein Kloster.
Der Orden eroberte 1455 die Burg, die 1347 als „wahres Bollwerk" den Litauerangriffen widerstanden hatte. Der Pfleger des Ordens verpfändete sie wie auch die Stadt an den Söldnerführer von Schlieben. 1469 baute dieser ein neues Schloß für sich und seine Nachkommen. Bis 1831 blieben Burg und Stadt im Schliebenschen Besitz, dann gingen beide an den Freiherrn von Romberg über. Beim Stadtbrand von 1665 war die Burg so weit zerstört worden, daß man sie 1672 nicht mehr bewohnen konnte.
1708 verlieh König Friedrich I. der Stadt einen vierten Jahrmarkt. Ab 1818 war Gerdauen Kreisstadt. Die Bevölkerung lebte von den Erträgnissen der Holzindustrie, der Ziegeleien, Malzfabrikation und Brauerei. Im Ersten Weltkrieg erlitt die Stadt schwere Zerstörungen, wurde jedoch dank der Hilfe der Städte Wilmersdorf und Budapest, die die Patenschaft übernommen hatten, wieder aufgebaut. Es folgte eine völlige Zerstörung im Zweiten Weltkrieg.
Theodor Gottlieb Hippel, geboren 1741, ist als erster in Deutschland für die Frauenemanzipation eingetreten. Seine Schriften „Über die bürgerliche Verbesserung der Weiber", über „Weibliche Bildung" und sein immer wieder neu aufgelegtes Buch „Über die Ehe" erregten Aufsehen. Er war der geistige Vorgänger Jean Pauls, des Begründers des humoristischen Romans in Deutschland. Als Dramatiker fand er selbst bei Lessing Anerken-

nung. Er starb als Geheimer Kriegs- und Stadtpräsident von Königsberg.
Theodor Gottlieb Hippel, geboren 1775, ein Neffe des Stadtpräsidenten, studierte Rechts- und Staatswissenschaft und wurde 1810 Mitarbeiter Hardenbergs am Reformwerk, 1811 Staatsrat. Er wirkte 1813 bei der Erhebung Preußens mit, verfaßte den Aufruf „An mein Volk". Am dichterischen wie musikalischen Schaffen seines Freundes E.T.A. Hoffmann nahm er regen Anteil.
Eine erste Schule gab es in der Stadt 1409, die erste Garnison erhielt sie 1714. 1848 erschien die erste Zeitung.
1939 hatte Gerdauen 5118 Einwohner.
Germau (russ. *Russkoje*), Kreis Samland; samländisches Kirchdorf. Die Burg Girmowe war um 1230 das Waffenlager der Samländer. Der Christburger Komtur Heinrich Stange wollte sie im Winter 1232/1233 über das zugefrorene Haff angreifen und erobern. Er erlitt dabei eine Niederlage. Erst 1258 kam die Burg Gyrme in den Besitz des Ordens, der sie um 1270 ausbaute. 1299 werden drei samländische Adelige namentlich

Kirche zu Gerdauen, Südportalgiebel

Burg zu Germau

erwähnt, unter ihnen der spätere Kämmerer Leykaute. 1321 gab es einen Pfarrer Reynher.
Die Kirche war ein Teil der Burg, über den Fenstern befanden sich Wehrgänge, wie am Königsberger Dom. Der Chor war als Schloßkapelle erbaut, das Schiff als Remter. Sie hatte einen Wehrturm. Die Vorburg wurde später Kirchhof. Um 1580 war die Burg in verfallenem Zustand. 1581 wurde die Bernsteinkammer mit dem Sitz des Bernsteinmeisters aus Lochstädt hierher verlegt; 1644 folgte das Bernsteingericht. 1693 kamen Bernsteinkammer und -gericht nach Palmnicken.
1939 hatte das Dorf 1140 Einwohner.
Gilgenburg (poln. *Dąbrówno*), Kr. Osterode, zwischen dem kleinen und großen Damerausee, völlig von Wasser umgeben. In einer Urkunde von 1316 wird ein Ordensritter, Beringer von Melsungen, als „provisor domus Ilienburg" bezeichnet. Er muß der erste Pfleger im Ordenssitz gewesen sein. Luther von Braunschweig gab der Stadt als Christburger Komtur 1326 die Handfeste. In den Kriegen des Ordens gegen Polen war sie viel umstritten; 1410 von Polen erstürmt, 1414 zerstört. Das Kammeramt mußte verlegt werden. 1440 schloß sich die Stadt vorübergehend dem Preußischen Bund an.

Die Gilgenburg

Der Orden verpfändete sie, zu ihm zurückgekehrt, „mit allen Gerechtigkeiten, Nutzungen und Zinsen" dem Söldnerführer Georg von Löben, der sie 1488 dem polnischen Magnaten Niklas Wilko überließ. Herzog Albrecht kaufte sie für 500 Mark zurück und gab sie seinem Rat Hans von der Gablenz zusammen mit dem Amt als „Lebtagslehen", nach dessen Tod gab er sie dem Ordensmarschall von der Oelnitz zu magdeburgischem Recht.
Damit war Gilgenburg Mediatstadt geworden; 1572 verkaufte Oelnitz das Amt an Hauptmann Felix von Finckenstein, der das Schloß völlig umbauen ließ.
Im Siebenjährigen Krieg ließ Marschall Ney die Stadt plündern. Bis 1832 trug sie schwer an den Kriegslasten, die ihr auferlegt worden waren. Nach dem Ersten Weltkrieg wurde Gilgenburg Grenzstadt. Die Abtretung des Soldauer Gebietes nahm ihr das Hinterland, sie war eine „sterbende Stadt".
1547 hatten sich Böhmische Brüder niedergelassen, die ihres Glaubens wegen geflüchtet waren. Sie bauten ein Gotteshaus, verließen die Stadt aber bereits 1563; die Kirche wurde 1729 zur Schule. In der Pfarrkirche befindet sich die Erbbegräbnisstätte der Grafen Finckenstein. Eine Garnison erhielt die Stadt 1741.
1939 hatte die Stadt 1722 Einwohner.
Glockstein (poln. *Unikowo*), Kreis Rößel. Knogstin, vom Vogt Heinrich von Luter gegründet, erhielt seine Handfeste 1357. Die flachgedeckte Pfarrkirche aus Ordenszeit war dem heiligen Johannes dem Täufer geweiht. Auf einem Feldsteinfundament aus Ziegeln im gotischen Verband erbaut, hatte sie einen geraden Chorabschluß. An der Sakristei befand sich ein Halseisen. Der Hochaltar stammte von 1712. An der Nordwand stand ein Seitenaltar von 1664. Die Kanzel: Übergang vom Barock zum Rokoko.
1939 hatte das Dorf 501 Einwohner.
Glombowen (poln. –), Kreis Lötzen. Zur Zeit der Eroberung Galindens durch den Orden hatte hier der prussische Edle Weitkalen einen Landsitz. Hochmeister Michael Küchmeister nahm ihm diesen ab und verlieh ihn einem Ordensritter. Kurfürst Johann Sigismund vergab das Gut 1617 an seinen Reiseschneider Georg Kipeller.
Der Große Kurfürst machte es der Gräfin Katharina Dönhoff zum Geschenk.
Glottau (poln. *Głotowo*), Kreis Heilsberg. Auf einem Hügel über dem Tal des Quehlbaches standen vermutlich eine Fliehburg und eine prussische Opferstätte. Daraus entwickelte sich später ein Wallfahrtsort, um den sich eine Hostienlegende bildete. 1312 wird erstmals ein Pfarrer Conrad erwähnt. 1313 bekam der Ort seine Handfeste. Eine Burg bestand bereits, sie war 1343 bis 1347 Sitz des 1341 in Pettelkau gegründeten Kollegiatsstiftes, bald darauf nach Guttstadt verlegt.

Kirche in Glockstein

Kirche von Glottau

Als die Wallfahrten im 17. Jh. zunahmen, begann man 1722 mit dem Neubau einer größeren Kirche aus rotem Backstein. Baumeister war der Maurer Christoph Reimers aus Wormditt, der auch die Wallfahrtskirche in Krossen gebaut hat.
1825 starb als Pfarrer von Glottau der letzte Stiftspropst des Guttstädter Kollegiatskapitels, Rochus Krämer, von dem der Ausspruch überliefert ist: „Der Zeitgeist weht, wo er will, neiget eure Häupter."
1878 wurde im Talgrund und auf der Anhöhe des Quehlbaches ein Kalvarienberg mit vierzehn lebensgroßen Darstellungen aus der Leidensgeschichte errichtet, den die Wallfahrer betend erstiegen, um so zur Kirche zu gelangen. Glottau liegt eine halbe Wegstunde zu Fuß von Guttstadt entfernt.
1939 hatte das Dorf 735 Einwohner.
Göritten (russ. *Puschkino*), Kreis Ebenrode. Das Kirchdorf bestand aus einer Domäne und mehreren Bauernhöfen. Die Domäne lag in einem ausgebreiteten Park. Göritten galt als ostpreußische Musterwirtschaft. Friedrich Wilhelm I. hatte hier um 1724 Kolonisten aus Nassau, aus der Pfalz und aus Württemberg angesiedelt. Die Glocken der Kirche waren ein Geschenk dieses Königs.
1939 hatte das Dorf 467 Einwohner.
Göttkendorf (poln. *Gutkowo*), Kreis Allenstein. 1352 erhielt der Lokator Godeke die Handfeste, in der noch keine Kirche dotiert war. 1417 taucht der Name Gedeken auf. Die Pfarrkirche von 1500 war dem heiligen Laurentius geweiht und gehörte zur Sedes Guttstadt, erst 1871 selbständig.
Die Wetterfahne mit dem heiligen Laurentius trägt die Jahreszahl 1778. Die Kirche besitzt ein gutes Ölbild ihres Patrons.
1939 hatte das Dorf 1079 Einwohner.
Goldap (poln. *Gołdap*), Kreisstadt am westlichen Ufer des Goldapflusses. Auf dem Boden der Dörfer Schileiten und Järkischken wollte der herzogliche Rat Kaspar von Nostitz eine neue Stadt anlegen. Er beauftragte damit einen Lokator, später ihr erster Schultheiß. Herzog Albrecht Friedrich erteilte der Gründung 1570 das kulmische Recht. Die Stadt war leiterförmig angelegt, zwei Hauptstraßen mit Nebenstraßen, in der Mitte ein 12 Morgen (3 ha) großer Markt. 1580 wurde eine Kirche noch in der Ordensbauweise errichtet.
1657 hatten Tataren die Stadt geplündert und eingeäschert. Der Bürgermeister Dullo soll auf dem Markt lebendigen Leibes am Spieß gebraten worden sein. 1694 suchte ein Großfeuer die Stadt heim, das fast alle Häuser vernichtete. 1709 verlor die halbe Bevölkerung bei der Pest ihr Leben. Neubesiedlung setzte ein, in deren Zug sich 117 Salzburger im Jahre 1732 in der Stadt niederließen. 1834 vernichtete ein Brand die Stadt, die „fast neu angelegt werden" mußte.
Goldap war eine Stadt der Tuchmacher, Hutmacher, Strumpfwirker, Gerber und Bäcker. Die Goldaper Kringel und Brezel waren weltbekannt. 1756 wurden einige Tonnen davon nach Batavia

ausgeführt. Auch der Goldaper Met war sehr geschätzt.

Wilhelm Franz Epha, geboren 1828, der „Retter der Nehrung", führte die Bestrauchung der Dünen ein. Durch netzförmiges Abstecken mit Reisig und Rohr befestigte er sie und bepflanzte sie gleichzeitig. So rettete er die Bruchberge bei Rossitten, die gewaltigen Wanderdünen bei Pillkoppen und die Dünen bei Nidden vor der Verschüttung. Auch die Pflege des Elchbestandes lag ihm am Herzen.

Johann Friedrich Hartknoch, geboren 1740, widmete sich, von Kanter für den Buchhändlerberuf gewonnen, dem Verlagsgeschäft. Er gab Schriften von Herder, Hamann und Kant heraus. 1767 siedelte er nach Riga über. Er hat dem deutschen Leser die neuentstehende russische Literatur durch Übersetzungen nahegebracht.

Alfred Partikel, geboren 1888, war Schüler und später Lehrer an der Königsberger Kunstakademie. Mensch und Natur sah er als eine Einheit und gestaltete sie nach seinem Empfinden. Sein Schaffen beeinflußte italienische und holländische Landschaftsmaler. Zwischen ihnen fand er seinen eigenen Weg. Von seinen Bildern heißt es, sie „dufteten nach Erde, Wasser und Laub".

Goldap war das Tor zur Rominter Heide. Die erste Stadtschule stammte aus dem Jahr 1570. Im 19. Jh. wurden ein Reformrealgymnasium und ein Lyzeum gegründet.

Eine Schützengilde gab es seit 1692, eine Bürgergarde seit 1818. Ab 1719 hatte die Stadt, angefangen von den Schwarzen Husaren, ständig eine Garnison.

1939 hatte Goldap 12786 Einwohner.

Goldaper Berg erhebt sich südlich von Goldap, 272 m hoch. Früher war er bewaldet, in der jüngsten Zeit glich er einem mächtigen kahlen Granitbuckel mit vielen schroffen Abhängen. Ob auf dem Berg eine Prussenburg stand, steht nicht fest. Auf dem östlich von ihm gelegenen, durch ein Tal getrennten Schloßberg hat es in prussischer Zeit Verteidigungsanlagen gegeben. Der Volksmund nannte den Goldaper Berg den Goldaper Kalender, da bei Wetteränderungen von ihm Nebel aufstiegen. 1887 wählten ihn die Astronomen zum Aussichtspunkt bei der totalen Sonnenfinsternis.

Südlich des Goldaper Berges erhebt sich 304 m hoch der Friedrichower Berg, auf dessen Gipfel sich ein tiefer See mit einer Moordecke befindet, in der seltene Pflanzen wachsen.

Goldbach (russ. *Slawinsk*), Kreis Wehlau, an der Deime gelegen. Gründer des Dorfes war vermutlich Helwig von Goldbach aus dem gleichnamigen Dorf in Thüringen, in der Nähe von Gotha. Er soll bei der Gefangennahme des Natangers Herkus Monte zugegen gewesen sein. Vom Konventsbruder zu Christburg stieg er zum Landmei-

Goldap

ster in Preußen auf und hat in dieser Eigenschaft wahrscheinlich zwischen 1300 und 1302 Dorf und Kirche angelegt. 1404 wird ein Pfarrer in Goldbach genannt. Der Kirchturm mußte 1706 wiederhergestellt werden.
Der Altar stammt von Christian Klodssey, der auch Altar und Kanzel für Heiligelinde schuf. Vor der Kanzel hing ein halblebensgroßer Kruzifixus aus dem 16. Jh., Holz, bemalt, ursprünglich ein Vortragekreuz.
1939 hatte das Dorf 951 Einwohner.
Grieslienen (poln. *Gryźliny*), Kreis Allenstein. Wesintal, das „Dorf in der Heide", erhielt 1358 die Handfeste nach kulmischem Recht. Anfang des 16. Jh. taucht der Name Greßlingk auf, später Grieslienen. 1580 weihte Bischof Kromer die Laurentiuskirche, einen Feldsteinbau mit Ziegelecken und hölzernem Turm mit Schindelzeltdach. Die Kirche hatte eine hölzerne Korbbogendecke.
1939 hatte das Dorf 939 Einwohner.
Groß Arnsdorf (poln. *Jarnołtowo*), Kreis Mohrungen. Arnsdorf wird erstmals 1329 erwähnt.

Kirche in Goldap

Eine Kirche soll als Kapelle St. Mariae 1329 gegründet worden sein. Ein Ziegelbau im wendischen Verband auf einem Feldsteinfundament, später verputzt, ohne Turm, an der Westseite ein hölzernes Glockenhaus. 1878 gründlich ausgebessert. Grabsteine der Familie von Dieben, 1649.
Herrenhaus 1770 von Georg Friedrich von Hülsen erbaut. Vier Kilometer nördlich von Groß Arnsdorf liegt das 1857 vollendete Schloß Bauditten.
1939 hatte das Dorf 609 Einwohner.
Groß Bartelsdorf (poln. *Bartołty Wielkie*), Kreis Allenstein; Kirchdorf, gegründet von Bartholomäus Kirsboun, Handfeste von 1379, darin Verpflichtung zur Dotation einer Kirche und Ausübung der Patronatsrechte. Pfarrkirche im 16. Jh. neu gegründet, 1565 als Tochterkirche zu Ramsau erwähnt, 1582 von Bischof Kromer geweiht zu Ehren der Geburt Mariens, des heiligen Jakobus von Compostela und des heiligen Stephanus. 1620 abgebrannt, Neubau 1702 von Bischof Załuski zu Ehren des heiligen Jakobus des Älteren neu geweiht. Die Kirche war ein Granitbau mit einer Flachdecke. Über der Apsis befand sich eine Wetterfahne mit der Jahreszahl 1888.
Im Kirchspiel befand sich Wallen, die Fliehburg des ermländischen Bischofs. 1733 errichtete Weihbischof Remigius Laszewski ein Jagdschloß.
1939 hatte das Dorf 443 Einwohner.
Groß Bertung (poln. *Bartąg*), Kirchdorf im Kreis Allenstein, erhielt unter dem prussischen Namen Bertingk, später Bertinghausen, 1363 die Handfeste. Ganz in der Nähe lag Klein Bertung, Kammeramt mit einer Burg von 1341, später nach Allenstein verlegt.
Die Kirche von Groß Bertung muß schon vor Gründung des Dorfes gestanden haben, denn 1348 wird ein Pfarrer Dithmarus erwähnt. Sie war dem Evangelisten Johannes geweiht, brannte später ab. 1682 sammelte man Almosen zum Bau einer neuen Kirche, die Bischof Kurdzwanowski

1742 weihte; ein Ziegelbau im gotischen Verband mit einem klotzigen dreistöckigen Turm, die beiden oberen Geschosse im Blockverband, der ein Zeltdach mit einer welschen Zinkhaube hatte. Die Wetterfahne trug die Jahreszahl 1800. Im Innern hatte die Kirche eine bemalte flache Holzdecke. Nach Groß Bertung zogen die Fußwallfahrer aus Allenstein und Umgebung. In aller Hergottsfrühe hörte man den Gesang des Vorbeters und der Gläubigen im steten monotonen Wechsel. Beim Auszug und Einzug in die Stadt wurde die Allerheiligenlitanei gesungen. Auf die Anrufung der einzelnen Heiligen durch den Vorbeter folgte das „Bitte für uns" der Wallfahrer.

In Allenstein wurde die Geschichte erzählt, die Wallfahrer hätten auf die im Gesangston geäußerte Feststellung des Vorbeters: „Ich hab meinen Schlorr verloren" mit „Bitte für ihn" geantwortet. 1939 hatte das Dorf 798 Einwohner.

Groß Bößau (poln. *Biesowo*), Kreis Rößel. Das Dorf lag zwischen dem Daddei- und dem Bößauer See. Die Besiedlung des Seeburger Gebietes durch Prussensiedlungen begann bereits um 1350. Der Ort erhielt als prussischer Freihof die Handfeste. Gegen Ende des Reiterkrieges von den Söldnern des Ordens zerstört, lag er „entvölkert und wüst".

Die Kirche, Baujahr nicht bekannt, war klein und hatte einen hölzernen Turm. Bekannt ist nur, daß 1480 ein Pfarrer Nikolaus Molner die Bestallung erhielt.

Bei einem Gewitter im Jahr 1908 oder 1909 brannte die Kirche ab. An ihrer Stelle wurde eine dreischiffige Hallenkirche im neogotischen Stil erbaut; 1911 dem heiligen Nikolaus geweiht. In der Nähe gab es zwei alte Mühlen: eine Wasser- und eine Windmühle.

Etwas Unheimliches lastete auf dem Ort. Im „Klomfaße Grund" stand ein Wegkreuz, das daran erinnern sollte, daß der Pfarrer Karbaum hier von Wegelagerern erschlagen worden war. Im „Eilebruch" soll einst ein Kloster versunken sein.

Kirche in Groß Bertung

Ein zweites versunkenes Kloster soll am „Hohentwiel", dem Kunzkeimer Berg, gestanden haben. Dort gab es ein tiefes Loch, in das man einen Stein werfen und auf den Dachpfannen des versunkenen Klosters aufschlagen hören konnte. 1939 hatte das Dorf 657 Einwohner.

Groß Dirschkeim (russ. *Donskoje*), Kreis Samland, an der Westküste des Samlands gelegen. Der Ort wurde wegen seiner naturschönen Lage durch Wilhelm von Humboldt bekannt, der von hier im Oktober 1809 an Karoline von Humboldt schrieb: „Ich blieb eine Nacht gerade an der Ecke der Küste in Dirschkeim, wo auf einer Art Vorgebirge eine Leuchte für die Seefahrenden ist, um die Klippen zu vermeiden. Ich ging noch die Nacht allein an den Meeresstrand. Es war schrecklich stürmisch, aber der Mond kam ununterbrochen zwischen den schwarzen Wolken hervor. Ich habe bis nach Mitternacht dagestanden. Es war ein sehr großes Schauspiel. Ich werde die Nacht nie vergessen, sie ist das Größte und

Schönste, was ich seit meiner Abreise aus Italien erlebt habe."

1939 hatte das Dorf 642 Einwohner.

Großendorf (poln. *Wielochowo*), Kreis Heilsberg, vier km nördlich der Stadt gelegen, gegründet vom Vogt Heinrich von Luter mit einer Kirche. 1364 in zwei Dörfer geteilt, jedoch mit der Bedingung, daß die Kirche in Großendorf bleibe. Von 1393 bis 1396 hat an ihr ein Pfarrer Nikolaus Crossen amtiert. In der Kriegszeit ist das Dorf völlig untergegangen.

Neugegründet von Stephan Briefträger, der 1492 das Schulzenamt und eine Handfeste erhielt. 1581 war die Kirche nicht mehr vorhanden. Das Dorf wurde der Pfarre zu Heilsberg zugeteilt.

1939 hatte das Dorf 251 Einwohner.

Großer Baumwald. Zwischen Labiau und Mehlauken führte der Bärenkastenweg entlang. Bei Groß Baum wurde Zoll erhoben. Von diesem Ort hat der Große Baumwald – ringsum – seinen Namen.

Er ist reich an Fichten und Eichen. Hier tritt auch die Eibe auf. Es gab viel Wild. Früher waren es Sauen, Auerochsen, Elche und Bären. Der letzte Auerochse wurde 1789 von einem Wilddieb erlegt. Der nördliche Teil des Baumwaldes ist sehr reich an Himbeeren, die hier gepflückt, versaftet und verschickt werden.

Großes Moosbruch im Kreis Labiau, das größte Hochmoor der Provinz. Auf Inseln im Moor sind Dörfer entstanden: Lauknen, Schöndorf, Mauschern, Sussemilken. Sie haben teilweise Lehmboden und bauen Getreide an. Von ihnen ging die Urbarmachung des Moors aus. Es entstanden Siedlungen. Im Großen Moosbruch wurde die berühmte „blanke" Kartoffel geerntet, die wegen ihres Geschmacks sehr begehrt war. Schon 1867 hat es eine feste Straße durchs Moosbruch gege-

Im Großen Moosbruch

ben, sie führte vom Dorf Lauknen über Schenkendorf nach Alt Heidlauken. Später kamen weitere Straßen und Kanäle hinzu.
Südlich des Pregels und westlich der Alle liegt das Zehlauer Moor, an der Grenze der Kreise Insterburg und Labiau die Muppiau, nördlich Trakehnen die Pakledim, im Kreis Pillkallen die Kacksche Palis. Weitere kleinere Moore findet man im Norden der Provinz, genannt sei hier die Plinis – moorige Ebene.
Das Große Moosbruch hat eine Oberfläche von 125 qkm, alle anderen Hochmoore haben unter 25 qkm Oberfläche.
Große Wildnis nannte man das zum mittleren Prussengau Galinden gehörende „Innere des Landes", durch das sich die schnurgerade Ostgrenze des Bistums Ermland zog. Dieses Gebiet ließ der Deutsche Ritterorden bewußt nicht besiedeln, da er es als natürlichen Schutzwall gegen Einfälle der Litauer und Polen nutzen wollte. Es war ein ausgedehnter Mischwald mit den verschiedensten Holzarten, bei denen die Eiche in ältester Zeit überwog. Laub- und Nadelwälder traten gemischt auf.
Erst mit dem „Budenwerk", der gewerblichen Herstellung von Waldware zu Handelszwecken, und der Pottaschegewinnung, die Eichenholz als Rohstoff brauchte, begann ein gewisser Waldschwund. Köhlereien, Destillation von Pech, Teer und Harz, Heidebrennereien, Streunutzung und Bastreißen taten das ihre. Imker höhlten die Lindenbäume aus und trugen genauso wie die Glasindustrie zur Holzverarmung bei; ihr fielen vor allem die Hainbuchen und Birken zum Opfer. Typisch die Glashütte Gelhuhnen.
Als 1772 das Gebiet an Preußen fiel, war es bereits in vereinzelte Waldflächen aufgelöst. Die „Scheffelplatzwirtschaft" verursachte neue Schäden. Friedrich der Große bereitete ein Reformwerk für Waldanlagen vor, das aber erst seine Nachfolger verwirklichen konnten. Erste Forstwirtschaftsorganisationen wurden geschaffen. So konnte sich

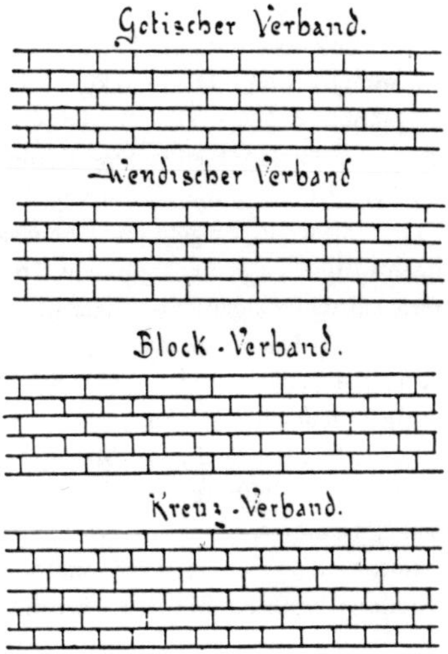

Ziegelverbände

eine Forstwirtschaft entwickeln. Typisch für diese Entwicklung war in der ehemaligen „Großen Wildnis" die Ramucker Heide mit den Forstämtern Purden, Ramuck, Lanskerofen und Kudippen.
Groß Jägersdorf (russ. –), Kreis Insterburg. Am 30. August 1757 besiegte hier der russische General Apraxin den preußischen Feldmarschall von Lehwaldt. Die Russen plünderten die Umgebung und zeigten sich der Bevölkerung gegenüber sehr grausam.
1939 hatte das Dorf 289 Einwohner.
Groß Kleeberg (poln. *Klebark Wielki*), Kreis Allenstein, erhielt die Handfeste 1357. Anfang des 16. Jh. heißt das Dorf Clebergk. Die Kirche wurde um die Mitte des 16. Jh. neu erbaut und 1581 von Bischof Kromer dem Heiligen Kreuz und der Jungfrau Maria geweiht. Neue Kirche mit Turm 1892.
1939 hatte das Dorf 521 Einwohner.
Groß Köllen (poln. *Kolno*), Kreis Rößel, erhielt

die Handfeste als Cölne – später Altcölne – im Jahr 1359. Lokatoren waren Petrus Honeman und sein Sohn Johannes. Die Pfarrkirche war dem heiligen Jakobus d. Ä. geweiht; Bischof Grabowski änderte den Titel in: Heilige Drei Könige. Der ursprüngliche Kirchbau stammte aus der Ordenszeit, Granit mit wenig Ziegeln und einem siebenstaffeligen Ostgiebel, später zu einem Kreuzbau erweitert, ein achteckiger Chor angebaut und ein Turm mit einem Dachreiter davorgesetzt.

Josef Felix Pompecki, geboren 1867, gehörte zu den wenigen deutschen Professoren, die nie ein Buch geschrieben haben. Er war Stratigraph und Paläontologe, beschäftigte sich aber auch mit allgemeiner Geologie.

Eva Sirowatka, geboren 1917 in Krausen, Schriftstellerin, schrieb Romane, Erzählungen, Gedichte. Bekannt wurde sie durch ihre „Masurischen Schmunzelgeschichten".

Kirche zu Groß Krebs

Zum Kirchspiel Köllen gehörte das Dorf Krausen (poln. *Kruzy*), Handfeste 1374, mit den Gütern Mathildenhof, Rosenhof, Ludwigshof, ab 1928 eingemeindet.

1939 hatte Groß Köllen 816, Krausen 531 Einwohner.

Groß Krebs (poln. *Rakowiec*), Kreis Marienwerder. 1293 gab Bischof Heinrich von Pomesanien in Übereinstimmung mit seinem Domkapitel die samländischen Hufen in Crebissee an die Pomesanier Albert und Mar und des letzteren Sohn Kristan zur Besetzung und Gründung eines Dorfes nach kulmischem Recht. 1323 erteilte Bischof Rudolf von Pomesanien dem getreuen Manne Heinrich, genannt Zletener, die Handfeste in Klein Krebs. Zeugen der Verschreibung waren die Schulzen Michael von Groß Krebs und Andreas von Littschen.

Im Kriege von 1520 wurde das Dorf teilweise zerstört, so daß 1542 in Groß Krebs noch eine „Anzahl wüster Hufen" lagen.

Pfarrkirche, ein einfacher, rechteckiger Bau mit Altarhaus und Gemeinderaum unter einem Dach, wahrscheinlich um 1293 erbaut. Der erste Pfarrer wird 1336 genannt. Die Ansiedlung Groß Krebs muß um 1320 vollendet gewesen sein.

1939 hatte das Dorf 1031 Einwohner.

Groß Lemkendorf (poln. *Lamkowo*), Kreis Allenstein. Das Dorf wurde 1363 unter dem Namen Brunsdorf gegründet und 1374 in Groß Lemkendorf umbenannt. Die Kirche wurde in Kriegszeiten verwüstet. Bischof Stanislaus Hosius wollte sie neu gründen. Sein Koadjutor Kromer baute sie in Holz, der Leslauer Bischof Stanislaus Karnkowski weihte sie 1575 zu Ehren der Jungfrau Maria und des heiligen Augustinus. 1686 kam es zum dritten Neubau, unter Bischof Szembek massiv ausgeführt, 1748 von Bischof Grabowski den Heiligen Nikolaus und Augustinus geweiht. 1830 brannten Kirche und Glockenturm ab. Mit

Ermlandpferde in Groß Purden

dem Neubau wurde bereits im Jahr darauf begonnen.
1939 hatte das Dorf 1 002 Einwohner.

Groß Plauth (poln. *Pławty Wielkie*), Kreis Rosenberg. Erstmals erwähnt 1239 als Plauteles; 1329 Plauten genannt; 1331 tritt ein Guntherus „scultetus de Plauthe“ auf. Infolge der Kriege lange wüst gelegen.
1541 belehnte Herzog Albrecht den Jacob von Auerswald mit Plauth zu magdeburgischem Recht. Bis zum 19. Jh. blieb es im Besitz der Familie von Auerswald.
1331 wird ein Pfarrer Martinus erwähnt, doch die Kirche war 1414 bereits zerstört. Die Riesenburger Amtsrechnung weist 1599/1560 aus, daß sie „new erbawet“ wurde. Die große Glocke ist 1597 gegossen. In der Kirche befindet sich ein Epitaph des Jacob von Auersfeld zu Plauth und Groß Tromnau, Amtshauptmann und Landrichter zu Riesenburg, gestorben 4. Dezember 1588.
1939 hatte das Dorf 381 Einwohner.

Groß Purden (poln. *Purda*), Kreis Allenstein, erhielt als Porden 1384 die Handfeste, erneuert 1503. Die Pfarrkirche weihte Bischof Kromer 1580 dem heiligen Kreuz und dem Erzengel Michael. Ein Ziegelbau über einem Feldsteinsockel. In Groß Purden gab es vorzügliche Krebse.
1939 hatte das Dorf 820 Einwohner.

Groß Rautenberg (poln. *Wierzno Wielkie*), Kreis Braunsberg, erhielt die Handfeste 1297. Lokator war Martin von Rautenberg. Ihm wurde das Patronatsrecht verliehen.

Von 1304 bis 1314 wird ein Pfarrer Humboldus erwähnt. Der älteste Teil der Pfarrkirche, 1597 vom Braunsberger Bürgermeister Jacob Bartsch begonnen, der jüngere von Albert von Tettau und Euphrosyne von Güldenstern. Der Turm stammt aus dem Jahr 1845.
1702 weihte Bischof Załuski die Kirche allen Heiligen. Sie hat eine flache Holzdecke mit weißem Muster auf blauem Grund. Der Hochaltar von 1771 zeigt den Übergang vom ostpreußischen Barock zum Rokoko, das Hauptbild die Gottesmutter mit dem Jesuskind, darüber ein strahlendes Auge Gottes.
1939 hatte das Dorf 490 Einwohner.

Groß Rohdau (poln. *Rodowo*), Kreis Rosenberg. Der Ort wird 1285 erstmals als Radowe, im teilweisen Besitz der Familie Stange, erwähnt. 1361 erteilte Bischof Nikolaus dem Schulzen Segehard und den Einwohnern von Rodow eine Handfeste zu kulmischem Recht. Im 16. Jh. lag das Dorf wüst.
Herzog Albrecht ließ es neu besiedeln und gab ihm 1561 eine neue Handfeste. Schulze war Jakob Rosteck. 1570 wurde der herzogliche Rat Wenzel Schack von Stangenberg mit Gut und Dorf Rodau zu magdeburgischem Recht belehnt; sie blieben über 200 Jahre in dessen Familie.
Die Kirche stammte aus dem 14. Jh. 1336 wird „her nyclos parrer von rodow", bischöflicher Schreiber, erwähnt. Sie ging 1414 bei einem Brand unter, wurde 1624 in Holz und 1754 massiv wieder aufgebaut.
1939 hatte das Dorf 569 Einwohner.

Großrosen (poln. *Różyńsk Wielki*), Kreis Johan-

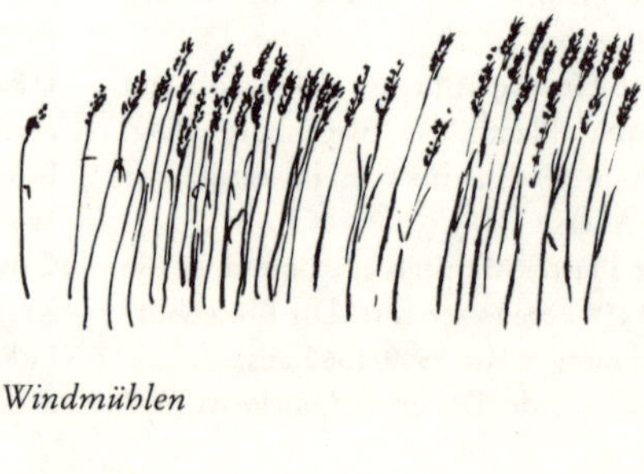

Windmühlen

nisburg. Der Sage zufolge soll die Kirche 1590 durch eine Klosterjungfrau Anna entstanden sein, mit der wahrscheinlich die heilige Anna, die Mutter Mariae, gemeint ist.
Beim Einfall der Tataren unter dem litauischen Oberst Gonsiewskim (1656) hatten die Scharen bereits Reisig um die Kirche gelegt, um sie anzuzünden. Einige Tataren, die in die Kirche eintraten, erblickten das Bild des heiligen Erasmus „neben dem Altar auf Leinwand gebracht und an die Wand geheftet", wie auch mehrere Heiligenbilder auf den Fensterscheiben. Sie löschten das Feuer; die Kirche blieb verschont.
Als erster Pfarrer wird 1590 Paul Rosnitzki erwähnt. Wallfahrer aus Masuren kamen am 6. August, dem Festtag Christi Verklärung, nach Groß Rosinsko. Die Kirche war aus Holz gebaut und hatte ein Strohdach. Der Eingang war so niedrig, daß man sich bücken mußte, wenn man eintreten wollte. Innen hatte sie eine flache Holzdecke. Der Altar stammte aus dem Jahr 1667, die Kanzel von 1687. Auf der Kanzel waren die vier Evangelisten dargestellt. Einer hält ein Bild, auf welchem ein Engel mit der Friedenspalme dargestellt ist, zur Erinnerung an das Jahr 1656, als die Kirche vor dem Feuer bewahrt blieb.
1939 hatte das Dorf 496 Einwohner.
Groß Rosinsko, s. Großrosen
Groß Schöndamerau (poln. *Trelkowo*), Kreis Ortelsburg, erhielt die Handfeste 1391 von Siegfried Walpot von Bassenheim. Lokatoren waren die Schulzen Stanislaus und Mattis.
Die älteste Kirche, aus Holz erbaut, stammte aus dem Jahr 1391. Die Pfarrkirche, aus Feldstein erbaut, wurde 1767 errichtet. Die Kirche besaß zwei Kelche aus den Jahren 1617 und 1714.
1939 hatte das Dorf 655 Einwohner.
Groß Stürlak (poln. *Sterławki Wielkie*), Kreis Lötzen. Das Dorf erhielt 1387 die Handfeste von Hochmeister Konrad Zöllner. 1490 bat Hochmeister Johannes von Tiefen den ermländischen Bischof Lucas von Watzenrode, eine Kapelle

Elchdenkmal in Gumbinnen

Johannes dem Täufer zu weihen und zu gestatten, daß der Pfarrer von Schwarzstein oder ein anderer Geistlicher dort für die armen Leute aus Sturlawken eine Messe halte, für die der Weg zur Pfarrkirche zu weit sei.
1590 wurde eine Kirche gebaut, 1598 zur Pfarrkirche erhoben. 1657 brannten Kirche und Dorf beim Einfall der Polen und Tataren ab. Die Kirche wurde 1832 als Fachwerkbau nach einem Grundriß von Schinkel neu errichtet.
1939 hatte das Dorf 871 Einwohner.
Groß Tromnau (poln. *Trumieje*), Kreis Marienwerder. Rittergut in der Gemeinde Klötzen. Erstmals allgemein unter den Besitzungen der Familie Stange 1285 erwähnt, 1293 als persönlicher Besitz des Dietrich Stange bezeichnet. Weiterhin im Stangeschen Familienbesitz geblieben, die danach auch die Trommenyer genannt wurden. 1458

Gumbinner Abendmahlskanne

wird ein „Hanus von der alden Trommeney" erwähnt.

Zu Beginn des 16. Jh. ging das Gut in den Besitz des Andreas von Schimmelau über, bis 1734 im von Auerwaldschen Besitz, vom Grafen Dohna erworben und schließlich von der Familie von Rosenberg gekauft.

Die Kirche, um 1300 erbaut – 1323 Pfarrer und Kirche erwähnt –, war dreiteilig angelegt: Altarhaus, Gemeinderaum und Turm. Obwohl im Innern schlicht und schmucklos, war sie eine stattliche Gutskirche.

Sie hatte Grabsteine aus dem 17. Jh.

1939 hatte das Dorf Klötzen 876 Einwohner.

Grünhoff (russ. –), Kreis Samland. Seit der Zeit um 1322 war der Ordenshof wegen seines Gestütes bekannt. Das Kammeramt unterstand von 1433 bis 1513 einem Pfleger. Im 16. Jh. wurde eine Kirche erbaut.

1623 wird Grünhoff als „kurfürstliches Haus" erwähnt. Später ließ hier der Große Kurfürst ein Jagdschloß bauen. Den Erweiterungsbau führte der Potsdamer Baumeister Christian Eltester durch.

Friedrich Wilhelm II. schenkte die Domäne 1814 dem Feldmarschall Graf Bülow von Dennewitz, der, 1816 in Königsberg gestorben, im Mausoleum im Schloßpark begraben liegt.

1939 hatte das Dorf 472 Einwohner.

Grünwalde (poln. *Zielenica*), Kreis Preußisch Eylau, in der Nähe von Landsberg. Dieses Dorf wurde durch einen einzigen Bewohner weltbekannt. Am 29. Mai 1635 verschluckte der Bauer Andreas Grünheid ein 17,5 cm langes Messer. Er wurde in Königsberg operiert. Es gelang dem Chirurgen David Schwalbe, das Messer am 29. Juli zu entfernen.

An der Königsberger Universität war die erste Magenoperation geglückt. Jeder wollte das Messer sehen, selbst der Polenkönig Wladislaus IV. interessierte sich dafür. So wurden das Bild des Messerschluckers aus Grünwalde und seines Messers im Stadtgeschichtlichen Museum in Königsberg ausgestellt. Es erschienen wissenschaftliche Abhandlungen, Sensationsberichte und auch ein Bänkellied.

1939 hatte das Dorf 411 Einwohner.

Grunau (russ. *Gronowo*), Kreis Heiligenbeil. Das Kirchdorf wurde zu Beginn des 14. Jh. vom Ordensmarschall Dietrich von Altenburg gegründet. Urkundlich 1331 als deutsches Dorf erwähnt. Die Pfarrkirche stand damals bereits, den Aposteln Philippus und Jakobus geweiht. Eine Glokke von 1495 mit einer Inschrift in gotischen Minuskeln hat die Zeiten überstanden. 1653 bekam die Kirche einen Barockaltar, 1659 wurde in ihr ein Kapitän von Kleist beigesetzt.

1697 und in den folgenden Jahren ließ Pfarrer Biemann die Kirche gründlich umbauen. Er war der Großvater des Dichters Gottsched. In der Kirche hing nach seinem Tod 1718 ein Porträtgemälde.

1939 hatte das Dorf 403 Einwohner.

Gumbinnen (russ. *Gussew*), Hauptstadt des gleichnamigen Regierungsbezirks, an der Mündung der Rominte in die Pissa gelegen. An einer Stelle, an der Spuren von Jägern um 9000 v. Chr. wie auch spätere Siedlungsspuren gefunden wurden, wird 1539 erstmals der Siedlungskern Kulligkehmen erwähnt, von dem sich 1558 das Dorf Pisserkeim abzweigte. 1545 stand dort bereits eine Kirche, auf Befehl Herzog Albrechts erbaut. Seit 1580 heißt das Dorf Gumbinnen = Krummdorf. 1642 bestand es aus einigen Gehöften litauischer Bauart beiderseits der Pissa, später von den Tataren und der Pest von 1709/1710 heimgesucht. Reformierte Schweizer, dort aufgenommen, erhielten 1739 ihre Kirche; ihnen folgten ab 1712 Pfälzer, Magdeburger, Nassauer und schließlich 1732 Salzburger, die 1752 ihre Kirche bauten.

1721 erhob Friedrich Wilhelm I. das Kirchdorf zur Stadt. Das Siedlungsprivileg folgte für die Altstadt 1724; für die Neustadt 1727 bestätigt. Die Pläne zum Ausbau der Stadt schuf Schultheiß von Unfried.

Friedrich Wilhelm I. brachte ab 1723 neue Behörden nach Gumbinnen. 1736 Kriegs- und Domänenkammer geschaffen, die sich ab 1816 Königlich Preußische Regierung nannte. Die bedeutendsten Präsidenten waren Johann Friedrich Domhardt ab 1757 und Theodor von Schön, 1809 bis 1816, maßgeblich an der Erhebung gegen Napoleon beteiligt. 1758 bis 1762 von Russen besetzt.

Nach der dritten Teilung Polens fand die Huldigung der Einwohner des Bialystocker Departements statt, 1796 von Staatsminister von Schrötter abgenommen.

1812 ließ sich die Armee Napoleons in und um Gumbinnen nieder; der Kaiser selbst weilte vom 18. bis 21. Juni in der Stadt.

Ab 1860 war Gumbinnen hauptsächlich Beamten-, Schul- und Garnisonstadt, „Salzburgerstadt“ genannt.

Im Ersten Weltkrieg fand hier die erste große Schlacht statt; im Zweiten erlitt die Stadt erhebliche Zerstörungen.

Sehenswürdigkeiten gab es nur wenige, unter ihnen das Rathaus, 1890 in niederländischer Renaissance erbaut, und zwei bedeutende Denkmäler: auf dem Friedrich-Wilhelm-Platz das Bronzestandbild Friedrich Wilhelms I., von Rauch modelliert, auf einem von Schinkel entworfenen Sockel, 1835 enthüllt; und das lebensgroße eherne Standbild eines Elchs von Vordermayer aus dem Jahr 1910. Bei den Gymnasiasten galt es als Mutprobe, einmal nachts „auf dem Elch geritten“ zu haben, was unter hoher Polizeistrafe stand. Auch das Regierungsgebäude war nach einem Entwurf von Schinkel erbaut.

Der „Baedeker“ erlaubte sich die lakonische Bemerkung: „Gumbinnen, Sitz einer preußischen Regierung – Aussteigen lohnt nicht.“

Arthur Degener, 1888 geboren, führte 1910 dem Meister Lovis Corinth seine Arbeiten vor. Corinth soll zu ihm gesagt haben: „Was soll ich Ihnen noch zeigen? Es ist ja alles schon da!“ An die Hochschule für bildende Künste nach Berlin berufen, verbrannten 1943 über 300 Arbeiten von ihm in seinem Atelier am Kurfürstendamm. Degener zählt zu den bedeutendsten Schülern, später Lehrern an der Königsberger Kunstakademie.

Richard Friese, 1854 geboren, schuf die schönsten Elchbilder. Er hat Kaiser Wilhelm II. oft auf

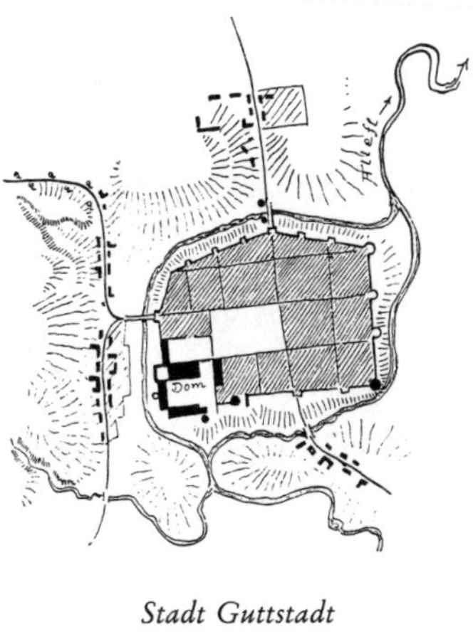

Stadt Guttstadt

dessen Jagdfahrten begleitet und dabei vorzügliche Bilder geschaffen.
Stadt- und Kirchschule von 1726, 1763 in eine Lateinschule, Schola Fridericiana, umgewandelt, aus der 1813 auf Anregung v. Schöns und W.v. Humboldts das Gymnasium hervorging. 1930 Höhere Technische Lehranstalt für Maschinenwesen eröffnet. Weiter erhielt die Stadt ein Lyzeum und eine Realschule. 1812 erschienen das „Intelligenzblatt für Litauen" und 1832 die Zeitschrift „Georgine", das Organ des 1821 gegründeten Landwirtschaftlichen Zentralvereins. Eine erste Tageszeitung kam 1859 heraus. Ab 1739 hatte die Stadt ständig eine Garnison.
1939 betrug die Einwohnerzahl 24534.
Guttstadt (poln. *Dobre Miasto*), Kreis Heilsberg, zwischen zwei Armen der Alle gelegen, 1325 erstmals erwähnt. Der Name kommt vom prussischen gudde = Gebüsch und läßt auf eine prussische Siedlung an dieser Stelle schließen. Bischof Eberhard von Neisse beauftragte den Lokator Wilhelm aus Wormditt mit der Vorbereitung der Stadtgründung. Bischof Heinrich Wogenap stellte ihr 1329 die Handfeste nach kulmischem Recht aus. Sie hieß damals Guthinstat.
Die ersten Ansiedler waren schlesischer Herkunft. Das „Breslauische" blieb lange als Mundart erhalten. Von der alten Stadtbefestigung blieben nur zwei Tore übrig, unter ihnen der „Storchenturm", das Wahrzeichen der Stadt. Drei Tore wurden 1858 abgebrochen. Das Rathaus der rechteckig angelegten Stadt war von Hackenbuden umgeben, der Markt von Laubenhäusern gesäumt. Das neuerrichtete Rathaus von 1731 fiel 1932 einem Brand zum Opfer.

Guttstadt, der „Halbe Dom"

Die Pfarrkirche zu Ehren des Allerheiligsten Erlösers und aller Heiligen, von 1357 bis 1392 an der Stelle einer früheren Holzkirche als Hallenkirche erbaut, war Kollegiatskirche, als „Dom" oder „halber Dom" bezeichnet, der zweitgrößte Kirchenbau der Diözese. In Verbindung mit ihr stand das Kollegiatsgebäude der fünf Domherren, die in Guttstadt residierten.
Das einzige Kollegiatskapitel des Bistums war, 1341 in Pettelkau bei Braunsberg gegründet, 1343 zunächst nach Glottau, dann nach Guttstadt verlegt. Es nannte sich „Stift zum Heiligsten Erlöser und allen Heiligen".
Die Stadt wurde 1414 völlig verwüstet, im Reiterkrieg von den Söldnern Herzog Albrechts eingenommen und bis 1525 besetzt. 1626 rückten die Schweden für drei Jahre ein, im August 1914 kamen die Russen. Von den Napoleonischen Kriegen war sie verschont geblieben, bis auf durchziehende und zuweilen plündernde Truppen.
Das Kollegiatsstift barg manche Schätze, wie kostbares Schnitzwerk, gotische Altäre in der Pfarrkirche, darunter den Hochaltar von 1396, eine alte Bibliothek im Kollegiatsgebäude und ein Archiv; in der Erzpriesterwohnung einen Ofen aus blauen Kacheln, mit Bildern aus der biblischen Geschichte bemalt.
Die Bürger lebten vom Ackerbau, von der Tuchmacherei, trieben – im Mittelpunkt des Ermlands gelegen – regen Handel. Es gab auch Goldschmiede und eine Reihe Kunsthandwerker.
1748 fand in Guttstadt der ermländische Stände-

kongreß statt. 1772 wurde die Stadt, nachdem das Ermland an Preußen gefallen war, der Kriegs- und Domänenkammer Marienwerder, später der Kammer Königsberg unterstellt. 1818 kam sie zum neugegründeten Kreis Heilsberg. Nach den Plänen Schinkels baute man eine evangelische Kirche.

Augustinus Bludau, geboren 1862, Sohn eines Schneidermeisters, studierte in Braunsberg und promovierte in Münster in Westfalen. Er habilitierte sich am Lyceum Hosianum. 1908 wählte ihn das ermländische Domkapitel zum Bischof. Über zwanzig Jahre leitete er die Diözese, ohne seiner wissenschaftlichen Tätigkeit untreu zu werden.

Friedrich Ernst Dorn, geboren 1848, Professor für Physik in Breslau, Darmstadt und Halle, beschäftigte sich mit Röntgenstrahlen und Radioaktivität. Sein besonderes Verdienst war der Ausbau des physikalischen Laboratoriums in Halle.

Carl Peter Wolky, geboren 1882, machte sich als Historiker einen Namen.

Die Schützengilde stammte aus dem 15. Jh. Eine Garnison gab es nur während der Abstimmungsjahre 1919/1920.

Die erste Pfarrschule öffnete 1379 ihre Tore.

Im 14. und 15. Jh. unterhielt das Kollegiatsstift eine Bildungsstätte für prussische Knaben. 1573 gründeten die Katharinerschwestern eine Mädchenschule.

1939 zählte Guttstadt 5932 Einwohner.

Haffstrom (russ. –), Stadtkreis Königsberg, an der ehemaligen zweiten Mündung des Pregels gelegen, die 1741 verdämmt wurde, um die Hauptmündung zu vertiefen. In einer Schenkungsurkunde des Hochmeisters Heinrich Dusemer (1349) ist eine „Kapelle an dem habe, haberstro genennt“ erwähnt, die der Hochmeister dem Nonnenkloster im Löbenicht schenkte. Diese Schenkung wurde 1363 auf Ansuchen des Hochmeisters Winrich von Kniprode von Bischof Johann II. Stryprock von Ermland in kirchlicher

Storchenturm in Guttstadt

Hinsicht bestätigt, gleichzeitig zur selbständigen Pfarrei erhoben.

Die Kirche stammte aus der Ordenszeit, wurde aber vielfach umgebaut; der Turm mit Schindeldach kam erst 1810 hinzu, die Wetterfahne auf dem Turmknopf trägt die Jahreszahl 1818.

Im Innern Glasfenster, 1837 vom Grafen Dohna-Wundlacken gestiftet. Das Gestühl stammte aus den Jahren 1644 und 1693.

Vor dem Altar befanden sich drei Grabsteine, zwei weitere seitlich davon, u.a. von Pohlenz, von Lehndorf, von Wolff. Außen an der Kirche befanden sich Grabsteine: von Schroetter-Sutterheim, 1743; Minister von Rohd, 1784.

Haffuferbahn, Kleinbahn von Elbing entlang dem Frischen Haff nach Braunsberg. Fahrstrecke 46 km, Fahrzeit 75 Minuten, in Aussichtswagen. Die Bahn fuhr vorerst am Elbingfluß entlang und schwenkte am Gartenrestaurant der Brauerei Englisch-Brunnen nach Groß Röbern ab. Vorbei an bewaldeten Hügeln erreichte sie bei Steinort das Frische Haff mit einem ersten Blick auf die Frische Nehrung. Rechts eine Mittelgebirgsland-

Gnadenstuhl in Guttstadt

schaft mit den 192 m hohen Trunzer Bergen der Elbinger Höhe, links das flache Haff, fuhr sie weiter nach Reimannsfelde, wo sich die Bismarckhöhe erhebt, weiter nach Succase-Haffschlößchen mit der schönsten Aussicht über das Haff, zumal zur Zeit der Kirschblüte. Über Panklau und Cadinen weiter nach Tolkemit, von wo aus man mit dem Dampfboot nach Kahlberg, auf die Frische Nehrung, übersetzen konnte. Bald darauf erschien zur Linken im Haff der große Findlingsblock, der „heilige Stein", dahinter Wieck-Luisental, von wo aus sich ein Ausflug zum Wiecker Berg mit einem einmaligen Rundblick lohnte. Dann näherte sich die Bahn Frauenburg, der alten Bischofsstadt am Haff, um hinter dem Ort das Haffufer zu verlassen und die letzten 12 Kilometer landeinwärts nach Braunsberg zurückzulegen, wo die Strecke – vorbei am Obertor – am Ostbahnhof endete.

Hammersdorf (poln. *Młoteczno*), Kreis Heiligenbeil. Das Dorf, über dessen Ursprung nichts bekannt ist, kam 1348 in den Besitz von Otto von Russen auf Rossen und wurde mit Rossen verbunden. Nach dem 13jährigen Krieg setzte Matthis Rabe seine Ansprüche auf Rossen und Hammersdorf durch. Bis Anfang des 17. Jh. blieben beide Güter in seiner Familie. Noch im 18. Jh. gab es adlige Freie in Hammersdorf.

Hier fand 1807 ein Gefecht zwischen Preußen und Franzosen statt.

Bekannt wurde das Dorf durch den ausgegrabenen germanischen Goldschmuck. Er stammte aus dem 5. Jh. nach Christus. Das Hauptstück war eine 12 cm lange Spangenfibel mit Filigranarbeit. Eine Goldmedaille trug das Bild des oströmischen Kaisers Constantius II. Hinzu kam eine Goldkette mit goldenen Anhängern. Es handelte sich um die Arbeit aus einer ostgotischen Goldschmiedewerkstatt im Süden Rußlands.

1939 hatte das Dorf 180 Einwohner.

Hansdorf (poln. *Ławice*), Kreis Rosenberg, war 1871 eine Landgemeinde mit 276 Einwohnern.

Emil Behring, 1854 geboren, Militärarzt, Assistent bei Robert Koch in Berlin, Professor in Halle und Marburg, begründete die Serumheilkunde. 1890 entdeckte er zusammen mit Schibasaburo Kitasato die Fähigkeit des menschlichen und tierischen Organismus zur Bildung von Antikörpern gegen die Erreger von Infektionskrankheiten. So konnten Seren gegen Diphterie und Tetanus entwickelt werden. 1901 erhielt er den ersten Nobelpreis für Medizin.

1939 hatte das Dorf 308 Einwohner.

Hanskirchen (poln. *Stare Juchy*), Kreis Lyck. Dorf mit einer Kirche vom Ende des 16. Jh., der gegenüber ein Granitblock von drei Meter Länge und zwei Meter Breite liegt, teilweise behauen. Der Sage nach soll er den Prussen als Opferstein gedient haben. Daher wohl der Name Jucha = Tierblut.

Am Juchasee erstreckte sich das Dorf Alt Jucha.

Im nahen Dobrowolla hat man Pfahlbauten gefunden.

1939 hatte Dobrowolla, später Willenheim, 115 Einwohner.

Haselberg (russ. *Krasnosnamensk*), Kreis Schloßberg, früher Lasdehnen, beiderseits der Szeßuppe gelegen. 1576 Lasteinen genannt, nach dem lit. *lazdenai* = Haselsträucher.

Die Pfarrkirche wurde auf dem rechten Flußufer in Neuhof Lasdehnen erbaut. Die Skizzen fertigte Stüler an, den Bau leitete der Kreisbaumeister Costede zu Pillkallen von 1874 bis 1877. Eine erste Kirche hatte schon um 1578 bestanden. Aus ihr wurde im Pfarrhaus eine Glasbild von 1578 bewahrt, ebenfalls ein Kelch von 1691 und eine Patene von 1661. Sie war beim Einfall der Schamaiten zerstört worden.

Kurfürst Friedrich Wilhelm hatte Geld und Ziegel für eine neue Kirche gestiftet, die als Fachwerkbau erstand und zwei Jahrhunderte standhielt. Der Turm wurde 1779 abgebrochen und durch einen Glockenstuhl ersetzt.

1939 hatte das Dorf 2066 Einwohner.

Heiligelinde (poln. *Święta Lipka*), Kreis Rastenburg, westlich von Bäslack gelegen. Zum Andenken an den Sieg des Großkomturs Heinrich von Plotzk über den Litauergroßfürsten Witen im Jahr 1311 soll hier eine Kapelle errichtet worden sein. 1482 wird die Wallfahrtskapelle mit dem Marienbild auf dem Lindenstumpf erstmals urkundlich erwähnt.

Im Zuge der Reformation 1524 zerstört. Die herzoglichen Behörden erließen ein Wallfahrtsverbot. Doch die Wallfahrten hörten nicht auf.

1617 kaufte der Sekretär des polnischen Königs Sigismund III., Stephan Sadorski, das Gut Linde.

Wallfahrtskirche Heiligelinde

Auf den Fundamenten der alten Kapelle ließ er eine neue errichten; 1619 geweiht. 1636 übertrug er seine Eigentumsrechte dem ermländischen Domkapitel und gab Seelsorge und Nutzungsrecht an den Gütern den Rößeler Jesuiten. Als immer mehr Wallfahrten aus dem Ermland, dem Prussenland, aus Polen und Litauen herbeiströmten, mußte die Kirche vergrößert werden.

In den Jahren 1687 bis 1730 entstand ein neues barockes Gotteshaus mit einer Reihe Anbauten, einem viereckigen Kreuzgang mit je einer Kuppelkapelle in den Ecken, einer figurenreichen Fassade und einem schmiedeeisernen Eingangsgitter aus einer Rößeler Werkstatt; dazu ein zweigeschossiges Priesterhaus. Baumeister der Kirche war Ertly aus Wilna. Die Orgel stammte von dem berühmtesten Meister des Ostens, dem Kgl. preußischen Hoforgelmacher Josua Mosengel, der auf die letzte Quittung schrieb: „Gott erhalte das Werk bis zum jüngsten Tag".

1722 gründeten die Jesuiten eine Musikschule und ein Freilichttheater.

Fürstbischof Joseph von Hohenzollern von Ermland verhinderte 1812, daß die Kirche nach Aufhebung des Jesuitenordens an den Staat fiel. Als Ortspfarrkirche diente sie der Gemeinde, die sich ringsum gebildet hatte.

Es bildeten sich mehrere Legenden um die Heiligelinde. Die Muttergottes soll hier Kindern erschienen sein, ein Maler habe nach deren Angaben ein Bild für die Kirche gemalt, das immer wieder zur Linde zurückgekehrt sei. Die Muttergottes habe den Kindern, die Heilung suchten, befohlen, um das Bild eine Kirche zu bauen.

Die Linde, in deren Laub die Muttergottes erschien, ist in Stein als Mittelstück in die Fassade der Kirche eingemeißelt und in Holz geschnitzt der Kanzel gegenüber mit einem silbernen Marienbild aufgestellt.

Im 19. Jh. nahmen die Wallfahrten zu. 1930 konnten die Jesuiten die Betreuung des Wallfahrtsortes und der Kirche erneut übernehmen. 1939 hatte das Dorf 229 Einwohner.

Kirche in Heiligenbeil

Heiligenbeil (russ. *Mamonowo*), Kreisstadt im Regierungsbezirk Königsberg, an der Jarft gelegen, nahe der Ostküste des Frischen Haffes. Errichtet an der Stelle einer Prussenfeste Swentomest (pruss.: swintas = heilig; mesto = Stätte); 1272 von den Grafen Günter und Dietrich von Regenstein erobert und vernichtet.

Der Christburger Vertrag von 1249 sah vor, daß hier eine Kirche errichtet würde. Bischof Anselm soll die heilige Eiche gefällt haben. Die Stadt erhielt 1301 die Gerechtsame vom Orden nach kulmischem Recht. Die Handfeste ging verloren. 1330 ist der Name Hylgenstat urkundlich überliefert; im ältesten Stadtsiegel „Sancta civitas" genannt. Bis ins 16. Jh. hinein besaß die Stadt 88 Hofstätten.

Pfarrkirche 1320 erwähnt, ab 1349 mehrmals abgebrannt und 1794 letztmals erneuert.

Unter dem Einfluß der Prussen änderte sich der Name 1349 in Heiligenbil (bil = Berg).

Winrich von Kniprode stiftete 1372 das Kloster der Augustiner-Eremiten. Als es 1520 abbrannte,

Abgebrannte Kirche zu Heiligenwalde

zogen die Mönche in die Stadt. Bei dem großen Brand wurden fast alle Gebäude vernichtet. 1522 erhielt die Stadt eine neue Handfeste, die Besitztum und Rechte regeln sollte; 1560 erneuert.
Heiligenbeil war als Mitglied des Preußischen Bundes 1454 vom Orden abgefallen. Heinrich Reuß von Plauen hat es wiedererobert.
Pest und Brände suchten die Stadt im 17. Jh. heim. 1679 weilte der Große Kurfürst in ihr, als er zum Winterfeldzug gegen die Schweden aufbrach. Von 1723 bis 1816 unterstand die Stadt der Ostpreußischen Kriegs- und Domänenkammer Königsberg. 1752 kam sie zum Kreis Brandenburg, 1818 zum Kreis Zinten; 1819 selbst Kreisstadt. Sie produzierte landwirtschaftliche Maschinen und unterhielt Dampfsägewerke. Berühmt durch ihre Drechslerarbeiten aus Wacholderholz.
Um 1457 hatte Heiligenbeil städtische Söldner; eine Schützengilde bestand seit 1697. Im 17. und 18. Jh. wechselten Garnisonen einander ab. Eine Lateinschule bestand schon vor der Reformation, wahrscheinlich eine Klosterschule der Augustiner. 1838 erschien die erste Zeitung. Im Zweiten Weltkrieg erlitt die Stadt erhebliche Schäden durch den „Heiligenbeiler Kessel“, in den sie einbezogen war.
1939 hatte sie 12100 Einwohner.

Heiligenkreutz (russ. *Krasnotorowka*), Kreis Samland, im „sudauischen Winkel“, in den 1283 Landmeister Konrad von Tierberg dem zum Christentum bekehrten Edlen aus Sudauen Cantegerde und seiner ihm nachfolgenden Schar von 1600 Sudauern Wohnsitz gab. Zur Pflege des Christentums gründete Bischof Jacobus von Samland 1353 die „Kirche zum heiligen Kreuz bei den Sudauern“.
Die Pfarrkirche war ein Ziegelrohbau auf Feldsteinfundament mit quadratischem Turm mit Biberschwanzzeltdach, darauf eine Wetterfahne 1855. Langhaus mit gerade geschlossenem Chor.
1939 hatte das Dorf 429 Einwohner.

Heiligenthal (poln. *Świątki*), Kreis Heilsberg, gegründet vom Vogt Heinrich von Luter; 1347 als Pfarrdorf bezeichnet. Die Handfeste stammt aus dem Jahr 1365.
Die alte Pfarrkirche wurde abgebrochen und von 1855 bis 1856 durch einen Neubau im Stil der Neogotik ersetzt. Die alte Kirche war den Heili-

Burg Heilsberg

Heilsberg, hl. Ida, Reliquiar

gen Cosmas und Damian geweiht. Im Reliquienschrein ihres Hochaltars fand man das Siegel des Bischofs Heinrich Sorbom aus der zweiten Hälfte des 14. Jh., ein Zeichen dafür, daß er die alte Kirche geweiht hatte.

1939 hatte das Dorf 713 Einwohner.

Heiligenwalde (russ. –), Kreis Samland. Auf dem locus sacer erbaute Kirche; Langhaus mit später angebautem Westturm: ein Feldsteinbau mit Ziegelecken, der Turm ganz aus Ziegeln mit einer Fachwerkwand und achteckiger Laterne, mit Kupfer gedeckt. Knopf und Wetterfahne trugen das Wappen des ersten Königs in Preußen, 1712. Im Innern zwölfteilige Sterngewölbe. Ein Triumphbogen, auf dessen waagerechtem Absatz in Halblebensgröße ein Kruzifix stand, zu den Seiten Maria und Johannes. Dorf und Kirche aus dem 14. Jh.

1939 hatte das Dorf 716 Einwohner.

Heilsberg (poln. *Lidzbark Warmiński*), Kreisstadt an der Mündung der Simser in die Alle. Der Orden baute an der Stelle der Prussenburg und -siedlung Lecbarg oder Locbanga 1241 die burc zu Heilesberc, ein verstärktes Blockhaus, später von den Prussen zerstört. Die Prussen eroberten die 1260 erbaute bischöfliche Burg und behielten sie bis 1273 in Besitz. Heilesperch war eine Siedlung der Schlesier. Noch nicht zur Stadt erhoben, hatte der Ort bereits Kirche und Pfarrer.

Der dritte ermländische Bischof, Eberhard von Neisse, residierte von 1315 bis 1321 in Heilsbergk; er stellte dem Ort und der bischöflichen Burg eine Handfeste nach kulmischem Recht aus. Lokator war Johann von Köln bei Brieg in Schlesien. Als die ermländischen Bischöfe Heilsberg 1350 zu ihrer Residenz erwählten, ließ Bischof Johann von Meißen die Burg massiv aus Stein erbauen; vollendet 1400. Es entstand die schönste mittelalterliche Burganlage Ostpreußens neben der Marienburg.

Auf dem Innenhof der Vorburg stand eine Sandsteinfigur der heiligen Katharina. Das Hochschloß hatte ungleiche Türme an den Ecken, zweigeschossige Arkaden im Hof. Großer und kleiner Remter, ausgemalt, besaßen Sterngewöl-

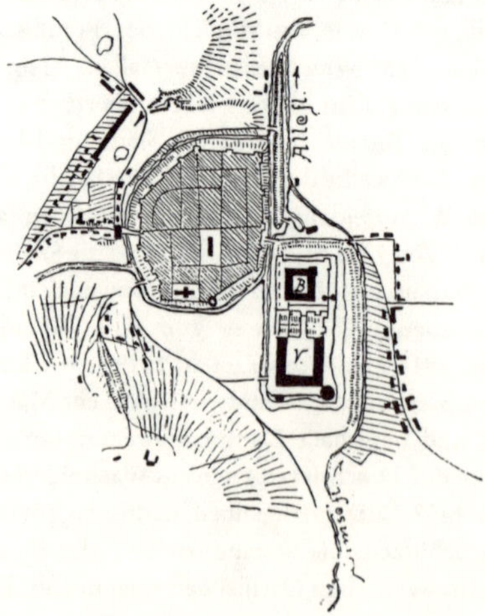

Stadt Heilsberg

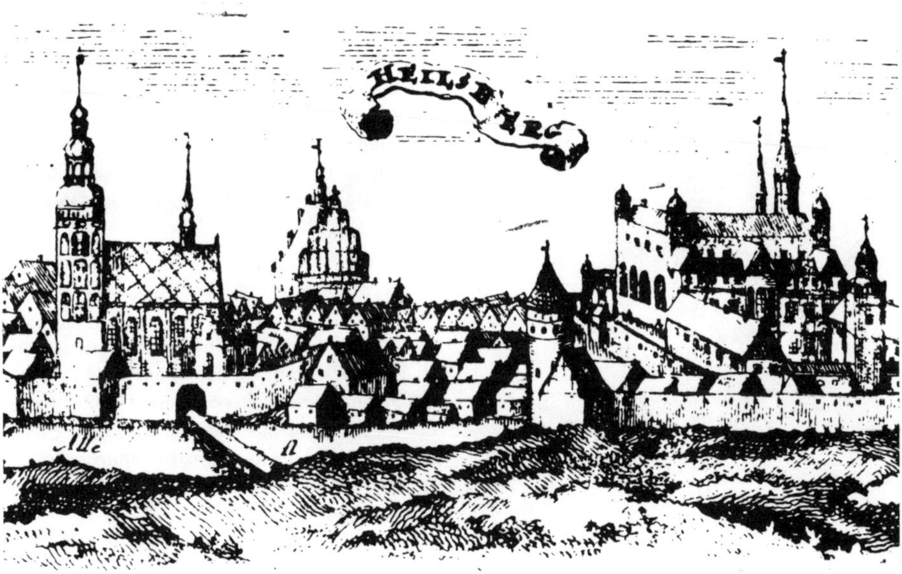

Heilsberg, Panorama

be. Die Burg hatte zweigeschossige Kellerräume, eingewölbt, und ein Burgverließ.

Schloß, beherbergte die Galerie der ermländischen Bischöfe, hatte eine barock ausgestattete Kapelle und ein Heimatmuseum. Nach 1795 stand es meist leer. Als 1836 die Residenz der Bischöfe nach Frauenburg verlegt wurde, rettete es König Friedrich Wilhelm IV. vor dem Abbruch.

Rathaus, 1308 auf dem Markt erbaut, brannte 1497 mitsamt den Archiven ab. Ein Neubau fiel 1522 den Flammen zum Opfer; 1528 errichtete man einen gotischen Ziegelbau mit einem Satteldach und gestaffelten Giebeln, von Kaufbuden umgeben, zu dem (1550) Türmchen und eine Uhr hinzukamen. Dieser Bau fiel dem Brand von 1865 zum Opfer; das neue Rathaus stammt aus dem Jahre 1901.

Pfarrkirche St. Peter und Paul, als dreischiffige chorlose Basilika angelegt, 1400 vollendet, mehrfach verändert, nach dem Brand von 1497 durch Höherführung der Seitenschiffe in eine Hallenkirche verwandelt. Der Glockenturm erhielt 1718 einen barocken Helm, gekrönt von der Figur des heiligen Michael.

Heilsberg hatte als erste Stadt im Ermland eine evangelische Kirche, 1823 eingeweiht. Der Bau war unter den Einflüssen Schinkels entstanden. Zum Andenken an das Gefecht bei Heilsberg gegen Napoleon am 10. Juni 1807 errichtete Seyffert ein Reiterdenkmal aus Bronze, 1913 enthüllt. 1703/1704 weilte Karl XII. im Schloß.

Vom Windmühlenhügel bei Reimerswalde soll Napoleon in der Schlacht bei Heilsberg seine Truppen befehligt haben. Von 1506 bis 1510 lebte Nicolaus Coppernicus hier als Leibarzt seines Onkels, des Bischofs Lucas von Watzenrode. Bischof Johannes Dantiscus, in Wien zum Dich-

Heilsberg, Heiligenhäuschen

ter gekrönt, von Kaiser Maximilian zum Ritter geschlagen, war um die Erweiterung der bischöflichen Gemäldesammlung und der Bibliothek bemüht. Er starb in Heilsberg.

Heinrich Heilsberg (Vogelsang), 1401 vom Domkapitel als erster gebürtiger Heilsberger zum Bischof gewählt und in Heilsberg zum Bischof geweiht, ein kühl abwägender Jurist, dessen Land vom Hungerkrieg schwer heimgesucht wurde, war um das Wohl seiner Untertanen und die Einkünfte der bischöflichen Verwaltung bemüht.

Eustachius von Knobelsdorff, geboren 1519, humanistischer Dichter im Kreise des Bischofs Dantiscus, setzte sich 1548 am polnischen Hof für eine freie Bischofswahl ein. Er verwaltete 1558 bis 1564, während der Abwesenheit des Bischofs Hosius, das Ermland als Statthalter.

Josef Korzeniewski, geboren 1732 als Sohn des Hofchirurgen des ermländischen Bischofs, Hofmaler der Bischöfe Grabowski und Krasicki, malte 1762 ein Bild des heiligen Georg für den Hochaltar der Kirche Freudenberg im Kreis Rößel, 1764 ein Bild des heiligen Nikolaus für den Hochaltar in Sturmhübel. Für den Rokokoaltar der Rößeler Pfarrkirche schuf er das Altarblatt mit den lebensgroßen Gestalten der Apostel Petrus und Paulus; durch den Brand von 1806 vernichtet. Verloren ging auch sein Altarbild für die Heilsberger Kirche. Sein Leben beendete er als Burggraf von Frauenburg.

Kaspar Ziemen, geboren 1660, Begründer der Kongregation ermländischer Weltgeistlicher und deren erster Propst.

Erste Schule: die Schloßschule. Bischof Johann II. Stryprock gründete eine Schule zur Heranbildung junger prussischer Seelsorger. 1497 öffnete die Lateinschule ihre Pforten. Vor 1600 gab es eine Klosterschule der Katharinerinnen.

Im 14. Jh. bestand eine Corpus-Christi- und Schützenbruderschaft zur Erhaltung der Wehrhaftigkeit der Bürger. Sie erhielt ihre Willkür 1443, erneuert 1546. Später gab es eine bischöfli-

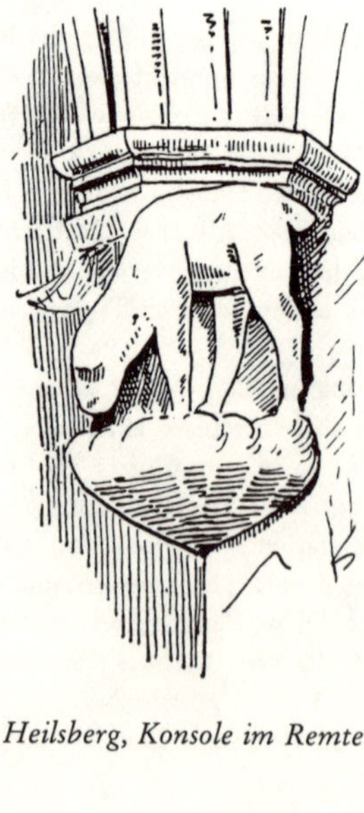

Heilsberg, Konsole im Remter

che Truppe, die „Rotröcke“. Ab 1773 hatte die Stadt eine Garnison.
Das erste Kreisblatt erschien 1838, die „Warmia“ 1880, der „Ermländische Bauer“ 1882, der „Ermländische Volksfreund“ 1913.
1930 baute der Ostmarkenrundfunk den Sender Heilsberg mit einem 114 m hohen Sendeturm. Im Zweiten Weltkrieg erlitt die Stadt schwere Zerstörungen.
Als besondere Küchenspezialität galten die „Hailsberja Kailche“, eine Art Knödel.
1939 hatte die Stadt 11 787 Einwohner.
Heinrichsdorf (poln. *Jędrychowo*), Kreis Braunsberg, südlich von Frauenburg gelegen, erhielt seine Handfeste 1310 von Bischof Eberhard von Neisse. Im 14. Jh. hatte es eine eigene Kirche, zu der auch das Dorf Vierzighufen gehörte und deren Patronat dem Lokator Theodorich von Ursen verschrieben war.
1304 wird ein Pfarrer Bertoldus erwähnt.
1939 hatte das Dorf 199 Einwohner.
Heinrichswalde (russ. *Slawsk*), Kreis Elchniederung, Hauptort und Behördensitz des städtelosen Kreises. Ein Marktflecken mit über 3 000 Einwohnern, seit 1818 Sitz eines Landrats. Durchaus städtisches Gepräge. Lebhafter Verkehr an einem Knotenpunkt von Bahn und Straße. Kirche von 1867 bis 1869 in neogotischem Stil erbaut.
1939 hatte das Dorf 3 460 Einwohner.
Heinrikau (poln. *Henrykowo*), Kreis Braunsberg. Lokator Henricus Labenyk, wahrscheinlich ein Schlesier, erhielt 1326, im Todesjahr des Bischofs Eberhard von Neisse, die Handfeste. In ihr wird die Kirche als „schon erbaut“ erwähnt. Das Dorf führte seinen Namen nach dem Vornamen des Lokators oder nach dem schlesischen Ort Heinrichau. Aus unbekannten Gründen verkaufte der Lokator alle Rechte und das Schulzenamt an einen Gerhard, dem das Domkapitel am 28. Oktober 1326 eine neue Handfeste ausstellte.
Die Pfarrkirche, ein chorloser Backsteinbau, der

Patronatsstuhl zu Heinrichswalde

heiligen Katharina geweiht, brannte 1414 ab. Nach dem Wiederaufbau fand 1501 eine neue Weihe statt, diesmal zu Ehren der heiligen Katharina und Maria Magdalena. 1481 hat es einen Pfarrer Martinus gegeben.
Der Turm der Kirche war 1623 aus Holz, 1715 aus Stein erbaut. Der Hochaltar stammte aus dem Jahr 1682. Im Innern hingen zwei Bilder von Peter Kolberg aus dem Jahr 1712.
1939 hatte das Dorf 798 Einwohner.
Hermsdorf (poln. *Osiek*), Kreis Preußisch Holland, wahrscheinlich das 1320 genannte heremita. In den Hollenstick-Bergen, südwestlich des Dorfes, befanden sich zwei Schwedenschanzen.
Die Kirche wurde 1709 erbaut, der Westturm folgte 1788 – 1791 in Ziegel, statt bisher in Holz, mit einer welschen Haube und achteckiger Laterne. Den Altar ließ Carl Florus Graf zu Dohna 1753 neben die Kanzel mitten in die Kirche versetzen.
1939 hatte das Dorf 516 Einwohner.
Herzogswalde (poln. *Książnik*), Kreis Mohrungen, war in der Handfeste für Liebemühl 1335 schon bekannt, in der es heißt: „tylen Schultisen czu Herczogenwalde“. Östlich der Kirche lag das Jagdschloß Herzog Albrechts, vom Gotteshaus durch eine Schlucht getrennt. Es wurde Ende des

Kirche in Heydekrug

16. Jh. abgebrochen. Die Kirche zählt zu den einfachen Dorfkirchen der Provinz.
1939 hatte das Dorf 694 Einwohner.
Heydekrug (lit. *Schilutje*), im Memelland, am Szieszefluß gelegen. Am 23. Februar 1511 verlieh der Komtur von Memel das Krugrecht an den mitten in der Wildnis gelegenen „Krug auf der Heide". Bald entwickelte sich um ihn ein Marktflecken, der im 15. und 16. Jh. eine lebhafte Handelstätigkeit entfaltete. Große Wochenmärkte fanden hier statt; der Vieh- und Schweinehandel blühte.
Im benachbarten Werden baute man im 16. Jh. eine Kirche. Friedrich Wilhelm I. gründete ein Domänenamt. Die Erhebung zur Stadt im Jahr 1725 blieb aus. Seit 1815 war Heydekrug Sitz eines Landrats. 1850 baute man eine katholische, 1913 eine evangelische Kirche. Das Versailler Diktat bestimmte, daß der Ort dem Memelgebiet angeschlossen werde. An Litauen abgetreten, kehrte er erst 1939 zu Deutschland zurück, 1941 zur Stadt erhoben.

Ständiger Dampferverkehr bestand nach Königsberg und Tilsit. Am 25. Februar 1679 führte der Große Kurfürst seine Infanterie und ein Reiterkorps über die beiden Haffe bis Heydekrug. 1945 gliederte man die Stadt der Litauischen SSR an.
Cornell Borchers, geboren 1925, spielte in einer Reihe beliebter Filme zuerst in Hollywood, dann auch in Deutschland.
Alexandra, geboren 1944, die frühvollendete Sängerin mit der „phänomenalen Stimme", schlug besonders junge Leute in ihren Bann. Sie komponierte eigenwillige Lieder und wußte den Chansons heimatliche Elemente beizugeben.
1939 hatte der Ort 5236 Einwohner.
Hirschfeld (poln. *Jelonki*), Kreis Preußisch Holland, 1400 als Hersefeld erwähnt. Die Pfarrkirche wurde um die Mitte des 14. Jh. erbaut; gefugter Ziegelbau im gotischen Verband. Der Turm fällt besonders auf; er erhielt 1830 ein Zeltdach.
1939 hatte das Dorf 1154 Einwohner.
Hohenstein (poln. *Olsztynek*), Kreis Osterode, am Ameling. Günther von Hohenstein, der Komtur von Osterode, baute 1349 bis 1370 die Burg, urkundlich 1351 erstmals erwähnt.
1343 wurde das Dorf Hoensteyn gegründet, neben dem als Mittelpunkt des Kammeramtes 1359 die Stadt entstand. Hochmeister Winrich von Kniprode gab ihr die Handfeste nach kulmischem

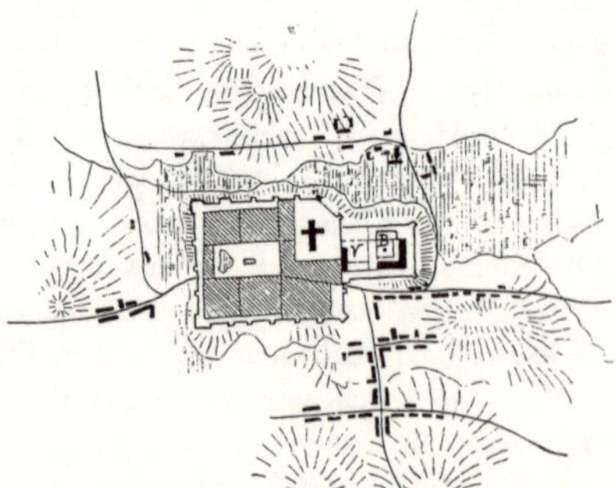

Stadt Hohenstein

Recht. Die Burg, 1414 vom Orden aus Furcht vor Jagiello und Witold niedergebrannt, bauten die Bürger mit Unterstützung des Komturs Wolf von Saunsheim bald wieder auf.
1520 eroberten die Polen Hohenstein. Es blieb bis 1525 in ihrer Hand. Nach der Säkularisierung des Ordensstaates Hauptamt, 1610 mit dem Hauptamt Osterode vereint. Bis 1704 in Pfandschaft. 1651, 1685 und 1804 von Bränden heimgesucht. Man lebte vom Ackerbau, von Brauereien und vom Handwerk; 1738 gab es zwanzig Tuchweber.
Die Pfarrkirche hatte in ihrem Innern beachtlichen Schmuck, u.a. ein Altarbild „Christus am Kreuz" von Gratz und ein Martin-Luther-Bildnis. Der Schnitzaltar stammte aus dem Jahr 1450, eine Kreuzigungsgruppe im Barockstil aus der Zeit um 1600.
Im 19. Jh. lebten in Hohenstein vorwiegend Ackerbürger. 1818 wurde die Stadt dem Kreis Osterode zugeschlagen. Im August 1914 der am härtesten umstrittene Punkt in der Schlacht von Tannenberg; völlig zerschossen, doch mit der Hilfe der Patenstadt Leipzig mustergültig wieder aufgebaut.
Albert Lieven, geboren 1906, wagte nach seiner Schulzeit in Königsberg und Allenstein erste Bühnenversuche in Gera, kam 1932 ans Berliner Staatstheater und ging nach Bremen und Wien. Es

Hohenstein

Schloß Holstein

gelang ihm, beim Film Fuß zu fassen. In der Emigration, in Frankreich und England, wie auch nach dem Zweiten Weltkrieg in Deutschland erzielte er große Erfolge.
Eine Schützengilde ab es 1616; ab 1719 hatte die Stadt eine Garnison. Die erste Zeitung erschien 1843.
1939 hatte Hohenstein 4245 Einwohner.
Holstein, Schloß (russ. –), Kreis Königsberg, im Kirchspiel Juditten, am rechten Pregelufer gelegen.
Das Schloß wurde vom Kurfürsten Friedrich III. im Jahr 1697 als Jagdschloß erbaut und erhielt den Namen Friedrichshof. Es war für Elchjagden in der Kaporner Heide gedacht. König Friedrich Wilhelm I. schenkte es mitsamt dem Gutshof 1719 dem Herzog Friedrich Wilhelm von Holstein, der es ausbauen ließ und Schloß Holstein nannte. Es war der glanzvollste Bau im Hochbarock in Ostpreußen, mit hohen Bogenfenstern wie im Schloß Charlottenburg. Erbaut wahrscheinlich von Baumeister Nehring, vielleicht sogar von Andreas Schlüter selbst.
Ibenhorster Forst, im Memeldelta gelegen, hat seinen Namen wohl von der Eibe – dem Taxus – erhalten. Im Frühjahr steht bei den Überschwemmungen der ganze Forst unter Wasser. Der Boden ist torfig. Es wächst vor allem die Erle. Zwischen den Wiesen ziehen sich zwei Meter breite Wassergräben, über die hohe Holzbrücken führen. In den Wäldern herrscht die Roterle vor. Fichten

Giebelschmuck zu Inse

und Kiefern wachsen nur an höher gelegenen Stellen. Zuweilen findet man mächtige Eichen. Das Gras der Wiesen ist schilfig und hart. In den anschließenden Hochmooren trifft man den Elch an.

Inse (russ. *Dworek*), Fischerdorf im Kreis Elchniederung, m „Strom" gelegen, der sich kurz vor dem Ort aus Griebe und Pait zusammensetzt und bei Inse ins Kurische Haff mündet. Vom Ibenhorster Forst, dem Elchrevier, umgeben.

Die Kirche, 1570 erbaut, hatte Doppelwände, innen Eichenholz, außen Fachwerk. Vor ihr stand ein hoher Turm, Warnzeichen für die Fischer. Eine neue Pfarrkirche wurde 1700 gebaut: eine Holzkirche, Achteck, in der Mitte ein Türmchen. Im Innern trugen toskanische Säulen eine Flachdecke.

Bis 1579 war die Kirche Tochterkirche von Kunzen auf der Kurischen Nehrung, 1583 bis 1684 eigenständig, dann bis 1811 Tochterkirche von Kallninken. In Inse standen zwei nebeneinanderliegende Kleten (s. auch Bilderweiten).

1939 hatte das Dorf 545 Einwohner.

Inster, Quellfluß des Pregels. Der Name ist prussischer Herkunft: Instrud. Sie entspringt nördlich des Willuhner Sees, durchfließt die Große Plinis. Bei Skaticken erreicht sie das 44 km lange Urmeltal; vereinigt sich bei Georgenburg mit der Angerapp. Wichtigste Nebenflüsse sind die Buduppe, Ackmenis, Eymenis, Niebudis und der Strinsfluß.

Der Flußlauf ist 100 km lang.

Insterburg (russ. *Tschernjachowsk*), Kreisstadt im Regierungsbezirk Gumbinnen, an der Angerapp gelegen. Anstelle der 1256 zerstörten Prussenburg Unsatrapis baute der Orden unter Dietrich von Altenburg 1336 die Instirburg als Sitz für einen Komtur und einen Konvent, seit 1377 nur noch für einen Pfleger; 1376 von den Litauern angezündet. Doch 1377 weilte in ihr bereits Herzog Albrecht III. von Österreich, als er das Ordensland besuchte. 1390 war Graf Heinrich Derby, der spätere König Heinrich IV. von England, zu Gast. Die Burg war Sammelplatz für die Litauerfahrten des Ordens. 1457 teils zerstört, 1500 erweitert aufgebaut. 1525 Hauptamt.

Küche in Inse

In der Nähe der Burg vereinten sich drei Siedlungskerne: die Freiheit der Burg, das Hackelwerk und das Prussendorf Sparge zu dem 1541 von Herzog Albrecht zugelassenen Stetlein Inster, 1583 von Markgraf Georg Friedrich durch Verleihung der vollständigen Privilegien zur Stadt erhoben. 1600 kam die Vorstadt hinzu. 1610 bis 1612 wurde eine Kirche erbaut und nach Martin Luther benannt. Daneben entstand eine Schule. 1642 bis 1648 weilte Königin Maria Eleonore von Schweden, die Frau des Gustav Adolf und Schwester des Großen Kurfürsten, auf der Burg.
1655 zogen die Russen in Insterburg ein; 1690 durch einen Brand teilweise zerstört. 1702 gründeten Franzosen und Schweizer eine Reformierte Kirche. Die Stadt litt schwer unter der Pest von 1709. Im Siebenjährigen Krieg kam sie in russischen Besitz. 1812 auferlegten die Franzosen ihr harte Lasten; Napoleon weilte am 17. Juni 1812 in der Stadt, die im Ersten Weltkrieg weitgehend verschont blieb, im Zweiten Weltkrieg den ersten Luftangriff auf Ostpreußen über sich ergehen lassen mußte.
In der Stadt gab es Textil- und Maschinenfabriken wie auch Mühlen, Märkte für Holz, Getreide und

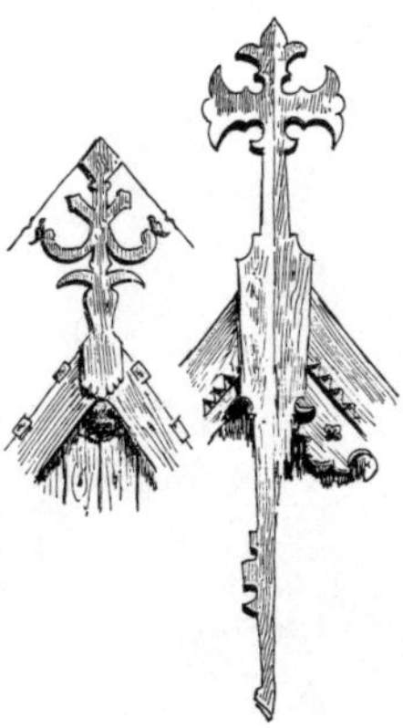

Giebelschmuck zu Inse

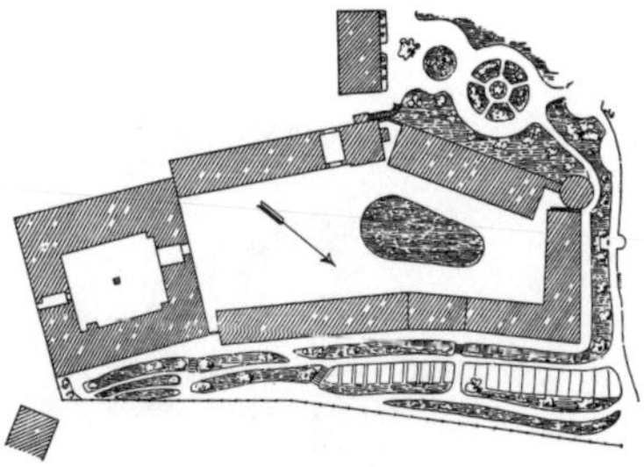

Burg Insterburg

hauptsächlich Pferde. Sie war Sitz der Spitzenorganisationen für Pferde- und Viehzucht. Bekannt war der Insterburger Reiterschnaps, ein Klarer mit einem Würfel Zucker und zwei Kaffeebohnen.

Lutherkirche, von 1608 bis 1610 erbaut, ein Saalbau ohne Chor. Zwei Reihen von je fünf Holzpfeilern trugen eine kassettenförmig bemalte Holzdecke. Der Westturm aus dem 19. Jh. mit neugotischer Haube, 1912 entfernt. Wertvoll die Innenausstattung: ein Altar von 1624 mit reichem Skulpturenschmuck und eine Kanzel von 1619.

Ännchen (Anke) von Tharau, die Pfarrerswitwe Beilstein, starb in Insterburg.

Alfred Brust, geboren 1891, schuf Dichtungen aus prussischem Geist. Ost und West überschneiden sich in seinem Werk, die Seele Asiens mit der abendländischen Kultur. Richard Dehmel nannte ihn eine „Brücke von Luther zu Dostojewski". Er schrieb die „Schlacht der Heilande" und den Ostpreußenroman „Die verlorene Erde".

Franz Robert Lutkat, geboren 1846, unter dem Pseudonym *Robert Johannes* als Mundartvortragskünstler bekannt, schuf die Gestalt von „Tante Malchen", beliebt weit über die Grenzen Ostpreußens hinaus. Seine „Deklamationen" erreichten im Druck hohe Auflagen. Er lebt als Altmeister der ostpreußischen Mundart fort.

Stallung in Insterburg

Wilhelm Jordan, geboren 1819, durch seine „Nibelunge" in der deutschen Literatur bekannt, hat eine Nibelungendichtung im Stabreim geschrieben und als wandernder Rhapsode selbst vorgetragen. Er übersetzte die Edda, die Ilias und die Odyssee, schrieb Romane und zündende Lustspiele.
Hans Orlowski, geboren 1894, Lehrer an der Kunstgewerbeschule und später Professor an der Hochschule für bildende Künste in Berlin, schuf ein umfangreiches Holzschnittwerk, das in einem Orlowski-Museum auf der Domäne Bokrijk in Belgisch Limburg gesammelt ist. Zu seinen schönsten Arbeiten gehören die Holzschnitte zu der Lutherübersetzung des Psalters.
Paul Schlenther, geboren 1854, ein Kritiker, auf den Stuhl des Burgtheaterdirektors nach Wien berufen, wo er die führenden Dramatiker des Naturalismus aufführte. Mitbegründer der Freien Bühne in Berlin.
Ernst August George Wichert, geboren 1831, fand über das Lustspiel und Schauspiel zum Roman. Anerkennung fanden seine historischen Romane „Heinrich Reuß von Plauen", „Der große Kurfürst in Preußen" und „Tileman vom Wege". Während seiner Tätigkeit am Kammergericht in Berlin schrieb er seine Lebensgeschichte „Richter und Dichter". Er entwarf das Statut des deutschen Schriftstellerverbandes und war Begründer der ersten Genossenschaft der Bühnenschriftsteller.
Die erste Schützengilde ist 1605 nachgewiesen. Seit 1690 hatte die Stadt eine Garnison. Eine Kirchschule wurde im Zusammenhang mit dem Kirchbau eröffnet. Ab 1860 bestand die höhere Knabenlehranstalt mit Gymnasium und Realschule. In einem Museum für Altertumswissenschaft waren litauische Altertümer versammelt. 1939 hatte Insterburg 43 028 Einwohner.
Jedwabno s. Gedwangen
Johannisburg (poln. *Pisz*), am Flüßchen Pissek, masurische Kreisstadt im Regierungsbezirk Allenstein, benannt nach Johannes dem Täufer. 1345 wurde als Grenzfestung zur Abwehr der Litauer das Haus des Ordens Johanspurgk, lat.

Alfred Brust

Insterburg-Goldap-Allenstein.

km	Zug Nr K. E. D. Königsb. Kl.	852 2–4	858 2–4	854 2W4	856 2–4	868 2–4	6070 2W4	6064 2–4	852 2T4	6068 2–4
0	**Insterburg** . . . ab	—	5.45	—	1.57	—	7.20	—	10.28	—
10	Brödlauken	—	6.02	—	2.14	—	7.42	—	10.48	—
17	Sodehnen	—	6.15	—	2.27	—	7.59	—	11.01	—
25	Spirokeln	—	6.29	—	2.41	—	8.17	—	11.15	—
33	**Darkehmen** Ost . an	—	6.43	—	2.56	—	8.36	—	11.29	—
	Darkehmen Ost . ab	—	6.45	—	2.59	—	8.42	—	11.31	—
40	Wiekischken	—	6.56	—	3.10	—	8.56	—	11.42	—
45	Kuddern	—	7.05	—	3.20	—	9.10	—	11.52	—
54	**Goldap** . . . . . . an	—	7.20	—	3.34	—	9.30	—	12.07	—
54	**Goldap** . . . . . . ab	—	W7.29	—	3.40	—	9.50	—	—	—
57	Buttkuhnen	—	7.36	—	3.47	—	10.00	—	—	—
65	Gurnen	—	7.51	—	4.02	—	10.18	—	—	—
71	Hegelingen	—	8.02	—	4.13	—	10.32	—	—	—
77	Kowahlen	—	8.13	—	4.24	—	10.46	—	—	—
83	Stooßnen	—	8.25	—	4.36	—	11.02	—	—	—
92	**Marggrabowa** . an	—	8.40	—	4.51	—	11.22	—	—	—
92	**Marggrabowa** . ab	—	8.48	—	4.56	—	—	—	—	4.08
99	Kl. Oletzko	—	9.01	—	5.09	—	—	—	—	4.21
104	Kiöwen	—	9.11	—	5.19	—	—	—	—	4.35
109	Chelchen	—	9.21	—	5.29	—	—	—	—	4.48
113	Birkenwalde . . .	—	9.29	—	5.37	—	—	—	—	5.00
119	**Lyck** . . . . an	—	W9.39	—	5.47	—	—	—	—	5.15
119	**Lyck** . . . . ab	—	—	8.13	—	2.10	—	8.39	—	—
122	Sybba West . . .	—	--	8.19	—	2.17	—	8.47	—	—
127	Neuendorf, Kr. Lyck	—	—	8.29	—	2.27	—	8.59	—	—
134	Baitkowen	—		8.42	—	2.41	—	9.16	—	—
142	Brennen (Ostpr.)	—	6066	8.56	—	2.55	—	9.34	—	—
147	Drygallen	—	3W4	9.06	—	3.04	—	9.46	—	—
156	Bialla (Ostpr.) . .	—	6.35	9.24	—	3.23	—	10.11	—	—
161	Kallischken	—	7.01	9.36	—	3.34	—	10.25	—	—
166	Gutten	—	7.25	9.46	—	3.44	—	10.37	—	—
175	**Johannisburg** . an	—	7.45	10.01	—	3.59	--	10.56	—	—
175	**Johannisburg** . ab	4.54	—	10.09	—	4.09	—	—	—	—
183	Breitenheide . . .	5.13	—	10.29	—	4.24	—	—	—	—
191	**Rudczanny** . . . an	5.30	—	10.46	—	4.37	—	—	—	—
	Rudczanny . . . ab	5.34	—	10.52	—	4.48	—	—	—	—
200	Kurwien	5.49	—	11.07	—	5.09	—	—	—	—
207	Puppen	5.59	—	11.17	—	5.21	—	—	—	—
213	Grünwalde	6.09	—	11.26	—	5.33	—	—	—	—
216	Schwentainen . .	6.15	—	11.33	—	5.41	—	—	—	—
221	Gr. Jerutten . . .	6.24	—	11.41	—	5.51	—	—	—	—
224	Olschienen	6.30	—	11.46	—	5.58	—	—	—	—
232	**Ortelsburg** . . . an	6.41	—	11.56	—	6.12	—	—	—	—
232	**Ortelsburg** . . . ab	6.51	—	12.02	—	6.20	—	—	—	—
242	Grammen	7.06	—	12.16	—	6.38	—	—	—	—
250	Passenheim	7.20	—	12.29	—	6.55	—	—	—	—
260	Mertinsdorf . . .	7.34	—	12.42	—	7.12	—	—	—	—
266	Klaukendorf	7.44	—	12.51	—	7.24	—	—	—	—
277	**Allenstein** . . . . an	8.02	—	1.09	—	7.42	—	—	—	—

Linie Insterburg–Allenstein

Castrum divi Joannis, angelegt und einem Pfleger unterstellt; 1361 von Kynstut eingenommen und niedergebrannt. Neu aufgebaut, brannten die Litauer es 1366 abermals nieder. An seiner Stelle entstand eine Jagdbude, um die herum sich eine „Lischke“ bildete; 1367 erstmals erwähnt. Der Komtur von Balga, Ulrich Fricke, gab den Jägern, Beutnern und Fischern besondere Rechte. 1379 besuchte Winrich von Kniprode die Jagdbude; 1392 fand hier die Feier des „Ehrentisches“ statt, eine Tafelrunde, bei der man eine Art „Preußenschild“ verlieh.

Ab 1428 planmäßige Besiedlung des Gebiets. 1451 hatte Hochmeister Ludwig von Erlichshausen die Absicht, Johannisburg zur Stadt nach kulmischem Recht zu erheben, doch kam er wegen des Dreizehnjährigen Krieges nicht dazu. 1520 brannten Polen das Dorf nieder.

Der aus Polen vertriebene Martin Glosse brachte die Reformation. 1553 ist von „Bürgern“ die Rede, 1566 von einem „Flecken“. Im Grenzverkehr mit Polen blühte die Gemeinde auf, so daß ihr Kurfürst Friedrich Wilhelm 1645 das Stadtrecht verlieh. Fortan war sie Immediatstadt. Johannisburg gehörte von 1752 bis 1818 zum Kreis Oletzko; nach 1819 Kreisstadt.

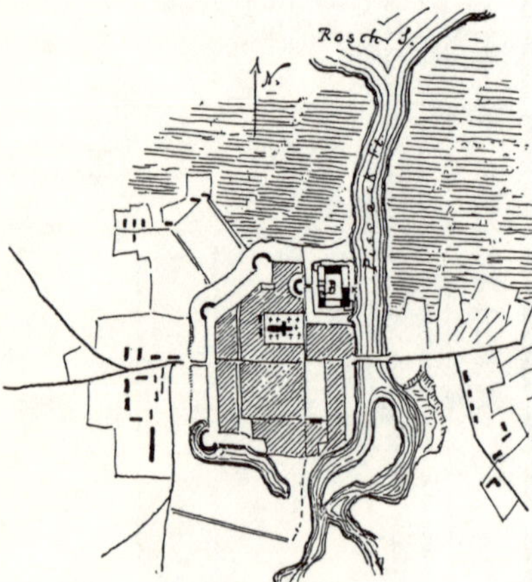

Haus Johannisburg

Georg Christoph Pisianski, geboren 1725, schrieb eine „Preußische Literärgeschichte“, die erste landschaftlich geortete Literaturgeschichte. Er war ein Vorläufer Josef Nadlers, der ihm hohe Anerkennung zollte. Von ihm stammen 108 gelehrte Schriften.

Im 17. Jh. gründete man die erste Stadtschule. Ab 1714 hatte die Stadt eine Garnison. Um die Mitte des 19. Jh. erschien ein Kreisblatt.

1939 zählte die Stadt 6322 Einwohner.

Johannisburger Heide, das größte zusammenhängende Waldgebiet in Preußen, nahm etwa ein Drittel des Kreises Johannisburg in Beschlag und reichte weit in die Kreise Sensburg und Ortelsburg hinein. Ihr „bestes Stück“ war der Crutinnenfluß mit seinen malerischen Ufern. Besonders im Süden, mit sandigem Boden, war die Heide dünn bevölkert.

Die Wälder hatten meist Nadelholz, vorherrschend Kiefern, zuweilen mit Fichten vermischt, Kiefern bis zu 40 m hoch. Eichen traten vereinzelt auf, ab und zu Erlen und Birken, Espen, Ahorn und Ebereschen. Das Unterholz bestand aus Wacholder und Haselsträuchern.

Wild gab es wenig, keine Hirsche, selten Schwarzwild. Vorherrschend war das Reh. Füchse zeigten sich nicht selten, früher in strengen Wintern bisweilen Wölfe.

Die Heide hatte zahlreiche Seen mit Fischen und Wasservögeln. Bis zur Großen Pest gab es viele Krebse.

Erdbeeren, Blaubeeren, Preiselbeeren, Wacholderbeeren schickte man in die ganze Provinz. Die Bodenfläche betrug 465 qkm. Es gab 10 Oberförstereien.

Jonkendorf (poln. *Jonkowo*), Kreis Allenstein, ursprünglich Hogenbuche genannt, seit dem Anfang des 16. Jh. Jonkendorf. Durch Handfeste 1345 dem Jonekony von Bartholomei verliehen. Daher der Name.

Die Pfarrkirche St. Johannis des Täufers 1580 von Bischof Kromer geweiht. An ihre Stelle trat 1714 ein Neubau, den Weihbischof Kurdwanowski 1715 dem heiligen Johannes und dem heiligen Rochus weihte. Nach einer Renovierung weihte Bischof Krasicki sie 1789 unter gleichem Titel. Die Kirche war eine dreischiffige Basilika. Ihr Ostgiebel war mit Tudorblenden zwischen übereck gestellten schmalen Pfeilern geziert, darauf ein rundes Türmchen mit achteckiger Laterne und Spindelspitze.
1939 hatte das Dorf 781 Einwohner.
Jucha s. Hanskirchen
Juditten (russ. –), Vorort der Stadt Königsberg. Es ist fraglich, ob das 1280 erwähnte Gaudithin Juditten war oder der Ort schon vor dem 1402 erwähnten Judynkirchen bestand. Aus einer befestigten Anlage hat sich ein Gut entwickelt, das um 1300 eine Wallfahrtskirche mit wertvollen Wandmalereien hatte. Sie soll zwischen 1276 und 1294 oder 1298 erbaut worden sein, zuerst der Chor aus Granit mit Backstein an den Ecken, starken Mauern ohne Strebepfeiler, dann das Kirchenschiff – um 1430 –, schließlich ein Holzturm.
Die Kirche hatte ungewöhnlich niedrige Gewölbe und war mit Wandmalereien, vor 1400 geschaffen, reich ausgestattet: die 12 Apostel, Christus- und Marienleben, Ritter, Ordensritter, Propheten, Jüngstes Gericht, Schutzengelmadonna. Sie war das älteste Gotteshaus im Samland. Kaiser Wilhelm I. hat ihr später das Bild des Auferstandenen Christus von Knorr geschenkt. Rechts am Altar blieb bis in die jüngste Zeit hinein ein Marienbild bestehen, die Gottesmutter auf der Mondsichel; Zeugnis dafür, daß die Wallfahrten, die unter Hochmeister Konrad von Jungingen ihren Höhepunkt erreichten, bis in die Zeit nach der Reformation anhielten.
Um 1760 kaufte der Weinhändler Balthasar Schindelmeißer, der 1827 Inhaber des Königsberger „Blutgerichts“ werden sollte, das Schloß. Sein Nachfolger Richter hat hier 1808 mehrmals die

Pfarrkirche Jonkendorf

königliche Familie empfangen.
Johann Christoph Gottsched, geboren 1700, vor den Werbern des Soldatenkönigs nach Leipzig geflohen, hat dort eine Sprachkunst und eine Dichtkunst verfaßt. Als Wegbereiter für Verstand und Vernunft, als Wanderer zwischen Vernunft und Offenbarung sorgte er dafür, daß Irrationalismus und Romantik das europäische Geistesleben nicht überwucherten. Als Vorläufer Kants war er Wegbereiter für die deutsche Klassik.
Juditten barg Andenken an Königin Luise, seit 1814 das Luisenthal und das 1855 erbaute Fort „Königin Luise“.
1927 als Villenvorort in die Stadt Königsberg eingemeindet. Im April 1945 heftig umkämpft, die Kirche geplündert.
Judtschen s. Kanthausen

Kirche zu Juditten

Kahlberg-Liep (poln. *Łysica*), Kreis Elbing. Der Orden gab Nikolaus Wildenberg 1424 das Privileg für einen Krug in Kahlberg. Die Postlinie über die Nehrungsstraße unterhielt eine Station zum Wechseln der Pferde. Zu Beginn des 19. Jh. kamen die ersten Elbinger und Braunsberger über das Haff gesegelt, um in der See zu baden. Am 24. August 1828 legte das Dampfboot „Copernicus", aus Elbing kommend, auf der Nehrung an. Doch es dauerte bis 1841, ehe Dampfboote hier regelmäßig hielten.

1842 baute man das Kurhaus Belvedere und legte einen Terrassengarten mit einer Orangerie an. Seit Eröffnung des Kurhauses, 1843, ist Kahlberg Badeort. Eine Gesellschaft „Seebad Kahlberg", an der der Elbinger Industrielle Ferdinand Schichau maßgeblich beteiligt war, begann ab 1871 mit dem Ausbau des Ortes. 1905 und 1907 wurden die beiden Molen angelegt.

1920 schenkte eine Schichauenkelin ihre Anteile der Stadt Elbing. Diese ließ den Kurort weiter ausbauen, so daß im Jahr 1929 bereits an die 5 000 Badegäste gezählt wurden. Kahlberg war der bekannteste und beliebteste Badeort auf der Frischen Nehrung.

1939 hatte er 742 Einwohner.

Kaimen (russ. *Saretschje*), Kreis Labiau. König Ottokar II. von Böhmen war 1255 durch das Gebiet „Caym" gezogen, das 1258 dem Orden zufiel. 1261 baute dieser die Burg „anders" und siedelte ringsum treue Samländer an. 1320 wird erstmals ein Pfarrer Conradus erwähnt. Nach den Litaueraufständen baute man die Burg 1352 aus Stein. Das Kammeramt Kaymen unterstand dem Komtur in Königsberg. Unter den Kämmerern, die in der Burg wohnten, wird der Prusse von der Trenk erwähnt.

Der von prussischen Freien getragene Bauernaufstand des Jahres 1525 spielte sich um den Ort ab. Amtmann Andreas von Rippe, der die Burg verwaltete, war als Menschenschinder bekannt. Der Müller Kaspar von der Kaymer Mühle rief am 2. September 1525 an die 4 000 Bauern zusammen, stellte sich an ihre Spitze und zog gegen die Burg, um den Amtmann gefangenzunehmen. Pfarrer Sommer setzte sich für die adligen Gutsbesitzer ein und wußte Schlimmstes zu verhüten.

In der Kirche von Kaimen, deren Baujahr nicht bekannt ist, befand sich ein Beichtstuhl mit den Wappen der Familien von Tüngen und von Kanitz. Dort standen Epitaphe der Familien von Rippe, Manteuffel und Oeynhausen. Die Kirche hatte Bilder von Luther und Melanchthon aus dem Jahre 1564.

Das Schloß, 1782 bis 1783 vom Baumeister Bla-

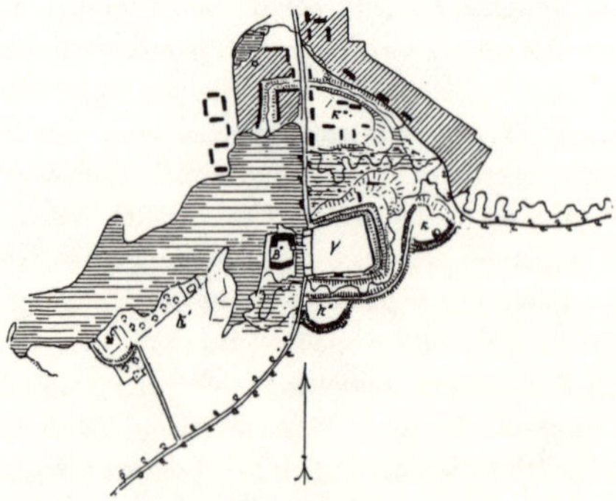

Burg Kaimen

Leuchtfeuer

sius Berwart erbaut, 1868 unter dem Großen Kurfürsten umgebaut, lag südlich des Dorfes und zählte zu den wenigen Wasserburgen des Landes. Über dem Eingangstor befand sich ein Turm mit Wehrgang. Ort und Kirche änderten ihren Namen in der zweiten Hälfte des 19. Jh. in Bothenen.
1939 hatte das Dorf 364 Einwohner.
Kalkstein (poln. *Wapnik*), Kreis Heilsberg, erhielt die Handfeste 1285. Als erster Pfarrer wird Nicolaus de Kalcstein erwähnt, 1346.
Die Kirche stammte aus dem 14. Jh.; Bischof Kromer weihte sie 1580 dem heiligen Andreas, dem Patron des Ermlands. Ein gefugter Ziegelbau im gotischen Verband auf einem Fundament aus Granitfindlingen. 1798 legte die Familie von Hatten eine Begräbnisstätte in der Kirche an. Der ermländische Bischof Andreas Stanislaus von Hatten wurde in Lemitten, 3 km südöstlich von Kalkstein (s. Lemitten), geboren.
Der Hochaltar der Kirche stammte aus dem 17. Jh.. Sie besaß eine vergoldete Monstranz von 1697 mit dem Bildnis des heiligen Andreas über der Sonne. Vor dem Altar und im Turm befanden sich Grabsteine der Familie Hosius.
1939 hatte das Dorf 474 Einwohner.
Kallinowen, später Dreimühlen (poln. *Kalinowo*), Kreis Lyck. In dem Kirchdorf und Marktflecken war von 1780 bis 1798 Michael Pogorzelski Pfarrer, berühmt wegen seiner urwüchsigen, zuweilen recht derben Predigten, die bei den Masuren jedoch gut ankamen („Was ist menschlich Läbben?"). Zuvor war er Rektor in Ortelsburg gewesen.
1736 starb in Kallinowen Pfarrer Bernhard Rostock, dem das evangelische Gesangbuch eine Reihe von vielgesungenen Liedern verdankte, darunter das geistliche Lied „Das Feld ist weiß, die Ähren neigen sich."
Kanditten (poln. *Kandyty*), Kreis Preußisch Eylau. Burggraf zu Ampunden (Wildendorf) baute die Pfarrkirche 1575; Bischof Tileman Hasshusius

weihte sie. Die Kirche trat an die Stelle einer älteren Kirche. Sie hatte 1680 ein Taufbecken aus Ton, später eine Taufe aus Holz. Ein Kelch trug die Wappen der Grafen Eulenburg und Dohna, 1604.

Die uralten Linden im Pfarrgarten standen um einen Granitstein, unter dem der Litauerherzog Skomand ruhen soll. Nach der Taufe lebte er mit seinen drei Söhnen auf der Besitzung Steynio (Groß Steegen), die ihm Landmeister Konrad von Tierberg 1285 verliehen hatte.

1939 hatte das Dorf 928 Einwohner.

Kanthausen (russ. –), Kreis Gumbinnen. Judtschen erhielt seinen Namen 1559 nach dem Bauern Jotze. 1709 von der Pest verödet. Französische und Schweizer Reformierte, die in das Gebiet einströmten, besiedelten es bereits 1710/1711 erneut. Sie setzten sich gegen das Luthertum durch. Burggraf Alexander von Dohna trat für die Berufung eines französischen Predigers, David Clarence, ein und sorgte für den Bau einer reformierten Kirche, die 1727 eingeweiht wurde.

Beim Nachfolger des Pfarrers Clarence, dem Pfarrer Andersch, der ebenfalls französisch predigte, war der damals 24jährige Immanuel Kant Hauslehrer. Im Kirchenbuch von Judtschen ist Kant als Trauzeuge eingetragen. Als Beruf gab er an: studiosus philosophiae. Das Dorf wurde in Kanthausen umbenannt.

1939 hatte es 374 Einwohner.

Kaporner Heide, zieht sich am Frischen Haff entlang von Fischhausen bis Moditten, heißt aber nur im östlichen Teil so, im westlichen Bludauscher Forst und um Fischhausen Stadtwald. Der feuchte Erdboden ist meist mit Moos bedeckt. Hier gedeiht vorzüglich die Kiefer. Die Heide ist

In der Kaporner Heide

reich an Beeren aller Art. 1718 sollen hier auf der Jagd 51 Elentiere erlegt worden sein; seit der Mitte des 19. Jh. wurde das seltene Tier nicht mehr gesehen.
Mitten im Walde stehen der Vierbrüderkrug und in seiner Nähe die Vierbrüdersäule, ursprünglich ein Pfahl mit vier ausgestreckten Armen am oberen Ende; am Ende jedes Arms ein bärtiger Kopf mit Helm. Später eine achteckige Säule mit den Brustbildern von vier geharnischten Männern.
1295 sollen an dieser Stelle vier von Sudau zurückgekehrte Krieger, Dyval, Kobezell, Stobemehl und Röder beim Mahl von einem feindlichen Troß erschlagen worden sein. Die Inschrift endet:

„Mit Schwert und Spieß und Keule
Streckt nieder er die vier.
Und zum Gedenk der Toten
Steht diese Säule hier."

Um die Säule ranken sich mehrere Sagen, die einander stark widersprechen, begonnen von 93 erschlagenen adligen Prussen bis hin zu vier Siegern in der Schlacht bei Sudau.
Karkeln (russ. *Myssowka*), Kreis Elchniederung, an der Mündung des Karkelstroms gelegen. Zur Zeit des Hochwassers bildete nicht nur das Dorf, sondern jedes einzelne Haus eine Insel. Man nannte den Ort daher das „kurische Venedig". Karkeln war das wohlhabendste Haffdorf. Es hatte einen lebhaften Verkehr und gut besuchte Wochenmärkte. Ringsum lagen Wiesenflächen, die, eingedeicht, teilweise Ackerbau ermöglichten.
1939 hatte das Dorf 885 Einwohner.
Kattenau (russ. *Sawety*), Kreis Ebenrode. Neben der Kirche lag ein prussischer Burghügel, auf dem wahrscheinlich die vom Orden 1274 zerstörte Burg Otholichien im Gebiet Catthou gestanden hat. Nach dem Bericht des Matthäus Prätorius sollen alte Nadrauer behauptet haben, der Hügel auf der Niebudzischen Feldmark sei die Begräbnisstätte eines heiligen Mannes, der mit seinem Gebet von Gott erhalten konnte, was er wollte;

Mauerturm in Kehlen

verwandt mit dem Herrn von Kattenaw, der über dem Berg zu Kattenaw begraben sein soll.
Den großen Herrn von Kattenaw nannten die prussischen Nadrauer Dykassis Kattenowiszkis – den freien und souveränen Herrn. Er soll so mächtig gewesen sein, daß er allein 40000 Mann aufbringen konnte. Eine Meile weiter soll einen ähnlichen Grabhügel auch seine Tochter bei Gentkutkampen bekommen haben.
Die Pfarrkirche wurde 1589 von Insterburg aus erbaut. Eine zweite Kirche, 1755 auf königliche Kosten errichtet, brannte 1805 ab. Die dritte Kirche von 1811 ist aus Feldstein und Ziegeln erbaut, ohne Turm, nur mit einem freistehenden hölzernen Glockenstuhl im Westen.
1939 hatte das Dorf 696 Einwohner.
Kaukehmen, früher Kuckerneese (russ. *Jasnoje*), Kreis Elchniederung. Zwischen Kaukehmen und Kuckerneese liegt eine Schwedenschanze von 1679, in deren Nähe sich ein alter Krug befand, der 1466 und 1525 nicht mehr aufgeführt wurde. Bei Wenkischken, am linken Rußufer, hatte Bischof Bartholomäus von Samland in der zweiten Hälfte des 14. Jh. an der Grenze seines Bistums eine Burg erbaut. 1544 befahl Herzog Albrecht,

in Kuckerneese eine Kirche zu bauen, die erst 1576 als Notkirche zustande kam.
Die Pfarrkirche, 1661 erbaut, mit einem Turm von 1881 bis 1884, hatte eine Wetterfahne über dem Achteck, die den Teufel mit einem Fischschwanz und Drachenflügeln, ein Horn blasend, zeigte. Sie stammte aus dem 17. Jh.
1661 übergab Herr von Hallen Amt Kuckerneese und Kirche der Landesregierung; seitdem hieß die Kirche Kaukehmen. Sie besaß eine ihr vom Herrn von Hallen geschenkte und eigenhändig gewidmete Kirchenordnung, Königsberg 1567, in Leder gebunden, mit silbernen Ecken und Krampen.
„Im Nahmen der Herzliegen Dreifaltinkeitt Dieses Kirchenbuch tuhe ich Untter benantter zu stetwedem gedechtniß Im nahmen meiner Und meiner Herzliebsten In die Kaukensche kurche Hinein Verbleiben. Datum Kuckerneese den 25. Novbr. Anno 1656, Heinrich Ehrenreich von Hallen, Oberster zu Roß Und zu Fuß, Preißischer Jägermeister Und Hauptmann an Rein, – Anna Maria von Hallen geboren von Rohr."
Ein Sohn des Kaplans Rosochatius hat der Kirche ebenfalls ein Kirchenbuch (von 1707) geschenkt, in Leder gebunden und mit silbernen Ecken und Schildern geziert, eine Arbeit des Königsberger Goldschmieds Johann Christian Wittpahl.
Aus dem Siebenjährigen Krieg blieb in Kaukehmen eine russische Kasel zurück aus starker dunkelroter Seide, Hals- und Schulterstück mit Ornamenten bestickt. Ein Kronleuchter aus dem Jahr 1682, sechzehnarmig, trug einen Adler, auf dem Jupiter mit Szepter und Blitzstrahl saß.
1939 hatte das Dorf 4492 Einwohner.

Kernsdorfer Höhe

Kehlen (poln. *Kal*), Kreis Angerburg, am Ufer des Schwenzaitsees gelegen. Auf dem Friedhof steht, von Bäumen beschattet, eine Backsteinmauer, zwei Meter lang, zwei Meter breit und drei und einen halben Meter hoch.
Die Sage berichtet, diese Mauer sei an der Stelle eines Hauses errichtet worden, in dem 1564 vier Menschen wegen sittlicher Vergehen umgekommen waren. Wahrscheinlich hat sie der Blitz erschlagen. Früher hatte die Mauer vier Inschriften, die an dieses Ereignis gemahnten: eine in deutscher, eine in lateinischer, eine in polnischer und eine in litauischer Sprache.
1939 hatte das Dorf 777 Einwohner.
Kernsdorfer Höhe steigt aus dem Drewenztal auf, mit 313 m die höchste Erhebung der Provinz. Die Umgebung gleicht einem gewaltigen Geröllfeld. Erratische Blöcke, Steinwälle zwischen den Flurgrenzen, Steinhaufen inmitten Getreidefeldern erinnern an eine gewaltige Trümmerlandschaft. An höchster Stelle steht seit 1897 ein zwanzig Meter hoher Aussichtsturm, doch verdeckt die Aufforstung weitgehend die Aussicht. Früher waren die Höhen bewaldet, später teilweise von Kartoffel- und Getreidefeldern bedeckt. In der Nähe des Aussichtsturms, am Ostabhang, befindet sich, in Wälder gebettet, der Franzosensee. Der Name erinnert an die Rache, die die Bauern der Umgebung an den Franzosen genommen haben, die 1807 hier mordeten und plünderten. Als sie aus Rußland heimkehrten, wurden sie überfallen und in den See geworfen.

In der Nähe der Kernsdorfer Höhe befindet sich das Schlachtfeld von Tannenberg.

Kiwitten (poln. *Kiwity*), Kreis Heilsberg, östlich der Kreisstadt gelegen. Das Dorf wurde 1308 gegründet und 1311 von den Litauern stark zerstört. Seine Handfeste erhielt es am 21. Dezember 1319. Darin wurde ihm die Erlaubnis zum Bau eines „Kastells“ oder „Bollwerks“ gegeben, das den Bewohnern als Zuflucht dienen könne. Der Berg, auf dem es angelegt wurde, hieß der Fliehberg.

1350 bis 1370 wurde die Kirche auf einem Feldsteinsockel erbaut. Einschiffig mit kleiner Sakristei und Kapelle, doch mit einem durch Blenden reich gegliederten Turm, siebenteiligem Ostgiebel und zwei Staffelgiebeln am Walmdach des Turms. Ihr Inneres war im Stil des preußischen Rokoko ausgestattet, begonnen beim 1726 erstellten Hochaltar bis zu den 1760 hinzugefügten Beichtstühlen. 1382 wird ein Pfarrer Herbardus erwähnt.

An den Einfall der Litauer im Jahr 1311 sollte der „Tod von Kiwte“ erinnern, ein Sensenmann auf der Kirchhofsmauer, über dem Friedhofseingang. Daher die in der Provinz bekannte Redensart: „Er sieht aus wie der Tod von Kiwte“.

1939 hatte das Dorf 434 Einwohner.

Klaukendorf (poln. *Klewki*), Kreis Allenstein, erhielt seine Handfeste 1352, in der dem Clauko (Nikolaus) von Hohenberg das Patronatsrecht gewährt wird. Seine Nachkommen nannten sich von Klaukendorf.

Die Pfarrkirche, St. Maria Magdalena, weihte Bischof Kromer 1581. Sie brannte 1718 ab. Den Neubau weihte 1720 Weihbischof Kurdwanowski St. Valentin und St. Rochus. Ursprünglich vier Joche Gewölbe, später Holzdecke, bemalt. Mit einem Holzturm, ziegelgedecktem Zeltdach und einer Wetterfahne, 1829.

Der Seitenaltar hatte ein Rochusbild mit der Engelverkündigung „Eris in peste Patronus“ – St. Rochus als Pestheiliger.

Kirche von Kiwitten

1939 hatte das Dorf 215 Einwohner.

Klaussen (poln. *Klusy*), Kreis Lyck. Zur Ordenszeit stand hier eine Kapelle, die Clausula Mariana. In einem Bericht von 1786 heißt es: „die im 13. Jahrhundert im Jahr 54 von den Kreuzherren und Ordensmeistern erbaute Kirche“. Polen und Tataren wurden 1656 durch die Erzählung des Pfarrers vom Teufelsstein abgehalten, die Kirche zu zerstören. 1754 drohte sie einzustürzen und wurde abgebrochen. 1755 neu erbaut, brannte sie 1858 ab. 1884 baute man sie erneut auf.

Kirchenakten berichten über den Teufelsstein: „Anno 1640 hat Pfarrer Wisniewski aus einem römisch-katholischen Weibe, so vom Teufel besessen gewesen, nach gehaltener Predigt, da die Gemeinde das Lied mit großer Andacht gesungen: ‚Eine feste Burg ist unser Gott‘, den Teufel Kobold ausgetrieben, der sie zu allem Bösen angeführt haben soll, daß sie nicht nur sich selbst den Hals abschneiden, sondern auch anderen Menschen das Leben nehmen und sie mit Heuforke und Mistgabel an die Wand spießen wollte; und da nach Ausfahrung der böse Geist sich auf der Kirchenschwelle mit angenommener grünlicher Gestalt gezeigt, ist Pastor loci auf ihn zugegangen und hat ihm zugrufen: Exi male spiritus et da locum spiritui sancto! Und da er ihm seine

Ernst Wiechert

Sünden vorgeworfen, ist der Teufel über die Maßen grimmig geworden und hat wie ein Löwe zu brüllen angefangen.... worauf er rücklings mit seinem krummen Fuße auf einen vor der Kirche liegenden Stein einen Schlag gethan und in denselben eine seiner Fußtapfen dergestalt eingedrückt, daß die große Zehe und drei andere Zehen eines Menschenfußes und die Ferse an demselben Fuß in Gestalt eines großen wälschen Hahnes ganz deutlich zu sehen sind, worauf der Teufel verschwunden. Der Stein ist noch vorhanden."

Später wurde der Stein in die Steinbrücke versetzt, „damit die schwangeren Frauen nicht über ihn die Kirche betreten möchten".

1939 hatte das Dorff 330 Einwohner.

Klawsdorf (poln. *Klewno*), Kreis Rößel. Am 21. Oktober 1336 erhielten die beiden Stammesprussen Clausio und Susit vom Dompropst Johannes und vom Landvogt Heinrich von Luter, als Vertreter des seinerzeit verwaisten Fürstbistums, mit Zustimmung des Domkapitels die Handfeste für das Dorf Klawsdorf, unweit der Burg von Rößel auf dem Feld Lauchogede. Sie ging in den Wirren des Städtekrieges von 1454 bis 1466 verloren.

1472 bemühte sich das Dorf um eine Erneuerung, die es am 6. Januar 1473, von Bischof Nikolaus von Tüngen gesiegelt, erhielt. Die raubenden und plündernden Söldner des Ordens verheerten im Reiterkrieg 1519 bis 1525 das Dorf. Das Schulzengehöft und einige Bauernhöfe brannten nieder.

Fürstbischof Mauritius Ferber verbriefte den Überlebenden am 11. November 1528 erneut Besitz und Rechte.

In dem Angerdorf, das seit seiner Gründung die Dreifelderwirtschaft betrieb, gab es 1772, als es zu Preußen kam, nur 14 Bauern. Die ersten „Preußen", die hier nach der Besitzergreifung durch Friedrich den Großen erschienen, waren, wie auch in den übrigen ermländischen Dörfern, Steuerbeamte.

1939 hatte das Dorf 895 Einwohner.

Klein Jerutten (poln. *Jerutki*), Kreis Ortelsburg. Hier fand 1802 eine Heerschau statt, der Königin Luise beiwohnte. Das Pfarrhaus hat eine Reihe prominenter Besucher gehabt: Friedrich Wilhelm III. und Königin Luise im Jahr 1802, beim Durchzug der Franzosen nach Rußland die Generale Dubois und Tierny; beim Durchzug der Russen nach Frankreich den Großfürsten Konstantin und hohe russische Offiziere.

1939 hatte das Dorf 660 Einwohner.

Kleinort (poln. *Piersławek*), Kreis Sensburg. Die Försterei Kleinort liegt östlich von Peitschendorf, einem alten Beutnerdorf, gegründet um 1448, mit einer Holzindustrie. Bahnstation an der Straße Seeburg – Rudzanny.

Im Forsthaus wurde 1887 der Dichter *Ernst Wiechert* geboren. Er studierte in Königsberg, war dann Lehrer am dortigen Hufengymnasium. Später ging er nach Berlin. 1933 quittierte er den Schuldienst und ließ sich als freier Schriftsteller am Starnberger See nieder. Sein Gesamtwerk umfaßt Gedichte, Prosa, dramatische Versuche und Märchen. Bekannt wurde er durch seine

Reden an die Jugend, in denen er sich zum Anwalt der Wert- und Zielsetzung des persönlichen Gewissens und der Wahrheitsliebe machte.
1939 hatte das Dorf 62 Einwohner.

Knauten (russ. –), Kreis Preußisch Eylau. In der ersten Hälfte des 14. Jh. richtete der Orden auf dem Feld Knauten einen Hof ein, Mittelpunkt des Kammeramtes Knauten.

Nach dem 13jährigen Krieg erhielt Daniel von Kunheim den Hof für besondere Verdienste. Sein Enkel, Georg von Kunheim, war seit 1555 mit der jüngsten Tochter Martin Luthers verheiratet. 1563 – 1564 hielt sich Luthers Sohn Johannes bei seiner Schwester in Knauten auf.

1643 kam Knauten an die Familie von Kalkstein. Christian Ludwig von Kalkstein wegen Agitation gegen den Großen Kurfürsten 1672 hingerichtet; Christoph Wilhelm und Ludwig von Kalkstein preußische Generalfeldmarschälle unter Friedrich dem Großen.

Königsberg (russ. *Kaliningrad*), Hauptstadt Ostpreußens am Pregel. In einem Siedlungsraum der Jäger und Fischer im 3. Jahrtausend vor Christus, auf der Kuppe, auf der die prussische Fliehburg Tuwangste stand, im Schutze des Fischerdorfes Lipnick und eines Ankerplatzes aus der Zeit der Wikinger und späterer Kaufleute, beabsichtigten Lübecker Kolonisatoren, eine Tochterstadt am Pregel zu gründen, doch der Deutsche Ritterorden kam ihnen zuvor.

Er errichtete selbst 1255 eine Burg, Conigsberg, zu Ehren des Böhmenkönigs Ottokar II., der bei der Eroberung des Samlands tatkräftig mitgeholfen hatte. Die Burg wurde Komtursitz und kurz nach 1309 Sitz des Ordensmarschalls. In der Gegend des späteren Steindamms entstand die älteste bürgerliche Siedlung, ging jedoch im Prussenaufstand von 1262 wieder unter.

Drei Städte erhielten ihre Handfeste nach kulmischem Recht: die mächtigste von ihnen, die Alt-

Einzug der Salzburger in Königsberg

stadt, 1286, die Nova civitas – der Löbenicht, eine Stadt der Handwerker und Ackerbürger, 1300, der Knypabe – Kneiphof, Quartier der Fernkaufleute, 1327. Jede erhielt ihre eigene Verfassung, Befestigung, ihren Markt und ihre Kirche.
1506 verfügte Hochmeister Friedrich von Sachsen, die Namen der drei Städte sollten lauten: Altstadt-Königsberg, Kneiphof-Königsberg, Löbenicht-Königsberg, doch bei gemeinsamem Auftreten nur Königsberg. Erst 1724 vereinigt.
Königsberg war von Anfang an Sitz des Domkapitels des Bistums Samland. Geistlicher Bezirk war seit 1322 die Kneiphofinsel, darauf von 1330 bis 1380 der Dom, zugleich als Pfarrkirche des Kneiphofs erbaut.
Die Burg, zu der die Burgfreiheit, die Prussendörfer Tragheim und Sackheim, der Roßgarten und die Neue Sorge gehörten, Stadt und Dom bildeten über Jahrhunderte hinweg eine Einheit. 1340 wurde die Altstadt, unter Winrich von Kniprode das ganze Königsberg Mitglied der Hanse. 1454 kündigte die Stadt, dem Preußischen Bund beigetreten, dem Hochmeister den Gehorsam auf, doch nur für kurze Frist. Die Altstadt blieb dem Orden immer treu. 1457 verlegte Hochmeister Ludwig von Erlichshausen, nachdem er die Marienburg verlassen mußte, den Hochmeistersitz nach Königsberg. Der letzte

Kneiphöfsches Rathaus in Königsberg

Decke im Kneiphöfschen Junkerhof, Königsberg

Hochmeister, Albrecht von Brandenburg, verlieh der Stadt 1520 für 10 Jahre das Recht zum Prägen eigener Münzen – nachdem sie bisher Ordensmünzen geprägt hatte. Doch die „Königsberger Pflaumengroschen“ waren so schlecht, daß er ihr dieses Recht 1527 wieder entzog.
1523 führte der Bischof von Samland, Georg von Polentz, die Reformation ein; am 10. April 1525 legte der Hochmeister das Ordenskleid für immer ab. Königsberg wurde Residenz der Herzöge in Preußen. Als „Gottesstrafe“ sahen viele die Seuchen von 1529 und 1549 an, die auch über die Stadt kamen. Doch der Herzog gründete 1527 die Kammerbibliothek, 1541 das Partikular, aus dem 1544 die Universität hervorging.
Sie begann als Hochschule mit elf Professoren und 200 Studenten. Die Theologie stand an der Spitze der vier Fakultäten, wofür nicht zuletzt Martin Luther gesorgt hatte, der sowohl um die Gründung des protestantischen Erbherzogtums als um die der Universität bemüht gewesen war. Georg Sabinus, der Schwiegersohn Melanchthons, war ihr erster Rektor. 1560 bestätigte König Sigismund von Polen als oberster Lehnsherr die Gründung.
Bis zum Großen Kurfürsten residierten die Lan-

Altes Schloß in Königsberg

desherren in Königsberg. Als Preußen an Brandenburg fiel, hörte die Stadt 1618 auf, Residenz zu sein. Zwei Jahre zuvor war in ihr die erste katholische Kirche auf dem Sackheim geweiht worden.

Die große Stunde schlug für Königsberg, als sich 1701 Friedrich III., Kurfürst von Brandenburg, zum König in Preußen krönte. Daran erinnerte das 1697 geschaffene, 1802 gegenüber dem Schloß aufgestellte Denkmal des Königs von Andreas Schlüter. Die Stunde der Erniedrigung schlug, als Königsberg 1758 den Russen in die Hände fiel, deren Generalissimus Feldmarschall Fermor mehr als vier Jahre im Schloß residierte. 1764, 1769, 1775 suchten Brände die Stadt heim. 1764 verbrannten fünf alte Kirchen und die meisten mittelalterlichen Bauten. Das Gesicht der Stadt änderte sich grundlegend.

Im Schwedenkrieg, 1626 bis 1628, war ein Wall um die Stadt gelegt, 1843 bis 1864 erhielt sie eine neue Befestigung. Im 18. Jh. gehörten auch die Ortschaften Sackheim, Roßgarten, Tragheim und Steindamm nördlich des Pregels zur Stadt. Mitte des 19. Jh. folgten die Hufen, der Ratshof, Amalienau, Maraunenhof, Metgethen und Juditten. 1782 gab es die erste Ostpreußische Regierung in Königsberg.

Die Königliche Familie kam 1807 auf der Flucht durch die Stadt. Im Jahr darauf sollte Königsberg noch einmal Hauptstadt des preußischen Staates werden, als Hof und Regierung sich, aus Memel kommend, bis Ende 1809 in der Stadt niederließen. Am 19. November 1808 wurden die Preußische Städteordnung erlassen und die wichtigsten Reformgesetze verabschiedet.

Vom Königsberger Landtag nahm die Erhebung Preußens gegen Napoleon ihren Ausgang. Am 12. Juni 1812 hatte Napoleon im Schloß Wohnung bezogen. Der Tugendbund war gegründet worden, die Landwehr geschaffen. Am 5. Februar 1813 rief Yorck die Vertreter der Stände zur Verteidigung des Vaterlandes auf.

1840 huldigte Königsberg Friedrich Wilhelm IV. Am 18. Oktober 1861 schlug noch eine große Stunde: Wilhelm I. setzte sich in der Schloßkirche die preußische Königskrone aufs Haupt. An die-

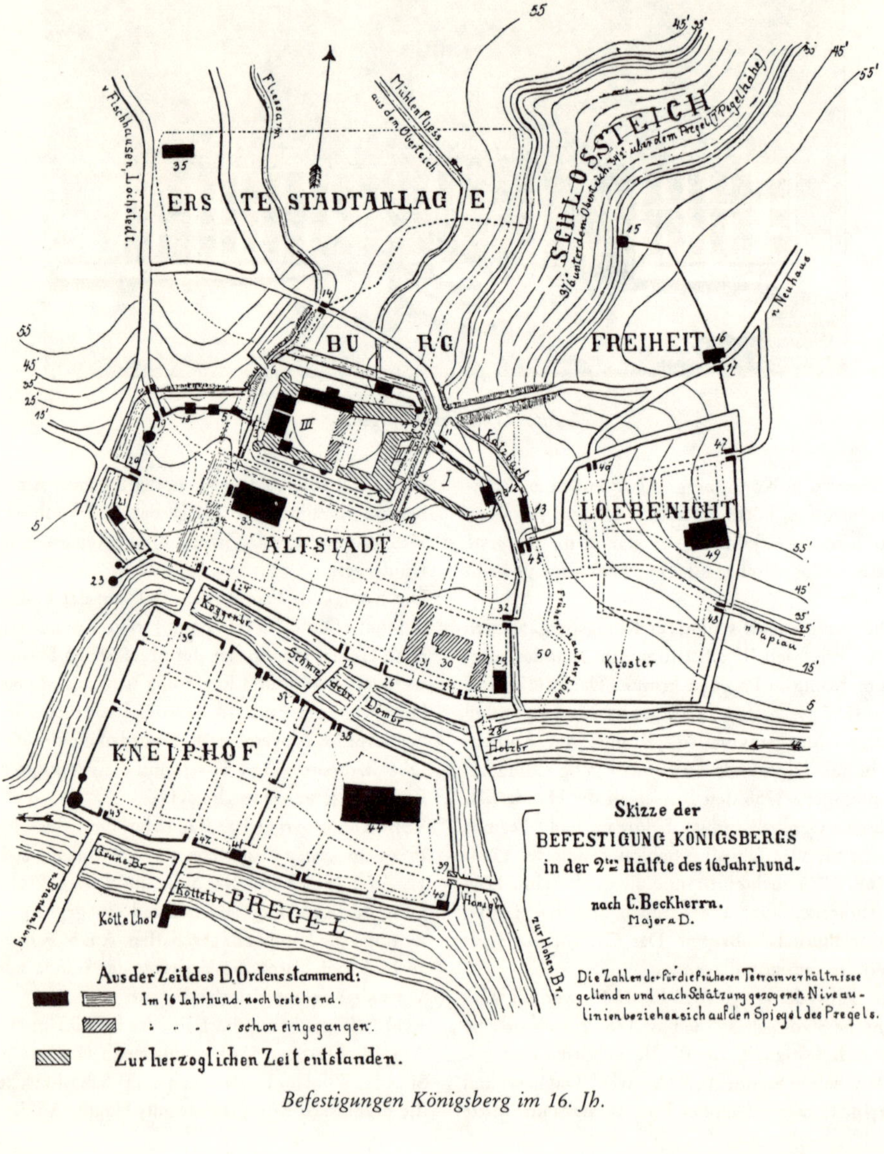

Befestigungen Königsberg im 16. Jh.

sen Tag erinnert ein Gemälde Adolph von Menzels.
Königsberg war 1910 an die 17. Stelle der deutsche Großstädte aufgerückt. Werften, Waggon-, Maschinen-, Textilfabriken, Ziegeleien, Holz- und Agrarprodukteverarbeitung, Nahrungs- und Genußmittelindustrie, nicht zu vergessen die Bernsteinmanufaktur, führten die Stadt zum Wohlstand. 1920 begann die Ostmesse. Das Herz der Stadt blieb der Hafen. Bahn und Flugfeld taten das ihre hinzu. In zwei Bombennächten wurde die blühende Stadt Ende August 1944 nahezu vernichtet, die ganze Innenstadt ausgelöscht, die Außenstadt teilweise zerstört.
Das Schloß, an Stelle der hölzernen Burg von 1255 zwei Jahre später in Stein begonnen, dessen Ostflügel Herzog Albrecht neu erbaute und dessen Westflügel mitsamt der Schloßkirche Herzog Georg Friedrich erbauen ließ, ist vom Stil der Renaissance geprägt. Die Ostfront, nach 1701 im Barockstil umgebaut – nur der Südteil wurde fertig –, war ein Wahrzeichen preußischer Größe, bei dem die künstlerischen Aspekte vor den Wehraspekten standen.

Wappen des Hölkenwinkels zu Königsberg

Wappen des Rosenwinkels in Königsberg

Die zuerst einschiffig angelegte, mit einer Holzdecke und Malereien geschmückte Schloßkirche, um 1600 mit doppelten Kreuzgewölben aus Stein ausgestattet, war schlicht, doch würdig.
Sehenswürdigkeiten im Schloß: im Nordflügel die Ordensräume mit Hochmeisterwohnung und Schausammlung der Staats- und Universitätsbibliothek. In der Vorhalle der Panzer Herzog Albrechts von 1557, Reste von Wandmalereien in der Wohnung des Hochmeisters. Der große Remter, Turmraum des 1278 bis 1292 erbauten Wehrturms der Nordseite. Ehemalige Ordenskapelle mit Spuren von Wandmalereien, Ordensfirmerie, die Silberbibliothek Herzog Albrechts, die alte Archiveinrichtung aus herzoglicher Zeit, über alle Räume verteilt Vitrinen mit Inkunabeln, Miniaturen, Drucken und Einbänden wie Dokumenten zur politischen und geistigen Geschichte Ostpreußens.

Wappen von Altstadt, Löbenicht und Kneiphof

Im Westflügel: die Schloßkirche mit barocker Ausstattung aus den Jahren 1706 bis 1712 und den Wappen sämtlicher Ritter des Schwarzen-Adler-Ordens, dessen Ordenskirche sie war. Hier fanden die Krönungen Friedrichs I., 1701, und Wilhelms I., 1861, statt.

Im Südflügel: das Prussiamuseum, die Städtischen Kunstsammlungen und die Gemäldegalerie mit dem Lovis-Corinth-Gedächtnissaal.

Im Ostflügel: die königlichen Gemächer, der Thronsaal Friedrichs I. Bilder von Rubens und Willmann. Räume mit Möbeln der Königin Luise, Schlafzimmer mit Intarsiendecke von 1579, das sog. Geburtszimmer Friedrichs I. mit wertvollen Holzschnitzereien aus der Mitte des 16. Jh. Ledertapeten, Fahnen- und Standartenzimmer, Schwarze-Adler-Kammer mit Rokoko-Kamin, Ahnensaal mit Stammbaum der Hohenzollern. In den Kellerräumen des Nordflügels (14. Jh.) das Blutgericht, Weinstube mit geschnitzten Prunkfässern und alten Bildern.

Dom, an der Stelle eines unscheinbaren Gotteshauses um 1320 an der Ostseite der Kneiphofinsel auf schwankendem Boden begonnen, ursprünglich als Basilika geplant, von Hochmeister Winrich von Kniprode zur dreischiffigen Hallenkirche umgewandelt, 1382 vollendet. Orgel von Josua Mosengel aus dem Jahre 1721 mit reichem Schmuck. In der Turmhalle im Obergeschoß die berühmte Wallenrodtsche Bibliothek aus dem Jahr 1650. An der Nordseite die 1881 erbaute Grabkapelle Immanuel Kants mit Raffaels „Schule von Athen“, davor die Marmorbüste des Philosophen und der Satz aus seiner Kritik der praktischen Vernunft, der sich an der Westmauer der Schloßterrasse später wiederfand: „Zwei Dinge erfüllen das Gemüt mit immer neuer und zunehmender Bewunderung, je öfter und anhaltender sich das Denken damit beschäftigt: der gestirnte Himmel über mir und das moralische Gesetz in mir.“

Sehenswürdigkeiten im Dom: im Langhaus die gotische Sandsteinkanzel von 1589 mit schmiede-

Zimmerdecke in der Tuchmacherstraße 11

eiserner Tür und eine gleichwertige Arbeit von 1595 an der Taufkapelle. Eine Madonna von Lucas Cranach d.Ä. Der Hochaltar aus dem 15. Jh. weiterentwickelt. Die Orgel von 1719 mit 64 klingenden Registern, 1928 erneuert. Im Chor die Begräbnis- und Gedächtnisstätten von Hochmeistern, Fürsten, Reformatoren. In der Mitte der Sarkophag Herzog Albrechts I. und seiner ersten Gemahlin, dahinter ein Marmordenkmal von C. Floris, Antwerpen, 1572. An der Nordwand das Grabmal der Markgräfin Elisabeth und das Denkmal für Herzogin Dorothea von C. Floris. An der Südseite Denkmal für Herzogin Anna Maria, die zweite Gattin, ebenfalls von C. Floris. Unter den Wandgrabmälern die des Hochmeisters Luther von Braunschweig, Wolf von Wernsdorf, Kanzler Johann von Kospoth und J. E. von Wallenrodt. Hochmeistersitz und Bischofsstuhl von 1503. An den Wänden Fresken des 14. Jh. In den Fenstern Wappen der Hochmeister und von Hohenzollernfürsten. Reicher Silberschatz. Im Nordturm in der Wallenrodtschen Bibliothek Barockeinrichtung des 17. Jh.; einst Treffpunkt der geistigen Elite Königsbergs.

St. Nikolaus, die „kleine Steindammsche Kirche", 1255 eingeweiht, doch nach der Zerstörung 1263 in Stein erneuert, mit einem früh eingewölbten Chor und Gewölben im Schiff, nach 1500 eingezogen. Tief herabgezogene Sterngewölbe, typisch für den Osten. Als Altarbild das Jüngste Gericht von Anton Möller. Ein Hirschkopfleuchter mit einem Zwölfendergeweih gab zu der Legende Anlaß, der Hirsch habe neugierig in die Kirche hereingeschaut, als der Gottesdienst gerade im Gange war.

Neue altstädtische Kirche, von Karl Friedrich Schinkel von 1838 bis 1845 erbaut. Den Grundriß bildete ein griechisches Kreuz. Darüber sollte in

Das Blutgericht im Schloß zu Königsberg

rotem Backstein eine Hallenkirche errichtet werden. Es entstand ein „phantastischer Bau“. Ein Reiseführer schrieb später, man könne vor lauter Pfeilern den Prediger nicht mehr sehen. Friedrich Wilhelm III. beanstandete die zahlreichen Fialen, mit denen Schinkel die Strebepfeiler krönen wollte. Die Zierspitzen brächten nur kostspielige Reparaturen mit sich, meinte er. Er wie auch Schinkel starben über der Ausführung. Friedrich Wilhelm IV. wollte seinen Freund Schinkel rehabilitieren, doch zu spät. Es kam zu einem Kompromiß, der eine Fehllösung brachte.

Weitere Kirchen: Die Burgkirche, 1701 erbaut; die Haberberger Kirche, im Innern mit Rokokoausstattung, aus dem 18. Jh.; die Katholische Kirche, 1765 bis 1777 neu errichtet und die Königin-Luise-Gedächtniskirche, 1901 eingeweiht.

Wichtigste Denkmäler: An der Südecke der

Kamin in der Königsberger Altstadt

Kamin im Moskowitersaal in Königsberg

Schloßterrasse stand Kaiser Wilhelm I., von Prof. Reusch geschaffen, mit erhobenem Schwert in vollem Schmuck wie bei der Krönung im Jahr 1861, auf dem Haupt die Krone, um die Schultern den Hermelin.

Das ebenfalls von Reusch geschaffene Bismarckdenkmal auf dem Kaiser-Wilhelm-Platz zeigte den Altkanzler in Kürassieruniform. Zu seinen Füßen wand sich der Drache der deutschen Zwietracht, vom Schwert durchbohrt.

Nach dem Modell Andreas Schlüters war das Denkmal Friedrichs I., dem Ostflügel des Schlosses gegenüber, geschaffen. Es zeigte den preußischen König als Imperator mit unbedecktem Haupt. Der Helm liegt zu seinen Füßen. Es galt als das „hervorragendste Kunstwerk Königsbergs“.

An der Nordostecke des Schlosses stand das Bronzestandbild Herzog Albrechts, dargestellt in der Tracht seiner Zeit, in der Hand die Stiftungsurkunde der Königsberger Universität, eine Arbeit von Prof. Reusch.

Das Reiterstandbild Friedrich Wilhelms III. vor dem Universitätsgebäude stammte von August Kiß. Der König trägt den Krönungsmantel, auf dem Kopf einen Lorbeerkranz. Allegorische Fi-

Steinportal in Königsberg

guren um ihn deuten auf die Gründung der Landwehr, die königliche Familie in Königsberg, die Übergabe von Urkunden an Hardenberg und auf die Segnungen des Friedens hin.

Nicht weit davon befand sich das Denkmal Immanuel Kants in der Tracht seiner Zeit, von Rauch geschaffen. Die Rechte erhebt er lehrend, in der Linken trägt er Stock und Hut.

Das Friedrich-Schiller-Denkmal beim Stadttheater stammte von Cauer.

In einem Medaillonbogen des Königin-Luise-Denkmals befand sich die Marmorbüste der Königin von Rauch.

Daneben besaß die Stadt mehrere Tordenkmäler.

Wichtigste Museen: die Archäologische Sammlung der Universität im ehemaligen Königshaus, die Bernsteinsammlung der Universität auf dem Steindamm mit Schaustücken über Entstehung und Abarten (120 000 Einschlüsse), das Ostpreußische Geologische Museum, das Kupferstichkabinett der Universität, die Städtischen Kunstsammlungen und das Prussia-Museum im Südflügel des Schlosses, das Stadtgeschichtliche Museum im Kneiphof, das Freilichtmuseum der Provinz Ostpreußen mit Fliehburg, Hügelgrab,

Abgebrochene Dornsche Apotheke, Königsberg

Propsteikirche in Königsberg

Holzkirche, Vorlaubenhaus usw. und das Zoologische Museum, eines der besten Deutschlands. In der Sternwarte erbrachte 1838 Friedrich Wilhelm Bessel mit der ersten zuverlässigen Messung einer Fixsternparallaxe den lange gesuchten Beweis für die Richtigkeit der Lehre des Nicolaus Coppernicus.

Sehenswürdigkeiten der Universität: das Reiterbild des Gründers, Herzog Albrecht, im Hochrelief, darunter die Standbilder Luthers und Melanchthons von Schievelbein, Medaillon-Porträts ostpreußischer Gelehrter, unter ihnen Herder und Kant. Im Sprechzimmer die Büste des 80jährigen Kant, modelliert von Hagemann, ausgeführt von Schadow. Bibliothek mit 500 000 Bänden.

Neuere Bauten: das Haus der Technik, das neue Funkhaus, die Kunsthalle und das Ostmessegelände. Nicht zu vergessen der Tiergarten.

Prinz Albrecht von Preußen, geboren 1809, vierter Sohn Friedrich Wilhelms III. und der Königin Luise. Im Krieg von 1866 wohnte er der Schlacht bei Königgrätz bei, im Deutsch-Französischen Krieg den Kämpfen an der Loire. Seit 1871 höchster Befehlshaber der preußischen Kavallerie. Das Dragonerregiment Nr. 1 in Tilsit führte seinen Namen.

Daniel Heinrich Arnold, geboren 1706, schrieb die Geschichte der Albertina in zwei Bänden, veröffentlichte eine kurzgefaßte Kirchengeschichte des Königlichen Preußens und ein Kirchenrecht. Er war Hofprediger in Königsberg. Seine Predigt anläßlich der Niederlage Friedrichs des Großen bei Kunersdorf, auf Befehl des russischen Gouverneurs gehalten, hätte ihn beinahe nach Sibirien gebracht.

Eduard Bischof, geboren 1890, schuf beachtliche Ölgemälde, Aquarelle und Zeichnungen, Wandmosaiken, Glasmalereien und Keramiken. Er zählte zu den bedeutendsten Malern, die aus der Königsberger Kunstakademie hervorgingen.

Rudolf Borchardt, geboren 1877, Wissenschaftler und Schriftsteller. Den Begriff „Europäische Kultur“ wollte er aus der antiken Kulturschöpfung und -überlieferung heraus neu entwickeln und deuten. Herder verpflichtet, schuf er Nachdichtungen und Übersetzungen antiker Literaturwerke.

Otto Braun, geboren 1872, Mitglied des Preußi-

Haus von T. G. v. Hippel in Königsberg

schen Abgeordnetenhauses und der Weimarer Nationalversammlung, später des Reichstags, preußischer Landwirtschaftsminister und Ministerpräsident. Er schrieb das Buch „Von Weimar bis Hitler".

Johann Friedrich Diefenbach, geboren 1792, erwarb sich als Chirurg Verdienste um die Neubildung von Lippen, Nasen, Augenlidern, erfand den Muskelschnitt bei Schielenden. Auf dem Gebiet der Hautübertragung entwickelte er neue Methoden.

Erich von Drygalski, geboren 1865, führte Forschungen in Grönland und in der Antarktis durch; wollte Form, Bewegung und Ausdehnung der verschiedenen Eisarten ergründen.

Tamara Ehlert, geboren 1921, schreibt Gedichte und Erzählungen, verwurzelt in ostpreußischer Geschichte und Mythologie, im Leben und Wirken ostpreußischer Menschen, die zu den besten literarischen Schöpfungen ostpreußischer Autoren zählen.

Helene Fehdmer, geboren 1872, Gattin Friedrich Kaysslers, entwickelte sich zu einer Charakterschauspielerin hohen Ranges. Bevorzugt spielte sie die großen Rollen der deutschen Naturalisten.

Johann Gottfried Frey, geboren 1762, wirkte bei der Verwirklichung des Selbstverwaltungsgedankens im preußischen Staat entscheidend mit. Unter dem Einfluß von Kant und Kraus erarbeitete er für den Freiherrn vom Stein Vorschläge für eine allgemeine Reform der Kommunalverfassung.

Ruth Geede, geboren 1916, bewährte sich als Schriftstellerin und Herausgeberin ostpreußischer Erzählungen des 20. Jh.

Wilhelm Gayl, geboren 1879, Deutscher Reichs- und preußischer Staatskommissar für das Ostpreußische Abstimmungsgebiet im Regierungsbezirk Allenstein im Jahr 1920. An den Friedensverhandlungen nach dem Ersten Weltkrieg nahm er als stellvertretender Gutachter der Provinz Ostpreußen teil.

Hermann Götz, geboren 1840, neben Nicolai der einzige ostpreußische Komponist, der eine Oper schrieb, die Deutschlands Grenzen überschritt: „Der Widerspenstigen Zähmung" nach Shakespeare. Großen Erfolg errang er mit seiner Symphonie in F-Dur.

Orgelemporenträger, Dom zu Königsberg

Der Dom zu Königsberg

Ernst August Hagen, geboren 1797. 1830 erster ordentlicher Professor für Kunstgeschichte in Preußen, gründete die Kunstsammlungen des Prussia-Museums und die Kunstakademie.
Karl Gottfried Hagen, geboren 1749, begründete die wissenschaftliche Pharmazie. Er war Wissenschaftler und Apotheker, bekannt durch sein „Lehrbuch der Apothekerkunst". Er schrieb auch ein grundlegendes Werk über „Preußens Pflanzen".
Johann Georg Hamann, geboren 1730, ging als Verteidiger der Sprache in die Literaturwissenschaft ein. Er wollte mit der Literatur Lebenshilfe bieten, als „Verächter des Verstandes" und Feind der Aufklärung. Goethe war von Hamann fasziniert, wollte dessen Gesamtwerk herausgeben.
David Hilbert, geboren 1862, befaßte sich als Mathematiker mit axiomatischen Problemen. Sein Hauptwerk waren die „Grundlagen der Geometrie"; der Begriff „Hilbertscher Raum" ist in die Mathematik eingegangen.
Robert von Hippel, geboren 1866, an der deutschen Strafrechtsreform führend beteiligt. Seine Schriften galten der Bestrafung von Tierquälerei, der Bekämpfung der Landstreicherei und Arbeitsscheu, der Vagabundenfrage. 1932 veröffentlichte er ein Lehrbuch des Strafrechts.
Ernst Theodor Wilhelm (Amadeus) Hoffmann, geboren 1776, Schöpfer des Magischen Realismus in der deutschen Literatur und Erneuerer des Kunstmärchens. Als Komponist ein Vorläufer der Romantik. Beachtlich auch seine juristischen Schriften, so sein Gutachten im Prozeß gegen Turnvater Jahn. Er zählt zu den meistgelesenen Klassikern.
Johann Jacoby, geboren 1805, Mitglied des Preußischen Abgeordnetenhauses, in dem er gegen alles protestierte. Er hielt sich selbst für einen „alten Kämpfer für den Rechtsstaat Preußen". Ungeheuren Widerhall fand seine 1841 erschienene Schrift „Vier Fragen beantwortet von einem Ostpreußen".

E.T.A. Hoffmann

Leopold Jessner, geboren 1878, Direktor des Neuen Schauspielhauses in Königsberg, machte aus dem Theater ein Haus von hohem Rang. 1919 berief ihn der preußische Kultusminister als Intendanten ans Staatliche Schauspielhaus am Berliner Gendarmenmarkt. Von 1928 bis 1930 Generalintendant der Staatlichen Schauspiele in Berlin.
Immanuel Kant, geboren 1724, größter Bürger der Stadt, fast ein halbes Jahrhundert lang mit der Königsberger Universität verbunden. In seiner Heimatstadt schrieb er die drei berühmten Kritiken: der reinen, der praktischen Vernunft und der Urteilskraft, in denen er eine Einheit von Erkenntnis, Sittengesetz und Glauben zu schaffen versuchte; schuf eine Ästhetik, auf der die Deutsche Klassik beruhte. Als Begründer der neueren Philosophie und einer der größten Philosophen aller Zeiten ging er in die Geschichte ein.
Johann Jacob Kanter, geboren 1738, machte als Buchhändler das Löbenichtsche Rathaus zum Treffpunkt der gebildeten Welt Königsbergs. Ha-

Immanuel Kant

mann, Kant und Kraus standen ihm nahe, wohnten zeitweilig in seinem Haus.

Käthe Kollwitz, geboren 1867, widmete sich als Graphikerin und Bildhauerin vor allem sozialen Themen. 1929 wurde ihr der pour le mérite der Friedensklasse für Wissenschaften und Künste verliehen. Sie zählt zu den bedeutendsten Künstlerinnen unseres Jahrhunderts.

Fritz Kudnig, geboren 1888, der Dichter der Nehrung. Neben heimatlichen Themen wandte er sich, besonders in seinen letzten Lebensjahren, tief religiösen zu.

Rolf Lauckner, geboren 1887, Stiefsohn Hermann Sudermanns, hat sich als Dramatiker und Lyriker einen Namen gemacht. Ferner übersetzte und überarbeitete er fremde Werke, schrieb Texte zu zwei Opern und das Trauerspiel „Der letzte Preuße".

Karl Lehrs, geboren 1802, ein bedeutender Philologe, zählte zu den „Zierden der Albertina". Kaum ein zweiter Hochschullehrer hat bei seinen Schülern eine solche Verehrung genossen wie er.

Fanny Lewald, geboren 1811, setzte ihrer Heimatstadt in dem Roman „Die Familie Darner" ein Denkmal. Ihre realistischen Romane und Novellen wurden viel gelesen.

Harry Liedtke, geboren 1888, als Filmschauspieler „Liebling der Frauen". Der Stummfilm war seine große Zeit; mit dem Mikrophon wurde seine Stimme nicht fertig.

Fritz Albert Lipmann, geboren 1899, erhielt den Nobelpreis für Medizin. Zusammen mit Krebs entdeckte er den Kreislaufprozeß in der lebenden Zelle. Er fand einen neuen Weg für die Verwandlung der Energie in der Zelle, wies Phosphorverbindungen im Organismus nach, ohne die es keine Zellteilung gäbe.

Adalbert Matkowsky, geboren 1857; vom „Theaterteufel besessen", galt er als unnachahmlicher Darsteller der großen Gestalten Shakespeares. Zusammen mit Josef Kainz beherrschte er das deutsche Theater.

Agnes Miegel, geboren 1879, die bedeutendste deutsche Balladendichterin des 20. Jh., erhielt den Kleist-Preis, den Goethe-Preis, wurde Ehrendoktor der Albertina. Auch ihre Erzählungen mit meist historischer Thematik haben hohen Rang. Aus dem Erlebnis der Flucht heraus gab sie nach dem Zweiten Weltkrieg vielen Menschen Trost und neue Hoffnung.

William Monterby, geboren 1776, gehörte dem engeren Freundeskreis Kants an. Sein besonderes Verdienst: die Kuhpockenimpfung. Er widmete sich ganz der Landwirtschaft, gründete den Ostpreußischen Verein zur Beförderung der Landwirtschaft, setzte sich für den Genuß des Pferdefleisches als Nahrungsmittel ein und gab die Anregung zu dem berühmten „Bohnenmahl" der Gesellschaft der Freunde Kants, das dem jährlichen Gedenken an den großen Philosophen dienen sollte.

Otto Karl Ehrenfried Nicolai, geboren 1810, komponierte mehrere Opern, die erfolgreich aufgeführt wurden. 1841 begründete er in Wien die philharmonischen Konzerte.

Siegfried Passarge, geboren 1866, ging mit einer Vermessungsgruppe nach Kamerun. Er entwickelte das „Vier-Kräfte-Problem" als Grundlage moderner geographisch-landeskundlicher Forschung: Beschaffenheit des Landes und Lebensbedingungen, Nutzung, Kulturentwicklung und Geschichtsverlauf.

Johann Jakob Quandt, geboren 1686, wirkte bei der Einrichtung der Volksschulen in Preußen mit. Er war ein Gegner des Pietismus; als Theologe näherte er sich der Aufklärung. Sein größtes Verdienst war die Herausgabe der ersten Bibel in litauischer Sprache wie auch einer ersten 1734 in Ostpreußen gedruckten Bibel. Er war erster Präsident der von Friedrich dem Großen privilegierten Königlichen Deutschen Gesellschaft.

Johann Friedrich Reichardt, geboren 1752, ein hochgebildeter Komponist und Musikschriftsteller, der aus den „Cirkeln der Königsberger Kenner und Liebhaber der Musik" kam. Die Reize der Kurischen Nehrung wirkten sich auf sein Schaffen aus. Der einzige Musiker, der mit Kant in näherer Beziehung stand.

Julius Rupp, geboren 1809, strebte, von Kant herkommend, „Lehr- und Gewissensfreiheit" an. Er war der Großvater von Käthe Kollwitz. Gepriesen wurde seine ungeheure Beredtsamkeit.

Karl Scherres, geboren 1833, ein Landschaftsmaler, der seine Motive hauptsächlich der Heimatlandschaft entlehnte. Er malte gern bei aufziehendem Gewitter oder bei Überschwemmungen, nach dem Regen oder im Schnee.

Rudolf Siemering, geboren 1835, Bildhauer von hohem Ruf, schuf Standbilder von Hochmeistern und Königen. 1883 wurde sein Lutherstandbild in Eisleben enthüllt. 1875 bis 1888 schuf er das Siegesdenkmal für Leipzig.

Eduard Martin von Simson, geboren 1810, ab 1848 Präsident der Frankfurter Nationalversammlung, führte die Abordnung an, die 1849

Agnes Miegel

Friedrich Wilhelm IV. die Kaiserwürde anbot. Von 1871–1874 war er erster Präsident des Deutschen Reichstags.

Arnold Sommerfeld, geboren 1868; um die mathematische Durchdringung der Technik bemüht, entdeckte er Gesetze der Zahl, der Wellenlänge und Intensität der Spektrallinien, schuf das Standardwerk für die Atomphysik „Atombau und Spektrallinien", das mehrere Auflagen erlebte; war Mitglied in 12 Akademien und trug die Goldene Max-Planck-Medaille.

Heinrich Spiero, geboren 1876, durch seine 1908 herausgegebene „Geschichte der deutschen Lyrik seit Claudius" bekannt; schrieb maßgebliche Beiträge über Liliencron, Hauptmann und Fontane. Mit seinen Romanen hatte er weniger Glück.

Otto Stobbe, geboren 1831, schrieb ein Handbuch des Deutschen Privatrechts in fünf Bänden und eine Geschichte der deutschen Rechtsquellen. Verdient machte er sich durch sein Buch „Die Juden in Deutschland während des Mittelalters", 1866 erschienen.

Zacharias Werner

Heinz Tiessen, geboren 1887, Salzburger Herkunft vom Vater her, Mitbegründer und Vorstandsmitglied der Internationalen Gesellschaft für neue Musik. 1930 in die Preußische Akademie der Künste gewählt. Als Komponist leistete er Beachtliches; darüber hinaus erforschte er den Gesang der Vögel, so der Amseln. Er war der bedeutendste ostpreußische Komponist des 20. Jh.

Reinhold Trautmann, geboren 1883, durch seine Untersuchungen zur balto-slawischen Philologie, zur Slawischen Ortsnamenskunde und Volksdichtung bekannt; übersetzte die altrussische „Nestorchronik", schuf ein polnisches Lesebuch und ein baltisch-slawisches Wörterbuch. Seine Arbeit stand im Zeichen der Völkerverständigung.

Erich Trunz, geboren 1905, wuchs in Allenstein auf. Bei Petersen studierte er in Berlin Germanistik. Einer der bedeutendsten Germanisten unseres Jahrhunderts. Sein Hauptwerk: die Hamburger Goethe-Ausgabe in 14 Bänden. Zu den meisten Werken Goethes schrieb er Kommentare, die weltweite Beachtung fanden; wurde mit der Goldmedaille der Internationalen Goethegesellschaft ausgezeichnet. Die Heimat ehrte ihn durch Verleihung des Nicolaus-Coppernicus-Preises.

Michael Lukas Leopold Willmann, geboren 1630, Hofmaler des Großen Kurfürsten, zählt zu den bedeutendsten Malern des deutschen Hoch- und Spätbarock. Seine Hauptwerke befanden sich in Schlesien. Er malte 1682 die allegorische Verherrlichung des Großen Kurfürsten für das Königsberger Schloß.

Otto Wallach, geboren 1847, widmete sich der Erforschung der ätherischen Pflanzenöle. 1910 erhielt er den Nobelpreis für Chemie, dem weitere Ehrungen folgten.

Antje Weisgerber, geboren 1921, spielte am Wiener Burgtheater und am Deutschen Theater in Berlin führende Rollen. Bei den Festspielen in Salzburg, Edinburgh und Recklinghausen, wie auch beim Film, setzte sie sich erfolgreich durch. Schließlich eroberte sie das Fernsehen.

Friedrich Ludwig Zacharias Werner, geboren 1768, zählt zu den markantesten Persönlichkeiten der literarischen Romantik. Auf den Spuren Hamanns suchte er nach Wesen und Sinn der Dichtung, beeinflußt von der kosmischen Mystik Jakob Böhmes. Er wuchs mit E.T.A. Hoffmann im selben Hause auf, den er durch seine „kolossalen Ideen“ zu fesseln wußte. Werner bezog den ganzen Osten in seine Dichtung ein. Zwischen slawischer Urzeit und abendländischem Mittelalter, barbarischem Osten und römischem Westen siedelte er seine Gestalten an. Er schrieb das erste Schicksalsdrama.

Wolfgang Weyrauch, geboren 1907, sah seine Vorbilder in Kleist, Kafka und Döblin; vertrat die These, der Schriftsteller müsse ein Widerhaken im Fleisch des Lesers sein. Von ihm stammen die Begriffe „Kahlschläger“, im „Dickicht der Literatur“ und „die Wirklichkeit röntgen“. Sein Grundsatz war, die Summe des Guten zu mehren und die Summe des Bösen zu mindern. Er zählt zu den führenden deutschen Schriftstellern nach dem Zweiten Weltkrieg.

Die erste *Schule* war die Domschule, noch vor 1304 eröffnet, später Kneiphöfsches Gymnasium. Vor 1339 hatte auch die Altstadt eine Pfarr- und Gemeindeschule, das spätere Altstädtische Gymnasium. Die Löbenichtsche Pfarrschule bestand vor 1441. 1541 gründete man das Partikular als Vorstufe der 1544 eröffneten Universität. 1862 erhielt sie einen Neubau nach den Plänen Friedrich August Stülers.

Die Burgschule stammt aus dem Jahr 1658, das Fridericianeum aus dem Jahr 1697. 1701 folgte die Schule des Königlichen Waisenhauses. Das Friedrichskollegium war eine Schule im Geiste des Pietismus. Kant war ihr größter Schüler. Herder unterrichtete zeitweise an dieser Lehranstalt.

1790 begann die Kunst- und Gewerbsschule, 1845 die Kunstakademie, 1915 die Handelshochschule. Eine Garnison hatte die Stadt seit 1714; sie war Sitz des Generalkommandos des I. Korps.

1623 gab Lorenz Segebade die erste Zeitung heraus; ab 1661 „Europäischer Merkur“; von 1872 bis 1934 erschien die „Hartungsche Zeitung“. Kanter gab 1764 die „Königsberger Gelehrten und Politischen Zeitungen“ heraus. Das Königsberger Tageblatt erschien ab 1896. Ihm war die Königsberger Allgemeine Zeitung 1875 vorausgegangen. Ab 1931 gab es die Preußische Zeitung.

Das erste Theater in Preußen öffnete 1745 seine Pforten. 1809 erhielt die Stadt das Opernhaus, 1910 das Neue Schauspielhaus.

Spezialitäten waren das Königsberger Marzipan, von Schweizer Zuckerbäckern in die Stadt gebracht und bis heute hergestellt: in allen Weltteilen bekannt. Ostpreußisches Nationalgericht war die Königsberger Fleck, hergestellt aus Pansen von Mastochsen und mit dem „Nationalgewürz“, dem Majoran, abgeschmeckt.

Weitbekannt auch die Königsberger Klopse, aus Gehacktem mit Kapern gekocht, nach denen die

Inserat aus Königsberg

Hansakogge

Haushaltsschule den Namen „Klopsakademie" führte.

Früher führten die Königsberger den Spitznamen „Sperlingsschlucker". Er rührte daher, daß sich am Altstädtischen Rathaus an der Uhr der sogenannte „Japper" befand, ein Kopf, der bei jedem Stundenschlag den Mund öffnete. In den offenen Mund flog eines Tages ein Sperling – auch Spatz genannt – und setzte das Uhrwerk außer Betrieb. So erhielten zuerst die Altstädter, später alle Königsberger diesen Spitznamen.

1939 hatte die Stadt 372164 Einwohner.

Königsberger Seekanal. Der Königsberger Hafen war für größere Schiffe nicht zugänglich, da sich die Fahrrinne durchs Haff von Pillau nach Königsberg nicht tief genug ausbaggern ließ. So legte man zwischen 1890 und 1901 den Königsberger Seekanal an. Von der Pregelmündung bis zum Pillauer Hafen mußten 33 km durch den nördlichen Teil des Frischen Haffes gebaut werden. Tiefe 6,5 m, Sohlenbreite 30 bis 40 m. Die Südseite erhielt zum Schutz gegen Verschlammung einen starken Damm. Es wurden Durchlässe zu den am nördlichen Haffufer liegenden Dörfern geschaffen. Die Dämme baute man, indem man zwei Pfahlreihen anlegte und den Zwischenraum mit Faschinen und Steinen füllte. Aufschüttungen, mit Schilf, Rohr und Binsen, an einzelnen Stellen sogar mit Bäumen bepflanzt, dienten als Verstärkungen. Den Einbahnverkehr für große Schiffe regelte man von Pillau aus. Im Winter war man bemüht, den Kanal durch Eisbrecher offen zu halten. Die Gesamtlänge betrug 46 km.

Kraupischken s. Breitenstein

Kreise: Stadt- und Landkreise

Anzahl der Ortschaften ( ) und Einwohnerzahl 1939

Stadtkreise:	
Königsberg	372164
Elbing	85952
Tilsit	59105
Allenstein	50396
Insterburg	48711
Memel	41297
Landkreise:	
Allenstein (130)	57150
Angerapp (163)	31549
Angerburg (71)	42744
Bartenstein (77)	50448
Braunsberg (96)	62317
Ebenrode (150)	41265
Elchniederung (219)	54867
Elbing (68)	28149

Gerdauen (71)	35013
Goldap (172)	45825
Gumbinnen (157)	55272
Heiligenbeil (113)	53207
Heilsberg (106)	66214
Heydekrug (97)	41592
Insterburg (174)	43224
Johannisburg (168)	53089
Labiau (119)	51885
Lötzen (68)	50012
Lyck (158)	56417
Marienburg (37)	39073
Marienwerder (54)	45318
Memel (75)	27752
Mohrungen (111)	56255
Neidenburg (144)	64442
Ortelsburg (160)	73442
Osterode (171)	81513
Preußisch Eylau (115)	56385
Preußisch Holland (92)	37492
Rastenburg (79)	57223
Rößel (85)	51832
Rosenberg (82)	63368
Samland (193)	120246
Schloßberg (239)	42656
Sensburg (123)	54443
Stuhm (67)	40453
Tilsit-Ragnit (330)	79382
Treuburg (100)	37998
Wehlau (115)	50236

Krekollen (poln. *Krekole*), Kreis Heilsberg. Die Gründungsurkunde von 1336 ist auf den Namen Deutschental ausgestellt. Später nahm das Dorf den prussischen Namen Kelkollen an, schließlich Krekollen. Beim Einfall der Litauer brannten 1414 Dorf und Kirche ab. Der Neubau der Kirche wurde mehrfach geändert. Der Hochaltar stammte aus der Zeit von 1720 bis 1730, die Kanzel aus dem Jahr 1728. Auf dem Turm war eine Wetterfahne, die das Wappen des Bischofs Theodor Potocki und die Jahreszahl 1725 trug.

Kreuzburg (russ. *Slawoskoje*), im Kreis Preußisch Eylau, am Zusammenfluß von Keyster und Pasmar gelegen. Der Deutsche Orden eroberte 1240 unter Herzog Otto von Braunschweig die auf dem Schloßberg gelegene Prussenfeste Witige und nannte sie nach seiner Gründung im Burgenland Castrum Cruzburg. Nach der Zerstörung durch die Prussen 1253 wieder aufgebaut. Im Großen Aufstand der Prussen belagerte Herkus Monte sie drei Jahre lang und nahm sie 1263 ein. Im 14. Jh. aus Stein erbaut, war die Burg bis 1274 Amtssitz des Vogts von Natangen, danach Sitz eines Pflegers. 1414 zündeten die Polen das Haus, die Vorburg und den Viehhof an. Nach dem 13jährigen Krieg wurden die Burg und die vom Landmeister Heinrich von Plotzk nördlich der Burg „aufs neue" gegründete Stadt an die Söldnerführer von Tettau und Gräusing verpfändet. 1423 hat der Preußische Städtebund in Kreuzburg getagt.

Nachdem die Burg sich 1455 Heinrich Reuß von Plauen ergeben hatte, kam sie 1497 in den Besitz des Bischofs Johannes von Pomesanien. 1520 von den Polen erstürmt, verfiel sie allmählich, war

Steuereinnehmer um 1500

1580 fast ganz abgetragen. Sie war zur Ordenszeit Verwaltungsmittelpunkt des Kammeramtes Kreuzburg.
Herzog Albrecht schenkte Schloß und Stadt als Zeichen seiner Zuneigung dem aus Kroatien stammenden Hochstapler und Abenteurer Paul Skalich, der sie nur zwei Jahre behielt, da er 1566, als drei seiner Anhänger hingerichtet worden waren, fliehen mußte.
Von 1709 bis 1711 wütete die Pest in der Stadt. Ein Hochwasser vernichtete das Tuchmachergewerbe. 1758 bis 1762 war die Stadt von den Russen besetzt. Nach dem großen Brand von 1818 wandte sie sich der Zwirnfabrikation zu und belieferte die ganze Provinz. Hinzu kamen Wollspinnereien und Webereien.

Die Leonhardskapelle in Kreuzburg war ein vielbesuchter Wallfahrtsort; 1495 vom ermländischen Bischof mit dem Interdikt belegt, die Priesterbrüder exkommuniziert. Bei der Reformation ging sie ein.
Ludwig Leopold Hermann Gottlieb von Boyen, geboren 1771, entwickelte Gedanken zur Verbesserung des Heerwesens, die das Interesse Scharnhorsts fanden. 1814 Staats- und Kriegsminister; er sollte Scharnhorsts Werk vollenden, die preußische Heeresverfassung mit dem Geiste Kants erfüllen. Der Ausbau der Landwehr und das Wehrgesetz von 1814 waren sein Werk. Nach seinem Abschied 1847 zum Generalfeldmarschall und Gouverneur des Invalidenhauses ernannt.
Michael Kongehl, geboren 1646, machte sich als

Wallfahrtskirche Krossen

Kirchenlieddichter einen Namen. Von ihm stammt das Lied „Nur frisch hinein". Später Bürgermeister des Kneiphofs in Königsberg.
Wilhelm Reichermann, geboren 1845, ein bekannter Dialektdichter. Seine „Plattdütsche Spoeßkes" erschienen unter dem Titel „Ut Notange".
Die erste Schule 1406 gegründet. Eine Schützenbruderschaft bestand im 17. Jh. Von 1740 bis 1796 hatte die Stadt wechselnde Garnisonen.
1930 betrug die Einwohnerzahl 1853.
Krossen (poln. *Krosno*), Kreis Braunsberg, am rechten Drewenzufer gelegen. Um 1350 bestand ein Lehngut Krossen, nach seinem ersten Besitzer benannt. Ende des 16. Jh. kaufte es der Braunsberger Bürgermeister Jakob Bartsch und ließ die um 1400 erstmals erwähnte Marienkapelle erneuern, die eine Muttergottesfigur aus Alabaster erhielt. Nach der Legende soll diese Figur mehrmals nach Wormditt gebracht und immer wieder nach Krossen zurückgekehrt sein.
Um 1710 begründete der Wormditter Erzpriester Kaspar Simonis eine Stiftung für Weltgeistliche. Er beauftragte den Baumeister Johann Christoph Reimers mit dem Bau der barocken Wallfahrtskirche, die 1720 geweiht wurde. Sie trug den Namen Mariae Heimsuchung und war der Kirche in Heiligelinde ähnlich, nur schwerer und plumper angelegt. 1740 kam ein Stiftsgebäude hinzu. Im August 1914 wurde Krossen schwer beschädigt, jedoch bald wieder restauriert.
Die Legende berichtet, daß zu der Zeit, da Krossen noch keine eigene Kirche hatte, Diebe in einer Kirche der Umgebung den Kelch mit den geweihten Hostien geraubt und diese auf eine Wiese geschüttet hätten, auf der Kühe weideten. Der Besitzer fand am nächsten Morgen die Tiere, auf den Knien liegend, im Kreis versammelt. Er sah die Hostien und holte den Priester, der sie barg und in die Kirche zurückbrachte. Zur Sühne für die Untat wurde an der Stelle eine Kirche erbaut.
Kuckerneese s. Kaukehmen

Kirche zu Kumehnen

Kumehnen (russ. *Kumatschewo*), Kreis Samland, am Fuße des Galtgarbens gelegen. 1390 als Bischofsdorf erstmals genannt, 1524 Comain. Die Pfarrkirche, ein Backsteinbau aus dem 14. Jh. auf einem Feldsteinfundament. Der quadratische, in Stockwerke eingeteilte Turm hatte in den beiden obersten Stockwerken gekuppelte Blenden. Die Sterngewölbe im Innern stürzten 1640 ein. An ihrer Stelle wurde eine Empore eingezogen, später bemalt. Ein schmaler, spitzbogiger Triumphbogen trennte den Chor vom Kirchenschiff. Die Kirche besaß Altaraufsätze, die in Nürnberg gearbeitet waren, eine Kanzel von 1690, eine Orgel aus dem Jahr 1884 von Terletzki in Königsberg. Das Bild des Pfarrers Gottfriedt Wilamovius, dem die Kirche die Ausmalung und einen guten Teil der Ausstattung verdankte, gestorben 1726, hing im Langhaus.
1939 hatte das Dorf 793 Einwohner.
Kumilsko s. Morgen

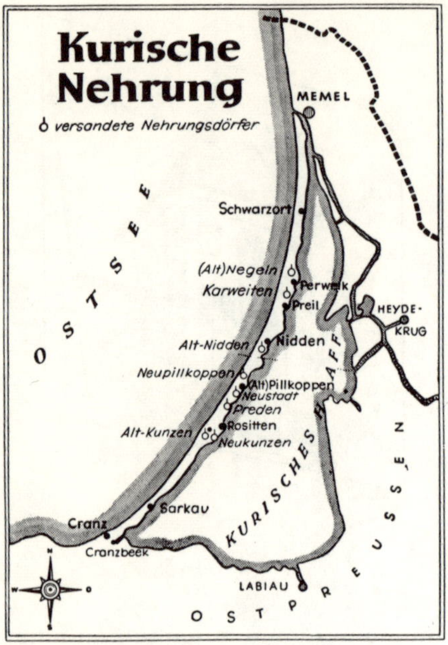

Kurische Nehrung

Kurische Nehrung, neria curoniensis – im Gegensatz zur neria, der Frischen Nehrung – erstmals erwähnt in der Livländischen Reimchronik aus der zweiten Hälfte des 12. Jh. als Heerstraße zum Samland. Peter von Dusburg weiß in seiner Preußischen Chronik von 800 litauischen Reitern zu berichten, die im Winter 1283 über die Nehrung zum Samland zogen, gefolgt von 5000 Schamaiten im Jahr 1308.

Historisch erwiesen ist, daß Landmeister Konrad von Tierberg gegen Ende des 13. Jh. eine Burg zum Schutz gegen solche Einfälle (ob die untergegangene Burg Rossitten oder in der Nähe von Cranz, bleibt offen) gebaut hat. Die Burg Rossitten wird 1403 erwähnt, war aber Ende des 16. Jh. bereits verfallen.

Der Dünenstreifen zwischen Ostsee und Kurischem Haff hat schon in der Jungsteinzeit bestanden, wie Bodenfunde ergeben haben. 1258 wird er als „Nestland" bezeichnet. Neria kommt aus dem Prussischen, während kurisch den baltischen Stamm der Kuren bezeichnet, der an der Küste des Kurischen Haffs wohnte.

Erstmals wird die Kurische Nehrung als Heerstraße 1253 beim Kriegszug der Samländer gegen das 1252 gegründete Memel erwähnt. Für den Orden war die Nehrung später der kürzeste und sicherste Weg nach Livland. Darum wurden Burgen zum Schutz der Straße angelegt: 1283 Neuhaus, im 14. Jh. Rossitten. Aber auch der Reiseverkehr der Kaufleute ging über die Nehrung. Dafür brauchte man Krüge: Sarkau, Kunzen, Rossitten, Nidden, Negeln, Karweiten, Schwarzort, Sandkrug. Einige davon verschüttete die Wanderdüne.

Man traf früh Vorbeugungsmaßnahmen gegen die Versandung, doch mit wenig Erfolg. Zur wirksamen Dünenbefestigung kam es erst im 19. und 20. Jh., obwohl Friedrich II. bereits erste Anordnungen zur Neubepflanzung gegeben hatte. Im 18. Jh. diente die Nehrung dem Landverkehr nach St. Petersburg. Gesandte und Fürsten benutzten diese Straße. Königin Luise floh 1807 über die Nehrung nach Memel. Alexander von Humboldt fuhr 1829 über die Nehrungsstraße nach St. Petersburg. Später nahm man den Landweg über Tilsit.

Zur Flugsandbekämpfung wurde Mischwald angepflanzt: Birken, Erlen, Weiden. In frühesten Zeiten, das haben Ausgrabungen ergeben, haben Eichen die Hälfte des Baumbestandes gebildet, die andere Hälfte waren Kiefern und wenige Linden.

Alle Siedlungen auf der Nehrung lagen zur Haffseite hin. Die Bevölkerung, im Norden Kuren, mit Letten vermischt, im Süden meist Prussen, lebte hauptsächlich vom Fischfang, später, wie in Nidden, vom Ackerbau – doch lagen die Äcker jenseits des Haffes. Zu Ordenszeiten gehörte der

Südteil der Nehrung zum Samland und unterstand dem Deutschordensmarschall in Königsberg, später dem Hauptamt Schaaken. Der Nordteil unterstand der Komturei, später dem Hauptamt Memel. Nach dem Ersten Weltkrieg wurde der Nordteil mit dem Memelgebiet abgetreten. Die Siedlungen auf der Kurischen Nehrung waren stattlicher als die auf der Frischen Nehrung, obwohl es auch hier arme Fischerdörfer gab. Sarkau und Neukunzen waren Fischerdörfer, dieses nicht identisch mit dem verschütteten Kunzen, Rossitten dann, ein Kirchdorf mit Elchwild und Möwenniststätten, Pillkoppen mit Häusern ohne Schornstein, da diese zu schwer für den flüchtigen Untergrund waren, Nidden, ebenfalls Kirchdorf, wie auch Perwelk – dazwischen das verschüttete Karweiten –, Schwarzort, ein beliebter Badeort, in der Nähe der Blocksberg und schließlich vor Memel Sandkrug. Die Pest von 1709 hatte das Fischerdorf Nidden verödet. Als Besonderheiten gab es auf der Nehrung bei Schwarzort die nordische Linnäa, benannt nach dem Naturforscher Linné.

Reich war der Sagenschatz der Kurischen Nehrung. Die Sage von den „Pestmännern auf der Nehrung", „Der Zug über das Haff" und „De Pomuchels von Rossitte" waren die bekanntesten. Auch viele Dichter haben die Nehrung besungen. E.T.A. Hoffmann ließ hier seine bekannteste Novelle, „Das Majorat", spielen.

Wilhelm von Humboldt hat die Nehrung 1809 auf einer herbstlichen Wagenfahrt kennengelernt, „24 Stunden lang, einen Tag und eine mondhelle Nacht, immer am Seestrand entlang, immer mit einem Rade im Wasser". Er schrieb: „Die Kurische Nehrung ist so merkwürdig, daß man sie

Am Kurischen Haff

Kurenwimpel

eigentlich ebensogut als Spanien und Italien gesehen haben muß, wenn einem nicht ein wunderbares Bild in der Seele fehlen soll." Die Nehrung ist 97 km lang, zwischen einem halben und 4 km breit.

Kurisches Haff, Brackwasser der Mündungsarme der Memel, reicht vom Samland in nördlicher Richtung hinauf bis nach Memel, wo es im Memeler Tief in die Ostsee mündet. Die nördliche Hälfte gehört zum Memelland. Das Westufer erhebt sich bis zum Dünenwall der Nehrung, der zuweilen steil ins Haff abfällt. Die Ostküste ist flach, hier gehen Wasser und Land zuweilen ineinander über. Der Boden ist schilfig und schwammig, besonders auf der Höhe des Großen Moosbruchs und der anderen Niederungen.

An der Ostküste des Haffs gibt es von Labiau bis Memel keine städtische Siedlung, nur Fischerdörfer, meist mit kurischem Charakter, mit den bunten, geschnitzten Grabtafeln auf den Friedhöfen.

Auf dem Haff kreuzen die Kurenkähne mit ihren großen Segeln und geschnitzten, bunten Kurenwimpeln, die den Herkunftsort des Kahns verraten. Da das Kurische Haff Hauptdurchzugsgebiet der Krähenschwärme ist, werden die Bewohner nach diesen „Krähenbieter" genannt.

Wasseroberfläche: 1613 qkm, Länge 90 km, Breite am Südrand bis zu 45 km.

Kurken (poln. *Kurki*), Kreis Osterode, ein Hochzinsdorf am Schwentysee. 1341 Kurkosadel, 1437 Corkau genannt. 1249 hat der Legat Jakobus den Prussen ein Privileg gegeben. In der Nähe liegt die Ortschaft Schwedrich. Alle diese Namen deuten darauf hin, daß sich hier eine Kultstätte befand oder die ganze Gegend dem Erntegott geweiht war. In einer Urkunde von 1341 ist von einem „zu setzenden Grenzzeichen für den Bischof von Ermland" die Rede. Eine Kirche wird nicht erwähnt. Bis 1712 muß ein Holzbau als Filialkirche bestanden haben; ein massiver Kirchenbau wurde 1751 bis 1757 aufgeführt. Die Wetterfahne verrät das Jahr 1753.

1939 hatte das Dorf 121 Einwohner.

Kurzebrack (poln. *Korzeniewo*), Kreis Marienwerder. Der Ort galt zwischen den beiden Weltkriegen als „einziger freier und ungehinderter Zugang" für Deutsche zur Weichsel. Reichsdeutsche durften ihn allerdings nur mit visiertem Auslandspaß betreten. Für Ostpreußen genügte ein Ausweis des polnischen Wasserbauamtes Dirschau.

1939 hatte das Dorf 495 Einwohner.

Kussen (russ. –), Kreis Schloßberg, galt als das Dorf mit den schönsten Bäumen in Ostpreußen. Die Kirche aus Feldstein, mit einem hölzernen Turm, hat Friedrich der Große 1743 erbauen lassen. Nicht weit von der Kirche stand der gewaltigste Ahornbaum der Provinz. Seine Krone hatte einen Durchmesser von 28 Metern; Stammumfang vier Meter.

Kurenwimpel aus Nidden

Nicht weit davon entfernt stand eine uralte Eiche mit einem Stammumfang von drei und einem halben Meter. Im Gutsgarten und Pfarreipark sah man hundertjährige Linden, deren stärkste einen Stammumfang von vier Metern und achtzig Zentimetern hatte.
Das Kirchspiel stammte aus der Zeit Herzog Albrechts.
1939 hatte das Dorf 660 Einwohner.
Kutten (poln. *Kuty*), Kreis Angerburg, seit 1553 Kirchdorf. 1588 wurde hier Prof. Cölestin Myslenta geboren, dem wir unser Wissen um die Religion der Prussen weitgehend verdanken. Er hat darüber eine aufschlußreiche Schrift herausgegeben.
1939 hatte das Dorf 413 Einwohner.
Labiau (russ. *Polessk*), Kreisstadt nahe der Mündung der Deime ins Kurische Haff, an der Bahnlinie Königsberg–Tilsit, auf der der „Rasende Litauer“ fuhr. 1258 schuf hier der Orden eine Grenzfeste gegen die Litauer, um Königsberg vor deren Angriff über das Haff zu schützen. Die Burg, 1277 von den Schalauern zerstört und 1280 in Stein wieder aufgebaut, war als Komturei eingerichtet. Sie galt als „nahezu uneinnehmbare Wasserburg“.
Im Schutze der Burg entstand im 13./14. Jh. eine Lischke, erwähnt 1395 als „die Krezmer vor dem Hause zu Labiow und die Gemeinde der Leute daselbst“. Ende des 15. Jh. „neun Krüge zu kulmischem Recht und das Fischereirecht von Hochmeister Michael Küchmeister, bestätigt durch den Spittler Heinrich Reuß von Plauen,

Burg Labiau

Burg Labiau

verliehen“. 1642 hat der Große Kurfürst den „Flecken zur Stadt fundieret“.
1352 schlug der Komtur Henning Schindekopf die Litauer bei Labiow. 1656 entließ Karl X. Gustav den Kurfürsten aus dem Lehnsverhältnis zur Schwedischen Krone und billigte ihm die Souveränität über Preußen zu. Hier begann die berühmte Schlittenfahrt des Kurfürsten über das Kurische Haff.
Herzog Albrecht verschrieb Schloß und Amt Labiau seiner zukünftigen Gemahlin Dorothea von Dänemark als Leibgedinge. Nach 1550 wohnte im Schloß seine zweite Frau Anna Maria. Zu ihren Ehren war der Remter mit Bildern aus der Geschichte Braunschweigs und Lüneburgs geschmückt. 1758 und 1813 plünderten Russen die Stadt.
Die dreischiffige Kirche war bekannt wegen ihrer schönen Gewölbe und wegen der beiden Figuren neben der Kanzel: Petrus und Johannes, nach dem Modell Peter Vischers in der Sebalduskirche in Nürnberg gefertigt.
Die Stadt lebte von Agrarprodukten, Fischerei und Getränkeherstellung. 1852 erschien ein erstes Wochenblatt, 1858 das Kreisblatt.
Bruno Skalweit, geboren 1867, machte sich als Hochschullehrer für Landwirtschaftliche Betriebslehre um den neuzeitlichen Ausbau der

Landsberg Kr. Preußisch Eylau

Agrarprovinz Ostpreußen und die Nutzung der „Kornkammer des Reiches" verdient. Als erster Wissenschaftler stellte er 1923 die Grundlagen für die Betriebstechnik der ostpreußischen Landwirtschaft heraus.

1939 hatte die Stadt 6527 Einwohner.

Lahna (poln. *Łyna*), Kreis Neidenburg. Hier befanden sich die Alle-Quellen, in denen man kleine Wasserschildkröten fand. Das Dorf hatte eine aus Feldstein erbaute Kirche mit einem hölzernen Turm.

1939 hatte es 225 Einwohner.

Landsberg (poln. *Górowo*), Kreis Preußisch Eylau, mitten im Stablack. 1335 gründete der Komtur von Balga, Heinrich de Muro (von Muren), das „Gemeinwesen Landstraß oder Landsberg genannt". 1414 legten die Polen die Stadt in Asche. Die 1335 erbaute Kirche und das 1367 erbaute Hospital zum Heiligen Geist wurden dabei schwer beschädigt.

1417 wird erstmals die Mühle erwähnt. 1440 trat Landsberg dem Preußischen Bund bei; 1456 wurde es zerstört.

1482 verlieh es der Orden dem Söldnerführer Nikolaus von Taubenheim. In der ersten Hälfte des 16. Jh. sank der Ort zum „Flecken" herab. 1535 kam er in die Lehnsherrschaft der Familie Truchseß von Waldburg, in der er 275 Jahre blieb. 1569 erwarb der Lehnsherr Hans Jakob Truchseß von Waldburg auch das Kirchenpatronat. Er gründete 1586 eine Schule.

Bei dem großen Brand von 1655 blieben nur die Vorstadt und die Scheunen übrig. Die Kirche baute man von 1660 bis 1665 wieder auf.

Verheerend wirkte sich die Pest aus. Sie forderte 767 Opfer. Ein Denkstein an einem der Strebepfeiler der Kirche verrät, daß nur wenige, darunter ein Andreas Tolksdorf, die Seuche überlebt haben. 1720 wurde das Heilig-Geist-Hospital neu aufgebaut.

Russen plünderten 1807 die Stadt; am 17. und 18. Februar 1807 weilte Napoleon in ihr. 1812 zog die Große Armee durch.

1818 dem Kreis Zinten, 1819 dem Kreis Preußisch Eylau zugeteilt. Die Bewohner lebten im 19. und beginnenden 20. Jh. vorwiegend von der Verarbeitung selbst gewonnener Wolle.

Eine Schützengilde bestand seit 1644, eine Garnison seit 1718. 1586 wurde die erste Schule gegrün-

Kirche zu Langheim

det. Das erste Wochenblatt erschien 1852.
1939 hatte die Stadt 3120 Einwohner.

Langheim (poln. *Łankiejmy*), Kreis Rastenburg, zwischen Barten und Natangen gelegen, erhielt seine Handfeste 1367 von Hochmeister Winrich von Kniprode. Lokator war Hans Straupe. Das Schloß wurde 1805 erneuert.

Das Dorf hatte eine massive Kirche aus Ordenszeit mit hohem Turm, im Erdgeschoß Feldstein, darüber Ziegel mit je Geschoß vier spitzbogigen Blenden und einem Satteldach mit zwei Staffelgiebeln, nach einem Orkan 1818 wiederhergestellt. Der Ostgiebel hatte sieben auf- und absteigende Staffeln mit übereck gestellten Pfeilerchen. Die Kanzel war „von der Zuhörer Freygebigkeit gezieret Anno 1687", erneuert 1864, mit einem spätgotischen Kruzifix im Schalldeckel. Die Orgelempore stammte aus dem 17. Jh. Vor dem Altar befanden sich vier große Grabsteine.
1939 hatte das Dorf 733 Einwohner.

Langwalde (poln. *Długobór*), Kreis Braunsberg, erhielt 1318 die Handfeste. Die aus dem 14. Jh. stammende Kirche weihte Bischof Kromer 1581 dem heiligen Johannes, dem Evangelisten. Sie hatte ein hölzernes Tonnengewölbe von 1746 und eine Kanzel und einen Seitenaltar von 1671.
1939 hatte das Dorf 588 Einwohner.

Lappienen (russ. –), Kreis Elchniederung, ein Marktflecken an der Gilge, auf trockengelegtem Boden angelegt. 1674 ließ die Gräfin Waldburg

Dorf Langwalde

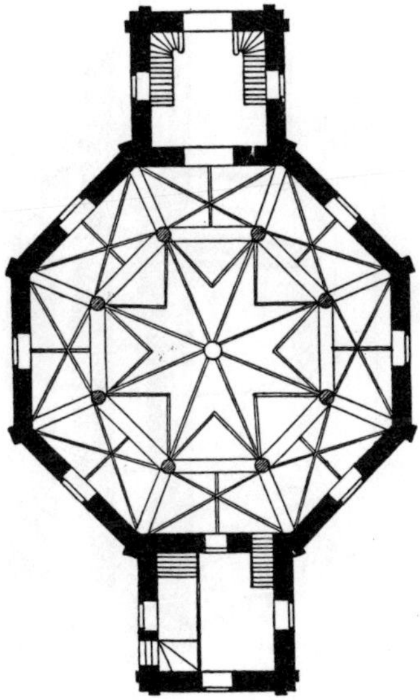

Kirche zu Lappienen

eine Kirche erbauen, die früher die Rautenbergsche hieß, ein Achteckbau mit zwei Anbauten, einer Vorhalle und einer Sakristei. Der zwei Meter hohe und, wie es heißt, an die acht Meter in die Tiefe gehende Sockel bestand aus mächtigen Granitquadersteinen. Darauf erhob sich ein verputzter Ziegelbau. Über dem Eingangsportal und auf der Wetterfahne, die den achteckigen hölzernen durchbrochenen Dachreiter mit welscher Haube krönte, stand die Jahreszahl 1700. Neben der Kanzel befand sich ein Denkmal für den Grafen Heinrich Christian von Keiserling, gestorben 1787. Im Gewölbe der Kirche ruhen die Erbauerin des großen Friedrichsgrabens, Louise Katherina geb. von Reuter und ihr zweiter Gemahl, der Freiherr von Truchseß-Waldburg.

Laptau (russ. *Muromskoje*), Kreis Samland, hieß in prussischer Zeit Lobetow; 1255 als Labota, 1258 als Lowbuthe erwähnt.

Sockel der Kirche zu Lappienen

Die bischöfliche Burg, zugleich Kammeramt, wurde 1351 an der Cranzer Kunststraße erbaut. 1851 verwendete man ihre Steine zum Ausbau der Cranzer Chaussee.
Die Pfarrkirche muß 1354 bereits gestanden haben; in diesem Jahr wird ein Krug in dem neben der Kirche von Laptau gelegenen Dorf Auktekaymen verschrieben. Der Turm trug eine welsche Haube. Das Langhaus hatte vier Joche und einen spitzbogigen Triumphbogen. Das Altarbild zeigt die Mutter Gottes mit dem Jesuskind und der heiligen Anna. Das Kind trug ein Hemdchen aus „feinem weißem Cattun", das der Legende zufolge nie gewaschen zu werden brauchte.
1939 hatte das Dorf 611 Einwohner.
Lasdehnen s. Haselberg
Lauck (poln *Ławki*), Kreis Preußisch Holland, erhielt seine Handfeste 1376. Die Pfarrkirche stammt vom Ende des 14. Jh. Ziegelbau im gotischen Verband, vielfach überputzt, Turm bis zur Kirchdecke aus Ziegeln, darüber Holz. Wetterfahne von 1775 mit dem Dohnaschen Wappen. Innen flach gedeckt. Die Kirche besitzt wertvolle Abendmahlsgeräte aus Zinn, die ihr nach der Schwedenzeit 1662 geschenkt wurden.
Das Schloß befand sich im Besitz des Grafen zu Dohna, es war Anfang des 18. Jh. erbaut; Turm an der Ostseite 19. Jh.
1939 hatte das Dorf 402 Einwohner.
Laugszargen (russ. *Laukssargiai*), Kreis Tilsit-Ragnit. Grenzstation an der Straße Tilsit–Riga. Das Kirchdorf liegt zu beiden Seiten der Straße. Unmittelbar hinter der Grenze stand die Mühle von Poscherun, in der am 30. Dezember 1812 zwischen General Yorck von Wartenburg und dem russischen General von Diebitsch die Konvention von Tauroggen abgeschlossen wurde. Yorck hatte die preußische Armee, die bisher auf Seiten Napoleons gegen Rußland gekämpft hatte, auf eigene Verantwortung für neutral erklärt und damit den Freiheitskampf gegen Napoleon eingeleitet.
Seit 1833 führte die Poststraße von Berlin nach St. Petersburg über Laugszargen und Tauroggen. Das Dorf war für den Grenzhandel und Schmuggel von Bedeutung.
1941 hatte es 500 Einwohner.

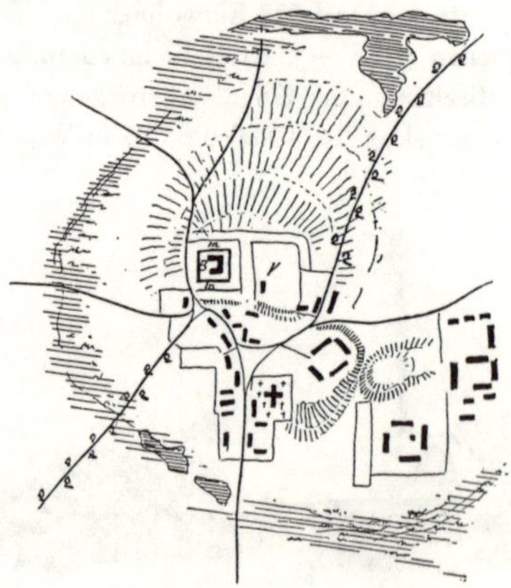

Burg zu Laptau

Laukischken (russ. *Ssaranskoje*), Kreis Labiau. Der Ort wird erstmals 1258 unter dem Namen Lowki erwähnt, später Lauken. 1327 hat eine Ordensburg gestanden, in der seit 1390 ein Kämmerer saß. Die Burg wurde zum Schutz gegen die Schalauer angelegt.

Nach 1525 „Jagdbude" Herzog Albrechts. Markgraf Georg Friedrich ließ sie 1581 vom Baumeister Blasius Berwart in ein „lustiges Schlößchen" umbauen, das den Namen Friedrichsburg erhielt. Markgraf Johann Sigismund soll hier 1595 einen „Haupt-Auer", einen Wisent, erlegt haben, den sein Hofmaler später in Öl malen mußte.

1939 hatte das Dorf 824 Einwohner.

Lautern (poln. *Lutry*), Kreis Rößel, ursprünglich Luter, nach dem Gründer, Vogt Heinrich von Luter. Handfeste von 1375.

Die Pfarrkirche brannte 1550 ab und wurde wieder aufgebaut; Bischof Kromer weihte sie 1580 der heiligen Maria Magdalena. 1860 wurde sie völlig neu gebaut.

1939 hatte das Dorf 781 Einwohner.

Layß (poln. *Łaisy*), Kreis Braunsberg, im 16. Jh. als Laysa erwähnt, später häufig Lächs genannt. Die Pfarrkirche wurde um 1400 angelegt. Vorher stand im Ort bereits eine Kirche, denn von 1315 bis 1317 wird ein Pfarrer genannt. Der Turm scheint von dieser früheren Kirche übernommen zu sein. Die Kanzel fertigte der Maler Feyerabendt im Jahr 1786.

1939 hatte das Dorf 500 Einwohner.

Legienen (poln. *Leginy*), Kreis Rößel, erhielt die Handfeste 1359. Die alte Kirche war der heiligen Maria Magdalena geweiht. Der Neubau von 1824 war nüchtern, ohne Turm; ein Ziegelbau auf einem Feldsteinsockel. Drei Altäre wurden aus der alten Kirche übernommen. Die Kirche besaß eine Monstranz von 1664, ein Geschenk des Herrn Johann von Oelsen. Die Grabmäler der Familie von Oelsen und deren Wappen befanden sich in der Kirche.

1939 hatte das Dorf 558 Einwohner.

Leuchtturm von Pillau

Lemitten (poln. *Limity*), Gemeinde Albrechtsdorf (poln. *Wojciechowo*) im Kreis Heilsberg.

Andreas Stanislaus von Hatten, geboren 1763, Sohn eines Landjägermeisters, wurde 1835 zum Bischof von Ermland gewählt. Im Streit um die konfessionell gemischten Ehen vertrat er 1838 die päpstlichen Weisungen und geriet in scharfen Gegensatz zum Oberpräsidenten von Schön. Seine Bemühungen um die Erhaltung des bischöflichen Schlosses in Heilsberg, dessen Niederlegung von Schön betrieb, waren von Erfolg gekrönt. König Friedrich Wilhelm IV. rettete das Schloß. Von Hatten wurde 1841 vom Schneidergesellen Kühnapfel beraubt und ermordet.

1939 hatte Albrechtsdorf 222 Einwohner.

Leuchttürme. Die vier wichtigsten Leuchttürme an der ostpreußischen Ostseeküste standen in Vitte bei Memel; in Nidden, auf der Kurischen Nehrung; in Brüsterort, an der Samlandküste; in Pillau.

Kirche in Leunenburg

Der Leuchtturm von *Vitte* wurde 1796 errichtet und 1819 erhöht. Sein Licht ist etwa 28 km weit sichtbar. Nach dem Tief zu ist er schachbrettartig rot und weiß gestrichen. Man hat von seiner Galerie eine prächtige Aussicht.
Auf der nördlichen Memeler Mole befindet sich ein kleiner Leuchtturm, 10 m hoch, mit einem permanenten roten Feuer.
Der Leuchtturm von *Nidden* wurde 1873 – 1874 auf dem Dünenhügel Urbokalus südlich Nidden erbaut. Er erhebt sich 23 m über einem starken Steinsockel. Die Laterne ist aus Eisen und mit großen Spiegelscheiben versehen. Der Brennapparat in Innern hat einen Kranz Fresnelscher Linsen. Begreift man die Höhe des Hügels mit ein, blinkt sein Leuchtfeuer 68 m über dem Meeresspiegel alle 10 Sekunden auf. Es ist über 40 km weit sichtbar. Da früher, besonders bei Sturm, Schiffe, die nach Memel fuhren, auf die Flachküste bei Nidden aufliefen, sollte der Leuchtturm diese warnen.
Auf dem Landvorsprung bei Rossitten befindet sich ferner eine Haffleuchte als Warnzeichen für die Haffischer. Weitere Leuchtfeuer fand man bei Cranzbeek, Perwelk, in der Windenburger Ecke, beim Berschtwinschen Haken, in der Nemonien- und Deimemündung.
Der Leuchtturm von *Brüsterort,* ein achteckiger Ziegelbau, wurde 1846 fertiggestellt. Er ist 30 Meter hoch und überragt den Meeresspiegel um 59 m. Er hat ein permanentes, durch Verdunklungen unterbrochenes Licht; in jede Verdunklung hinein zucken drei Blitze: ein Mischfeuer, das 40 km weit sichtbar ist. Vom Leuchtturm hat man einen einmaligen Panoramablick. Dreiviertel sind Meer, die Ostsee, in ihrem Farbenspiel. Der Leuchtturm war als Schutz vor den Steingründen an der Küste gedacht.
Der Leuchtturm von *Pillau* wurde 1805 bis 1813 an der Stelle eines Lotsenturms mit Leuchtfeuer erbaut und ist 30 m hoch. Seine Kuppel ist nachts erleuchtet und über 25 km weit sichtbar. Von der Galerie hat man eine Rundblick auf die Stadt Pillau, den Hafen, das Haff und die Ostsee.
Auf der Nordermole steht ein kleiner Leuchtturm, 1880 aus Eisen erbaut. Er hat ein permanentes Rotlicht, ist 13,7 m hoch und 16 km weit sichtbar. Eine Landmarke auf dem Schwalbenberg bei Pillau, 1812 erbaut, sollte die Haffischer warnen.
Ferner gab es an der Ostseeküste Sturmwarnsignale und Nebelsignale, dazu seit 1865 einen ausgebreiteten Rettungsdienst.

Leunenburg (poln. *Sątoczno*), Kreis Rastenburg, am Zusammenfluß von Guber und Zaine gelegen. Den Namen erhielt der Ort von der Burg, die der Komtur von Balga, Dietrich von Altenburg, 1326 erbauen ließ. Die Burg wiederum hatte ihn vom „velde“ erhalten; lunen = Sumpf.
Das Dorf war Mittelpunkt eines Kammeramtes. Kurz vor 1344 wurde eine Komturei Leunenburg gegründet, die nur drei Jahre bestand. Das Waldamt wurde der Komturei Rhein unterstellt, später dem Pfleger von Rastenburg. 1468 verlieh der Orden Burg und Lischke dem Ritter Albrecht

Vogt von Ammerthal; 1490 gingen beide auf Botho zu Eulenburg auf Prassen über.
Burg 1628, im Schwedenkrieg, zerstört. Lischke schon 1346 von den Litauern heimgesucht, dann größer wieder aufgebaut. 1403 hatte sie eine Kirche, 1409 wahrscheinlich auch eine Schule. Im 16. Jh. dreimal von Bränden zerstört. 1839 bis 1842 Kirche „größer denn je“ wieder aufgebaut. Sie betreute damals 34 Ortschaften.
Die große Kirche wie die großzügig angelegten Lauben um den Markt mögen zum Entstehen der Sage Anlaß gegeben haben, Leunenburg sei früher einmal eine Stadt mit sieben Kirchen gewesen.
1939 hatte die Gemeinde Prassen, zu der Leunenburg gehörte, 1469 Einwohner.

Lichtenau (poln. *Lechowo*), Kreis Braunsberg, erhielt seine Handfeste 1326 mit der Auflage, dort eine Kapelle zu bauen.
Die Pfarrkirche, ursprünglich Kapelle, stand 1343; als Zeuge wird Pleban Bertholdus erwähnt. Durch Verlängerung errichtete Pfarrer Gehrmann 1676 bis 1710 die neue Kirche als Ziegelbau. Bischof Załuski weihte sie 1702 dem heiligen Johannes dem Täufer. Der Turm kam 1835 hinzu. Der Hochaltar, zweigeschossig, stammte aus dem Jahr 1697. Das Ölbild zeigte Maria mit dem Kind und dem kleinen Johannesknaben, 1724 gemalt. Die weitere Ausstattung stammte aus dem 18. Jh.
1939 hatte das Dorf 588 Einwohner.
Anton Lingk, geboren 1867, Sohn eines Mühlenbesitzers, wurde 1925 zum Präsidenten des ermländischen Bauernvereins gewählt und widmete sich dem ländlichen Genossenschaftswesen. Er war im Aufsichtsrat der ermländischen Hauptgenossenschaft und Zentralkasse.

Lichtenhagen (russ. –), Kreis Samland. Als Gründer des Dorfes wird 1304 urkundlich der Komtur von Brandenburg, Konrad von Lichtenhayn aus dem Meißener Lande, erwähnt, dessen Namen es erhielt.
Hochmeister Heinrich Dusemer schenkte das Zinsdorf 1349 mitsamt Kirche und Mühle dem Benediktinerkloster auf dem Löbenicht zu Königsberg. Die Kirche weihte 1350 Bischof Jakob von Samland. Der ermländische Bischof Johann Stryprock bestätigte die Weihe 1363 als zuständiger Diözesanbischof. Gleichzeitig wurde die Kirche dem Kloster inkorporiert.
1939 hatte das Dorf 317 Einwohner.

Liebemühl (poln. *Miłomłyn*), Kreis Osterode, am Oberländischen Kanal. Um eine befestigte Wassermühle vom Ende des 13. Jh. schloß sich der Ort Lyebemole, der 1334 vom Christburger Komtur, Walter Kerskorff, die städtische Handfeste erhielt. Lokator war der Dorfschulze von Herzogswalde. Die Stadt erhielt kulmisches Recht. Die Handfeste wurde 1438 erneuert, da die alte verbrannt war. Neben der Mühle entstand eine Ordensburg, Sitz einer Ordenskommende, die 1322 Ausgangspunkt für die Aufsiedlung des Landes Sassen war.
Die Pfarrkirche, als Teil der Stadtbefestigung 1431 erbaut, war dem heiligen Bartholomäus geweiht. Sie hatte einen Schnitzaltar von 1718. 1901 erneuert. Der Glockenturm stand abseits

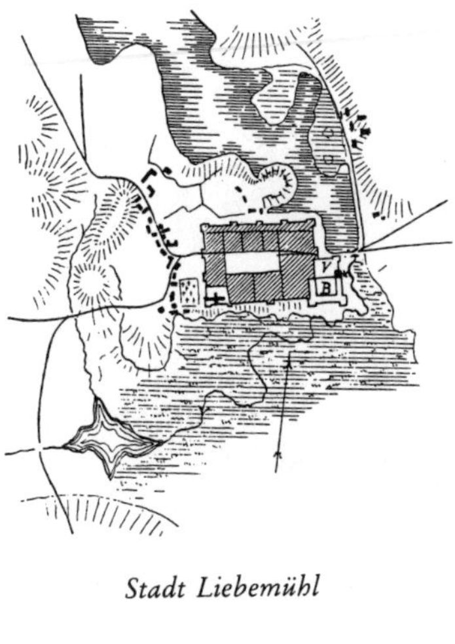

Stadt Liebemühl

und war als Wehrturm mit der Kirche durch einen Kreuzgang verbunden.
1552 Burg und Stadt dem Hohensteiner Landrichter Albrecht Finck verpfändet; 1568 die Kommende Residenz des evangelischen Bischofs von Pomesanien, der zugleich die Jurisdiktion über die Stadt erhielt. Bischof Georg Venediger und sein Nachfolger, der letzte Bischof Pomesaniens, residierten bis 1587.
1628 bezog Gustav Adolf in der Stadt Winterquartier.
Liebemühl, 1752 dem Kreis Mohrungen zugeteilt, 1818 dem Kreis Osterode. Erste Schützengilde 1616 gegründet. Stadtschulen gab es im 17. und 18. Jh. Die Reformation hielt 1525 Einzug.
1939 zählte die Stadt 2434 Einwohner.
Liebenfelde, früher Mehlauken (russ. *Salessje*), Kreis Labiau. Ein Marktflecken, an dem blühender Handel getrieben wurde. Das Straßendorf wuchs mit dem Dorf Alexen zu einer ununterbrochenen Häuserreihe zusammen. Die Kirche war im Stil der Friedenskirche zu Potsdam „durch die Huld König Friedrich Wilhelms IV." erbaut worden. 1846 eingeweiht.
1939 hatte das Dorf 4089 Einwohner.
Liebstadt (poln. *Miłakowo*), Kreis Mohrungen, an der Liebe, einem Nebenflüßchen der Passarge gelegen, als Ordensgründung 1315 erstmals erwähnt, hat wahrscheinlich schon 1302 bestanden. 1323 zur Stadt erhoben. Eine Ordensburg in der Nähe, 1354 erstmals erwähnt, gehörte zur Komturei Elbing. Die Stadtkirche stammte aus dem 14. Jh.
1414 Stadt von den Polen, 1659 von den Schweden niedergebrannt. 1807 Hauptquartier des Marschalls Soult.
Beim großen Stadtbrand von 1817 verbrannte auch die Kirche; 1823 neu gebaut. Alle aus dem Mittelalter stammenden Bauten gingen im Feuer unter.
Die Stadt hatte 1490 eine neue Handfeste nach kulmischem Recht von Hochmeister Hans von Tiefen erhalten. Seit 1752 gehörte sie zum Kreis Mohrungen.
Trescho, der Lehrer Herders, 1733 geboren, in Königsberg Theologie studiert, dann Diakonus in Mohrungen, ein fruchtbarer theologischer Schriftsteller. Berühmt waren seine Briefe über neueste theologische Literatur. Auch dichtete er Kirchenlieder.
Eine Schützengilde bestand seit 1692, eine Garnison ab 1716. 1409 erste Schule eröffnet.
1939 hatte die Stadt 2742 Einwohner.
Liebwalde (poln. *Lubochowo*), Kreis Mohrungen. Auf der Liebwalder Feldmark lag eine alte Feste mit einem Graben und an beiden Flügeln doppeltem Wall, der Sage nach gegen ein naheliegendes Kloster erbaut, auf der Höhe neben Läwelt.
Einen Kilometer östlich der Kirche soll ein Kloster gestanden haben; Fundamentreste wie ein Friedhof bezeugten dies.

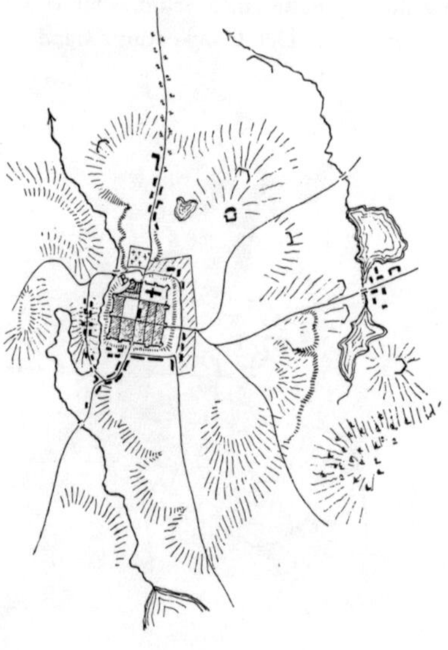

Stadt Liebstadt

Lochstädt (1560)

Die Pfarrkirche war seit 1635 Mutterkirche von Preußisch Mark, sie stammte aus der Ordenszeit, vielfach umgebaut. Der Altar: Anfang des 18. Jh. datiert.
1939 hatte das Dorf 591 Einwohner.
Lochstädt (russ. –), Kreis Samland. Der Ort hat seinen Namen nach dem Samländer Laucstiete erhalten. Um 1270 gleichzeitig eine Burg des Ordens und ein Schloß des Bischofs von Samland erbaut. Die Burg 1275 bis 1285 in Stein ausgebaut und 1300 vollendet. Der erste Baumeister von Marienburg war hier am Werk. Daraus, wie aus der Größe der Anlage, läßt sich schließen, daß hier ein Komtursitz vorgesehen war. Die Burg erhielt eine Burgkapelle, einen Remter und einen Kapitelsaal.
1305 wird ein Komtur von Lochstädt erwähnt, doch spätestens seit 1327 war die Burg Sitz eines Pflegers, der gleichzeitig Bernsteinmeister war. Bis 1581 war das Bernsteinamt des Ordens in Lochstädt.
1422 wies Hochmeister Paul von Rußdorf die Burg Heinrich von Plauen als Wohnsitz zu, der, im Mai 1429 zum Pfleger bestellt, noch im selben Jahr starb.
Da die Kirche 1507 erstmals erwähnt wird, kann angenommen werden, daß sowohl die Schloßbewohner als auch die der Lischke dem Gottesdienst in der Schloßkapelle beiwohnten.
Nach der Säkularisierung des Ordensstaates wurde Lochstädt Hauptamt. 1626 litt es schwer unter der Belagerung der Schweden. König Gustav Adolf richtete ein Lager ein. Die Burg verfiel immer mehr. 1701 befahl König Friedrich I., Teile von ihr abzutragen und das Material dem Ausbau von Pillau zuzuführen.
1760 ließ der russische Generalleutnant von Korff, der aus dem Baltikum stammte, die Kapelle neu ausgestalten. 1805 kam die Burg vorübergehend in Privatbesitz. Nachdem sie 1807 unter den Franzosen arg gelitten hatte, ging sie in den Besitz des Staates über.
Locken (poln. *Łukta*), Kreis Osterode. Lucten war zur Ordenszeit Kammeramt der Komturei Elbing. Eine Burg soll auf dem rechten Locke-Ufer gestanden haben.
An die Pfarrkirche war eine bedeutsame Kapelle angebaut, die 1878 abgebrochen wurde. Das Erdgeschoß des Turms war aus Ordenszeit, darüber späterer Holzaufbau mit Zwiebelspitze und Wetterfahne von 1816. Die Kirche wurde 1879 wiederhergestellt. Altar und Kanzel stammen aus dem Jahr 1601.
1939 hatte das Dorf 780 Einwohner.
Lötzen (poln. *Giżycko*). Kreisstadt im Regierungsbezirk Allenstein, auf der Landenge zwischen Löwentin- und Mauersee gelegen. Um 1350 die „Leczenburg“ erbaut, erwähnt in einer Tei-

Burg Lochstädt

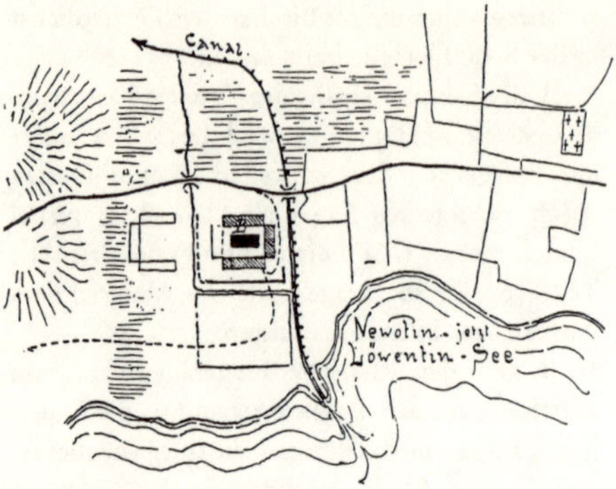

Haus Lötzen

lungsurkunde Hochmeister Dietrich von Altenburgs. 1365 von Kynstut erobert und zerstört, um 1390 an anderer Stelle in Stein wieder aufgebaut und 1613 im barocken Stil erweitert. Seit dem 14. Jh. war Lötzen Sitz eines Pflegers. Um die Burg entstand die Scharwerksiedlung Neuendorff.

Urkundlich wird 1523 auch eine Niederlassung „Leczin" genannt, die neben Neuendorff immer mehr an Bedeutung gewann, so daß beide Siedlungen nach ihrer Vereinigung im ersten Viertel des 16. Jh. den Namen Lötzen erhielten. Am 12. Mai 1612 bekam der neue Ort das Stadtrecht von Herzog Johann Sigismund. Tatarenstürme und Brände richteten im 17. Jh. mehrfach Zerstörungen an; 1657 brannte die ganze Stadt bis auf Kirche und Rathaus nieder. Am 24. August 1669 erneuerte und erweiterte der Große Kurfürst die Stadtprivilegien. Doch bereits zu Beginn des 18. Jh. wütete die Pest und raffte zwei Drittel der Bevölkerung dahin.

Salzburger wanderten ein. Lötzen wurde eine Ackerbürgerstadt. Seit dem Kanalausbau blühte die Stadt auf. Mühlen, Sägewerke, Zement- und Seifenindustrie entstanden, Viehzucht und Fischerei gewannen an Ansehen. Seit 1782 hat sich die Einwohnerzahl fast verzehnfacht. Der Fremdenverkehr zu den Masurischen Seen setzte ein. Man pflegte Segeln und Eissegeln.

Nach den Plänen Schinkels 1827 eine evangelische Kirche erbaut und 1881 erneuert. Sie erhielt ein Altarbild von Pfannschmidt.

Das Ordenshaus diente seit Beginn des 17. Jh. der kurfürstlichen Hofhaltung als Jagdhaus; es wurde um zwei Flügel erweitert, die im 18. Jh. abbrannten.

Karl Friedrich Milkau, geboren 1859, Direktor der Universitätsbibliothek in Breslau und 1921 Generaldirektor der Preußischen Staatsbibliothek, zählte zu den bedeutendsten Bibliothekaren seiner Zeit. Krönung seines wissenschaftlichen Lebenswerkes war die Herausgabe des Handbuchs der Bibliothekswissenschaft, zu dem er den Beitrag „Der Bibliothekar und seine Leute" beigesteuert hatte.

Eine Schützengilde bestand seit 1654, eine Garnison seit 1861. Kommandantur der naheliegenden Festung Boyen 1887 eingerichtet. Das erste Wochenblatt erschien 1849, die erste Zeitung 1908.

Unmittelbar vor der Stadt befindet sich der Tafelberg mit dem St. Bruno-Kreuz, einer Nachbildung des St. Adalbert-Kreuzes bei Tenkitten. Das Kreuz trägt die Inschrift: „Dem kühnen deutschen Missionar, der als erster Vorkämpfer in Masuren mit 18 Gefährten am 9. März 1009 für Christus und sein Reich den Märtyrertod erlitten hat, dem edlen Brun von Querfurt zum ehrenden Gedächtnis..." Am 30. Oktober 1910 eingeweiht.

Den höchsten Punkt im Lötzener Gebiet bildete die Wilhelmshöhe. Hier stand ein Aussichtsturm, dessen Galerie 126 m über dem Seespiegel und 243 m über dem Meeresspiegel lag. Man hatte einen Fernblick über Täler und Höhen, Wälder und Seen, Städte und Dörfer.

1939 hatte Lötzen 16288 Einwohner.

Löwenstein (poln. *Lwowiec*), Kreis Gerdauen. Die Marienkirche wurde in der zweiten Hälfte des 14. Jh. vom Hochmeister Winrich von Kniprode gegründet. Sie war zu Beginn des 20. Jh. die

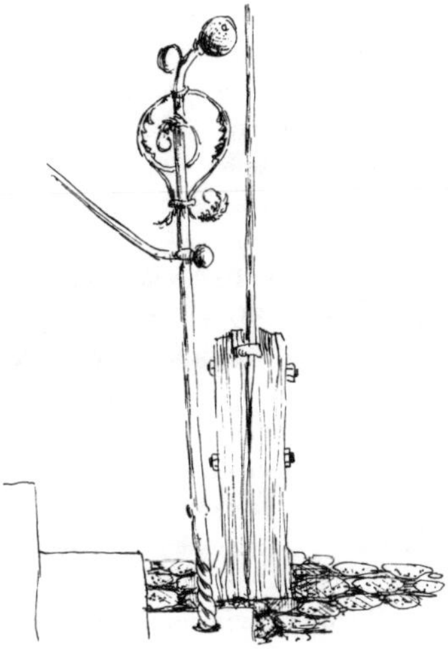

Hausaufgang in Lötzen

besterhaltene Kirche Natangens. Ein Ziegelbau im gotischen Verband auf einem Feldsteinsockel mit angebauter Vorhalle und Sakristei. Der Turm mit einer Wetterfahne von 1688 und 1800. In den siebziger Jahren des 18. Jh. gründlich im Innern wiederhergestellt. Sie hat eine schöne Kanzel von 1608/1609.

Die Kirche bewahrte Fahne und Degen eines Bauernsohns aus Löwenstein, der im Dreißigjährigen Krieg schwedischer Oberstlieutenant wurde.

1939 hatte das Dorf 588 Einwohner.

Löwentinsee (poln. *Jezioro Niegocin*), ein Binnensee auf dem preußischen Höhenrücken bei Lötzen. Aus dem Mauersee kam man durch den 1765 zum Holztransport zum Narew angelegten Kanal in den Löwentinsee. Da die vom Kanal durchschnittene Landenge den Feinden Einlaß ins Innere Ostpreußens gewährte, legte man hier die Feste Boyen an.

Der Löwentinsee ist am tiefsten (40 m) bei Lötzen, wo seine Ufer kahl, im Gegensatz zu den westlichen Ufern, die von prächtigen Waldungen bedeckt sind. Er ist fischreich, dafür inselarm. Nur in der Nähe des Ostufers befindet sich die Franzoseninsel. Schilfbüschel im See weisen auf Untiefen hin.

Der See hat eine Oberfläche von 26 qkm und liegt 116 m über dem Meeresspiegel.

Lokau (poln. *Tłokowo*), Kreis Rößel.

Andreas Thiel, geboren 1826, besuchte die Dorfschule in Lokau, hernach auf den Rat seines Lehrers das Progymnasium in Rößel und das Gymnasium in Braunsberg. Im Lyceum Hosianum studierte er Theologie, 1858 Professor für Kirchengeschichte und Kirchenrecht. Er gehörte zu den Gründern des Ermländischen Geschichtsvereins, in dessen Zeitschrift er Beiträge zur ermländischen Kulturgeschichte veröffentlichte. 1885 zum Bischof von Ermland geweiht, leitete er 23

Kirche Lokau, Detail

Jahre lang die Diözese. Wilhelm II., der sein Gut in Cadinen hatte, war sein Nachbar.
1939 hatte das Dorf 519 Einwohner.

Ludwigswalde (russ. –), Kreis Samland. Im Jahre 1332 erwähnte der Komtur Rüdiger von Thalheim das Dorf Ludwigswalde als „neu zu erbauendes“ anstelle eines früher errichteten Dorfes und gebot, „dort eine Kirche“ zu errichten, der er Freihufen verlieh. Der Turm wurde nachträglich, noch im gotischen Verband, vorgebaut. Altar, Kanzel und Taufengel stammten aus dem 18. Jh.
1939 hatte das Dorf 712 Einwohner.

Lyck (poln. *Ełk*), Regierungsbezirk Allenstein, Hauptstadt Masurens, am Lycker See gelegen. Eine Ordensburg, 1398 urkundlich erwähnt, von Ulrich von Jungingen, dem Komtur von Balga, auf einer Insel des Lyck-Sees angelegt und erweitert. Die endgültige Gestalt erhielt sie 1408.
Im 13jährigen Städtekrieg, wahrscheinlich 1454, niedergebrannt. 1497 ließ Hochmeister Friedrich von Meißen die Burg als „Schutz gegen Polen“ wieder aufbauen und stark befestigen.
Um die Burg bildete sich eine Fischersiedlung „Zu Likke“, die 1425 von Hochmeister Paul von Rußdorf eine Dorf-Handfeste erhielt. 1445 in Rastenburg bestätigt. 1534 ist erstmals von einer „Stadt Lyck“ die Rede, doch erst 1669 verlieh der Große Kurfürst dem Ort neue Privilegien und erhob ihn zur Stadt.
Brände und Tataren suchten Lyck mehrfach heim, dreimal wütete die Pest. 1656 hatten Tataren die Stadt restlos niedergebrannt.

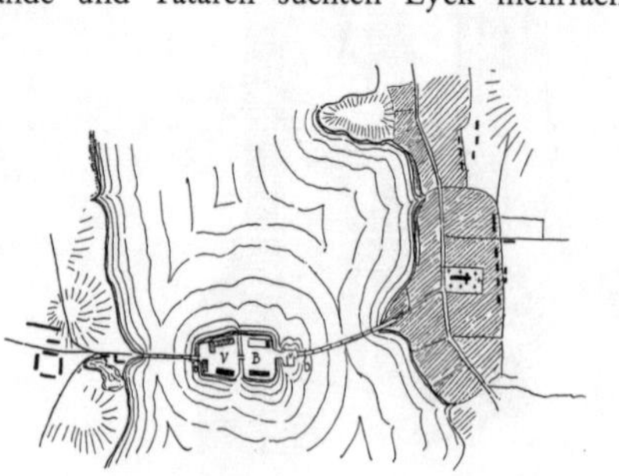

Haus Lyck

Von Lyck aus hatte der Orden mit der Gewinnung Masurens begonnen. Eine erste Kirche, vom Bischof von Pomesanien, Paul Speratus, erbaut, war 1651 mitsamt einer reichen Bibliothek abgebrannt. Auch ein Neubau brannte kurz nach Fertigstellung nieder. Backsteinbau von 1688 wegen Baufälligkeit 1837 geschlossen. An seiner Stelle erstand ein neugotischer Bau, der 1850 eingeweiht wurde. Die 1853 erbaute katholische Kirche war dem heiligen Adalbert geweiht.
1788 bis 1795 hatte General Guenther in Lyck in Garnison gelegen. Er hatte sich im Feldzug von 1794 besonders ausgezeichnet und bekam auf dem Markt ein Denkmal.
1812 alte Lateinschule in ein Gymnasium umgewandelt, dessen Aula Statuen aus dem klassischen Altertum zierten. In den beiden Weltkriegen wurde die Stadt schwer zerstört; nach dem Ersten Weltkrieg konnte sie mit Hilfe der Patenstadt Oppeln rasch wieder aufgebaut werden.
Ludwig Franz Adolf Josef von Baczko, geboren 1756, schuf bedeutsame geschichtliche Werke, eine sechsbändige Geschichte Preußens und ein Handbuch der Geschichte und Erdbeschreibung Preußens aus dem Jahr 1784. Er gab die Annalen des Königlichen Preußens heraus. Seine belletristischen Arbeiten haben die Zeiten nicht überstanden.
Siegfried Lenz, geboren 1926, hat mit seinen Romanen „Deutschstunde“, das „Vorbild“ und „Heimatmuseum“ einen wesentlichen Beitrag zur Gegenwartsliteratur und zugleich zur Vergangenheitsbewältigung geleistet. Im „Heimatmuseum“ hat er seiner Vaterstadt ein Denkmal gesetzt. Das Wesen des masurischen Menschen fand in seinen „Suleyker Geschichten“ Ausdruck.
Zu den Erwerbszweigen der Stadt zählten neben der Herstellung von Holz- und Agrarprodukten das Teppichknüpfergewerbe und die Webschulen. Der doppelt geknüpfte masurische Wandtep-

pich ist weit über die Grenzen Ostpreußens hinaus ein Begriff.
Eine erste Druckerei eröffnete der Pfarrer Maletius im Jahr 1536. Er druckte eine polnische Bibel und andere Bücher in polnischer Sprache und half damit, die Reformation in Masuren einzuführen. Es war nach Marienburg und Königsberg die dritte Druckerei Preußens.
Eine Schützengilde bestand seit 1673, die Garnison war mit der Stationierung eines Teils der Schwarzen Husaren 1742 eröffnet. Erste Kirchschule 1499. Seit 1813 ein Gymnasium, seit 1909 ein Lyzeum. 1908 das Königliche Lehrerseminar, von dem aus man den besten Rundblick über die Stadt hatte.
Ein gemeinnütziges Unterhaltungsblatt erschien 1840; im Jahr darauf folgte das Lycker Kreisblatt. Seit 1879 erschien die „Masovia“.
1939 zählte die Stadt 16482 Einwohner.
Mahnsfeld (russ. –), Kreis Samland. 1488 erstmals als Mansfelt erwähnt. Die Pfarrkirche stammte aus der Ordenszeit; im 18. Jh. abgebrochen und durch einen Fachwerkbau ersetzt. Dieser 1819 niedergerissen und in schlichter Form wieder aufgebaut. Die Kirche besaß wertvolle Bücher: ein Landrecht von 1685 und ein vollständiges „Kirchen-Buch“ von 1697 in rotem Samt mit Silberbeschlägen. Dazu zwei Kupferstiche vom Großen Kurfürsten nach Gemälden von J. Vaillant, von Andreas Vaillant gestochen.
1939 hatte das Dorf 522 Einwohner.
Malleczewen, seit 1938 Malleten (poln. *Małęcino*), Kreis Lyck. Der erste evangelische Erzpriester, Johannes Maletius, gründete 1536 eine Buchdruckerei, die dritte im Herzogtum Preußen.
Manchengut (poln. *Mańki*), Kreis Osterode, am Flüßchen Amling gelegen, erhielt die Handfeste 1340 vom Komtur von Christburg. Die Kirche wurde anstelle einer älteren 1770 erbaut. Holzturm mit schindelgedeckter Spitze und Wetterfahne von 1887 (früher 1770). Der Turm stammt

Lyck

von Hans Weichert, erbaut 1685. Die Kirche besaß zwei Holzstatuetten, eine Maria mit Kind und eine Pietà.
1939 hatte das Dorf 248 Einwohner.
Marggrabowa s. Treuburg
Marienburg (poln. *Malbork*), Kreisstadt im Regierungsbezirk Westpreußen, auf dem östlichen Hochufer der Nogat gelegen. Ordensmeister Konrad von Tierenberg gründete die Burg 1274 zu Ehren der Patronin des Ordens am rechten Nogatufer. Sie sollte das bedeutendste Bauwerk des Deutschen Ordens werden. Nordflügel mit Kirche und Kapitelsaal des Hochschlosses waren schon 1280 vollendet. Im 14. Jh. folgten das Mittelschloß, Ende des 14. Jh. der Hochmeisterpalast, so daß der ganze Bau 1398 vollendet war.

Die Burg war als Sitz eines Komturs gedacht. Seit Hochmeister Siegfried von Feuchtwangen den Hochmeistersitz des Ordens von Venedig nach Marienburg verlegt hatte, fanden hier die großen Kapitel des Gesamtordens statt, an denen auch Deutschmeister und Meister in Livland teilnahmen und auf denen die Hochmeister und die fünf Gebietiger des Ordens gewählt wurden.
Heinrich von Plauen hatte die Burg nach der verlorenen Schlacht bei Tannenberg (1410) erfolgreich verteidigt; das gleiche war dem Orden auch 1454 gelungen. Doch, in Geldschwierigkeiten geraten, mußte er die Burg 1455 an seine Söldner verpfänden, die nichts Eiligeres zu tun hatten, als sie an den Polenkönig zu verkaufen. Am 7. Juni 1457 zog der König von Polen in das

Marienburg, Remter

Schloß ein, das Hochmeister Ludwig von Erlichshausen erst tags zuvor Hals über Kopf verlassen hatte, um auf abenteuerliche Weise nach Königsberg zu flüchten.
1460 wurde die Stadt ausgehungert. Sie mußte ihren Widerstand aufgeben. Bürgermeister Bartholomäus Blume wurde hingerichtet. Im Zweiten Thorner Frieden kamen Stadt und Burg zu Polen.
Im Schwedenkrieg 1626 und 1629 war die Burg von den Schweden besetzt. Bis 1635 war sie in kurbrandenburgischer Treuhandschaft, von 1656 bis 1660 wieder in schwedischen Händen. 1773 kam das Schloß unter preußische Verwaltung. Es mußte als Kaserne und Lagerhaus dienen. Max von Schenkendorf protestierte im Berliner „Freimütigen“ gegen die Vernachlässigung und erreichte bei König Friedrich Wilhelm III. die Erhaltung der Burg. Auch Joseph von Eichendorff setzte sich für die Erhaltung ein.
Westlich der Burg war die Stadt Marienburg entstanden; 1276 wird erstmals ein Schulze erwähnt. In der Gründungsakte ist die Johanneskirche bereits genannt. Der Landmeister von Preußen, Conrad von Tyrberch, erhob den Handelsplatz zur Stadt. Die zweite Handfeste nach kulmischem Recht datiert aus dem Jahr 1304. Die meisten Siedler kamen aus Schlesien.
Die Stadt wurde regelmäßiger Versammlungsort der sechs großen Städte Danzig, Elbing, Königsberg, Braunsberg, Thorn und Kulm, die – wie sie – zur Hanse gehörten. Dadurch erhielt sie besondere Bedeutung. Winrich von Kniprode förderte das Zunftwesen, legte die Neustadt an und gründete die Lateinschule. 1365 standen die Lauben um den Markt, 1380 das gotische Rathaus.
1772 der Kriegs- und Domänenkammer Marienwerder unterstellt. 1816 kam die Stadt zur Königlichen Regierung Danzig, hernach zum Regierungsbezirk Westpreußen.
Die *Burg* entstand in großzügiger Bauweise. 1309 war das Hochschloß ausgebaut. Hochmeister

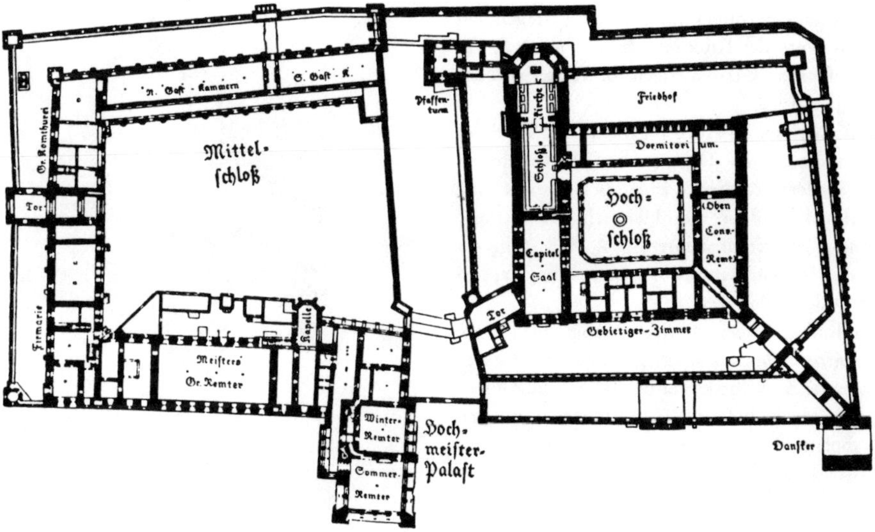

Marienburg, Grundriß

Dietrich von Altenburg ließ die Kirche Sanct Marien anbauen. Hauptturm 1344 vollendet. An die Außenwand des Kirchenchors im Hochschloß kam das Reliefbild Unserer Lieben Frau, der Schutzheiligen des Ordens, ein farbiges Glasmosaik auf Goldgrund.

Vorburg 1309 in Ansätzen vorhanden. Hochmeister Dietrich von Altenburg ließ das Komturhaus bauen und eine Pfahlbrücke über den Fluß schlagen.

Hochmeisterpalast, der kunstvollste Teil der Anlage, ein Prunkstück der Backsteingotik, 1393 von Nikolaus Felleisen vollendet. In der St. Lorenz-Kapelle, einem bescheidenen Bau mit Flachdecke, an die Außenmauer der Vorburg gelehnt, fanden die Gottesdienste für die Halbbrüder des Deutschritterordens und für die dienenden Schwestern statt. Die Kapelle enthielt eines der größten Meisterwerke der Malerei des 14. Jh. in den Ordenslanden, den Altar aus dem Ordensschloß Graudenz. Im Mittelpunkt Tod und Krönung Mariens, auf den Flügeln Marienleben und Passion.

Der schönste Raum des Schlosses war der *Sommerremter,* dessen Sterngewölbe von einem einzigen schlanken Granitpfeiler getragen wird. Diesem Pfeiler soll die Steinkugel gegolten haben, die über dem großen Kamin eingemauert ist. Sie stammt von der Belagerung durch Jagiello im Jahr 1410. Glasfenster von 1822 bis 1826 zeigen Szenen aus der Ordensgeschichte. Wandgemälde schmücken den Raum, zwei davon 1854 von Adolph von Menzel gemalt.

Auch das Gewölbe des kleinen *Winterremters* trägt eine einzige Säule. Hier gab es Wandmalereien und die Hochmeisterbilder des Malers Peter vom Anfang des 15. Jh. Der große Remter, dreißig Meter lang, hat leichte Sterngewölbe, von

drei schlanken roten Granitpfeilern getragen; ein Meisterwerk der Baukunst. In den hohen Spitzbogenfenstern Glasmalereien von Lauterbach aus dem Jahr 1908.
Im *Kapitelsaal* im Nordflügel fand die Wahl der Hochmeister statt. Die gewölbte Decke ruht auf drei Pfeilern. An den Wänden befanden sich die Hochmeisterbilder von Heinrich Walpot und Konrad von Erlichshausen. Saal 1899 völlig erneuert. In den Fenstern leuchteten die Wappen der Ordensgebietiger.
Durch die „Goldene Pforte" gelangte man in die *Konventskirche,* den wichtigsten Raum der Burg. Unter der Konventskirche befand sich die Annenkapelle, die Ruhestätte der Hochmeister, mit den Grabplatten von Dietrich von Altenburg, Heinrich Dusemer, Heinrich von Plauen.
Pfarrkirche St. Johannes vom Ende des 15. Jh.

Laubenständer in Marienfelde

Marienburg

hatte fünf spätgotische Schnitzaltäre, gotische Steinbilder, ein Chorgestühl aus dem 15. Jh. und einen barocken Marienaltar aus dem 17. Jh.
Um den Markt zogen sich die Hohen und die Niederen Lauben. Inmitten der Niederen Lauben stand das älteste *Rathaus* des deutschen Ostens. Der gotische Bau stammte von 1380 und hatte innen zwei Ratsremter. Wandschränke und Schnitztüren mit reichen Beschlägen. Dazu ein Ratskeller mit Zinnen und Wehrerkern.
Im Durchgang zum Ehrenhof des neuen Rathauses befand sich das Denkmal für den Marienburger Weltrekordhalter im Segelflug Ferdinand Schulz.
Arthur M. Schilling, geboren 1911, als satirischer Lyriker bekannt. Er weiß Zeiterscheinungen aufs

Korn zu nehmen, dringt durch die Oberfläche hindurch und trifft die Thematik im Kern.

Horst Wolff, geboren 1923, durch Afrika-Gedichte bekannt, erwies sich als feinfühliger und empfindsamer Lyriker. Leider war ihm nur ein kurzes Schaffen vergönnt.

Die erste Schule, die einem lateinkundigen Lehrer unterstand, wird 1400 erwähnt. 1860 bekam die Stadt ein Gymnasium. Seit 1629 hatte sie eine Garnison.

Die erste Zeitung erschien 1827, der „Marienburger Anzeiger".

1939 hatte die Stadt 27318 Einwohner.

Marienfelde (poln. *Marianka*), Kreis Preußisch Holland; 1595 Margenfeld genannt.

Eine Pfarrkirche stand 1334, als der Spittler von Elbing, Siegfried von Sicken, dem Dominus Hildebrandus plebanus Margenfeldensis die vier üblichen Hufen verlieh. Bei der Erneuerung des Wandputzes entdeckte man unter dreifacher Tünche überlebensgroße Wandgemälde aus der zweiten Hälfte des 15. Jh. Neben dem Triumphbogen die Verkündigung Mariae, an der Längswand die 12 Apostel, in Leimfarbe gemalt, über der Taufe Petrus, Paulus, Andreas und Johannes. Dazu die Wappen des Hausherrn und der Hausfrau, aus der Familie von Creytzen. Um diese herum einen älteren bärtigen Heiligen mit Buch und Schwert,

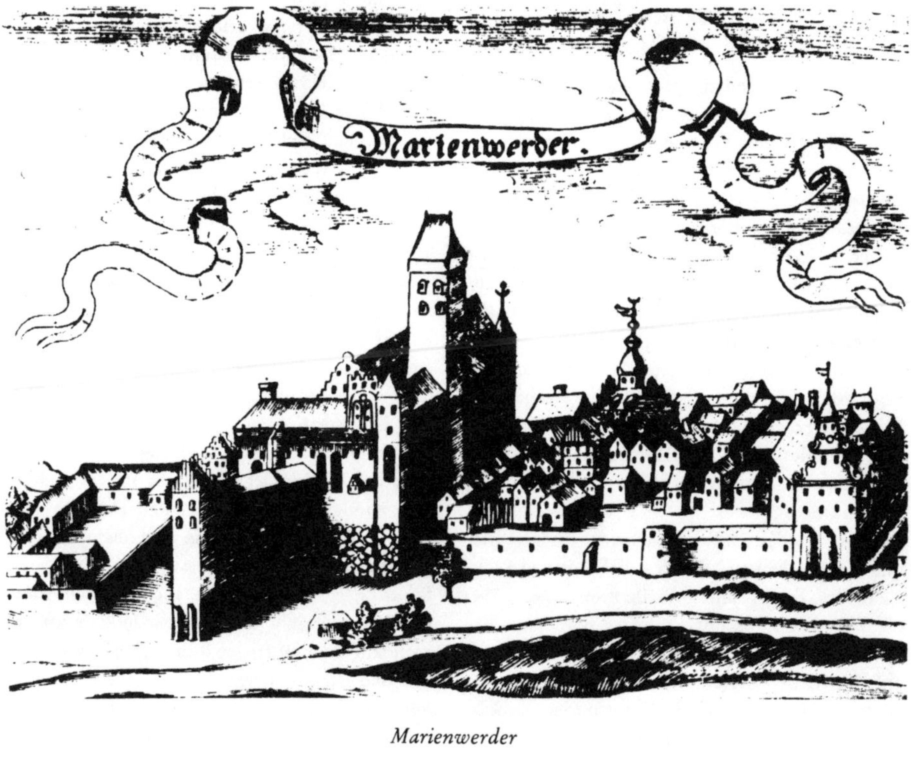

Marienwerder

Burg Marienwerder

einen bärtigen Heiligen mit Buch und Lanze, einen jüngeren mit Buch und Walkerstange und einen Bärtigen mit Buch und Doppelkreuz.
1939 hatte das Dorf 368 Einwohner.
Marienwerder (poln. *Kwidzyn*), Kreisstadt im Regierungsbezirk Westpreußen. Auf dem „Unterberg" 1233 erste Burg des Ordens in Ostpreußen, Insula sanctae Mariae genannt. Schon nach einem Jahr mußte sie an eine geeignetere Stelle verlegt werden. Um die Burg entstand eine Siedlung, die Landmeister Hermann Balk 1233 zur Stadt erhob und der er das kulmische Recht gab. Der erste Schulze, 1236 erwähnt, hieß Theoderich. Handfeste 1336; 1505 erneuert.
Rathaus, Steinmauern und drei Tore 1336 bereits vorhanden.
Als 1243 das Bistum Pomesanien errichtet wurde und Bischof Ernst sich sein geistliches wie auch weltliches Territorium auswählte, nahm er 1254 die Burg zum Bischofssitz. Das pomesanische Domkapitel, infolge der Aufstände erst 1284 gegründet, dem Priesterbrüder des Ordens angehörten, somit in den Orden inkorporiert, erhob die Pfarrkirche zur Domkirche.
Bis Ende des 13. Jh. blieben die Bischöfe in Marienwerder, dann bauten sie ihr Schloß in Riesenburg und weilten hier nur noch sporadisch. Die Burg blieb bis 1527 Sitz des Domkapitels. Nach der Säkularisierung des Ordensstaates Schloß und Amt dem evangelischen Bischof Erhard Queis auf Lebzeit verliehen; 1529 gingen sie auf seinen Nachfolger Paul Speratus über.
1551 wurde die Burg herzogliche Amtshauptstelle. Unter den Amtshauptleuten, die hier residierten, war Otto Friedrich von der Groeben der bedeutendste. 1549 bis 1574 kamen böhmische Brüder, ab 1720 Mennoniten in die Stadt.
1709 trafen sich auf der Burg Marienwerder König Friedrich I. von Preußen und Zar Peter I. von Rußland. 1772 bezog die preußische „Regierung" das Schloß. Kriegs- und Domänenkammer gegründet. 1858 vom Bistum Ermland die erste katholische Kirche seit der Reformation gebaut.
Schloß und Dom bildeten eine Einheit; um 1334 mit Burgbau und Bau des Domchors begonnen. Der Dom war der heiligen Jungfrau und Johannes dem Evangelisten geweiht. 1400 ausgemalt und mit Heiligenfiguren geschmückt. Unter dem erhöhten Chor, dem Hallen-Langschiff vorgebaut, befand sich eine Gruftkirche, in der der 1330 ermordete Hochmeister Werner von Orseln beigesetzt war. 1394 im Dom die heilige Dorothea von Montau in einem kostbaren Reliquienschrein, geschmückt mit Bildern aus ihrem Leben, beigesetzt.
Der Eckturm der Burg war zugleich Glockenturm des Doms. Der Wehrgang umfaßte Schloß und Kirche. Beachtenswert der Danzker, der sechzig Meter zur Nogat hin auf hohen Brückenbogen ausgriff.
Julius Jaffee, geboren 1823, spielte am Dresdner Hoftheater dreißig Jahre lang bedeutende Rollen, nachdem er zuvor an den Bühnen Weimars, Breslaus und Braunschweigs Erfolge erzielt hatte.
Johannes Marienwerder, geboren 1343, ein Mann von großer Belesenheit und freimütigem Geiste,

der ganz der Wissenschaft lebte. Deutschordenspriester und Domherr von Pomesanien. Ab 1391 Seelenführer der Mystikerin Dorothea von Montau. Zeichnete ihre religiösen Erlebnisse auf. Nach ihrem Tode wirkte er für ihre Heiligsprechung, schrieb sieben Werke über sie. Damit reihte er sich den hervorragendsten Theologen des Mittelalters ein.

Wilhelm Räuber, geboren 1849, Historien- und Porträtmaler, studierte an der Königsberger Kunstakademie; in München Schüler bei Dietz. Bilder in den bedeutendsten Museen, in der Berliner Nationalgalerie und in der Neuen Pinakothek in München.

Marienwerder war Zwischenstation der „fahrenden und reitenden Post“ von Berlin nach Königsberg, die, 1605 gegründet, hier die Weichsel überschritt.

Erste Kapitelschule 1331 gegründet, später Stadtschule, dann Gymnasium. Die Stadt erhielt ein Oberlyzeum.

Marienwerder, Domschloß

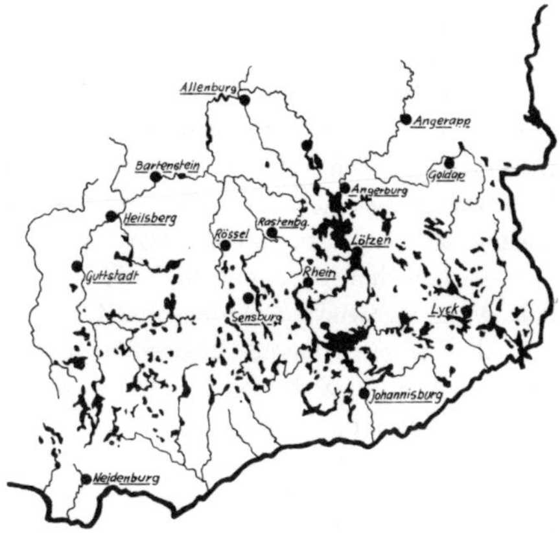

Masuren

1590 eine Papiermühle nachgewiesen. 1773 die Westpreußische Druckerei gegründet. Die „Westpreußischen Frag- und Anzeigungsnachrichten“ (1774 – 1779) waren die erste Zeitung. 1939 hatte die Stadt 20484 Einwohner.

Masuren, südöstliche Landschaft der Provinz, genannt nach den Siedlern, die aus dem Herzogtum Masowien kamen und sich Mazur nannten. Entstanden auf dem Boden der prussischen Gebiete Galinden und Sudauen, der „Großen Wildnis“, die, vom Deutschen Ritterorden vorerst nicht besiedelt, als natürlicher Schutzwall aus Wäldern und Seen gegen die Einfälle der Litauer und Tataren bestehen blieb. Als im 15. Jh. die Siedlerschübe aus dem Westen nachließen, erwies es sich als notwendig, Siedler aus dem Osten – vorwiegend aus Masowien – hereinzuholen, wollte man das Land nicht brach liegen lassen.

Früh zog die Reformation in das säkularisierte Ordensland und somit nach Masuren ein. Die eingewanderten Masowier verschmolzen mit den Prussen und Siedlern aus dem Westen zu dem Neustamm der Masuren. Deutsche, polnische und litauische Sprachelemente bildeten eine

Mischsprache, die sich in verschiedenen Dialekten äußerte.
Die Glaubensbande nach der Gegenreformation erwiesen sich als weit stärker denn die völkischen Bindungen, so daß sich die Masuren von den katholisch gebliebenen Polen abgrenzten.
Anfang des 17. Jh. brauste der Schwedenkrieg über das Land hinweg; es folgten die Tatareneinfälle. Pest, Viehseuchen, Ratten- und 1711 eine Heuschreckenplage, darauf Hungersnöte suchten das Land heim. Im Siebenjährigen Krieg stand es vier Jahre lang unter russischer, von 1806 bis 1807 unter französischer Besatzung. Im Zweiten Weltkrieg war es Schlachtfeld.
Um die Mitte des 19. Jh. erhob das zum Selbstbewußtsein erwachte polnische Volk erstmals einen Anspruch auf Masuren mit der Begründung, die Masuren seien ein bodenständiger polnischer Volksstamm. In der Volksabstimmung von 1920 erhielt es die Antwort: 99,3 v.H. stimmten für den Verbleib beim Deutschen Reich. Ende des Zweiten Weltkriegs Vertreibung.
Masuren ist die Landschaft der dunklen Wälder und kristallenen Seen. Die Menschen lebten in geschlossenen Siedlungen, ernährten sich in der Hauptsache vom Fischfang und von der Holzwirtschaft. Zu der Fülle der Seen, die die masurische Seenplatte bilden, gehörten der Spirdingsee, der Mauersee, der Löwentinsee, der Masurische Kanal und viele andere. Hier fing man Aale,

Am See

Königsberg-Prostken.

601 2–4	605 2–4	607 2–4	31 2W4	609 3T4	km	Zug Nr. Kl. K. E. D. Königsberg Zug Nr. Kl.	610 3T4	30 2–4		604 2W4	606 2–4	608 2–4
1.16	7.34	2.25	6.41	9.28	0	ab **Königsberg** Südbf. an	7.20	9.59	—	1.56	7.22	11.82
.	7.54	2.45	7.01	9.51	12	Wickbold	6.58	9.39	—	1.36	7.00	11.12
1.40	8.01	2.54	7.08	9.58	15	Tharau	6.50	9.32	—	1.29	6.50	11.05
1.51	8.13	3.06	7.20	10.11	24	Schrombehnen	6.34	9.19	—	1.17	6.37	10.53
2.13	8.33	3.28	7.40	10.36	38	Pr. Eylau	6.14	9.04	—	1.02	6.19	10.38
.	8.48	3.42	7.54	10.53	49	Glommen	5.57	8.49	—	12.48	6.02	10.22
2.38	9.01	4.00	8.09	11.06	58	**Bartenstein**	5.39	8.35	—	12.33	5.46	10.07
2.52	9.14	4.15	8.22	an	67	**Wöterkeim**	—	8.20	—	12.19	5.27	9.50
3.08	9.24	4.28	8.33	—	75	Wormen	—	8.08	—	12.09	5.14	9.38
3.12	9.32	4.37	8.42	—	82	an **Korschen** ab	—	7.58	—	12.00	5.03	9.29
3.25	9.42	5.00	9.28	—	82	ab **Korschen** an	—	7.47	—	11.03	4.33	8.38
3.40	9.56	5.15	9.41	—	91	Tolksdorf	—	7.36	—	10.52	4.22	8.27
3.51	10.08	5.27	9.53	—	99	Neumühl Ostpr.	—	7.24	—	10.40	4.10	8.14
4.04	10.21	5.40	10.06	—	103	**Rastenburg**	—	7.16	—	10.32	4.02	8.06
4.24	10.42	6.00	10.27	—	118	Stürlack	—	6.55	—	10.11	3.41	7.44
4.37	10.56	6.14	10.41	—	129	Boyen	—	6.40	—	9.56	3.26	7.29
4.45	11.04	6.22	10.49	—	133	an **Lötzen** ab	—	6.31	—	9.47	3.17	7.19
4.53	11.09	6.27	10.54	—	133	ab **Lötzen** an	—	6.26	—	9.42	3.12	7.13
5.07	11.23	6.41	11.09	—	142	Schedlisken	—	6.14	—	9.30	3.00	7.01
5.20	11.36	6.55	11.22	—	151	Widminnen	—	6.02	602	9.18	2.48	6.49
5.34	11.49	7.07	11.35	—	162	Jucha	—	5.47	3W4	9.03	2.33	6.34
5.47	12.02	7.20	11.48	—	172	Woszellen	—	5.33		8.49	2.19	6.21
5.58	12.13	7.31	11.59	—	180	an **Lyck** ab	—	5.21		8.37	2.07	6.09
6.05	12,45	7.39	—	—	180	ab **Lyck** an	—	5.13	7.35	—	1.59	6.01
6.11	12.52	7.46	—	—	183	Sybba Ost	—	.	7.29	—	1.53	5.55
6.25	1.06	8.02	—	—	196	an **Prostken** ab	—	4.56	7.08	—	1.36	5.40

Masurenlinie

Brassen, Hechte, Schleie und vor allem Maränen. Beachtlich die Vogelwelt in diesem Landstrich: Fischadler, Reiher, wilde Schwäne, Rohrdommeln, Störche, Kormorane. Dazu eine Fülle Wasservögel: Polartaucher, Lachmöwen und Seeschwalben.

Auch im botanischen Bereich gab es Eigenarten: den Frauenschuh, eine Orchideenart im Tal des Crutinnenflusses, und das Moosglöckchen.

Die Lebensweise war weitgehend patriarchalisch. Die Fischer und Bauern lebten in strohgedeckten Holzhäusern, oft reich mit Schnitzereien verziert. Sie hatten ihr eigenes Brauchtum, das sich besonders im Zusammenhang mit der Ernte zeigte, und besaßen einen reichen Volkssagenschatz.

Der Reichtum Masurens lag in der Schönheit der Natur. Scherzhaft pflegte man zu sagen: „Wo sich aufhört die Kultur, da sich anfängt der Masur.“ Masuren umfaßte das Gebiet der Kreise Treuburg, Lyck, Lötzen, Sensburg, Johannisburg, Ortelsburg, Neidenburg. Es war nicht streng abgegrenzt, ragte in die Kreise Angerburg, Goldap und Osterode hinein. Es umfaßte an die 12000 qkm und hatte etwa 300000 Einwohner.

Masuren-Routen. Die wichtigsten Eisenbahnstrecken, die nach Masuren führten, waren die Linie Königsberg–Lötzen–Lyck–Prostken, 196 km, ferner Königsberg–Goldap, 168 km und Königsberg–Rudczanny, 150 km.

Von Allenstein führte die Bahnstrecke über Ortelsburg, Rudczanny, Lyck, Treuburg, Goldap nach Insterburg, 277 km.

Mit dem Auto erreichte man Masuren von Königsberg über Preußisch Eylau, Bartenstein, Rastenburg nach Lötzen, 128 km; über Friedland–Gerdauen–Barten–Drengfurt nach Angerburg, 126 km; oder über Preußisch Eylau–Bartenstein–Bischofstein–Rößel–Sensburg nach Rudczanny, 154 km.
Von Allenstein führte die Straße über Passenheim–Ortelsburg–Puppen nach Rudczanny, 89 km; über Wartenburg–Bischofsburg–Sensburg nach Nikolaiken, 89 km.
Ausgangspunkte für Schiffsreisen waren Lyck und Lötzen zum Mauersee, Löwentin-, Beldahn- und Niedersee; Angerburg zur Pillkaller Schweiz und zum Goldaper Berg; Nikolaiken nach Rudczanny; Rudczanny zum Niedersee und zum Crutinnenfluß.

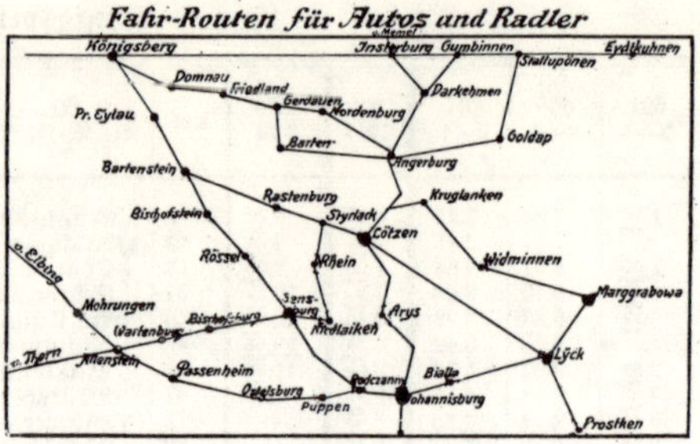

Straßenkarte Masurens

Masurisches Bauernhaus in Rudowken

Masurischer Kanal, von der Alle, unterhalb Allenburg, zum Mauersee. Den Plan, die Masurische Seenplatte durch eine Wasserstraße mit einem Ostseehafen zu verbinden, erwog man schon zur Ordenszeit. Winrich von Kniprode hat 1379 auf einem Kahn die Masurischen Seen von Angerburg über den Mauer- und Löwentinsee, von Rhein über den Spirdingsee bis Johannisburg und zurück durch Pissek, Narew, Bug und Weichsel bis Marienburg befahren.
Als Endhafen war damals der einzige Seehafen des Ordens in Danzig vorgesehen. Hennenberger berichtet in seiner Chronik, das Holz aus der Johannisburger Heide sei über die Masurischen Seen nach Danzig geflößt worden.
1681 wollte der Große Kurfürst den Mauersee mit dem Spirdingsee verbunden wissen. Friedrich I. hatte den Plan, die Seenplatte durch einen Kanal zur Alle mit Königsberg zu verbinden.
Als es nach dem Siebenjährigen Krieg bei der Errichtung der zerstörten Ortschaften an Bauholz fehlte, schlug Kammerpräsident von Domhardt vor, dieses aus den verschont gebliebenen masurischen Wäldern zu holen und zu diesem Zweck die Seen durch Kanäle zu verbinden. Friedrich der Große stimmte dem Plan zu, jedoch unter der Bedingung, daß aus dem Erlös jährlich 18 000 Taler in die preußische Staatskasse fließen sollten.

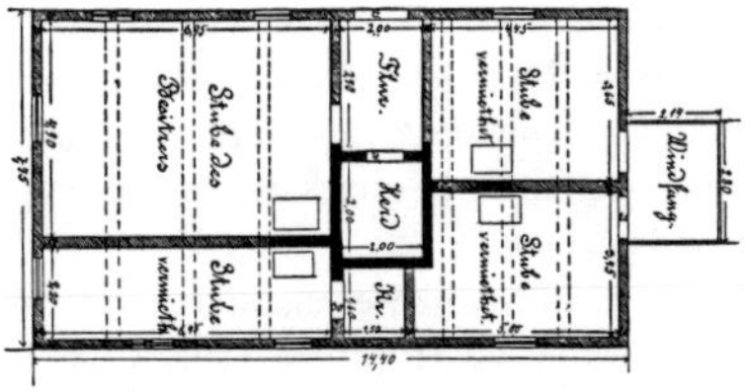

Masurisches Haus (Beutnerdorf)

Zwischen 1764 und 1767 einzelne Kanäle gegraben und Schiffsschleusen angelegt, Angerapp und oberer Pregel reguliert. Das System jedoch Ende des 18. Jh. eingestellt, weil es sich als unrentabel und zu gefahrvoll erwies.

Friedrich Wilhelm IV. ließ die inzwischen zugeschütteten und zugewachsenen Kanäle zwischen 1844 und 1848 räumen. Zwischen Spirding- und Roschsee wurde der Jeglinner Kanal neu angelegt. Der König hat die Masurischen Seen oft besucht, zuletzt von Rhein aus auf dem Dampfer Masowia im Jahr 1854. Die Napoleonischen Kriege machten alle Baupläne zunichte, danach hatte man kein Geld und wohl auch wenig Interesse am Kanalbau. Es dauerte lange, bis man den Bau des Masurischen Kanals in Angriff nahm.

Er verläßt den Mauersee beim Gut Pistanien, durchfließt den Steinorter Forst und benutzt 3,5 km lang den Rehsauer See als Wasserstraße. Dann durchfließt er die Marschallheide, den Astrawischker Forst und erreicht die Alle unterhalb der Stadt Allenburg.

Um den Höhenunterschied zwischen Mauersee und Alle, der 112,5 m beträgt, zu überwinden, wurden zehn Schachtschleusen angelegt, zwei in Fürstenau, je eine in Sandhof, Klein Bajohren, Langenfeld, Georgenfeld, Wilhelmsdorf, Groß Allendorf und zwei in Allenburg. Das Gefälle dieser Schleusen beträgt bis zu 17 m. Dazu zwei Sicherheitstore, um einen Kanalbruch bei Überströmung zu vermeiden. Eisenbahnstrecken und Straßen massiv 4 m hoch überbrückt.

Durch den Kanal sind die Wasserstraßen im masurischen Seengebiet, deren Länge 200 km beträgt, durch Nutzung der Alle und des Pregels mit Königsberg verbunden. Der Kanal brachte die wirtschaftliche Erschließung Masurens. Er hat eine Länge von 51 km.

Masurische Wasserfahrten.

Die *kleine Wasserfahrt* mit dem Motorboot von Lötzen über den Mauersee nach Angerburg dauerte knapp zwei Stunden und führte über 30 km. Abfahrt vom Kurhaus in Lötzen, vorbei am Dewischeit-Denkmal in den inselreichen Kissainsee, den Südzipfel des Mauersees, und an dessen Ostufer entlang. Rechts Pierkunowen, nach dem Prussengott Percunos benannt. Hinter der Königsspitze öffnete sich rechts der Dargainen-, links der Dobensee. Anlegebrücke Groß Steinort (von hier aus Waldweg zum Gräflichen Schloß Lehndorff) und weiter durch den kleinen Kirsaitensee in den eigentlichen Mauersee zur Insel Upalten (von der Südseite Ausblick zum Steinorter Forst. Reiherhorste). Um die Insel herum, links Pristainen, bei dem der Masurische Kanal den Mauersee verläßt; an der Tiergarten-Spitze vorbei in die kanalisierte Angerapp-Mündung. Durch die windungsreiche Angerapp und den Angerapp-Kanal nach Angerburg.

Masurisches Haus (Beutnerdorf)

Die Lobgesänge
des Claudian
Drama in fünf Aufzügen
von
Hermann Sudermann

J. G. Cotta'sche Buch-
handlung Nachfolger
Stuttgart u. Berlin 1914

Drama Hermann Sudermanns

Die *große Wasserfahrt* mit dem Dampfer von Lötzen über die Seenkette nach Rudczanny dauerte etwa vier Stunden und führte über 80 km. Abfahrt an der Seepromenade in Lötzen, nach Süden auf den Löwentinsee hinaus. Rundblick auf Stadt, Feste und St. Bruno-Kreuz. Rechts am bewaldeten Westufer Strzelzen (Zweischützen). Bei Rydzewen (Rotwalde), einem alten Kirchdorf, in den kleinen Saitensee. Rechts der Reichensee.

Unter der Kulla-Brücke hindurch in den Jagodnersee, links die Paprodtker Berge. Am bewaldeten Ostufer Jagodnen, gegenüber das langgestreckte Salpia.

Durch den Großen Henselsee in den Kanal von Schimonken. Das Dorf bleibt links liegen. Aus dem Großen Schimonsee durch den Mniodunsker Kanal in den Großen Kottecksee zur Anlegestelle Grünwalde.

Dann in den Taltowiskosee und durch den Talter Kanal in das bis zu 51 m tiefe Talter Gewässer, nach Süden zwischen Talten und Schaden hindurch nach Nikolaiken.

Weiter südöstlich, zur Rechten auf bewaldetem Hochufer Waldesruh, links ein kurzer Blick auf den Spirdingsee. Hinter der Fähre Wiersba in den 15 km langen, waldgesäumten Beldahnsee. Rechts an einer Bucht Ismothen, links Rehfelde (Piaska), bewohnt von Philipponen, rechts an einer tiefen Bucht das Heidedorf Wigrinnen. Um eine Waldspitze herum nach Osten, rechts die beiden Königseichen, weiter zur Schleuse von Guszianka. Durch die Schleuse zum zwei Meter höher gelegenen Kleinen, dann zum Großen Guczinsee und nach Rudczanny.

Matzken (russ. –), Kreis Heydekrug.

Hermann Sudermann, 1857 geboren. Seine Vorfahren waren Mennoniten. Sudermann studierte in Königsberg und ging nach Berlin. Hier schrieb er seine ersten Geschichten und Romane. Weltbekannt wurde er durch sein sozialkritisches Drama

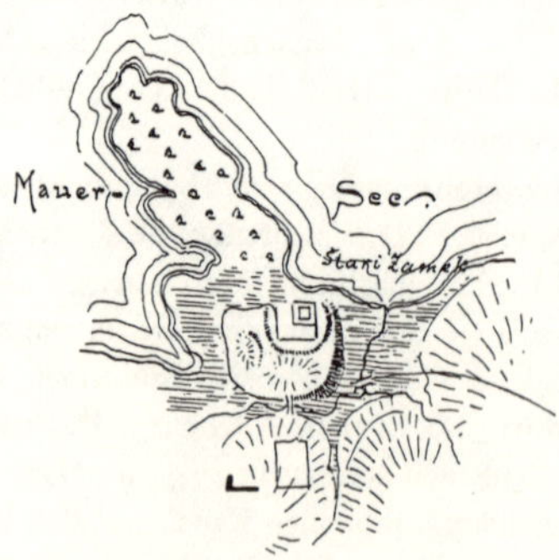

Schöneberg am Mauersee

„Die Ehre". Er ist der meistverfilmte deutsche Autor.

1939 hatte das Dorf 269 Einwohner.

Mauersee (poln. *Jezioro Mamry*), der zweitgrößte See in der masurischen Seenplatte, zwischen Angerburg und Lötzen gelegen. Der See setzt sich aus zehn Teilen zusammen, denen die Bevölkerung eigene Namen gegeben hat: Angerburger See, Kleiner Mauersee, Pristaniensee, Bodmasee, Schwenzaitsee, Kirzainensee, Dargainensee, Angerburger Kissainsee, Doberscher See, Lötzener Kissainsee. Ob diese Teile früher einmal Seen für sich waren, steht nicht fest. Der Wasserspiegel liegt in etwa gleich hoch, während die nördlichen Teile tiefer sind als die südlichen.

Die Sage weiß zu berichten, daß Hochmeister Winrich von Kniprode auf seiner Masurenfahrt 1379 befohlen habe, die Höhe des Sees um eine Lanzenlänge anzustauen.

Einen besonderen Akzent geben dem See die vielen Inseln. Ihre schönste ist Upalten, auch das masurische Helgoland genannt. Im Kirsaitensee liegen die Inseln Wittfong und Kirsaiteninsel, im Doberschen See die Insel Silm und im Kissainsee

Kirche in Medenau

Altar in Medenau

die Insel Kermussa. Auf allen Inseln befinden sich Nistplätze von Vögeln. Der schönste Platz am See ist Steinort mit einem Park voll uralter Bäume.

Über den See erheben sich der sagenumwobene Kanopkeberg, auf dem der Teufel gehaust haben soll, und der 149 m hohe Galgenberg. Von der Thiergartener Spitze am Nordrand des Mauersees hat man eine Aussicht über den ganzen Seespiegel mit seinen Inseln und zu den teils von Wiesen bedeckten, teils bewaldeten Ufern. Der See ist 102 qkm groß, im Norden bis zu 44 m, im Süden etwa 20 m tief. Er liegt 116 m über dem Meeresspiegel.

Medenau (russ. *Logwino*), Kreis Samland, südlich vom Galtgarben gelegen. Als König Ottokar II. von Böhmen 1255 zur Eroberung des Samlands aufbrach, begann er beim Gebiet Medenowe. Die eroberte Prussenburg auf dem Wallberg am Mühlenteich übernahm der samländische Bischof und ließ sie nach 1258 ausbauen. Die erste Verleihung in diesem Gebiet geht aufs Jahr 1263

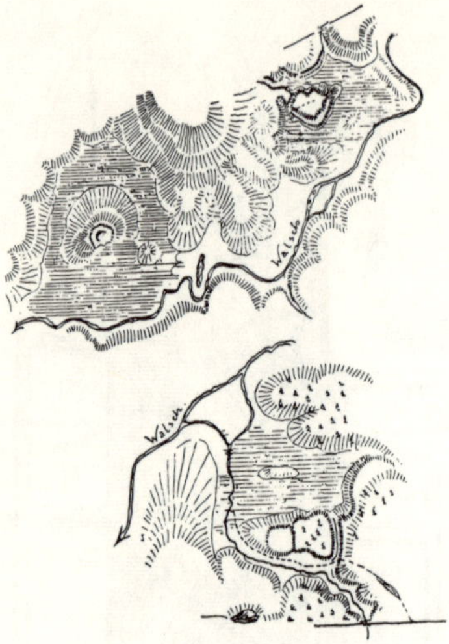

Burgen von Mehlsack

zurück. Heinrich Stubeck erhielt von Bischof Heinrich das Land, auf dem später das Kammergut entstand. Bis 1619 war Medenau Kammeramt. Nördlich des Hofes befand sich der Gerichtsplatz, auf dem nach deutschem Recht Gericht gehalten wurde.

Eine Kirche erstmals 1325 erwähnt, doch bereits 1321 ein Pfarrer. Da die Bischöfe Kirchen gleich bei Ortsgründungen anlegen ließen, kann angenommen werden, daß die Kirche schon früher erbaut wurde. Sie bestand aus Findlingsblöcken, nur die Ecken waren aus Backstein, hatte einen Wehrturm und im Innern schöne Sterngewölbe.

Am 10. Januar 1326 wurde 20 Hofbesitzern die Handfeste bestätigt, zu deutschem Recht, in das die Prussen einbezogen waren. In Medenau lebten die meisten dem Orden treuen Samländer.

Im Zweiten Thorner Friedensvertrag (1466) wird unter den aufgezählten Burgen Medenau nicht mehr genannt.

Kaiser Wilhelm I. nahm am 9. September 1879 am Manöver des I. Armeekorps in Medenau teil. Zur Erinnerung wurde 1881 ein Granitobelisk aufgestellt, auf dem ein Adler saß. Die Inschrift endet mit dem Satz: „Heil dem Heldengreise".

1939 hatte das Dorf 1202 Einwohner.

Mehlauken s. Liebenfelde

Mehlsack (poln. *Pieniężno*), Kreis Braunsberg, am Ufer der Walsch gelegen. An der Stelle der Prussensiedlung Malcekuke oder Malchikuk entstand die 1282 erwähnte Siedlung Mehlsack, um 1295 vom Lokator Dietrich von Lichterfeld angelegt und dem Bistum Ermland eingegliedert. 1304 wird bereits ein Stadtpfarrer erwähnt. 1309 verkaufte der Lokator das Schulzenamt einem Heinrich Wollweber aus Preußisch Holland, der es 1312 an einen Friedrich aus Preußisch Holland weiterverkaufte. 1312 vom Ermländischen Domkapitel die „abschließende Gründungsakte der Stadt" nach kulmischem Recht ausgestellt.

Nach 1350 Pfarrkirche Peter und Paul als dreischiffige Hallenkirche mit hohem Turm erbaut; 1893 abgebrochen, weil baufällig geworden. Dafür eine fünfschiffige Kirche im „neusten gotischen Stil" errichtet. Die im 14. Jh. erbaute Burg 1414 zerstört, später neu aufgebaut. Das Rathaus ging bei dem Brand von 1666 unter, an seine Stelle trat ein Neubau von 1684.

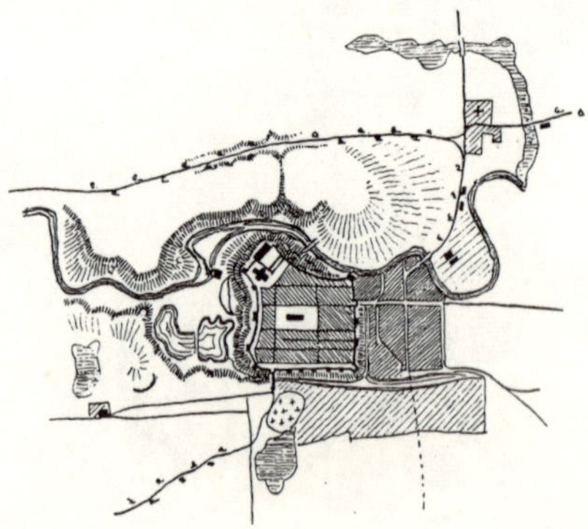

Stadt Mehlsack

Sechs schwere Schläge hat die Stadt erlitten: 1414 Stadt und Kapitelschloß von Tataren verheert, Kammeramt verwüstet; 1455 plünderten böhmische Söldner des Ordens die Stadt; Heinrich Reuß von Plauen eroberte und zerstörte sie; 1520, im Reiterkrieg, machte Herzog Albrecht, der letzte Hochmeister, sie dem Boden fast gleich; 1626, beim Schwedeneinfall von Gustav Adolf, völlig verheert; 1627 angezündet und bis auf Schloß und Kirche niedergebrannt; im Zweiten Weltkrieg blieb nur die katholische Kirche verschont.

Bis 1775 war Mehlsack Hauptort des ermländischen Domkapitels und gehörte zum Kammeramt Mehlsack. 1772 der Preußischen Kriegs- und Domänenkammer in Marienwerder unterstellt. Ab 1818 dem neu gegründeten Kreis Braunsberg zugeschlagen. Lebte vom Ackerbau. Die 1904 vom Ermländischen Bauernverein gegründete Hauptgenossenschaft hatte hier ihren Sitz. Seit 1900 gab es ein Privatgestüt für schwere Kaltblutpferde, die sogenannten Ermländer. Die Mühle im Walschtal gehörte seit ihrer Anlage dem Domkapitel; 1921 in ein Elektrizitätswerk umgewandelt.

An der Straße nach Braunsberg stand das Heilig-Geist-Hospital mit eigener Kapelle, an deren Stelle 1620 die St. Jakobikirche erbaut. 1854 bekam die Stadt eine evangelische Kirche, nach Plänen Schinkels.

Rathaustürmchen, Mehlsack

Fachwerkhaus in Mehlsack

Georg Matern, geboren 1870, Hofkaplan des ermländischen Bischofs Andreas Thiel. Er zählte zu den bekanntesten Persönlichkeiten des Ermlands, bekleidete eine führende Stelle im ermländischen Bauernverein, war Mitbegründer des ermländischen Caritasverbandes, organisierte die Landkrankenhauspflege und die ländliche Wohlfahrtspflege, kämpfte gegen die Güterschlächter,

Burg Mehlsack

die Landflucht und die Landverdrossenheit und plante die Ansiedlung von Landarbeitern. Daneben schrieb er zahlreiche Artikel zur Kulturgeschichte des Ermlands.

Otto Miller, geboren 1879, Sekretär des Bischofs Dr. Augustinus Bludau. Als Literatur- und Zeitkritiker trat er während des Dritten Reiches mutig auf, schrieb die Literaturgeschichte „Individualismus als Schicksal", wandte sich darin gegen die Abkapselung der zeitgenössischen deutschen Literatur, gegen Individualismus und Kollektivismus. Auch der religiösen Lyrik zollte er Tribut. Von ihm stammt das Lied: „Näher, mein Gott, zu Dir."

Viktor Röhrich, geboren 1862, seit 1915 Vorsitzender des Ermländischen Geschichtsvereins. Seine wissenschaftlichen Arbeiten waren der Geschichte des Ermlands gewidmet. Wichtig sind seine „Kolonisation des Ermlands" und seine „Geschichte des Fürstbistums Ermland".

Schützenbrüderschaft und erste Pfarrschule gehen ins 14. Jh. zurück.

1939 zählte die Stadt 4393 Einwohner.

Mellneraggen s. Försterei Mellneraggen

Memel (lit. *Klaipeda*), Hauptstadt des Memelgebietes, an der Dange-Mündung gelegen. Nach Zerstörung der litauischen Burg Klaipeda baute der livländische Orden der Schwertbrüder, 1237 dem Deutschen Ritterorden angeschlossen, 1252 an ihrer Stelle die Mümmelburgk, 1312 verstärkt und zu einer der stärksten Burgen ausgebaut. 1253 entstand in der Nähe der Burg das Gemeinwesen Memel, 1257/1258 lübisches Stadtrecht. Es gehörte teilweise dem Bischof von Kurland, teilweise den livländischen Schwertbrüdern, die 1328 auf ihre Anrechte zugunsten des Deutschen Ritterordens verzichteten.

1457 Stadt von der See her von Danzigern überfallen und verwüstet. 1475 das kulmische Recht auf sie übertragen. 1520 waren es die Danziger, die den Ausfluß der Dange verschütteten.

Komtur von Memel 1525 von einem Amtshauptmann abgelöst. Von 1629 bis 1635 Burg und Stadt in den Händen der Schweden. 1640 fiel die Stadt einem Brand zum Opfer. 1672 in Memel der Führer der ständischen Opposition, Christian Ludwig von Kalckstein, wegen Landesverrat hingerichtet. 1770 begann man, die Festungswerke abzutragen.

Im 18. Jh. erlebte die Stadt einen Aufstieg durch den Holzhandel mit England. Im Siebenjährigen Krieg war sie von den Russen besetzt.

Große Tage für Memel waren der 9. und 10. Juni 1802, als König Friedrich Wilhelm III. und die Königin Luise hier ankamen und sich mit Zar

Memeler Stadtwappen

Alexander I. trafen. Nach der Schlacht von Jena und Auerstädt wurde die Stadt letzte Zufluchtsstätte der königlichen Familie, die vom 8. Januar 1807 bis zum 15. Juni 1808 in ihr weilte. Am 28. Januar 1807 Vertrag zwischen England und Preußen, in dem Preußen auf Hannover verzichtete. Die nördlich der Dange gelegene Neustadt und die südliche Alt- und Friedrichstadt, 1920 vom Reich abgetrennt, blieben bis 1939 unter litauischer Herrschaft. Im Zweiten Weltkrieg hat Memel schwer gelitten. Doch das schwärzeste Jahr in seiner Geschichte war 1854, als die Stadt mitsamt ihren drei alten Kirchen und den meisten anderen alten Gebäuden in Flammen aufging. Sie erhielt fortan ein anderes Gepräge: eine moderne Stadt der Schiffswerften, Sägewerke, der Zellstoff- und Zigarettenfabrikation, der Bernsteinschleifereien, der Reedereien, Holz- und Fischverarbeitungsindustrie.

Die beiden ältesten Kirchen der Stadt waren St. Jakobus und St. Johannes geweiht.

St. Jakobskirche, ein mittelalterlicher Bau, 1678 völlig ausgebrannt und nördlich der alten Stelle von 1696 bis 1707 neu errichtet, hatte drei Schiffe. Im großen Brand von 1854 ging sie unter, wurde 1858 von dem Schinkelschüler August Stüler aufgebaut, der Turm 1864 vollendet. Der Neubau hatte neuromanische Formen.

St. Johanniskirche, ebenfalls auf dem linken Dangeufer, im 13. Jh. bereits erwähnt. Nach dem

In Memel

Stadt Memel

Brand von 1854 ebenfalls von Stüler als dreischiffige Hallenkirche ausgebaut, mit einem 75 m hohen Turm, von dem man eine schöne Aussicht über die Stadt hatte. Am Turm befand sich eine Terrakotta-Medaille mit dem Bildnis von Simon Dach. Das Altargemälde „Christus auf dem Ölberg" stammte von Bouterwiek. In der Kirche standen Holzskulpturen, Moses und Christus, von Alberti. Vor dem Theater befand sich ein Denkmal mit dem Ännchen von Tharau.

Wilhelm Friedrich Argelander, geboren 1799, widmete sich der physikalischen Erforschung der Fixsterne. Seine „Uranometria nova", ein 1843 ohne optische Hilfsmittel erstellter Atlas der „mit bloßem Auge sichtbaren Sterne nach ihren wahren unmittelbar vom Himmel entnommenen Größen" bildete eine erste Grundlage für die Untersuchung des Lichtwechsels der veränderlichen Sterne. Bekannt wurde seine „Bonner Durchmusterung", ein Verzeichnis und Kartenwerk von insgesamt 324 198 Sternen der nördlichen Himmelskugel mit allen wichtigen Angaben.

Simon Dach, geboren 1605, schrieb, von Opitz beeinflußt, geistliche und weltliche Lieder, meist zu Taufen, Trauungen und anderen Anlässen. Das Lied „Anke van Tharaw" wird ihm zugeschrieben – bleibt aber umstritten.

Rudolf Naujok, geboren 1903, zählte zu den bekanntesten ostpreußischen Roman-Schriftstellern im 20. Jh. Neben Romanen trat er auch als Herausgeber des bisher besten Bildbandes über Ostpreußen hervor, den er fachkundig einleitete.

Früheste Schule im 14./15. Jh. Später mehrere Fachschulen. Garnisonstadt.

1941 hatte Memel 41 297 Einwohner.

Memelland, Landschaft, zu beiden Seiten der unteren Memel gelegen.

Der nördliche Teil des Memellandes war von Kuren besiedelt, der südliche vom prussischen Stamm der Schalauer.

1252 nahm der Deutsche Orden den Nordteil mitsamt der Stadt Memel von Livland aus in Besitz. Der schalauische Teil in den Jahren 1275 bis 1276 vom Prussenland her erobert. Livland trat die Stadt Memel 1328 an den deutschen Orden ab.

Da der nördliche Teil kirchlich zum Bistum Kurland gehörte, hatte der Bischof bis 1392 einen Anteil auch an der weltlichen Herrschaft. Im Vertrag von 1398 fielen ganz Schamaiten und ein Teil Sudauens, südlich der Memel gelegen, an den Orden.

Die Niederlage bei Tannenberg (1410) erschütterte die Ordensherrschaft im Memelland. Erst im Friedensvertrag von 1422 konnten die Grenzen gesichert werden, die sich später kaum mehr änderten.

Das Gebiet südlich der Memel war nur dünn besiedelt. In ihm lag die kleine Stadt Memel, lagen die Ordensburgen Tilsit und Ragnit, dazu eine Handvoll Dörfer, in denen Bauern, zur Ostsee zu auch Fischer lebten.

Nach 1466 litauische Bauern angesiedelt. Nördlich Memel hatten 1910 fast die Hälfte der Bewohner Litauisch als Muttersprache.

Im Mittelalter bestanden die Komtureien Memel und Ragnit. Ins Küstengebiet griff gebietsweise der Ordensmarschall von Königsberg aus ein.

Nach der Säkularisierung des Ordensstaates Hauptämter Memel, Tilsit und Ragnit eingerichtet, später das Hauptamt Labiau von Ragnit losgelöst.

Im 18. Jh. gab es eine Reihe Domänenämter. 1815 Kreise Memel, Heydekrug, Tilsit, Elchniederung, Ragnit und Pillkallen geschaffen. Die Stadt Memel gehörte zum Regierungsbezirk Königsberg, alles übrige zum Regierungsbezirk Gumbinnen.

Durch den Versailler Vertrag 1919 das sogenannte „Memelgebiet“ geschaffen. 1920 von französischen Truppen, 1923 von Litauern besetzt. 1924 erhielt es ein Autonomiestatut unter der Aufsicht des Völkerbundes. Im März 1939 gab Litauen es kampflos, wenn auch unter gewissem Druck, ans Deutsche Reich zurück.

Nach dem Zweiten Weltkrieg nördlicher Teil der Sowjetrepublik Litauen zugeschlagen, der südliche als Bezirk Kaliningrad unter die Verwaltung der russischen Sowjetrepublik gestellt.

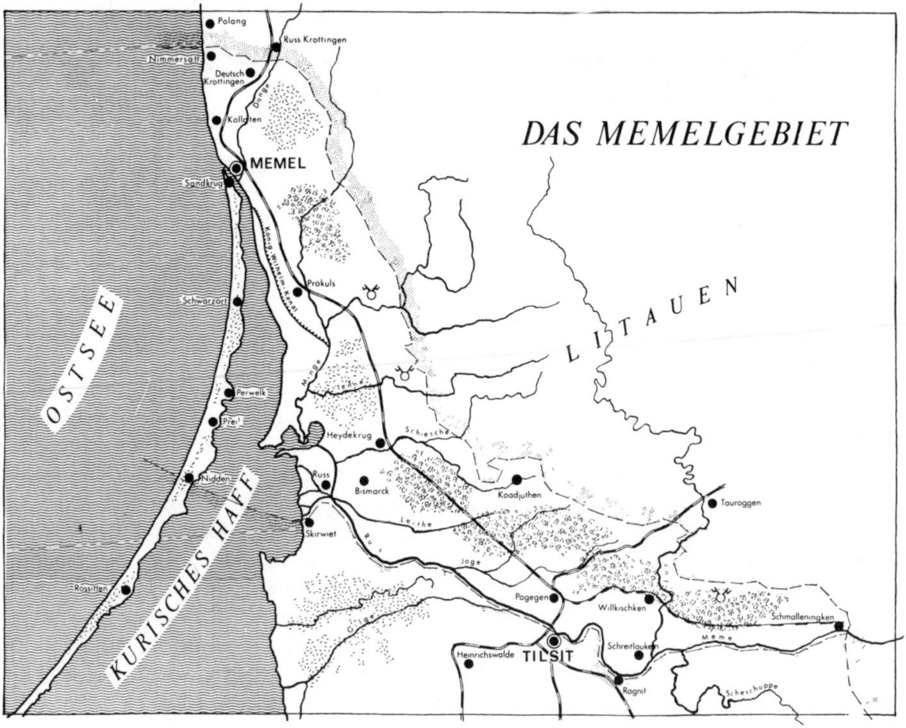

Das Memelland

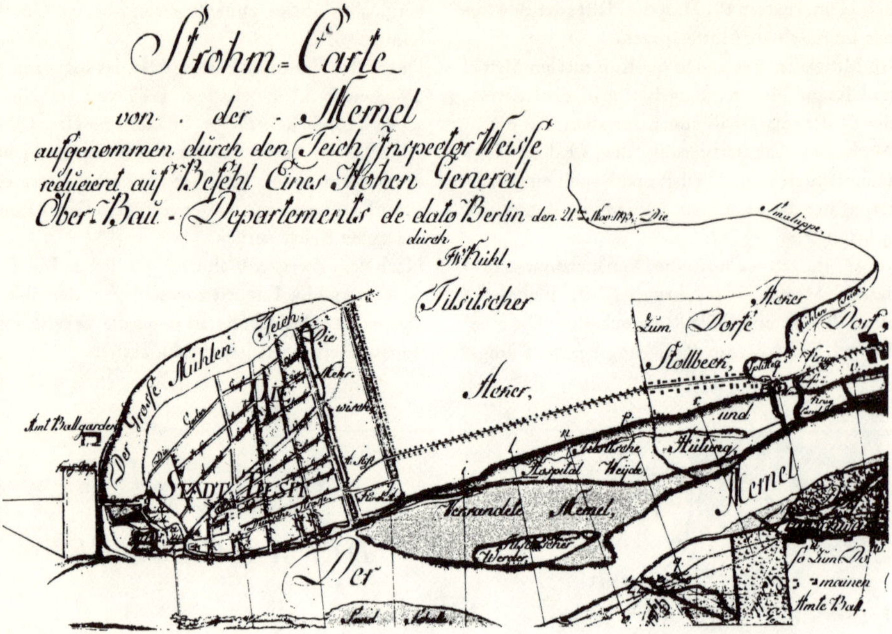

Die Memel bei Tilsit

1941 hatte das Memelland 134000 Einwohner.

Memelstrom (lit. *Nemunas*), entspringt westlich von Minsk in Weißrußland, wo er Njemen heißt. Erstmals als flumen Memele erwähnt in einer Urkunde von 1243. Der Name ist kurischer Herkunft. Bei Schmalleningken betritt die Memel ostpreußischen Boden; sie legt auf ihm 111 km bis zur Mündung ins Kurische Haff zurück. 11 km unterhalb von Tilsit bildet sie bei Kallwen ein Delta. Sie gibt damit ihren Namen auf. Der Hauptarm, die Ruß, spaltet sich bei dem Ort Ruß in 13 Arme, von denen die meisten versandet sind. Der andere Arm, die Gilge, teilt sich in Tawelle und Alte Gilge.

Die Memel durchfließt das Memelland, die Kreise Ragnit, Tilsit, Elchniederung und Heydekrug. Sie war früher eine Verkehrsstraße über Litauen nach Rußland.

Peter von Dusburg berichtet in seiner Chronik, daß 1222 die Russen aus Grodno stromabwärts kamen, um die Schalauerburg Ragnit zu belagern. Als der Deutsche Orden mit der Eroberung des Gebietes begann, rückte er auf dem Wasserweg nach Schalauen vor. So hat Dietrich von Liedelau, der Vogt von Samland, 1275 von der Samländischen Küste aus Ragnit angegriffen. 1276 rückte eine Flotte gegen die Schalauerburg Sassen vor. Bei seinen Litauerzügen nach 1283 hat der Orden die Memel als Wasserweg benutzt. Nachdem die Litauerkämpfe 1422 abgeschlossen waren, diente die Memel vornehmlich dem Handelsverkehr: von der Memel über die Gilge ins Kurische Haff,

über Deime und Pregel nach Königsberg, weiter über das Frische Haff zur Weichsel und nach Danzig. Von Bedeutung war die Holzflößerei auf der Memel. Die großen Flöße wurden charakteristisch für den Strom.
Auf einem Floß bei Tilsit fanden am 25. und 26. Juni 1807 die historischen Begegnungen zwischen Napoleon, Zar Alexander I. und König Friedrich Wilhelm III. statt.
Nebenflüsse: auf ostpreußischem Gebiet: rechts Schwente, Wischwill, Jura und Jäge, links Szeszuppe und Tilse.
Der Strom hat eine Gesamtlänge von 937 km.
Mensguth (poln. *Dźwierzuty*), Kreis Ortelsburg, am Großen Schobensee gelegen, gehörte im 14. Jh. dem Ritter Menzel von Wildenau. Die Pfarrkirche soll 1399, nach neuerer Quelle bereits 1349 gestanden haben. Sie ist 1691 völlig niedergebrannt und 1695 samt dem Turm neu aufgebaut worden. Der Turm ist durchweg im Blockverband gebaut, viergeschossig mit Blenden, Stichbogen und Staffelgiebeln im Osten und Westen. Die Kirche hat ein spitzbogiges Portal, das Langhaus ist einfach gehalten, die Wetterfahne verrät das Jahr 1695.
Im Besitz der Kirche befindet sich eine Bibel von 1708 mit Kupferstichen von Sandrart. Die vier Evangelisten bilden die Eckbeschläge, Petrus und Paulus die Buchverschlußhalter. In der Mitte Moses und Christus, alles aus Messing geprägt.
1939 hatte das Dorf 1394 Einwohner.
Migehnen (poln. *Mingajny*), Kreis Braunsberg, Bauerndorf an der in die Passarge fließenden Drewenz. Bischof Eberhard ließ es 1311 von den Lokatoren Henricus und dessen Bruder Theodericus auf dem Feld Mynyen gründen. Die Kirche, Anfang des 14. Jh. als Ziegelbau im gotischen Verband errichtet, war dem heiligen Laurentius geweiht. 1338 wurde ein Pfarrer Jakobus erwähnt.
Der Turm war rautenförmig mit schwarz glasierten Ziegeln eingelegt und hatte ein Schindeldach.

Ermländisches Bauernhaus in Migehnen

Durchgreifende Reparaturen: 1688 – 1698 und 1709. Der Hochaltar, ein dreigeschossiger Flügelaltar, stammte aus dem Jahre 1649. Die Kirche besaß eine Monstranz von 1674 und ein Pazifikale mit gotischem Fuß.
1939 hatte das Dorf 891 Einwohner.
Minge, entspringt in Rußland und überschwemmt auf ostpreußischem Boden die Wiesen bei Prökuls, nimmt die Aglone, Wewirsze und Tenne auf und mündet in der Nähe von Athmath in den Knauptbusen des Kurischen Haffs. An der Mündungsstelle ist sie 30 m breit.
Bis 1868 war sie für die Schiffahrt ungeeignet; dann bis Lankuppen reguliert. Von hier aus der König-Wilhelm-Kanal gebaut, 1883 eröffnet, der etwa 25 km parallel zum Ostufer des Haffs verläuft. In Lankuppen eine Schleuse gebaut. Die Stadt Memel verdankt der Minge die Hebung ihres Holzhandels; die Wasserstraße wird vornehmlich zum Holzflößen benutzt.
Miswalde (poln. *Myślice*), Kreis Mohrungen, an der Sorge gelegen. Am Mühlenteich befand sich ein Schloßberg. Das Dorf wurde 1316 vom Lokator Peter von Letten gegründet; die Kirche wird als „zu bauende" erwähnt. Sie entstand auf einem mit einer Feldsteinmauer umgebenen, steil abfallenden Hügel auf einem Feldsteinfundament.
In der Sakristei befindet sich ein Beichtstuhl,

Grabdenkmäler zu Mohrungen

wahrscheinlich von Melcher Breuer 1608 eigenhändig bemalt.
1939 hatte das Dorf 735 Einwohner.
Mohrungen (poln. *Morąg*), Kreisstadt im Regierungsbezirk Königsberg, auf der Seenplatte des Oberlandes gelegen. Um ein Ordenshaus gründeten Siedler aus dem Südharz einen „Flecken", den sie nach ihrer Heimatstadt Mohrungen nannten. Der amtierende Spittler Hermann von Oettingen erhob ihn, wahrscheinlich 1327, zur Stadt. Gründungsakte 1331 erneuert. 1327 gotisches Rathaus mit einem hölzernen Dachreiter erbaut. Die Pfarrkirche St. Peter und Paul stammte aus den Jahren 1305 bis 1310. Auf dem alten Friedhof an der Straße nach Preußisch Holland blechverkleidete, holzgeschnitzte Grabkreuze.
Die Burg war von 1331 bis 1525 Sitz eines Ordensvogtes oder -pflegers, 1447 bis 1471 Sitz eines Komturs.
Von 1410 bis 1461 befand sich die Stadt in polnischen Händen. Hochmeisterstatthalter Heinrich Reuß von Plauen verlegte nach 1467 seinen Sitz nach Mohrungen. 1470 erlag er hier einem Schlaganfall.

Die Stadt hatte sich 1440 dem Preußischen Bund angeschlossen und 1454 dem polnischen König gehuldigt. 1520 von den Polen eingenommen und niedergebrannt.
1525 verpfändete Herzog Albrecht sie dem Burggrafen Peter zu Dohna. 1595 erbauten die Dohnas ein „stattliches Haus", das „Schlößchen". Ihr Hauptverdienst war die Stiftung eines Stipendiums für Studenten. Der berühmteste Stipendiat war Johann Gottfried Herder.
1573 der Herzogin in Preußen als Leibgedinge verschrieben. 1626 von den Schweden belagert, widerstand aber. 1697 brannte die Stadt bis auf Schloß und Kirche nieder. Die alte Kirche in der Nähe der Stadtmauer stammte aus den Jahren 1305 bis 1312, 1856 wiederhergestellt.
Seit 1752 Kreisstadt, im 18. und 19. Jh. Sitz der Oberländischen und Ermländischen Landschaft.
1790 Physikalisch-ökonomische Gesellschaft ge-

Geburtshaus Herders

gründet, später nach Königsberg verlegt. Zwischen Markt und Kirche stand das Geburtshaus Johann Gottfried Herders, ihm gegenüber eine Bronzebüste, 1852 on W. Wolff gefertigt. Im Herderhaus befand sich ein Herdermuseum, draußen war eine Gedenktafel angebracht.
Die Stadt erzeugte Agrarprodukte und verarbeitete vor allem Holz.
Calovius, geboren 1612, Sohn des Amtmanns Kalau, gehörte zu den meistgenannten Theologen seiner Zeit. Er lehrte an den Universitäten Königsberg und Wittenberg, wo er auch als Generalsuperintendent wirkte.
Walther Rudolf Eduard Harich, geboren 1888, schrieb eine zweibändige E.T.A. Hoffmann-Biographie und gab die Werke des Dichters in einer 15bändigen, kommentierten Ausgabe heraus. 1925 veröffentlichte er eine Jean-Paul-Biographie. Bei den Vorbereitungen zu einer Herder-Biographie überraschte ihn der Tod. Vielgelesen waren seine Romane.
Johann Gottfried Herder, geboren 1744, der größte Sohn seiner Vaterstadt, war Lehrer am Königsberger Fridericianum und stand in ständigem Umgang mit Hamann und Kant. Reformer der Schule, Schöpfer der Realschule. Die Mohrunger Realschule trug seinen Namen. Durch Vermittlung Goethes an den Weimarer Hof berufen.
Elisabeth von Thadden, geboren 1890, gründete ein evangelisches Landeserziehungsheim auf Schloß Wieblingen. Der Leitung der Anstalt enthoben, arbeitete sie beim Roten Kreuz. 1943 wegen „Wehrkraftzersetzung und versuchten Landesverrats“ vom Volksgerichtshof zum Tode verurteilt und ins KZ Ravensbrück gebracht.
Johann Gottlieb Willamow, geboren 1736, als Dithyrambendichter bekannt, wollte diese Dichtungsart auf deutschen Boden verpflanzen. Auch als Fabeldichter genoß er einen guten Ruf. Seine Fabeln, in Form von Zwiegesprächen, waren natürlich und voller Anmut.

Johann Gottfried Herder
Vorbereitung seiner Sonntagspredigt

Eine Schützengilde bestand vor 1616; 1719 eine Garnison eingerichtet. Erste Schule 1405 erwähnt; Stadtschule seit dem 16. Jh. 1838 erschien die Kreiszeitung. 1848 erschien der bis heute bekannte Kalender „Der redliche Preuße und Deutsche“, später „Der redliche Ostpreuße“. 1939 zählte die Stadt 8373 Einwohner.
Molditten (poln. *Mołdyty*), Kreis Rößel, in der

Zaine-Niederung gelegen. Auf diesem Gut hat sich König August der Starke öfters aufgehalten. Er hatte hier eine Maitresse. Ihre Kinder führten den Namen der Grafen von Zeigun. Originalbilder der Familienangehörigen hingen im Herrschaftshaus.

1939 hatte das Dorf 248 Einwohner.

Montau (poln. *Mątowy Wielkie*), Kreis Marienburg, in der Südspitze des Weichsel-Nogat-Deltas gelegen. Aus dem Ordenshof – wahrscheinlich die 1254 erwähnte „curia" der Insel Zantir – entstand das Dorf Klein Montau. Das Vorwerk erhielt 1726 Hermann Hecker in Erbpacht; 1740 brannten Hof und Brauerei ab. Der Hof war berühmt wegen seiner prächtigen Viehbestände. Groß Montau, 1321 in der Handfeste für den Ort Mielenz erstmals erwähnt, erhielt die Gründungsurkunde von Hochmeister Ludolf König; 1383 erneuert.

In einem niedersächsischen Fachwerkhaus mit Schilfdach erblickte 1347 die heilige *Dorothea von*

Kirche Groß Montau

Hl. Dorothea von Montau

Montau als Tochter eines aus Holland eingewanderten Bauern das Licht der Welt. Siebzehnjährig heiratete sie den Schwertfeger Albrecht aus Danzig und schenkte ihm neun Kinder. Als ihr Mann nach 27jähriger Ehe starb, ging sie nach Marienwerder. Dort erwählte sie den Domdechanten Johannes Marienwerder, einen theologisch hochgebildeten Mystiker, zu ihrem Seelenführer. 1393 zog sie in eine gemauerte Klause im Dom, nur durch ein Fenster mit der Umwelt verbunden.

Nach ihrem Tode verehrte das Volk sie als Schutzpatronin Preußens. 1404 begann der Heiligsprechungsprozeß in Rom, der im Juni 1977 mit der Heiligsprechung endete.

Die katholische Pfarrkirche von Groß Montau, 1383 erwähnt, ein Fachwerkbau, Peter und Paul geweiht, in der die heilige Dorothea getauft worden war, galt als Wallfahrtsstätte.

Groß Montau, das 1941 zum Kreis Großes Werder gehörte, hatte 259 Einwohner, Klein Montau, demselben Kreis zugeteilt, zählte 408 Einwohner.

Giebel in Mühlhausen, Kr. Preußisch Eylau

Morgen (poln. *Kumielsk*), Kreis Johannisburg. 1502 wird eine Kirche in Comelske erwähnt, in der Bischof Lucas von Watzenrode die Ehescheidungsklage eines Johannes Scholin behandelt hat. Beim Einfall der Tataren 1656 blieb sie verschont, brannte aber 1720 ab.
1849 erneut bei einem Brand bis auf die Grundmauern zerstört. 1852 ohne Turm wieder aufgebaut. Den Turm mit einem spitzen Dachreiter erhielt sie 1874.
1710 starb der Pfarrer Trentovius mit seiner Frau, zwei Söhnen und drei Töchtern an der Pest. Ein Ölgemälde in der Kirche erinnert an die Vorbereitung der Pfarrersfamilie auf den Tod.
Das Dorf hieß früher Kumilsko und wurde in jüngster Zeit in Morgen umbenannt.
1939 hatte es 334 Einwohner.
Mühlhausen (russ. *Gwardejskoje*), Kreis Preußisch Eylau, an der Beisleide gelegen, zählt zu den ältesten Dörfern Natangens. Die Kirche, um 1305 erbaut, hatte 1399 zwei Geistliche. 1414 als „kleines Städtchen" bezeichnet. 1454, nach anderer Quelle 1468, erhielt der Lothringer Landrichter – oder Ritter – Daniel von Kunheim den Ort für dem Orden erwiesene Dienste. Bis in die erste Hälfte des 17. Jh. blieb er im Besitz der Familie, um dann zum Adelsgeschlecht von Kalckheim überzuwechseln.
Daniel von Kunheim stellte fest, daß die Kirche verfiel. Er reiste nach Rom und erwirkte dort 1492 einen Ablaß zu ihrem Wiederaufbau.
1560 bis 1590 war der bekannte Kartograph Kaspar Hennenberger, der das Herzogtum Preußen kartographierte und die Preußenkarte mit Erklärung von 1595 schuf, Pfarrer an der Mühlhausener Kirche.
In einem Gewölbe vor dem Altar ruhen die Gebeine der jüngsten Tochter Martin Luthers, Margaretha, ihres Gatten und von sechs ihrer neun Kinder. Bei einer Öffnung der Gruft im Jahre 1830 stellte man im Krieg angerichtete Verwüstungen fest.
Die Kirche besaß ein Bildnis der Luthertochter, gemalt von Lucas Cranach dem Jüngeren und ein Lutherbild, demselben Maler zugeschrieben.
1939 hatte das Dorf 939 Einwohner.
Mühlhausen (poln. *Młynary*), Kreis Preußisch Holland, an der Donne, einem Nebenflüßchen der Baude, gelegen. Vor 1414 gab es hier einen Ordenshof mit einer Mühle, später nach dem

Mühlhausen, Kr. Preußisch Holland

Vogt Nikolaus Locke „Schloß Locken“ genannt. Der Elbinger Komtur gründete um 1327 eine Stadt. Die Gründungsurkunde ging verloren. 1338 erneuerte der Elbinger Komtur Siegfried von Sicken die Gründung von „Molhusen“, die Hochmeister Konrad von Jungingen 1404 nach kulmischem Recht bestätigte.

Bis 1373 war Mühlhausen Sitz eines Waldmeisters, des obersten Forstbeamten in der Komturei Elbing, hernach bis 1520 Vogtei.

Die alte, gotisch erbaute Kirche mit barocker Inneneinrichtung, an der Stadtmauer, stammte aus dem Jahr 1329. Sie brannte 1547 ab; 1553 bis 1554 erneuert. Bis 1818 gehörte die Stadt zu Mohrungen, kam dann zum Kreis Preußisch Holland. Sie besaß ein beachtliches Heimatmuseum. Eine Schützengilde bestand ab 1696, eine Garnison ab 1714. 1338 hatte der Orden das Lehen über die Schule. Stadtschule 1735 gegründet.

1939 hatte die Stadt 3008 Einwohner.

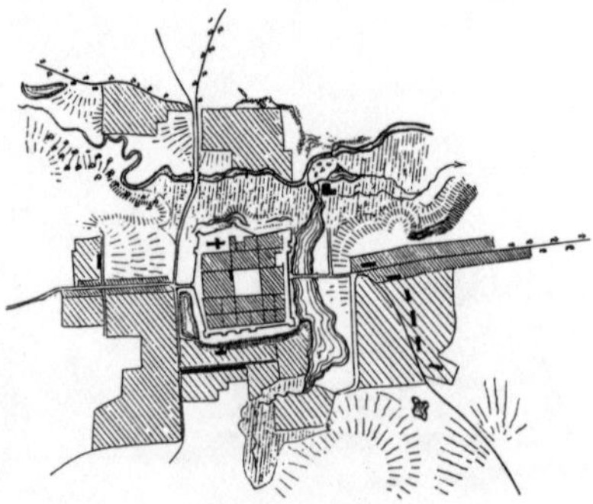

Stadt Mühlhausen, Kr. Preußisch Holland

Natangen

Münsterberg (poln. *Cerkiewnik*), Kreis Heilsberg. Lokator Johannes Monstirberg erhielt 1383 die Handfeste von Bischof Heinrich III. Sorbom. 1397 schenkte der Bischof das Dorf dem Kollegiatstift. Die Pfarrkirche, 1687 restauriert, weihte Bischof Załuski 1699 der heiligen Katharina. Sie brannte 1819 ab und wurde 1852 neu erbaut. Die neue Kirche weihte Bischof Philipp Krementz 1871.

1939 hatte das Dorf 578 Einwohner.

Nadrauen, ursprünglich als Nadrowe und Nadrowia bekannt, ist eine prussische Binnenlandschaft, die das Gebiet des oberen Pregels mit seinen Quellflüssen, der Inster, Angerapp und Rominte, umfaßt. Die Grenzen, in der Samländischen Teilungsurkunde von 1312 festgelegt, waren im Norden Gilge und Memel, im Südwesten Natangen und Barten, im Süden Galinden. Die südöstlichste Stelle war der Wald von Kirno. Zu Nadrauen soll, der Überlieferung zufolge, das prussische Heiligtum Romove gehört haben. Das Gebiet 1274 und 1275 vom Orden in zwei Zügen erobert. Mehrere Prussenburgen dabei zerstört. Nach 1525 dem Hauptamt Insterburg unterstellt und in 13 Schulzenämter aufgeteilt. Zu Nadrauen gehört die Rominter Heide.

Natangen war einer der beiden prussischen Gaue (der andere war das Samland), die bis in die jüngste Zeit hinein ihre Namen behielten. 1231 als

Neidenburg (1595)

Natangia erwähnt, eine Binnenlandschaft zwischen dem Samland, Warmien, Barten und Nadrauen. An letztere grenzte die über die Alle hinausreichende Teillandschaft Wonsdorf. Natangen hatte keinen Zugang zur Ostsee, nirgends erreichte der Gau das Frische Haff.

1257 und 1276 auf der Kreuzburg Komture von Natangen erwähnt. 1260 gab es einen Vogt von Natangen mit Sitz auf der Lanzenburg. 1276 bis 1291 weitere Vögte bekannt. Seit 1291 – sicher seit 1308 – Amt des Komturs von Balga mit dem des Vogts von Natangen vereint. 1285 Ordensanteil an Warmien in Natangen einbezogen.

Neben dem Gau Natangen gab es auf „nichtnatangischem Boden" das Feld von Natangen, auf dem 1320 das Gut Haslau entstand, danach das Kammeramt Natangen benannt. Verwaltungsmittelpunkt seit 1341 die curia Nathangyn – bis zum Jahr 1466.

Nach der Säkularisierung des Ordensstaates entstand 1525 der Kreis Natangen, der die Gebiete der ehemaligen Komtureien Balga und Brandenburg mit 13 Hauptämtern und zwei Erbämtern umfaßte. Hauptstadt Bartenstein.

Seit 1725 gab es das Domänenamt Natangen, dem Hauptamt in Tapiau unterstellt; sein Zentrum war Allenburg. 1822 mit Tapiau vereinigt. Die Landschaft Natangen umfaßte 1939 die Kreise Heiligenbeil, Preußisch Eylau und Bartenstein. dazu die südlich des Pregels gelegenen Teile der Kreise Königsberg und Wehlau, alles in allem 5800 qkm.

Neidenburg (poln. *Nidzica*), Kreisstadt im Regierungsbezirk Allenstein, an der Neide gelegen. Eine erste Ordensburg war schon zwischen 1266 und 1268 angelegt. Erstmals 1376 erwähnt als Neidenburg. Um die Burg sammelten sich vorerst Handwerker, später Kaufleute. Sie war Sitz eines Pflegers. Am 7. Dezember 1381 verlieh Hochmeister Winrich von Kniprode dem Ort das Stadtprivileg. Die Urkunde ging verloren; 1420 von Hochmeister Michael Küchmeister nach kulmischem Recht erneuert. Litauerangriffe wiederholt abgewehrt.

1444 trat die Stadt dem Preußischen Bund bei; 1453 sagte sie sich vom Orden los. Beim Zweiten Thorner Frieden kam sie nach 14jähriger polnischer Besetzung zum Orden zurück.

1549 holte Herzog Albrecht Böhmische Brüder als Siedler in die Stadt. Bei den Tatareneinfällen durch einen Zufall gerettet. Die Legende berichtet von einem Bürger Nowak, der eine Kugel auf die angreifenden Tataren abfeuerte und ihren Anführer traf, so daß die Horden panikartig flüchteten. Seit 1525 war Neidenburg Sitz eines Amtshauptmanns, seit 1772 Hauptort des Kreises Neidenburg. Am 24. November 1806 weilte Friedrich

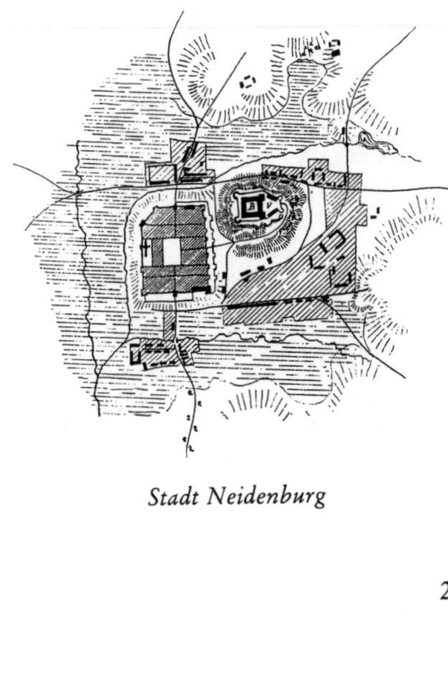

Stadt Neidenburg

Wilhelm III. in der Stadt. Von 1829 bis 1830 Burg vollständig erneuert.
Schon zur Ordenszeit soll die Stadt eine Brauerei gehabt haben. Sie war ein Marktort in ländlicher Umgebung.
Die Stadtkirche, deren Turm nach pomesanischem Brauch an die Seite des Schiffes angebaut war, soll um 1380 entstanden sein, unmittelbar vor der Erhebung zur Stadt.
Ferdinand Adolf Gregorovius, geboren 1821, schrieb eine Geschichte der Stadt Rom im Mittelalter in acht Bänden, später eine Geschichte der Stadt Athen im Mittelalter. Er erntete als Geschichtsschreiber einhelliges Lob. Die Stadt Rom verlieh ihm die Würde eines Cives Romanus; der Papst setzte sein Werk auf den Index der verbotenen Bücher.
Walter Kollo (Kollodzieyski), geboren 1878, erntete mit seinen Schlagern große Erfolge. Er schrieb Operetten, Singspiele und Revuen als Neubeleber der Berliner Volksstücke und auch die Musik zu zahlreichen Stummfilmen.
Henry Strousberg, 1823 geboren, gründete Eisenbahngesellschaften und erbaute wichtige Bahnstrecken. Später gründete er Fabriken für Bahnwaggons und Lokomotiven. Daneben betätigte der Großindustrielle sich als Schriftsteller. Als der

Neidenburg

Schloß Neudeck

„Eisenbahnkönig aus Neidenburg" ging er in die Geschichte ein.
Die erste Schützengilde stammte aus dem Jahr 1544, die erste Garnison 1717 eingerichtet. Eine Stadtschule gab es im 16. Jh. Seit 1862 hatte die Stadt ein Gymnasium und eine höhere Mädchenschule. 1840 erschien das Neidenburger Kreisblatt.
1939 hatte die Stadt 9 201 Einwohner.
Nemonienfluß nimmt die Abwässer des Niederungsgebietes auf. Sein weitverzweigtes Quellgebiet erstreckt sich über die Kreise Labiau, Niederung, Tilsit, Ragnit und Insterburg. Unterhalb Wieps erreicht er eine Breite von 180 bis 240 m und eine Tiefe bis zu 13 m. Der eigentliche Flußverlauf erstreckt sich von Petricken bis zum Dorf Nemonien, wo er mündet.
Der Nemonien nimmt die Laukne auf, stellenweise bis zu 30 m tief, an deren Ufern früher der Biber gehaust hat.

Fremdenverkehrswerbung damals

Neudeck (poln. *Ogrodzieniec*), Kreis Rosenberg. In einer Urkunde wird der Ort 1374 erstmals als Nydek erwähnt. 1755 kam das Gut in den Besitz der Familie von Beneckendorf und Hindenburg. Großeltern und Eltern des späteren Reichspräsidenten Paul von Hindenburg liegen auf dem Friedhof begraben. 1928 ein neues Herrenhaus errichtet, das Paul von Hindenburg an seinem 80. Geburtstag als Dankgeschenk der Nation übergeben wurde. Hier starb er am 2. August 1934. Das Herrenhaus ist im Sommer 1945 abgebrannt.

Neuhäuser (russ. –), Kreis Samland, an der Westküste des Samlands gelegen. Kaufleute aus Königsberg schufen die Villenkolonie und gründeten Anfang der sechziger Jahre des 19. Jh. ein Seebad. Typisch für Neuhäuser war, daß jedes Haus mitten in einem Garten lag und gegen die Nachbarn abgeschützt war. Das Bad der Ruhe und Stille. Einen weiten Ausblick hatte man vom Pfannkuchenberg.

1939 hatte das Dorf 961 Einwohner.

Neuhausen (russ. *Gurjewsk*), Kreis Samland. Als Sommeraufenthalt für die Domherren 1292 eine Burg des samländischen Domkapitels erbaut. Südlich des Schlosses baute der Orden eine Hausmühle, zweigeschossiger Backsteinbau auf einem Feldsteinsockel.

Aus Feldstein, mit Ziegeln durchsetzt, auch die Kirche Ende des 14. Jh. errichtet, die einen mächtigen Turm mit hohen, schmalen Blenden bis zur Glockenstube hinauf erhielt. Das Turmdach bildeten zwei fünfteilige Staffelgiebel nach Ost und West. Das Kirchenschiff, aus Granit und Ziegelwerk, um 1400 vergrößert. Die Kirche hatte Wandmalereien. Die Decke war aus Holz, im Barock bemalt. Das Chorgestühl, um 1560, spätgotisch; bemerkenswert. Der Altar, 1689 bis 1691 von Isaac Riga aus Königsberg geschaffen, ebenfalls das Taufbecken, die Beichtstühle und der Königsstuhl von 1701. Grabsteine, ein Totenschild und Bildnisse schmückten den Raum.

Um die Burg bildete sich eine Lischke. Am 21. September 1528 bestätigte Herzog Albrecht dem Simon Schwogerig den von den Vätern ererbten Krug vor dem „Neuen Haus“.

1525 war die Burg in den Besitz des Herzogs gekommen, der sie zu seiner Sommerresidenz ausbauen wollte. 1553 wurde der spätere Herzog

Kirche zu Neuhausen

Albrecht Friedrich geboren, der im Wahnsinn endete. 1566 entfloh der berüchtigte Räuber Paul Skalich.

Am 20. März 1568 starb auf Schloß Neuhausen Anna Maria von Braunschweig, die zweite Frau Herzog Albrechts, der er 1550 das Schloß als Leibgedinge überschrieben hatte.

Kurfürst Georg Wilhelm zog ein. Oft weilte hier der ganze Hof. Der Kurfürst lud zur Jagd in den Tiergarten ein, hielt anschließend handfeste Trinkgelage. Die Trinkgefäße kamen später ins Hohenzollernmuseum nach Berlin, dazu das Gästebuch des Kurfürsten. In diesem befindet sich am 19. September 1714 eine Eintragung König Friedrich Wilhelms I.: „Vivat Preußen!"

1770 zog das Justizamt ins Schloß ein. 1814 verlieh es der König mitsamt der Domäne dem Feldmarschall Graf Bülow von Dennewitz als Dank für treue Dienste in den Befreiungskriegen. Dieser verkaufte das Schloß 1842 an den Grafen Luckner, der es neugotisch umgestalten ließ. Seitdem wechselte es mehrfach den Besitzer.

Otto Besch, geboren 1885, Schüler Humperdincks, nach dem Ersten Weltkrieg führender Musikkritiker bei der Hartungschen Zeitung, bei der Königsberger Allgemeinen Zeitung, später bei der Zeitung „Die Welt", an der Siegfried Lenz das Feuilleton leitete. Er schrieb Symphonien, Stücke für Kammerorchester, Sonaten und Lieder. Von Agnes Miegel vertonte er Gedichte.

1939 hatte das Dorf 4198 Einwohner.

Düne, Kurische Nehrung

Grabmal zu Nidden

Neu Kockendorf (poln. *Nowe Kawkowo*), Kreis Allenstein, erhielt die Handfeste 1380. Anfang 16. Jh. war die Schreibweise Kuckendorf üblich. Hergeleitet aus dem Prussischen: cucke = Furt. Kirche ein schlichter Bau mit hölzernem Turm, der sich nach oben verjüngte, mit Zeltdach und Wetterfahne von 1870. Der Hochaltar stammte vom Ende der Rokokozeit, die Kanzel war barock mit den vier Evangelisten und dem salvator mundi.

1939 hatte das Dorf 381 Einwohner.

Neukuhren (russ. *Pionerskij*), Kreis Samland, an der samländischen Nordküste. Das unbedeutende Fischerdorf stieg 1837 zu einem ansehnlichen Badeort auf. Eine Villenkolonie entstand; Kurhaus in einem schattigen Park. Die evangelische Frauenhilfe gründete das Kaiserin-Auguste-Viktoria-Heim für genesende Frauen und Kinder. Zum ersten Male in Ostpreußen gab es ein Familienbad.

1939 hatte das Dorf 4779 Einwohner.

Nidden (lit. *Nida*), Dorf auf der Kurischen Nehrung. 1437 wird das Fischerdorf mit Krug erstmals als Reiseabsteige erwähnt. Die größte Siedlung auf der Kurischen Nehrung setzt sich aus drei Siedlungskernen zusammen: Nidden, Skurusdin und Purwin. Die Bewohner lebten von der Viehzucht, hatten ihre Weiden jenseits des Haf-

fes. Eine Fülle von Heu- und Fischerkähnen machte einen Hafen erforderlich.
Bedeutung gewann der Ort erst um 1900 durch seine Dünen, zum Teil bepflanzte Wanderdünen. Es bildete sich eine Malersiedlung. Max Pechstein, Schmidt-Rottluff, Partikel, Bischof, Mollenhauer und viele andere bekannte Maler lebten und arbeiteten hier. Auch einige Schriftsteller zog der Ort an: Ernst Wiechert, Zuckmayer und Thomas Mann, der hier ein Ferienhaus besaß.
1939 hatte der Ort 847 Einwohner.

Niedersee, früher Rudczanny (poln. *Ruciane*), Kreis Sensburg, zwischen Niedersee und Beldahnsee gelegen. Die beiden Seen zählten zu den schönsten Masurens. Der Beldahnsee war ganz in Wälder gebettet, der Niedersee hatte teilweise steile Ufer mit hochstämmigen Fichten. Beide hatten kleine Inseln. Neben der Industrie entwikkelte sich bald der Tourismus. Die „Perle Masurens" wurde im Sommer viel besucht und war der Ausgangspunkt für Dampferfahrten auf den Seen, Wanderungen und Ausflüge zu dem idyllisch gelegenen Crutinnenfluß, dessen Wasser, nur wenige Zentimeter tief, mit Stakbooten befahren wurde. Er galt als der schönste Fluß Masurens.
1939 hatte das Dorf 772 Einwohner.

Niedersee, der südlichste der großen masurischen Seen, oft als deren „Perle" bezeichnet. Auf steilen Ufern stehen hochstämmige Kiefern. Kleine Inseln, von Buschwerk bewachsen, tauchen aus der klaren, blauen Wasserfläche auf. Der See zieht sich schmal, in Hufeisenform, durch die Johannisburger Heide. Bei Groß Kurwien bildet er eine mächtige Bucht, als Samordeysee bekannt.
Von Rudczanny aus bot sich die Möglichkeit zu einer Umfahrt auf dem 25 km langen See. Wasseroberfläche 18 qkm.

Niederung, das wasserreiche Land um das Mündungsdelta der Memel, bildete den nördlichsten Teil der Provinz. Wiesen, Weiden, von Gräben, Flüssen und Kanälen durchkreuzt, Sandboden und auch fruchtbare Felder gaben Bauern und Fischern Nahrung, die hier in aufgelockerten Siedlungen, in Holzhäusern mit grell farbig bemalten Fenstern und Türen ihr Leben fristeten. Aufgestockte Heuhocken und Holzstapel vor den Hauseingängen, weit übergreifende Strohdächer, Netze zum Trocknen ausgespannt sind typisch für diese Gegend. Haferanbau und Zwiebelernte, Fischfang und Schweinezucht.
Hauptverkehrsmittel auf Wasser und „Land"-straßen ist der Kahn, gleich ob aufs Haff hinaus oder zur Weide. Städte kennt man nicht. Die Dörfer ähneln einander, liegen durchweg am Deich, am Kanal oder an einer anderen Wasserader, gleich ob sie Seckenburg, Karkeln, Tawe, Inse oder Gilge heißen.
Das Hochwasser ist der alte Feind des Menschen. Früher überschwemmten die Wasser der Memel jährlich – oft mehrmals – das ganze Gebiet. Menschen mußten auf die Dächer steigen, Vieh und Habe in Sicherheit bringen.
So begann man bereits am Ende des 17. Jh. mit dem Deichbau. Holländer holte man ins Land, die darin Meister waren. In der Linkuhnen-Sekkenburger-Niederung fing es an, die schon 1650, wenn auch keineswegs ausreichend, geschützt

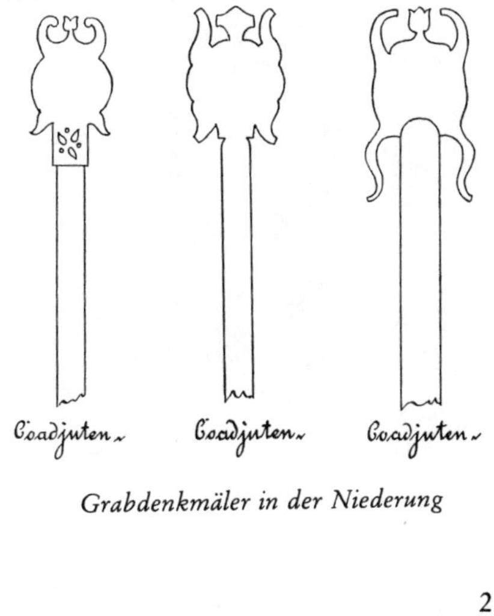

Grabdenkmäler in der Niederung

war. Ein Meisterwerk der 30 km lange Haffstaudeich, 1894 fertiggestellt.
Auf den Friedhöfen fand man oft eigenartige litauische Grabtafeln. Frauengräber erkannte man an den Tafeln mit Dach; an der Länge des Daches konnte man das Lebensalter der Verstorbenen ablesen.
Kaukehmen, ein Marktflecken mit 4 000 Einwohnern, war Ausgangspunkt für Besuche des Elchreviers, der dichten Erlenbrüche des Ibenhorster Forstes auf dem Schwemmland der Memel. Hier lebten die Urzeittiere, bis zu acht Zentner schwer, mit schaufelartigem Geweih, großer, überhängender Muffel, Haarbüschel am Hals und starkem Widerrist in drei Schutzzonen. Sie liebten das Wasser, schwammen gut und zeigten sich zuweilen wenig scheu, suchten die Plätze auf, von der Zivilisation am wenigsten berührt. Ein Forstmann soll vom Elch gesagt haben: „Es ist so, als ob er nach dem verlorenen Paradies sucht, das er nicht mehr finden kann."

Hallenhaus in der Niederung

Der Dichter Fritz Kudnig hat ihn wie folgt besungen:

„Er steht wie aus Stein
gehauen im Erlenhain.
Das goldlichte Grün
umgibt ihn wie Heiligenschein.
Starr schaut er dich an:
Doch es scheint fast,
er sähe dich nicht
oder lausche durch dich hindurch,
was die Weltseele spricht.

Er kennt keine Scheu,
steht furchtlos jenseits der Zeit:
gewaltiger, urhafter König der Einsamkeit,
ein Herrscher im Wald,
auf den Dünen, im Meer des Lichts.
Was bist du ihm, Mensch?
Ein Hauch wie der Wind, ein Nichts!

Niederzehren (poln. *Czarne Dolne*), Kreis Marienwerder. Zum ersten Male wurde der Name 1285 als Grenzbefestigung erwähnt. Aus einer Urkunde des Bischofs Berthold vom Jahre 1336 ist ersichtlich, daß es in Niederzehren einen Schulzen gab: „vogil von dem szerme". 1539 wurde der Ort getrennt in den „obern und nydern Czscherm". Niederzehren wird jedoch anläßlich einer Verpfändung an Jakob von Auerwald für Groß Tromnau 1557 wieder als selbständiger Ort erwähnt.
Die Kirche, wahrscheinlich um 1320 erbaut, stand auf einem Granitsockel und war aus Ziegeln mit eingesprengten Granitbrocken gebaut. Im Innern war sie einfach und schmucklos.
1939 hatte das Dorf 1085 Einwohner.
Nikolaiken (poln. *Mikolajki*), Kreis Sensburg, zwischen dem Nikolaiker See und dem Talter Gewässer gelegen. 1444 erstmals urkundlich ein Kirchdorf erwähnt, in dessen Nähe es einen Hof

des Ordens gab, aus drei Siedlungskernen zusammengewachsen: aus dem Fischerdorf Niklasdorf oder Nickelsdorf, Koniec und Koslau. Nach Koslau kam man nur mit einem Kahn, später über eine Holzbrücke von Niklasdorf, unter der der sagenhafte „Stinthengst" gehaust haben soll. 1726 gab König Friedrich Wilhelm I. dem Ort das Recht der Stadt.

Nikolaiken, mit seinem Wahrzeichen, dem Stinthengst an der Dampferbrücke, Hauptplatz des Maränenfanges, mit einer großen Maränenräucherei, lebte vom Fischfang und Fremdenverkehr. Man nannte die Stadt das „Ostpreußische Venedig"; Zugang zur Masurischen Seenplatte.

1535 gab es dort eine Kirche; die neue Kirche stammt aus dem Jahr 1842. Seit 1726 Immediatstadt, seit 1752 zum Kreis Seehesten, seit 1818 zum Kreis Sensburg gehörend. 1698 sollen Kurfürst Friedrich III. und der polnische König August II. hier bei einer Jagd an die 400 Elche zusammengetrieben haben.

Die erste Dorfschule wird 1581 erwähnt; 1726 zur Stadtschule erhoben. Eine Schützengilde gab es im 19. Jh., eine Garnison ab 1770.

1939 zählte die Stadt 2627 Einwohner.

Nimmersatt (russ. *Nemerzata*), der nördlichste Ort der Provinz Ostpreußen, bekannt des Schmuggels wegen. Von der „Grenze Nimmersatt" hieß es: „Wo 's Deutsche Reich sein Ende hat".

1939 hatte das Dorf 382 Einwohner.

Nogat, östlichster, ins Frische Haff fließender Mündungsarm der Weichsel. Die „Alte Nogat" entsprang wahrscheinlich bei Garnsee und floß vom Großen Siele am Weißenberge über Marienwerder zur Weichselniederung. Zu Beginn des 14. Jh. vermutlich mit der Weichsel verbunden, Ende 14. Jh. urkundlich belegt.

1506 wurde in Elbing Klage darüber geführt, daß die Danziger bei Nacht und Nebel das Haupt durchstochen und Wasser aus der Nogat in die Weichsel abgeleitet hätten. Danzig und Elbing

Stinthengst in Nikolaiken

fürchteten, zu wenig Wasser für ihre Häfen zu haben und stritten sich fortan um die Nogat. 1847 – 1853 an der Montauer Spitze zugedämmt, der Weichsel-Nogat-Kanal angelegt, der Nogat über die Hälfte des Wassers entzogen.

1914 war die Nogat völlig von der Weichsel abgeschlossen.

Nordenburg (russ. *Krylowo*), Kreis Gerdauen, am Ostufer der Swine gelegen. Die Sage berichtet, daß auf dem nahebei gelegenen Hexenberg eine Prussenfeste gestanden habe. Der Orden soll schon 1305 mit einem Schloßbau begonnen haben. Doch erst für das Jahr 1366 ist ein Wildhaus des Ordens nachweisbar, 1368 zu einer Burg erweitert, von den Litauern angegriffen und zerstört.

1370 bis 1378 in der Nähe prussische Bauern angesiedelt. Nahe der Burg ließ Hochmeister Ulrich von Jungingen einen Lokator die Stadt

Das Oberland

Nordenburg anlegen, der er 1407, nachdem sie „schloßhaftig" gemacht war, die Handfeste nach kulmischem Recht verlieh. 1409 war bereits ein Pfarrer vorhanden; mit dem Bau einer Kirche begonnen. Es gab im Ort eine Elendenbruderschaft. Ein 1407 gegründetes Dominikanerkloster verlegte seinen Sitz 1428 nach Gerdauen.

1469 erhielten die Brüder Georg und Christoph von Schlieben Stadt und Mühle als Lehen. Sie blieben bis 1700 im Besitz dieses Geschlechts. 1523 und 1564 Stadt eingeäschert; Kirche, 1705 zerstört, wegen der Pest von 1710, die die Einwohnerschaft halbiert hatte, erst 1726 neu aufgebaut. Im 19. Jh. hatte die Stadt viermal unter der Cholera schwer zu leiden.

Eine Schützengilde gab es 1692, eine Garnison 1714. Eine Schule bestand vor der Reformation. 1939 hatte die Stadt 3173 Einwohner.

Norkitten (russ. *Meschduretschje*), Kreis Insterburg, an der Auxienne gelegen. Südlich des Ortes befand sich der Schloßberg Plaukschtis = Pilaukßtis, „hohes Schloß". 1380 hat Conrad von Wallenroth, Komtur von Tapiau, die Befestigung von Norkitten angeordnet. Wahrscheinlich wurde damals das „burgähnliche" Schloß gebaut, 1803 abgebrochen. 1818 wurde an seinem Platz der Grundstein zu einem neuen Gebäude gelegt, das 1821 fertig war. Eine Kirche wurde bald nach der Reformation von Insterburg erbaut. Wetterfahne von 1609. Erster Pfarrer 1540 erwähnt.

1730 warf ein Sturm den Turm aufs Kirchdach und zerstörte die Kirche. Unter dem Patronat des Herzogs von Anhalt-Dessau wurde 1731 eine neue Pfarrkirche erbaut und 1733 eingeweiht, 1746 erneuert. Der Turm wurde nach erheblichen Zerstörungen im Siebenjährigen Krieg 1761 abgetragen und durch ein Fachwerk-Glockenhaus ersetzt.

1939 hatte das Dorf 1147 Einwohner.

Noßberg (poln. *Orzechowo*), Kreis Heilsberg, erhielt seine Handfeste 1362. Bischof Kromer weihte die Pfarrkirche 1580 zu Ehren von Mariae Empfängnis. Eine neue Kirche ließ Bischof Potocki aus gefugten Ziegeln bauen und weihte sie unter demselben Titel 1716. Die Kirche besaß einen silbernen, ganz vergoldeten Meßkelch aus dem Jahr 1379, den ältesten und kostbarsten im Bistum und in Ostpreußen, 17 cm hoch. Sechs Dreiecksflächen des sechseckigen Fußes waren mit zierlichen Relieffigürchen geschmückt: einer Kreuzigungsgruppe, Maria, Petrus, den Heiligen Drei Königen und zwei Wappen, eines mit Lamm, eines mit Zinne. In gotischen Minuskeln stand: Ave Maria gratia plena, dominus.

1939 hatte das Dorf 742 Einwohner.

Oberländischer Kanal. Schon im 14. Jh. hatten die Saalfelder einen Kanal zwischen dem Ewing-

see und dem Geserichsee angelegt, der sie mit Deutsch Eylau verbinden sollte. Zu ihm gehörte eine Schleuse. 1334 erhielten sie das Privileg, diesen Kanal allein benutzen zu dürfen.
1788/1789 auf königliche Weisung untersucht, ob eine Verbindung zwischen den verschieden hoch gelegenen Seen um den Geserichsee möglich sei. 1825 kam von den Landständen die Anregung, die Oberländischen Seen über den Drausensee durch einen Kanal mit Elbing zu verbinden. Es galt, ein Höhengefälle von etwa 100 m zu überwinden, wozu nach herkömmlicher Methode 32 Kammern notwendig gewesen wären. Schließlich entschied man sich für Geneigte Ebenen, mit denen man in Nordamerika und beim Morriskanal Erfahrungen gesammelt hatte. Die Gesamtleitung wurde dem Baurat Steenke übertragen; Geheimrat Oberbaurat Lentzen machte die Pläne. Zuerst sollten 4 Geneigte Ebenen im Kreis Preußisch Holland angelegt werden, mit einem Gefälle von jeweils etwa 20 m, und zwar bei Buchwalde, Kanten, Schönfeld und Hirschfeld. Zwischen Hirschfeld und dem Drausensee sollten vorerst 5 Schleusen eingebaut werden. 1874 bis 1881 wurde die Kußfelder Schleuse durch eine fünfte Geneigte Ebene ersetzt.
Der Kanal verlief von Deutsch Eylau, vom Südende des Geserichsees durch diesen See zur Insel Heuwerder, weiter durch den Dubensee und das Kanalbett bis Liebemühl, dem Knotenpunkt der Anlage, führte zum Eilingsee, durch den Zopf- und Krebssee in den Rötloffsee und bei Maldeuten in den Samrodtsee. Vom Pinnauer See ging es über die zuerst vier, später fünf Geneigten Ebenen nach Neu Kußfeld. Schließlich mündete er in den Drausensee.
Wirtschaftlich wurde der Kanal zur Güterbeförderung genutzt. Auf der Bergfahrt ins Oberland transportierten die Schiffe vornehmlich Steinkohle, Gips, Eisen und Baumaterialien; auf der Talfahrt nach Elbing Holz, Getreide, Feldfrüchte und Stückgüter. Die geringste Tiefe betrug 1,25 m, die Breite an der schmalsten Stelle 16 m, Sohlenbreite 7,5 m. Die Dämme waren 13 m stark. Die Neigung auf der längsten Strecke betrug 1: 12, unter Wasser 1: 24. Die Entfernung von Deutsch Eylau zum Endpunkt im Drausensee betrug 176 km, die gegrabene Kanalstrecke 45 km. Kosten für den Kanal: weit über drei Millionen Mark.
Die Anlage der Eisenbahnstrecke Elbing–Osterode machte den Kanal 1893 für die Beförderung von Gütern unrentabel. Er diente fortan fast ausschließlich dem Fremdenverkehr, war eine Sehenswürdigkeit und wurde viel befahren.
Die Wasserstraße war 195 km lang.
Oberland, wald- und seenreiche Landschaft, westlich der Passarge gelegen auf dem Gebiet der prussischen Gaue Pogesanien und Pomesanien. Peter von Dusburg unterscheidet in seiner Chronik die „partes inferiores“ von den „partes superiores“. Besiedelt vorwiegend von Siedlern, die aus Mittel- und Süddeutschland kamen. Lucas David berichtet in seiner Chronik: „...seyndt viel Leute aus deutschen Landen willig hereingekom-

Oberländischer Bauernschrank

men.“ Er nennt Sachsen und Jülicher und „auf ein Mahl aus Meissen mit 3000 Pauern“.

Im Gegensatz zu dem ebenfalls wasserreichen Masuren bildet das Oberland eine Höhenlandschaft, zum Ostpreußischen Landrücken gehörend. Höchste Erhebung sind die Kernsdorfer Höhen mit 313 Metern. Simon Grunau nennt das Land in seiner Chronik um 1525 das „Hockerland“, das hügelige Land.

Die Seenkette von Elbing bis Osterode ist durch den 1860 fertiggestellten, 48 km langen Oberländischen Kanal verbunden; Höhenunterschiede durch das System der Geneigten Ebenen ausgeglichen.

Der 1525 nach der Säkularisierung des Ordensstaates neu eingerichtete Oberländische Kreis mit der Hauptstadt Saalfeld umfaßte alle Landschaften zwischen Weichsel und Passarge. Es gab in ihm und auch später nur Kleinstädte, die den Status des größeren Dorfes kaum überstiegen: Saalfeld, Liebemühl, Liebstadt, Mühlhausen. Nur zwei Städte brachten es in späterer Zeit auf 6000 Einwohner: Preußisch Holland und Mohrungen.

Der größte Sohn des Oberlandes war der in Mohrungen geborene Johann Gottfried Herder. Das Oberland, das den Beinamen „Ostpreußens gute Stube“ führte, 1939 die Kreise Preußisch Holland, Mohrungen und Osterode umfassend, hatte eine Grundfläche von 3600 qkm und zählte etwa 180000 Einwohner.

Oletzko s. Treuburg

Open (poln. *Opin*), Kreis Braunsberg, erhielt die Handfeste 1333 als Tochterkirche von Wormditt, später selbständig.

Die Pfarrkirche, aus einer Kapelle hervorgegangen, weihte Bischof Heinrich III. Sorbom 1400, zu Ehren des Siegreichen Kreuzes, Mariae und St. Jakobi d. Ä. und aller Heiligen. 1800 brannte sie aus; 1803 wiederhergestellt, erhielt sie 1830 einen massiven Turm.

Der Hochaltar stammte aus dem Kloster Cadinen, 1831 vom Tischler Machtans und Maler Strunge verkleinert und aufgebaut. Das Hauptbild war ein Kruzifixus des Bildhauers Biereichel aus Rößel aus dem Jahr 1833, neben diesem Petrus und Paulus aus der Kirche in Arnsdorf und Augustinus und Bonaventura aus Cadinen, Heiligenfiguren aus dem 17. Jh.

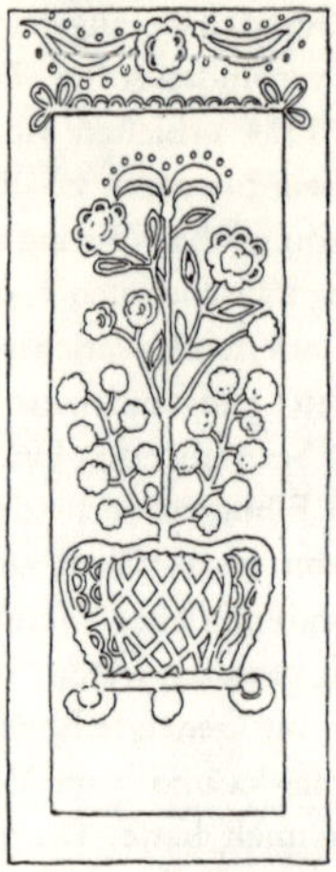

Oberländischer Bauernschrank

Der wertvollste Besitz waren acht Flügelaltarbilder des ehemaligen Marienaltars aus Wormditt vom Anfang des 17. Jh. und vier Apostelbilder aus dem Jahr 1828, ebenfalls aus der Pfarrkirche Wormditt.

1939 hatte das Dorf 695 Einwohner.

Oppen (russ. –), westlich von Petersdorf im Kreis Wehlau. Hennenberger berichtet, in Oppen habe eine alte hohe Eiche von 27 Ellen Umfang gestanden. „Ich glaube auch selber nicht, daß größerer Baum nach der Sindtflut gewesen auch werden werde, als dieser gewesen ist.“ Herzog Albrecht und sein Sohn Albrecht Friedrich seien um die Eiche herumgeritten.

In einem anderen Bericht heißt es, eine gewaltige

Eiche soll vor dem Ort gestanden haben, innen so weit, daß ein Reiter „mit dem Gaule sich herumwerfen und tummeln konnte".
Hartknoch fügte hinzu, daß ein Kultus bei der Eiche aus Mangel an Nachrichten nicht zu beweisen sei. Oppen liegt im alten Nadrauen. Dusburg gibt an, das vielgesuchte Romowe habe in Nadrauen gelegen. Es könnte also möglich sein, daß sich in Oppen das Romowe der Prussen, der Sitz ihrer höchsten Götter, befand.
1939 hatte Petersdorf 464 Einwohner.

Ortelsburg (poln. *Szczytno*), Kreisstadt im Regierungsbezirk Allenstein, am Großen und Kleinen Haussee gelegen. Wahrscheinlich 1350, erwähnt jedoch erst 1360, gründete der Oberste Spittler und Komtur von Elbing, Ortulf von Trier, ein „festes Haus", genannt Ortulfsburg, und siedelte masowische Kolonisten an. 1370 zerstörte der Litauerfürst Kynstut das hölzerne Gebäude, dann als Jagdschloß in Stein aufgebaut. Die Siedlung 1616 durch Verleihung des Fundationsprivilegs zur Stadt erhoben.

Das prussische Heiligtum Romowe

Ortelsburg

1580 hatte Markgraf Georg Friedrich Handwerker herbeigerufen, die das Jagdhaus neu einrichten sollten; sie ließen sich nieder, ihnen gab Johann Sigismund 1616 Privilegien. 1629 trafen sich Kurfürst Georg Wilhelm und der Polenkönig Wladislaus in Ortelsburg.
Zwischen 1638 und 1717 mußte die Stadt fünf Großbrände, Kriegsnot und Pest über sich ergehen lassen. 1723 als Stadt erneut anerkannt, 1792 Kriegsmagazin.
Das preußische Königspaar weilte 1806 auf der Flucht in Ortelsburg; für einige Tage war es Sitz der preußischen Regierung. Am 1. Dezember 1806 erließ der König das „Publicandum an die Armee und das deutsche Volk“. Am letzten Tag des Jahres rückten die Franzosen ein und plünderten die Stadt.
Einen Aufstieg erlebte Ortelsburg dank der Holz- und Mühlenindustrie und der Leistenfabrikation ab 1833. Im Ersten Weltkrieg schwer zerstört, doch dank der Hilfe der Patenstädte Berlin und Wien schnell wieder aufgebaut. Im Zweiten Weltkrieg erhebliche Zerstörungen.
Westlich der Stadt lag der Falkenhof, der Raubvögel zur Jagd abrichtete. Die Stadt hatte ein beachtliches Heimatmuseum. Eine Schützengilde bestand seit 1669, eine Garnison 1719 geschaffen. Die Kirchschule stammte aus der Ordenszeit. Ein Kreisblatt erschien seit 1840.
1939 hatte die Stadt 14200 Einwohner.

Osterode (poln. *Ostróda*), Kreisstadt im Regierungsbezirk Allenstein, am Südufer des Drewenzsees gelegen; vielleicht schon 1270 zusammen mit der Burg vom Orden gegründet.
Erster urkundlicher Nachweis: ein Hauskomtur Philipp und ein Kellermeister Peter im Jahr 1300, ein Pfleger Hermann im Jahr 1333.
Die Stadt wurde von sächsischen Kolonisten aus der Nähe des Harzes, die ihr vom alten Welfenschloß den Namen mitbrachten, angelegt. 1329 erhielt sie vom Christburger Komtur Luther von Braunschweig die Handfeste nach kulmischem Recht; 1335 und 1348 erneuert.
1349 bis 1370 ließ Komtur Günther von Hohenstein eine feste Burg erbauen, 1340 Pflegeramt, in eine Komturei umgewandelt. 1376 und 1381 plünderte und brannte Kynstut. „So ganz das nichts mer bleib wen die Kirche und des Pfarrers Gehöfte, verbrante Osterode die stad im jar 1400". 1410 und im Dreizehnjährigen Krieg abermals heimgesucht. 1525 in ein Hauptamt umgewandelt; erster Amtshauptmann war der bisherige Komtur Quirin Schlick. 1628 rückte Gustav Adolf mit den Schweden zu einjähriger Besetzung ein; dann brach die Pest aus, später kamen die Russen.
Auf der Flucht weilten König Friedrich Wilhelm III. und Königin Luise eine Woche in der Stadt. Vor der Schlacht bei Preußisch Eylau bezog Napoleon im Schloß Quartier.
Bei der preußischen Verwaltungsreform wurde Osterode 1818 Kreisstadt. 1914 lenkten von hier aus Hindenburg und Ludendorff an den entscheidenden Tagen die Schlacht bei Tannenberg.
Eine Gedenkmünze „Napoléon à Osterode", die Benennung eines Metro-Bahnhofs und einer Pariser Straße erinnern an den denkwürdigen Tag von 1807.
Hans Hellmut Kirst, geboren 1914, setzte seiner ostpreußischen Heimat in seinem Erzählwerk ein Denkmal. Er schrieb das Buch „Deutschland, deine Ostpreußen" und den Masurenroman „Die Wölfe". Kasimir Edschmid hat Kirst eine „Ein-Mann-Literatur" genannt.
Jakob Christian Kraus, geboren 1753, ein Schüler Kants, wandte sich den Staatswissenschaften, dem Finanzwesen und der Handelswissenschaft zu. Aus ganz Deutschland kamen Studenten nach Königsberg, um ihn zu hören. Beim Wiederaufstieg Preußens setzten sie seine theoretischen Ausführungen in die Praxis um.
Osterode war Ausgangspunkt für Touristenreisen ins Oberland zu den Geneigten Ebenen. Vom Bismarckturm hatte man eine weite Aussicht über das Oberland.
Eine Schützengilde, 1670 ins Leben gerufen. Garnison ab 1716. Die erste Schule führt ins Jahr 1407 zurück. 1877 bekam die Stadt ein humanistisches Gymnasium, ein Lehrerseminar und 1930 ein Lyzeum. Das erste Kreisblatt erschien 1835 in

Portal der Burg Osterode

Osterode

Hohenstein; ab 1865 in Osterode gedruckt. 1939 hatte die Stadt 14234 Einwohner.

Ostrokollen s. Scharfenrade

Ostsee, Nebenmeer der Nordsee, ostpreußische Küste von Vogelsang bis Nimmersatt, gebildet von der Frischen Nehrung, der Samland-West- und -Nordküste und der Kurischen Nehrung, im Osten die Cranzer Bucht, im Westen die östliche Hälfte der Danziger Bucht. Früher Baltisches Meer genannt – von baltes = weiß –, Weißes Meer, wohl wegen des hellen Sandes, den die See ans Ufer wirft. Auch als Sarmatisches Meer und Suevisches Meer bekannt.

Vor den Nehrungen im Winter stark vereist, in früheren Jahren zuweilen im Winter zugefroren, so daß – wie im Frostjahr 1709 – Herbergen für Reisende und Schuppen für Schlitten und Pferde auf dem Eis eingerichtet wurden. Der Meeresboden, zumal vor der Küste, weitgehend mit Sand, teilweise mit Kies bedeckt. Die Wellen werfen mit dem Sand kleine weiße, oft rötlich schimmernde Herzmuscheln an den Strand, dazu Seetang, Seegras und kleinere Bernsteinstücke. Die Küsten gehen meist flach und allmählich in die See über, so daß Badestrände entstanden sind, sich Seebäder gebildet haben.

Die Ostsee hatte schon, ehe der Deutsche Orden ins Prussenland kam, für den Handel Bedeutung. Vom prussischen Handelsplatz Truso aus gingen Schiffe gen Westen. Der Orden legte die Burgen Memel und Königsberg an, in deren Schutz sich Handelsniederlassungen der Hanse bildeten. Auch der Bischof von Ermland hatte seinen Handelsplatz an der Ostsee: Braunsberg. Um 1350 waren Königsberg, Braunsberg, allen voran jedoch Elbing bedeutende Handels- und Hansestädte. Ausgeführt wurden Getreide, Holz, Honig, Wachs und Bernstein. Dafür führte man Waffen, Tuche, Wein und Schmuckgegenstände ein.

1360 öffnete sich Schweden dem Ostseehandel. Hochmeister Winrich von Kniprode begann 1370 den Getreidehandel mit England. Volle Handelsfreiheit gewährte der Große Kurfürst den Ostseehäfen 1657. Ab 1750 begann ein reger Holzhandel von Memel aus. Die Kontinentalsperre Napoleons von 1806 legte allen Handel lahm. Erst ein halbes Jahrhundet später kam es zu neuem Aufblühen.

Bernsteinbergwerk Palmnicken

Die Seefahrer hatten an der Küste ihre Landmarken: das Kurhaus von Neuhäuser, Tenkitten, die Kirche von Germau, den Kirchturm von Palmnicken. Im nördlichen Teil der Ostsee den Leuchtturm Brüsterort, Nidden, den Kirchturm von Cranz, Schwarzort, die Türme von Memel und die Holländische Mütze.

Der Salzgehalt der Ostsee nahm nach Osten hin immer mehr ab, hatte bei Memel kaum ein Prozent. Die Gezeiten waren schwach, von den Winden bedingt.

Die Oberfläche der Ostsee beträgt 420 000 qkm.

Palmnicken (russ. *Jantarnyj),* Kreis Samland. 1872 entstand das zum Gut Kallen gehörende Palmnicken, dem die Regierung am 20. Mai 1875 die Erlaubnis zur Anlage eines Bernstein-Bergwerks erteilte. Eine Grube wurde angelegt, die 1896 bereits ausgebeutet war. Im selben Jahr übernahm die Firma Stantien & Becker aus Königsberg die Rechte und legte die Grube Anna bei Kraxtepellen an. Die Blaue Erde wurde an den Tag gefördert und der Bernstein ausgesiebt. Am 1. Juli 1899 verkaufte die Firma die Anlage dem Staat.

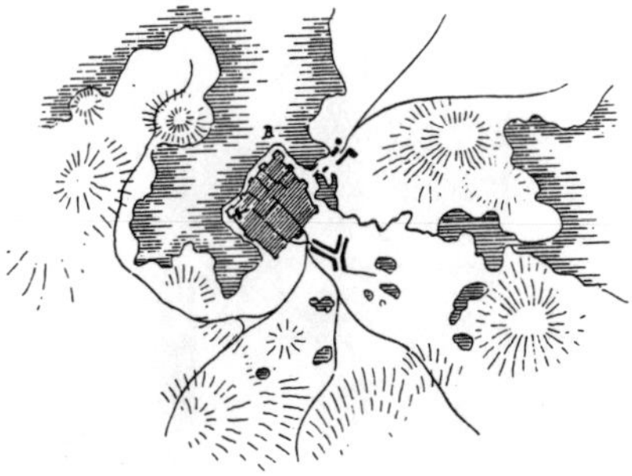

Stadt Passenheim

Ab Januar 1913 wurde auch der Tagebau östlich Kraxtepellen aufgenommen. 1934 beschäftigte die Bernsteingewinnung 700 Menschen. Es wurden in diesem Jahr 600 t Rohbernstein gewonnen. In Palmnicken baute man eine Kirche, eine Schule und ein Krankenhaus.

Daß für den Ostpreußen Kraxtepellen ein Stück hinter dem Mond lag, geht aus der Redewendung hervor: „Er kommt aus Kraxtepellen, wo die Hunde mit dem Schwanz bellen."

1939 hatte das Dorf 3 079 Einwohner.

Passarge, der wirtschaftlich am meisten genützte Fluß der Provinz, Haupt- und Grenzfluß des Ermlands. Seine Quelle liegt bei Grieslienen am Groß Plautziger See, 188 m hoch.

Er durchschneidet den Sarongsee, den Langgüter- und Eissingsee. Im Sarongsee vereinigt er sich mit dem Amelingfluß, nimmt später die Liebe auf und verläßt das Hügelland. Vorbei am Bullengrund und am Weißen Berg von Schalmey, erreicht er Braunsberg und wird für kleine Fahrzeuge schiffbar. Zwischen Alt- und Neupassarge mündet er ins Frische Haff. Nebenflüsse: Drewenz und Walsch.

Die Länge beträgt 171 km.

Passarge-Verlauf

Kanzel in Peterswalde

Passenheim (poln. *Pasym)*, Kreis Ortelsburg, zwischen Kalbensee und Lehlesker See gelegen. Das Kirchdorf Heinrichswalde, 1386 vom Hochmeister Konrad Zöllner von Rothenstein zur Stadt nach kulmischem Recht erhoben und zu Ehren des Obersten Spittlers und Komturs zu Elbing, Siegfried Walpot von Bassenheim zuerst in Bassenheim, später Passenheim umbenannt.
Ordenskirche 1391 errichtet. Die Stadt war ein wichtiger Marktflecken. 1414 von den Polen eingenommen; 1451 trat sie dem Preußischen Bund bei. Seit 1466 wieder unter der Botmäßigkeit des Ordens, von diesem mehrfach an bewährte Söldnerführer verpfändet.
1616 ließ Kurfürst Johann Sigismund die Burg abbrechen und aus den Steinen ein Rathaus bauen. 1656 verwüsteten die Tataren die Stadt und metzelten die Bevölkerung nieder. Der spätere Historiker Christoph Hartknoch, damals 12 Jahre alt, konnte über das Eis des Kalbensees nach Königsberg flüchten. 1807 weilte Napoleon auf dem Durchzug in der Stadt.
Eine Lateinschule bestand seit Gründung der Stadt; Garnison 1774 eingerichtet.
1939 zählte Passenheim 2431 Einwohner.

Petersdorf s. Oppen

Peterswalde (poln. *Piotrowiec*), Kreis Braunsberg. 1326 gegründet, erhielt die Handfeste 1330 auf den Namen Petirswalde. 1343 wird ein Pfarrer Nikolaus genannt. Die Pfarrkirche, dem heiligen Andreas geweiht, war ein Fachwerkbau. Sie brannte 1581 ab, 1589 massiv erneuert. Da sie schadhaft war, 1771 noch einmal erbaut. Weihbischof Zehmen weihte sie 1772 Johannes dem Täufer. Der Hochaltar war ein Rokokoaltar von 1775, im Mittelpunkt eine Anna Selbdritt, umgeben vom heiligen Andreas und heiligen Johannes dem Täufer. Die Kirche besaß ein silbernes Pazifikale aus dem 17. Jh.
1939 hatte das Dorf 399 Einwohner.

Peterswalde (poln. *Piotraszewo*), Kreis Heilsberg. Gründer und erster Schulze des Dorfes, das 1335 seine Handfeste erhielt, war Peter; nach ihm benannt. Im Hungerkrieg 1414 schwer heimgesucht, der Pfarrer in der Kirche erschlagen. Kriegselend im 15. und 16. Jh. Die Kirche mit dem wuchtigen Turm war so stark mitgenommen, daß sie erneuert werden mußte. Neubau, 1580 dem heiligen Bartholomäus geweiht. Hochaltar vom Rößeler Bildhauer Christian Bernhard Schmidt aus dem Jahr 1782. Die Kirche besaß eine prächtige Monstranz von 1637, zwei silberne Reliquienkreuze von 1641, eine Krankenpyxis von 1713. Die Kanzel hatte Bildhauer Schultz aus Heilsberg 1798 geschaffen.
1939 hatte das Dorf 537 Einwohner.

Pettelkau (poln. *Pierzchały*), Kreis Braunsberg. Das Gut Pettelkau – pruss. potilkow = Feld – 1296 erstmals erwähnt. Ein prussisches Kultzentrum scheint hier bestanden zu haben, das man in einen Wallfahrtsort zu Ehren der Gottesmutter

Wappen von Pillau

umgestaltete. Doch fanden sich nur wenig Wallfahrer ein.

Das Gutsdorf kam in den Besitz des ermländischen Bischofs. Bischof Hermann von Prag schenkte es 1341 dem in Pettelkau gestifteten Kollegiatskapitel, das sogleich mit dem Bau einer Backsteinkirche mit breiter Choranlage begann. Kirchenschiff vorzeitig abgeschlossen, da das Kapitel 1343 nach Glottau verlegt wurde. Die Kirche wurde Gemeindekirche. Nur die seltsame Form verriet noch die ursprüngliche Bauabsicht.

Obwohl erst 1405 erwähnt, scheint die Kirche eine der ältesten im Ermland gewesen zu sein.

1939 hatte das Dorf 488 Einwohner.

Piktupönen (russ. –), Kreis Tilsit-Ragnit, an der Straße Tilsit–Tauroggen.

Zur Zeit des Tilsiter Friedensschlusses wohnten im Präzentorat Friedrich Wilhelm III., im Pfarrhaus Königin Luise.

Im Juni 1863 besuchte Kronprinz Friedrich Wilhelm das Dorf und befahl den Umbau des alten, baufällig gewordenen Pfarrhauses, 1865 begonnen.

Am 21. Juni 1807 Waffenstillstand geschlossen, der dem Tilsiter Frieden vorausging. Am 26. Dezember 1812 fand bei Piktupönen ein Gefecht zwischen einer Abteilung des Yorckschen Korps und den Russen statt.

1941 hatte das Dorf 312 Einwohner.

Pillau (russ. *Baltijsk*), Seestadt im Kreis Samland, am Ausgang des Frischen Haffs in die Ostsee gelegen. Pillau – nach dem prussischen pils = Burg – 1430 erstmals urkundlich erwähnt; in der zweiten Hälfte des 14. Jh. als Umschlagplatz für den Fischhandel bekannt. Ursprünglich Fischerdorf Wogram (Handfeste 1413), daneben Camstigall, 1476 privilegiert, und Alt Pillau (Handfeste 1583). Als 1510 das Pillauer Seetief schiffbar wurde, baute man 1625 eine Schanze zu dessen Schutz. Bedeutung gewann der Ort allerdings erst, als 1626 Gustav Adolf das Gelände eroberte und eine kleine Festung mit Kanonen erbaute.

In der Umgebung ließen sich Fischer nieder. Bis 1636 in schwedischem Besitz. 1636 mußten nach dem Stuhmsdorfer Vertrag die Schweden das Gebiet räumen. Redoute mit Blockhaus, von ihnen angelegt, vom Großen Kurfürst zur Zitadelle in Form eines fünfeckigen Sterns ausgebaut.

Seemarke Pillau

1680 bis 1683 Stützpunkt für die Kolonialpolitik in Guinea.
1701 erhielt die Siedlung Marktgerechtigkeit, 1725 verlieh ihr Friedrich Wilhelm I. das Stadtprivileg.
1707 Zeughaus gebaut, 1717 die Hauptwache und das Stockhaus, die Garnisonkirche, nach dem Brand von 1761 als Kreuzkirche wiederaufgebaut, 1746 das Rathaus.
Friedrich der Große wollte die Festung aufheben. Friedrich Wilhelm II. ließ sie wiederherstellen. Ausbau 1805 vollendet.
1812 an Napoleon abgetreten. 1816 Leuchtturm erbaut, 1866 erhielt die Stadt eine reformierte Kirche.
Festung und Gemeinde Alt Pillau zusammen mit Wogram 1901/1902 eingemeindet; Camstigall folgte 1937. Seit 1936 amtlich als Seestadt Pillau bezeichnet.
Heinrich Barth, geboren 1847, Hofpianist Kaiser Friedrichs, Professor an der Hochschule für Musik und Senator der Akademie der Künste.
Eine Schützengilde gab es 1724. Ab 1636 war Pillau Truppenstandort. Im 17. Jh. hatte die Festung eine Garnisonschule. 1822 bekam Pillau eine Marine-Fachschule und eine Seefahrtsschule. 1939 hatte die Stadt 12379 Einwohner.
Pillkallen s. Schloßberg
Pissa, Quellfluß des Pregels. Der Name ist prussisch: biß = trüber Fluß. Sie kommt aus dem Wysztytensee, der sehr fischreich war, besonders reich an Brassen. Bei Mehlauken biegt sie nach Norden ab, fließt hinter Milluhnen in westlicher Richtung durch ein ehemaliges Sumpfgebiet, das Friedrich Wilhelm I. durch Kanäle entwässern ließ, um das Wiesengelände für das Gestüt Trakehnen zu schaffen. Die Pissa durchfließt die Stadt Gumbinnen und vereinigt sich mit der Angerapp.
Wichtigste Nebenflüsse: die an Edelfischen reiche Rominte, die Rudup, an der Trakehnen liegt, und die Schwentischke.

Kirche in Plausen

Kirche zu Plaßwich

Burg Plut

Der Flußlauf ist 125 km lang, das Gefälle 150 m.

Plaßwich (poln. *Płoskinie),* Kreis Braunsberg, gegründet vor 1301 auf dem prussischen Feld Scolyten, Handfeste von 1305.

Auf dem Panthenberg bei der Plaßwicher Wassermühle an der Passarge stand eine Prussenfeste mit Feldsteinbrunnen und Keller aus Holz. Die Passarge hieß ursprünglich Pantikapes. Im 14. Jh. erbaute wahrscheinlich Pfarrer Johannes – 1346 erwähnt – die der heiligen Katharina geweihte Kirche.

Die Kirche besaß eine spätgotische Monstranz, ein Meisterwerk der Goldschmiedekunst, Geschenk des Pfarrers Simon Lang aus dem Jahr 1634.

1939 hatte das Dorf 670 Einwohner.

Plausen (poln. *Paluzy*), Kreis Rößel, im alten Barten gelegen. Der Ort erhielt als Palusen 1355 die Handfeste; eine Kirche stand bereits, der Jungfrau Maria geweiht. Laut Konsekrationstafel wurde die Weihe 1409 erneuert, und zwar dem Siegreichen Kreuz und der Mutter Christi, der heiligen Katharina und allen Heiligen. 1421 wird ein Pfarrer Hermanus genannt. Die Kirche wurde auf einem Feldsteinsockel erbaut, Ziegelbau im gotischen Verband; innen hatte sie eine flache Holzdecke.

1939 hatte das Dorf 561 Einwohner.

Plauten (poln. *Pluty*), Kreis Braunsberg. 1325 baute der Dompropst Jordan in der Nähe die Burg Plut gegen die Litauereinfälle. Das Dorf erhielt die Handfeste 1326. Ein Pfarrer Nikolaus wird 1343 erwähnt. Nach der Schlacht bei Tannenberg wurde die Kirche verwüstet. Bischof Kromer weihte sie, erneuert, 1581 den Heiligen Laurentius und Stanislaus. 1801 erweitert und mit einem massiven Turm versehen.

Der zweigeschossige Hochaltar entstand um 1700. Die Kirche besaß eine Sonnenmonstranz von 1723.

1939 hatte das Dorf 310 Einwohner.

Pobethen (russ. *Romanowo*), Kreis Samland, nach Pillau und Fischhausen der bedeutendste Ort im Samland. Der Name Pobeti 1258 erstmals urkundlich erwähnt, ist vom Land Bethen abgeleitet. Hennenberger weiß von einem Hilferuf des Pfarrers von Pobethen aus dem Jahr 1295 zu berichten, der an den Königsberger Komtur gerichtet war: „Siehe, bewahr deinen Gott besser! Wir können ihn nicht beschützen." Ordensburg wahrscheinlich erst nach den Litauerüberfällen 1283 und 1289 gebaut. Pobethen war als Ort der Unruhe bekannt, es gab hier keine ordenstreuen Prussen.

1320 wird ein Pfarrer Konrad erwähnt, der den

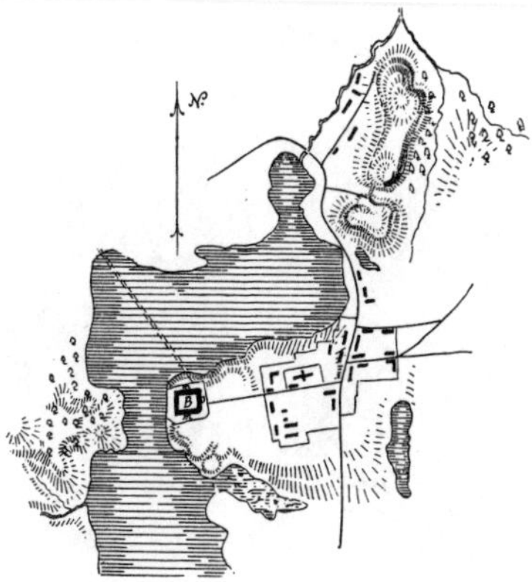

Burg zu Pobethen

Gottesdienst wahrscheinlich in der Burgkapelle abhielt; eine Kirche gab es noch nicht. Erst in der zweiten Hälfte des 14. Jh. aus Feldsteinen „mit nur wenig Ziegeln“ erbaut, dafür mit Wehrturm und Kreuzgewölben.

1510 und 1531 wird von den Opfern eines Prussenpriesters – eines Waidelers – berichtet. Im Bauernaufstand 1525 rückte Hauptmann Hans Gericke in Pobethen ein und zerstörte das Schloß. Er übte Vergeltung am Bruder des Bischofs Polentz, der sich den Bauern gegenüber besonders hart gezeigt hatte.

Von 1540 bis 1575 war Abel Will Pfarrer an der Kirche. Er hatte von Herzog Albrecht den Auftrag, Luthers Kleinen Katechismus ins Prussische zu übersetzen; eine Tat, die zur Erhaltung der prussischen Sprache wesentlich beitrug. Die Übersetzung erschien gedruckt in Königsberg. Pfarrer Will beschäftigte einen Kirchentolk, Paul Megot aus Biegiethen. Er stand neben dem Pfarrer und übertrug die wichtigsten Sätze der Predigt ins Prussische, damit das Volk sie verstehe. Sicher hat er auch bei der Übersetzung des Katechismus mitgeholfen.

Kirche in Pörschken

1535 Kammeramt nach Grünhof verlegt. Vor 1583 kam es zu einer Schenkung an die Pfarrstelle, von der die Redensart herrührt: „In Pobethen verhungert kein Pfarrer“. Pfarrer Christian Taege, gezwungen, als russischer Feldprediger an der Schlacht bei Zorndorf teilzunehmen, erhielt als Entschädigung die „reiche Pfarre“. Das Dorf – eigentlich schon eine kleine Stadt – hatte es zu einem gewissen Wohlstand gebracht.

Friedrich Wilhelm IV. und Wilhelm I. hatten als Prinzen hier öfters besuchsweise geweilt, um die herrliche Landschaft des Samlands zu genießen. An diese Besuche erinnerte der „Fürstensitz“.

1939 hatte das Dorf 1358 Einwohner.

Pörschken (russ. –), Kreis Heiligenbeil, südlich des Frischings, nahe dem Haff gelegen, urkundlich 1386 erstmals erwähnt. Kleine, doch recht bemerkenswerte Kirche mit einem Turm auf starkem Untergeschoß aus Granit, 1676 aufgestockt. Darin ein gotischer Schnitzaltar von 1430 mit einer thronenden Mutter Gottes, Heiligen und Aposteln, später nach Marienburg gebracht.

Die Kirche besaß einen Christus am Kreuz aus dem Jahr 1520. Aus dem 16. Jh. stammten die Grabsteine, aus dem 17. Jh. die Epitaphien. 1731 Kanzelaltar errichtet. Auch gab es eine frühe Orgel. Die durchgehend bemalte Flachdecke zeigte im Spiegel die Verklärung Christi, in den umgebenden Medaillons Bilder von der Geburt und Passion des Herrn. Urkundlich ist nachgewiesen, daß die Maler Michael Wolf, Gottfried

Eseberner, Johannes Frost und Mühlenbeck hier gewirkt haben.
1939 hatte das Dorf 605 Einwohner.

Pogesanien, prussische Binnenlandschaft ohne Zugang zur Ostsee und zum Haff. Grenzte im Westen an Pomesanien, im Norden an Warmien, Natangen und Klein Barten, im Osten an Groß Barten, im Süden an Galinden. Die Landschaft Pogesanien ging ganz im Bistum Ermland auf; sie bildete zusammen mit Klein Barten und dem Südwestzipfel von Groß Barten dessen mittleren Teil. Ihre Geschichte war die des Fürstbistums. Auf pogesanischem Boden lag die Bischofsresidenz Heilsberg.

Pokarben (russ. –), Kreis Heiligenbeil. Auf dem Feld Pokarben siegten am 22. Januar 1261 die Natanger unter Führung von Herkus Monte über das Ordensheer. Dabei wurde der Ritter Herschhals aus Magdeburg gefangengenommen und, nachdem das Los dreimal hintereinander auf ihn gefallen, zu Ehren der prussischen Götter auf einem Scheiterhaufen verbrannt. Herkus Monte, der ihm verpflichtet war, konnte ihn nicht vor dem Tode retten.
1290 Feld Pokarben, in die Hände des Ordens gefallen, vom Landmeister Meinhard von Querfurt den Lübeckern Busse und Hertwig von Pokarben verliehen. Auf diesem Feld entstand der Ort Pokarben.
1939 hatte das Dorf 273 Einwohner.

Pomesanien, prussische Landschaft, den Westen der Provinz, das Oberland, umfassend. Um 1283 begann der Orden mit planmäßiger Dorfbesiedlung.
1243 war das Bistum Pomesanien geschaffen worden, dessen Grenzen vorerst Ossa, Weichsel, Drausensee und Weske bildeten, zu dem aber auch das Quidin- und Zantir-Werder, also die Weichselniederung um Marienwerder, und das Große Werder gehören sollten. Später kamen u. a. die Bezirke Preußisch Holland und Deutsch Eylau hinzu.

Wetterfahne, Posilger Kirchturm

Die Besiedlung der Räume von Mohrungen, Osterode, Gilgenburg, Neidenburg fiel der Diözese zu. Bischofssitz war Riesenburg, Sitz des Domkapitels Marienwerder. 1284 Domkapitel Pomesanien dem Orden inkorporiert, so daß es kein autonomes Dasein mehr führte.
Bistum 1526, nachdem Bischof Erhard Queis sich der Reformation angeschlossen hatte, dem Bischof von Kulm zugeteilt, der ab 1526 auch den Titel Bischof von Pomesanien führte. 1577 mit Kulm vereinigt, blieb es bis 1821 bestehen.

Posilge (poln. *Zulawka Sztumska*), Kreis Stuhm, eine der ältesten Ortschaften des Kreises. 1249 mußten sich die bekehrten Prussen im Frieden von Christburg zum Bau von 13 Kirchen verpflichten, darunter einer Kirche in Pozolove.
Bei der Teilung des Landes 1250 fiel Posilge dem Deutschen Orden zu. 1271 wird die dortige Burg als „eine der wichtigsten" erwähnt. Helwig von Goldbach, Komtur zu Christburg, hat das Land in der zweiten Hälfte des 13. Jh. „zur Besiedlung ausgegeben". 1354 erneuerte der Oberste Trapier Conrad von Bruningisheim die Handfeste „des Dorfes Pusilien". Das Dorf wurde 1411, 1629 und 1659 schwer heimgesucht.

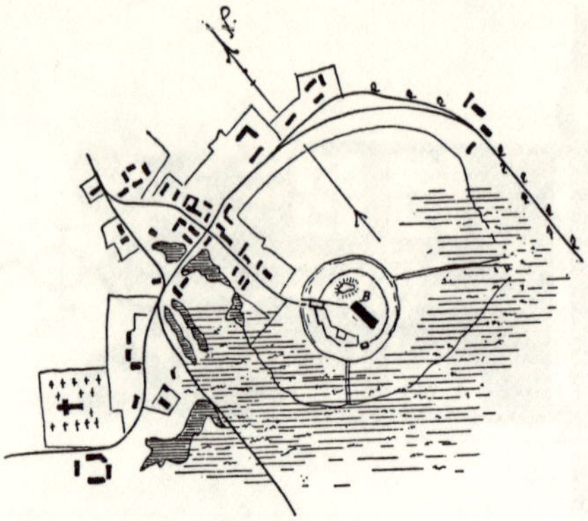

Burg Powunden

Die Pfarrkirche, Johannes dem Täufer geweiht, wurde 1249 gegründet und wohl noch im selben Jahr erbaut. 1250 wird bereits ein Pfarrer Arnold von Posolva erwähnt.

Der Neubau der Kirche stammt aus dem Jahr 1695. Die Wetterfahne verrät das Jahr. Die Kirche besaß drei wertvolle Bücher: eine Vulgata von 1629, ein Missale von 1645 und ein Homilienbuch von 1779.

1939 hatte das Dorf 966 Einwohner.

Postnicken (russ. *Saliwnojo*), Kreis Samland; früher Pustenicken, „Wüstfeld“, vom lit. pustas = wüst hergeleitet. Ein kölmisches Dorf am Kurischen Haff.

In der Pfarrkirche, deren Turm wahrscheinlich aus der Ordenszeit stammte, befand sich eine Taufe von 1764, Stiftung des Johann Christoph Talau, Arendator in Con Güten (Kingitten). In die Taufschüssel aus Messing war in lateinischen Majuskeln eingraviert: „Regina Barunsbergerin Witwe Anno 1657, den 10. Agust.“

1939 hatte das Dorf 847 Einwohner.

Powunden (russ. *Chrabrowo*), Kreis Samland, kölmisches und bäuerliches Dorf „am Wasser“, prussisch Kertheyn. Von der bischöflichen Burg (1265–1270 erbaut) blieb nur der Graben; die Reste der mächtigen Feldmauer wurden 1870 abgebrochen. Die Pfarrkirche St. Barbara, 1325 erstmals erwähnt, 1843 ausgebaut, 1862 der Turm erhöht, hatte von 1360–1439 Pfarrer, deren Namen urkundlich festgehalten sind. Das Langhaus hatte fünf Joche mit zwölfteiligem Sterngewölbe, die Strebepfeiler waren nach innen gelegt. Auf dem Turm zeigten fünf Wetterfahnen das Jahr 1691 an.

1939 hatte das Dorf 703 Einwohner.

Pregel, der bedeutendste Strom in Ostpreußen. Seine Quellflüsse sind die Angerapp, die Pissa und die Inster. Wo sie zusammenkommen, beginnt die Skara der Prussen, die Lipza des Deutschen Ordens: der Pregel, „Fluß am Berg“. Unterhalb Insterburg befanden sich die vom Alten Dessauer 1723 angelegten Mühlenwerke, für die eine Schleuse gebaut werden mußte; 1886 beseitigt.

Größter Nebenfluß ist die Alle, die bei Wehlau in den Pregel mündet. Von Tapiau sendet der Pregel einen Arm, die Deime, ins Kurische Haff. Er teilt sich in den Samländischen und in den Natanger Pregel. Auf der von beiden Armen umschlossenen Halbinsel standen die „Holländereien“. Beide Arme vereinigten sich an der Königsberger Honigbrücke, breiteten sich wieder aus, umfingen den Kneiphof, das alte Vogtswerder, mündeten ins Frische Haff.

Von Wehlau an war der Pregel schiffbar. Von Königsberg bis zur Mündung hatte er eine Tiefe von sechs Metern und war 90 Meter breit. So konnte Königsberg als natürlicher Hafen gelten. Im Winter hielten Eisbrecher die Fahrrinne offen. Der Flußlauf ist 125 km lang.

Preil (lit. *Preiliai*), Kreis Memel. Fischerdorf am Haff, das sich zu einem bescheidenen Seebad entwickelte. Bewaldete Dünen führen zum Wetzekrug-Berg, der höchsten Düne der Nehrung, 66 Meter hoch, mit einer weiten Aussicht. Zwischen dem 57 Meter hohen Preiler Berg und der

Ostsee die Erlenbrüche des Elchreviers.
1939 hatte das Dorf 188 Einwohner.

Preußisch Eylau (russ. *Bagrationowsk*), Kreisstadt im Regierungsbezirk Königsberg, am Pasmar, im Stablackgebiet gelegen. Arnolph von Eylenstein erbaute unter Hochmeister Werner von Orseln um 1325 von Balga aus die Burg Yladia in einem Sumpfgebiet, daher nach dem prussischen „ylow = im Schlamm" benannt. Sie erhielt einen Pfleger. 1455 mitsamt der umliegenden Lischke in Brand gesteckt.

Hochmeister Albrecht verschrieb Schloß und Amt 1521 an Fabian von Lehndorff und 1547 an dessen Sohn Kaspar, 1551 bis 1575 Amtshauptmann von Eylau.

Vom 16. bis 18. Jh. war das Schloß Sitz von Amtshauptleuten, im 18. Jh. von Generalpächtern. Domänenwerk und Schloß 1811 als Rittergut verkauft.

Im Schutz der Burg lag die Lischke, der Ortolf von Trier, Komtur zu Balga, 1348 eine Handfeste

Kirchturm von Preußisch Holland

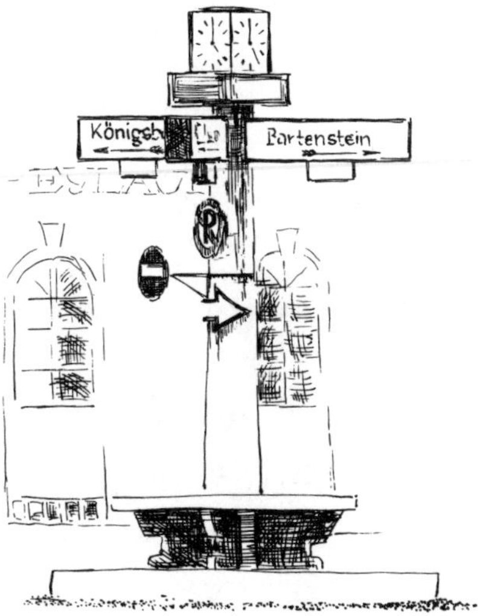

Wegweiser in Preußisch Eylau

gab, die den Handel mit Tuchen einschloß. 1335 bis 1350 Wehrkirche gebaut. 1514 erhielt die Lischke das Recht, einen Jahrmarkt abzuhalten. 1520 verwüsteten Polen den Flecken, der 1575 erstmals „Städtlein" genannt, 1585 ein „gewöhnliches Stadtrecht" erhielt, 1669 eine Willkür. Das Stadtprivileg von 1585 verlieh dem Ort Herzog Georg Friedrich.

Am 7. und 8. Februar 1807 schlug Scharnhorst die Franzosen; hielt sie damit erstmals in ihrem Siegeszug auf. Auf beiden Seiten gab es große Verluste. Die Schlacht bei Preußisch Eylau ging als das „erste Unentschieden" in die Geschichte ein. Von der Napoleonsfichte hat man einen schönen Überblick über Stadt und Umgebung.

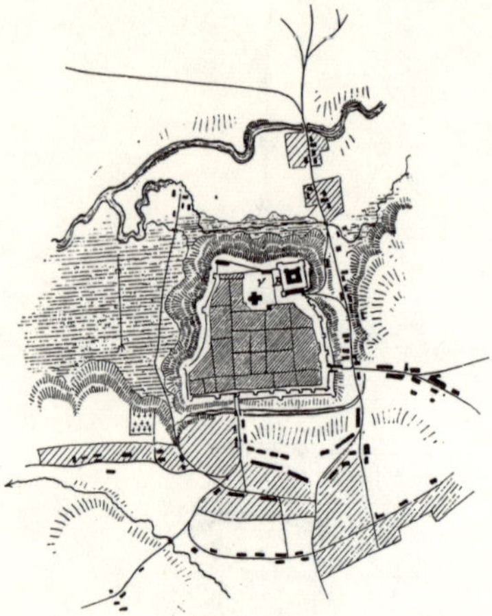

Stadt Preußisch Holland

1819 Kreisstadt, die von Tuchwebereien und Spinnereien lebte. 1835 erschien ein Kreisblatt. 1939 hatte Preußisch Eylau 7485 Einwohner.

Preußisch Holland (poln. *Pasłęk*), Kreisstadt im Regierungsbezirk Königsberg, auf dem südlichen Steilufer der Weeske gelegen, das „ostpreußische Rothenburg" genannt. 1288 hatte Landmeister Meinhard von Querfurt mit dem Bau der Weichseldämme begonnen und dazu Spezialisten aus Holland herangezogen. Sie gründeten als „primi locatores" die Stadt, der er 1297 die Handfeste gab, in der er bestätigte, daß die Stadt ihnen den Namen verdanke. 1319 baute der Orden ein Schloß; 1521 bis auf die kreuzgewölbten Keller zerstört. 1543 begann Herzog Albrecht mit dem Wiederaufbau, den Markgraf Georg Friedrich beendete. 1454 verteidigte der Oberstspittler Heinrich von Plauen die Stadt, verlor sie aber an den Preußischen Bund. Ein Rückeroberungsversuch 1464 mißglückte.

Als Elbing 1466 an Polen fiel, verlegte der Komtur seinen Sitz nach Preußisch Holland. Ab 1530 residierten hier statt der Komture Hauptleute. 1635 in der Bartholomäuskirche die Friedensbedingungen im ersten Schwedisch-Polnischen Krieg entworfen, die zum Waffenstillstand von Stuhmsdorf führten. Zehn Jahre später weilte die Königin von Schweden und Schwester des Kurfürsten Georg Wilhelm einige Tage im Schloß; 1659 von den Schweden und 1758 von den Russen belagert.

Im 16. und 17. Jh. waren Mennoniten aus den Niederlanden in die Stadt eingewandert, gefolgt von reformierten Schotten und Franzosen. 1807 hatte Marschall Bernadotte hier sein Hauptquartier.

Joachim Friedrich Henkel, geboren 1712, gab den Anstoß zur Gründung der ersten Hebammenlehranstalt in Deutschland. Er bestand darauf, daß die Studierenden an der medizinisch-chirurgischen Militärakademie am Unterricht in der Geburtshilfe teilnahmen, verfaßte bedeutende Schriften zur Geburtshilfe.

Eine Schützengilde bestand 1545, die erste Garnison 1714 gegründet. 1534 gab es eine Lateinschule. Das Kreisblatt erschien seit 1833.

1939 hatte die Stadt 6345 Einwohner.

Preußisch Mark (poln. *Przezmark*), Kreis Mohrungen, westlich von Saalfeld gelegen. Auf der Halbinsel im Singersee, aus dem die Alte Sorge entspringt, 1312 eine Burg erbaut, dem Komtur von Christburg unterstellt; Sitz eines Schäffers, später eines Pflegers. Der spätere Hochmeister Konrad Zöllner war eine Zeitlang Pfleger in Preu-

Burg Preußisch Mark

ßisch Mark. Pfleger von Vögten und Hauskomturen abgelöst.

Nach der Schlacht bei Tannenberg fiel Preußisch Mark in die Hände der Polen. Im Städtekrieg wichtiger Stützpunkt des Ordens, in der herzoglichen Zeit Sitz eines Hauptamtes. Im Ersten Schwedenkrieg weilte dort wiederholt Kurfürst Georg Wilhelm. Im Zweiten Schwedenkrieg widerstand die Burg den Schweden.

1939 hatte das Dorf 437 Einwohner.

Prökuls (russ. –), Kreis Memel, auf einer Anhöhe neben dem Mingetal gelegen. Am dortigen Gericht hat der Dichter Ernst Wichert längere Zeit als Richter gewirkt. Er schrieb von 1881 bis 1890 seine „Litauischen Geschichten", wozu er den Stoff während seiner Amtszeit gesammelt hat. Keiner hat die Eigenart der Litauer so treffend geschildert wie er im Vorwort zu dieser Geschichtensammlung.

1939 hatte das Dorf 1196 Einwohner.

Prositten (poln. *Prosity*), Kreis Rößel, erstmals 1354 als Prassyten erwähnt. Die älteste Handfeste ist nicht bekannt.

Der Ort ging in den Kriegen des 15. Jh. unter; wurde von Bischof Mauritius Ferber neu gegründet.

Die Pfarrkirche wurde 1585 gebaut; die Fundamente waren von einem früheren Bau übernommen. Bischof Rudnicki weihte die Kirche 1608 der Jungfrau Maria.

1842 wurde die Kirche ganz neu erbaut, 1844 von Bischof Geritz geweiht. Der Hochaltar ist Rokoko. Er zeigt die Himmelaufnahme der Jungfrau Maria zwischen zwei Aposteln. Die Kanzel ist barock, der triumphierende Christus krönt den Schalldeckel.

1939 hatte das Dorf 589 Einwohner.

Prostken (poln. *Prostki*), Kreis Lyck, am Lyckfluß gelegen. Am 18. Oktober 1656 Preußen und Schweden von den Polen und Tataren besiegt. Die Tataren fielen darauf in Masuren ein. Zwischen Ragnit und Passenheim sollen sie 13 Städte, 245 andere Ortschaften und 37 Kirchen eingeäschert haben. Die Zahl der Toten wird mit 23000, die der Gefangenen mit 34000 angegeben. Im Frühjahr 1657 trat Ruhe ein.

Vorburg Preußisch Mark

1939 hatte das Dorf 2300 Einwohner.

Puppen (poln. *Pupy*), Kreis Ortelsburg, eine der fünf Jagdbuden, während der Ordenszeit in der an Wild reichen Heide angelegt. Herzog Albrecht besuchte sie mit Vorliebe. Während der Pestzeit, 1548/1549 und 1564/1565, verlegte er seine Hofhaltung hierher.

Über Puppen führte die alte Verkehrsstraße von Ortelsburg über die Heide nach Johannisburg. Der Ort lebte vom Holzhandel und von der Holzindustrie. Auch Holzteer wurde gewonnen.

Im Sommer gab es einen schwunghaften Handel mit Blaubeeren.
1939 hatte das Dorf 1515 Einwohner.

Puschdorf (russ. –), Kreis Insterburg. Der Name ist von pußis = Fichte abgeleitet. Das Dorf wurde 1441 von Hochmeister Konrad von Erlichshausen

Tatareneinfall

Kelch von Queetz

der Altstadt Königsberg verliehen. 1486 bestand eine Pfarrkirche, von der zwei Glocken aus dem Jahr 1510 und zwei Weihwassersteine erhalten blieben. Sie war „von starkem Mauerwerk, geschützt durch Strebepfeiler, mit hohem schlankem Turm". Der Turm stammte aus dem Jahr 1646, er verfiel 1769.

1826 kaufte Fürst Leopold von Anhalt-Dessau die Kämmereidörfer Puschdorf und Stablacken. Die Kirche wurde in der zweiten Hälfte des 18. Jh. baufällig.

Eine neue Kirche konnte 1769 eingeweiht werden. Auf der Wetterfahne trug sie das Wappen der Altstadt von Königsberg mit der Jahreszahl Anno 1717, unter dem Wappen die Jahreszahl 1794. Sie war aus Feldstein erbaut.

1939 hatte das Dorf 559 Einwohner.

Quednau (russ. *Kwednau*), nördlich Königsberg gelegen, 1255 erstmals als Gebiet erwähnt. Das Dorf war im Besitz des samländischen Bischofs, der bis 1427 ein festes Haus unterhielt. Auf einem 54 Meter hohen Sandhügel stand die Kirche, dem heiligen Jakobus dem Älteren geweiht, Wallfahrtsort der Fischer und Seefahrer. Vor der Reformation abgebrochen, 1507 bis 1509 im Dorf an anderer Stelle neu erbaut. 1687 von einem Sturm umgeworfen, im gotischen Stil neu errichtet.

Im Innern befanden sich Sterngewölbe. Während des Unglücklichen Krieges benutzten die Franzosen sie als Pferdestall. Das Gut Quednau war lange im Besitz der Familie von Olfers.

Auf dem Hügel bei Quednau verhandelte am 8. September 1525 der Adel mit den aufständischen Bauern. 1888 starkes Fort angelegt, das im Zweiten Weltkrieg bis zum 7. April 1945 Widerstand leistete.

Queetz (poln. *Kwiecewo*), Kreis Heilsberg. Quetzow erhielt vom Vogt Heinrich Luter 1372 die Handfeste. Die Pfarrkirche weihte Bischof Kromer 1580 dem heiligen Jakobus d. Ä.; 1693 neu gebaut, 1699 von Bischof Załuski unter demselben Titel geweiht. Das Langhaus, aus Ziegeln im Kreuzverband mit großen Fugen erbaut, zeigt das früheste Vorkommen des Kreuzverbandes in Ostpreußen. In der Vorhalle hatte man zwei Halseisen eingemauert für „Strafen wider das sechste Gebot".

1939 hatte das Dorf 789 Einwohner.

Quittainen (russ. *Kwitajny*), Kreis Preußisch Holland, südöstlich der Kreisstadt gelegen. Im Jahr 1281 verschrieb der Landmeister des Ordens den drei Stammesprussen Poschensche, Germe

Wappen von Ragnit

und Glande in Quittainen so viel Land, wie sie mit den Hackpflügen bearbeiten konnten.
Als Herr eines Teils der Ländereien wird von 1525 bis 1538 Eckhard von Reppichau, Amtshauptmann in Preußisch Holland, erwähnt. Er war der erste jenes sächsischen Adelsgeschlechts, aus dem der Verfasser des Sachsenspiegels hervorging, der sich in Preußen niederließ. 1543 Gut Quittainen dem gebürtigen Pommer Antonius von Borcke verschrieben, größter Grundbesitzer in Preußen. Am 10. Oktober 1681 erhielt Feldmarschall Freiherr Georg von Derfflinger, der Sieger von Fehrbellin, Quittainen mitsamt seinen Nebengütern. 1695 erwarb der General und wirkliche Geheime Kriegsrat Johann Albrecht von Barfus den Besitz, verheiratet mit einer Gräfin von Dönhoff aus dem Haus Friedrichstein. 1744 gingen die Güter ins Eigentum der gräflichen Familie von Dönhoff über, in deren Besitz sich das Hauptgut Quittainen noch im Jahr 1945 befand. Das Schloß mit dem hohen Turm stammt aus dem Jahr 1847. 1939 hatte das Dorf 380 Einwohner.

Ragnit (russ. *Njeman*), Kreis Tilsit-Ragnit, an der Memel gelegen. An der Stelle einer Prussenfestung erbaute der Orden um 1289 aus Holz die Burg Landshut und 1293 die Schalauerburg, zwei vorgeschobene Posten; um die Mitte des 14. Jh. von Litauern zerstört. 1397 bis 1409 erstand eine völlig neue, aus Stein erbaute Burg, an deren Bau der Meister Nikolaus Fellenstein maßgeblich beteiligt war, der auch an der Marienburg mitgebaut hatte. Burg von Strafgefangenen gebaut, daher die Redensart: „einen Ragniter machen" – einen Verbrecher zur Zwangsarbeit verurteilen.

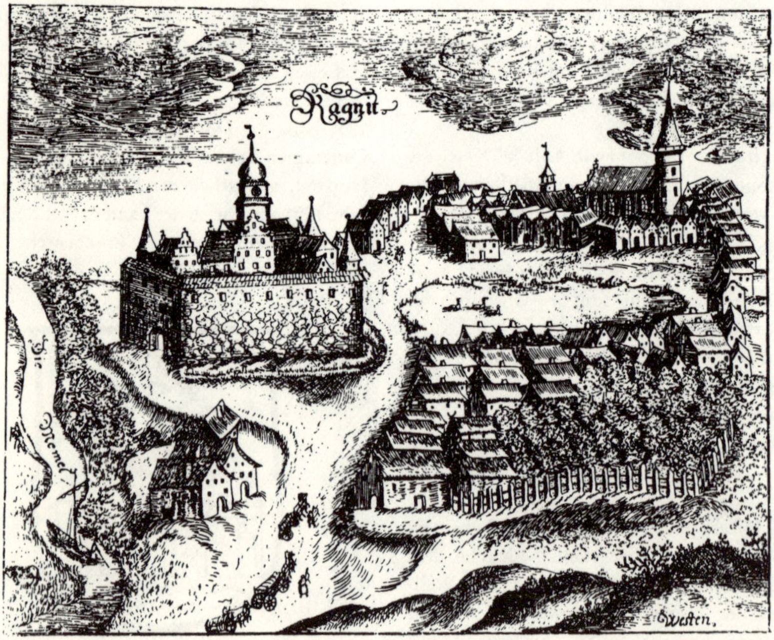

Ragnit im 17. Jahrhundert

Der Name Ragnit ist von umstrittener Herkunft. Die einen leiten ihn von dem litauischen Fluß Ragaine ab, die anderen von reges = Ecke, wieder andere von raganita = kleines Hexlein.

Um 1400 entstand eine Marktsiedlung bei der Burg; sollte schon damals Stadt werden, doch die Niederlage des Ordens bei Tannenberg verhinderte dies. So mußte die Stadt bis 1722 warten, als Friedrich Wilhelm sie durch einen einfachen Verwaltungsakt ohne besondere Privilegien „erhob“. Sie blieb eine kleine Landstadt im Schatten des mächtigen Tilsit, lebte von der Holzindustrie, einigen Mühlen und dem Flußhafen. 1772 Neubau der Kirche begonnen. 1807 brannte fast die ganze Stadt ab. 1829 Burg durch Brand verwüstet und nach Wiederherstellung in ein Gefängnis verwandelt.

Johann Friedrich Reiffenstein, geboren 1719, Maler und Kunstschriftsteller, durch seinen Verkehr mit Winckelmann und Goethe bekannt, starb 1793 in Rom.

Haus Ragnit

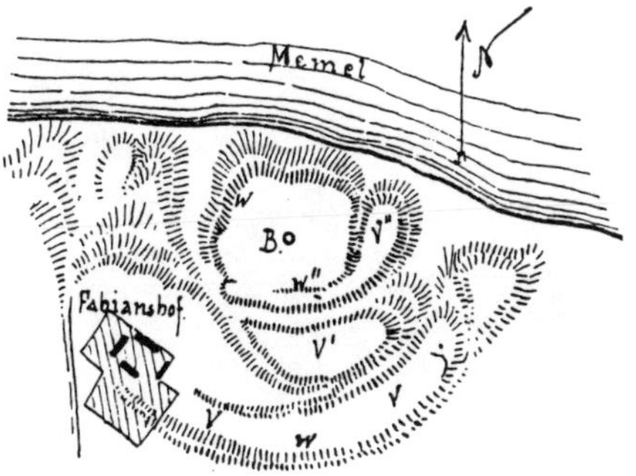

Schloßberg bei Ragnit

Die Stadt hatte seit 1714 eine Garnison, 1858 erschien ein Kreisblatt.

1939 hatte Ragnit 10 094 Einwohner.

Ramsau (poln. *Ramsowo*), Kreis Allenstein, gegründet vom Vogt Johannes Sorbom, Handfeste von 1379.

1379 wird das Dorf Rampsow genannt, zu Beginn des 16. Jh. Raussen.

Die alte Pfarrkirche war der heiligen Katharina geweiht. Die neue Kirche weihte Bischof Szembek 1730 dem heiligen Andreas und dem heiligen Rochus. Die Wetterfahne auf dem achteckigen, zwischen Langhaus und Sakristei errichteten Dachreiter zeigt das Jahr 1730 an.

1939 hatte das Dorf 837 Einwohner.

Rastenburg (poln. *Kętrzyn*), Kreisstadt im Regierungsbezirk Königsberg, am rechten Ufer der Guber, Nebenflüßchen der Alle. 1329 von Balga aus eine Burg erbaut, die älteste im südlichen Ostpreußen. Um sie entstand eine Siedlung. Burg und Siedlung 1344 von den Litauern zerstört. Nach 1350 in Stein wieder aufgebaut, bis 1417 dem Komtur von Balga, dann bis 1422 dem Komtur von Rhein unterstellt; bildete ab 1423 den Verwaltungsmittelpunkt des Kammeramtes Rastenburg.

Burg, 1528–1529 umgebaut und erweitert, 1622

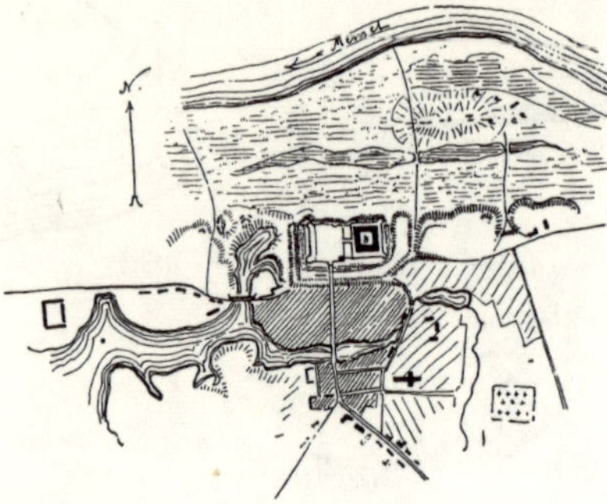

Haus Ragnit

sechseckiger Turm hinzugefügt. Die Lischke, 1345 erstmals als oppidum erwähnt, erhielt 1357, nach Wiederaufbau, ihre Handfeste von Henning Schindekopf zu kulmischem Recht, 1378 erneuert.

1359 bis 1370 Pfarrkirche St. Georg erbaut, eine Wehrkirche mit vorgelegtem Parcham; im 15. Jh. erweitert, 1515 vollendet. Der 48 Meter hohe Wehrturm war zugleich Südwestturm der Stadtmauer. In der Südostecke des Parchams entstand 1480 die Georgskapelle. Die Neustadt, um 1370 um die Katharinenkirche angelegt, brannte 1820 ab.

1440 trat Rastenburg dem Preußischen Bund bei; 1461 ergaben sich die Bürger dem deutschen Orden. 1531 fand hier ein Religionsgespräch statt. Die Stadt litt schwer unter dem Großen Brand von 1674, unter russischer und französischer Besetzung und dreimal kurz hintereinander unter der Cholera, am schwersten unter der Pest von 1625, die 2500 Rastenburgern das Leben kostete.

1818 Kreisstadt. Ihr wirtschaftlicher Aufstieg begann nach 1843 mit der Gründung einer Eisen- und Glockengießerei, von Mühlenwerken, Zukkerfabriken, einer Brauerei und einer Hefefabrik. 1931 durch Eingemeindungen vergrößert. Am 20. Juli 1944 in der „Wolfsschanze“, dem „Führerhauptquartier“ bei Rastenburg, Attentat auf Hitler.

Arno Holz, geboren 1863, forderte die „soziale Lyrik“, nannte sich „Demokrat, Darwinianer und Kosmopolit“. Der Großstadtlyriker zog in ein Berliner Arbeiterviertel. Unter dem Pseudonym Holmsen veröffentlichte er zusammen mit Johannes Schlaf eine Novellensammlung, die „Magna charta des konsequenten Naturalismus“. Er öffnete Hauptmann, Halbe und Sudermann den Weg. Mit seinem „Phantasus“ ging er als Vater der modernen Lyrik in die Literaturgeschichte ein.

Heinz Georg Podehl, geboren 1919, prussischer Herkunft, Dichter und bildender Künstler. Neben kräftigen Holzschnitten stehen kernige Gedichte, die in die Vorzeit seiner Heimat zurückführen. Forscher auf dem Gebiet der prussischen Sprache und Vergangenheit.

Seit dem 14. Jh. gab es eine Lateinschule an der St. Georgskirche; 1817 in ein Königliches Gymnasium umgewandelt. Eine Realschule bestand seit 1904, ein Lyzeum seit 1908. Daneben mehrere Fachschulen.

1656 erhielt die Stadt eine Garnison. 1831 erschien die erste Zeitung.

Die Redensart: „Er glüht wie ein Rastenburger“ geht darauf zurück, daß die Stadt im Mittelalter feuerrote Dächer gehabt haben soll, die in der Sonne wie die Gesichter erregter Menschen glühten.

1939 hatte Rastenburg 19634 Einwohner.

Raudnitz (poln. *Rudzienice*), Kreis Rosenberg. Erstmals erwähnt 1249 als Raydez. Verschreibungen erfolgten nicht für das Dorf, sondern für die einzelnen Güter, die älteste 1350 vom Osteroder Komtur Günther von Hohenstein. Es heißt in ihnen „uff dem felde Rudentz“ gelegen. 1576 werden die Bewohner des Dorfes als „preusche freyen“ bezeichnet; ein Zeichen dafür, daß es sich

hier um eine reine Prussensiedlung handelt.
Nach 1675 Hauptort für den Dominialbesitz des Deutsch Eylauer Erbamtes. 1784 verkaufte Albrecht Friedrich Graf von Finckenstein Raudnitz an den Burggrafen und Grafen Karl Ludwig Alexander zu Dohna-Schlodien.
1249 soll eine Kirche gegründet worden sein, über deren Schicksal nichts bekannt ist. 1737/1738 baute Graf von Finckenstein eine Kirche aus Holz, die 1738 eingeweiht wurde. 1859/1860 wurde sie durch einen massiven Steinbau ersetzt. 1939 hatte das Dorf 528 Einwohner.
Rauschen (russ. *Swetlogorsk*), an der samländischen Nordküste gelegen. Wald, See, Berg und Tal, ein geröllfreier Strand ließen das ideale Seebad entstehen. Mitten in Alt Rauschen lag der Mühlenteich, an dessen Ostrand sich alte Linden erhoben und eine Mühle klapperte. Beliebt waren Abendspaziergänge auf dem Lindenkorso. Neu Rauschen: ein Villenviertel auf der Düne mit einem Dünenkorso.
1909 Pestalozzistift als Erholungsheim für Volksschullehrer erbaut. Ernst Wichert, Felix Dahn, Hermann Sudermann weilten mehrfach in Rauschen. Gregorovius hat das Lob dieses Fleckens besungen: „Ich sehe weder im schönen Thüringen noch im Harz eine so schäferlich romantische Gegend".
Von einem 50 Meter hohen Aussichtsturm hatte man einen Ausblick auf das Samland und die Steilküste. Im „Zauberwald" stand eine Kirche. 1939 hatte der Ort 2542 Einwohner.
Regerteln (poln. *Rogiedle*), Kreis Heilsberg, erhielt als Rogedel 1297 die Handfeste, in der einem Alexander Lichtenau das Patronatsrecht über alle Kirchen zugesprochen wurde, die er auf seinem Besitztum gründen werde. 1358 wird ein Pfarrer erwähnt.
Die Pfarrkirche weihte Bischof Kromer 1580 der heiligen Margaretha. Sie war älteren Ursprungs. Ins Mauerwerk waren einige Mühlsteine eingelassen. An der Außenwand befand sich ein Bild der heiligen Margaretha. 1939 hatte das Dorf 360 Einwohner.
Regierungsbezirke mit den dazugehörenden Kreisen:
1. KÖNIGSBERG
Stadtkreis:
Königsberg (russ. *Kaliningrad*)
Landkreise:
Bartenstein (poln. *Bartoszyce*)
Braunsberg (poln. *Braniewo*)
Gerdauen (russ. *Shelesnodoroshnyj*)
Heiligenbeil (russ. *Mamonowo*)
Heilsberg (poln. *Lidzbark-Warmiński*)
Labiau (russ. *Polessk*)
Mohrungen (poln. *Morąg*)
Preußisch Eylau (russ. *Bagrationowsk*)
Preußisch Holland (poln. *Pasłęk*)
Rastenburg (poln. *Kętrzyn*)

St. Georgskirche zu Rastenburg

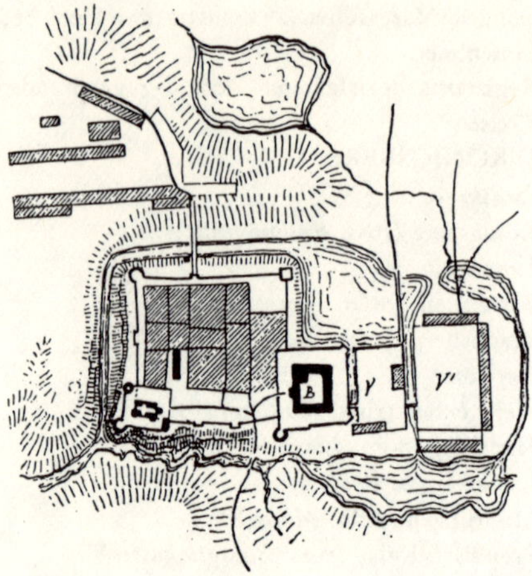

Stadt Rastenburg

Samland (russ. –)
Wehlau (russ. *Snamensk*)

2. GUMBINNEN
Stadtkreise:
Insterburg (russ. *Tschernjachowsk*)
Memel (lit. *Klaipéda*)
Tilsit (russ. *Sowjetsk*)
Landkreise:
Angerapp (russ. *Osersk*)
Angerburg (poln. *Węgorzewo*)
Ebenrode (russ. *Nesterow*)
Elchniederung
Goldap (poln. *Gołdap*)
Gumbinnen (russ. *Gussew*)
Heydekrug (russ. *Schilutje*)
Insterburg (russ. *Tschernjachowsk*)
Memel (lit. *Klaipéda*)
Schloßberg (russ. *Dobrowolsk*)
Tilsit-Ragnit (russ. *Sowjetsk-Njeman*)
Treuburg (poln. *Olecko*)

3. ALLENSTEIN
Stadtkreis:
Allenstein (poln. *Olsztyn*)
Landkreise:
Allenstein (poln. *Olsztyn*)
Johannisburg (poln. *Pisz*)
Lötzen (poln. *Giżycko*)
Lyck (poln. *Ełk*)
Neidenburg (poln. *Nidzica*)
Ortelsburg (poln. *Szczytno*)
Osterode (poln. *Ostróda*)
Rößel (poln. *Reszel*)
Sensburg (poln. *Mrągowo*)

4. WESTPREUSSEN
Stadtkreis:
Elbing (poln. *Elbląg*)
Landkreise:
Elbing (poln. *Elbląg*)
Marienburg (poln. *Malbork*)
Marienwerder (poln. *Kwidzyn*)
Rosenberg (poln. *Iława*)
Stuhm (poln. *Sztum*)

Rehhof (poln. *Ryjewo*), Kreis Stuhm, war in der Ordenszeit ein Vorwerk, dem Waldmeister von Bönhof unterstellt. Hauptaufgabe des Ordensbeamten war der Deichbau. Nach 1403 wurden hier Entwässerungsgräben und Deiche angelegt, unter ihnen der „graben bey dem Reehoff". So entstand anfangs keine Ansiedlung. Die Weiden um Rehhof waren an die Leute aus Groß Montau verpachtet. 1636 gab es in Rehhof den „alten Hof" und eine Kapelle. 1745 werden 25 Rehhofer Bauern genannt, die meisten unter ihnen Mennoniten. In der durch Entwässerung entstandenen Rehhöffer Niederung wurden typische Niederungshäuser gebaut.

Das alte Rehhofer Vorwerkshaus von 1636 wird wie folgt beschrieben: „Haus, welches ‚Alter Hof' genannt wird. Zu diesem Hause ist eine Stube und der Fußboden ist ganz verfault. Von der Stube aus kommt eine Kammer (Kemenate) mit Rauchfang und ohne Decke; im Hausflur ist eine Kammer und ein gemauerter Rauchfang durch Einsturz heruntergefallen!"

Das Rehhofer Haus ist eine Mischform aus Werderauer und friesischer Bauweise. Das Fundament besteht aus Ziegel- oder Feldsteinen, das Haus ganz aus Holz, Schurzwerk für Wohnungen, verschaltes Bindwerk für Stall und Scheune. Die Stallwände sind auf eingegrabene Stiele gesetzt, dadurch ist der Fußboden erhöht und hohl gegen Feuchtigkeit und Hochwasser. Das Dach ist mit Rohr gedeckt. Solche Häuser fand man in Montauerweide (3), in Rudnerweide (2) und in Zwanzigerweide (3).

1939 hatte Rehhof 2874 Einwohner.

Reichenbach (poln. *Rychliki*), Kreis Preußisch Holland, Elbinger Hospitaldorf, als Grenzdorf zwischen dem Elbinger und Christburger Gebiet 1310 von den Komturen von Christburg und Elbing, Sieghard von Schwarzburg und Heinrich von Gera, gemeinsam angelegt. Gehörte seit 1315 dem Spital zum Heiligen Geist in Elbing. Seit 1816 Kreis Preußisch Holland. In der Nähe liegt die Schwedenschanze.

Abgebrochene Kirche zu Reichenbach

Kirche zu Reimerswalde

Die alte Kirche soll nach Hartknoch „ein gotischer Ziegelbau mit Feldstein untermischt" gewesen sein, der aus einem „Langhause und einem einspringenden Altarhause" bestand. Sie wurde 1875 abgebrochen, 1877 neu erbaut im neoromanischen Stil mit Halle und zahnstocherartigem Turm. Die alte Orgel, Kanzel und Kronleuchter wurden übernommen.

Schnitzwerke des Pfarrers Grzybowski, der ein „Meister der Skulptur" gewesen sein soll. Die aus der alten Kirche übernommenen Stücke waren 1867 in Paris auf der Weltausstellung ausgestellt. Grundgedanke des geschnitzten Altarschmucks war die bildliche Darstellung der Entwicklung des Gottesbegriffs vom Heidentum bis zum Christentum.

1939 hatte das Dorf 732 Einwohner.

Reichenberg (poln. *Kraszewo*), Kreis Heilsberg, gegründet durch Vogt Heinrich von Luter,

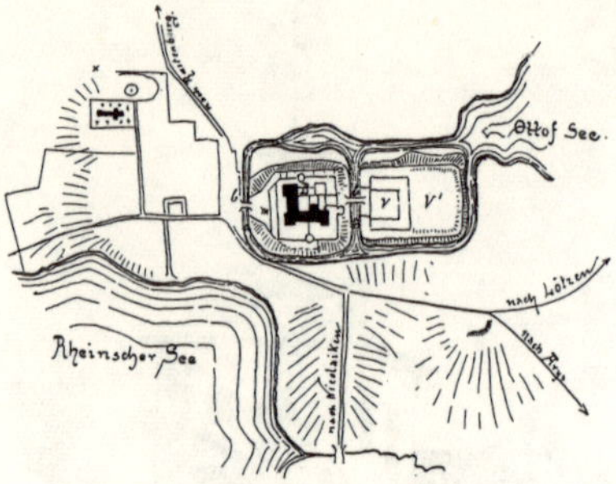

Haus Rhein

Handfeste von 1359. Im Jahr 1345 wird ein Pfarrer Wynardus erwähnt. Die Kirche, der heiligen Elisabeth geweiht, brannte 1651 ab. Sie wurde wieder aufgebaut. Der neogotische Turm hat eine Wetterfahne vom Jahr 1861.

1939 hatte das Dorf 493 Einwohner.

Reimerswalde (poln. *Ignalin*), Kreis Heilsberg, erhielt die Handfeste 1359. Die Kirche wurde 1580 von Bischof Kromer dem Evangelisten Johannes geweiht. Sie wurde 1783 neu aufgebaut und von Bischof Krasicki auf den gleichen Titel neu geweiht. Sie hat einen Turm mit einer Zwiebelspitze.

1939 hatte das Dorf 619 Einwohner.

Rhein (poln. *Ryn*), Kreis Lötzen, am Talter Gewässer gelegen. 1377 gründete Hochmeister Winrich von Kniprode an der Stelle einer früheren Prussenfeste das „feste Haus zu den Ryne", zur Komturei Balga gehörend. 1393 Sitz eines Komturs, später eines Pflegers. Erste gesicherte Nachrichten über eine Siedlung bei der Burg 1405. 1415 versetzte der Orden die Burg an seine Söldner. 1455, vom Orden zurückerobert, verwahrloste sie.

Von 1525 bis 1752 war Rhein Sitz eines Amtshauptmanns. 1793 kam die Burg für 60 Jahre in Privatbesitz, dann brannte sie, in eine Strafvollzugsanstalt verwandelt, 1881 aus und wurde erneuert.

1657 überfielen Tataren die Siedlung, plünderten sie aus, brannten sie nieder und verschleppten die Bewohner. 1709 bis 1711 wütete die Pest.

Friedrich Wilhelm I. erhob den Flecken 1726 zur Stadt. Die Bevölkerung ließ die Kriegsnöte von 1806 und 1807 über sich ergehen. Sie lebte von Ackerbau und Fischfang. Rhein war ein stiller Ort, erst im 20. Jh. vom Tourismus zur Masurischen Seenplatte berührt.

Unter den Komturen, die auf der Burg residierten, befand sich Rudolf von Zippelskirch, als Kolonisator der „Wildnis" bekannt. Mehrere Dörfer-Handfesten trugen seinen Namen. 1714 Garnison. Stadtschule 1724 gegründet.

1939 hatte Rhein 2 429 Einwohner.

Riesenburg (poln. *Prabuty*), Kreis Rosenberg, am Sorgensee gelegen. Den Namen hat die Stadt vom Land Resia oder Riesen, einer Teillandschaft Pomesaniens. Auf dem Schanzenberg stand eine Prussenfeste; 1236 vom Orden zerstört.

Als 1255 der Bischof von Pomesanien sein Land auswählte, kam das Gebiet um Riesenburg in seinen Besitz. Der zweite Bischof von Pomesanien, Albert, erbaute als Residenz 1276/1277 die

Riesenburg

Burg. Zwischen 1286 und 1321 kam es zu einer Ansiedlung, der Bischof Rudolf 1330 eine Handfeste gab. Lokator war der Bruder des Bischofs, Ludeko.

Bis 1525 war die Burg Sitz der Bischöfe von Pomesanien. Das Rathaus, 1330 erbaut, brannte 1868 ab. Schon 1310 war mit dem Bau der Pfarrkirche begonnen worden, die einen vielbeachteten rechteckigen, nach oben verjüngten Turm bekam. 1330 bis 1340 Schloßbau erweitert, 1412 die Schloßfreiheit gebildet.

1527 kam Riesenburg zum Herzogtum Preußen; Sitz eines Hauptamtes. Schon vor der Reformation hatte sich hier ein bescheidener „humanistischer Musenhof“ gebildet.

Im 17. Jh. hat die Stadt mehrfach durch Kriegseinwirkungen und Brände gelitten. Die Pfarrkirche brannte ab, mit Hilfe König Friedrich Wilhelms I. 1725 wieder aufgebaut. 1818 kam die Stadt zum Kreis Rosenberg.

Im 16. Jh. gab es eine Schützengilde, die erste Garnison ist 1666 nachgewiesen. Eine Schule im

Burg Rößel

Stadtmauer zu Rößel

Schloß bestand seit 1405; 1883 erschien die erste Zeitung.

Im Zweiten Weltkrieg hat die Stadt erheblich gelitten, zu über der Hälfte zerstört.

1939 zählte Riesenburg 8051 Einwohner.

Rippen (poln. *Zebrowo*), südwestlich Pörschken, Kreis Heiligenbeil. An der Begräbnisstätte im Park stand eine Marmorstatue der Gräfin von der Schulenburg von Rauch. Bei den Pfarrakten von Pörschken lag eine Abschrift des wunderlichen Testaments ihres ersten Gatten von Korff.

1939 hatte das Dorf 546 Einwohner.

Rößel (poln. *Reszel*), Kreisstadt im Regierungsbezirk Allenstein, an der Zaine, einem Nebenflüßchen der Alle, gelegen. 1241 legte der Orden am Rande der „Wildnis“ ein Wach- und Wildhaus an, das Castrum Resel, unweit einer alten Prussensiedlung. 1242 von den Prussen zerstört; 1249 wieder aufgebaut. 1262 zündeten die Bewohner es selbst an, bauten es 1273 neu auf, um es dem ermländischen Bischof zu übergeben, der inzwischen das Gebiet rundum erhalten hatte. Die Burg war fortan nordöstlicher Eckpfeiler des Fürstbistums.

Bürger aus der Umgebung von Braunsberg ließen sich nach 1300 nieder und begannen mit der Besiedlung des Landes. Am 12. Juli 1337 stellte das ermländische Domkapitel der civitas Resil die Handfeste nach kulmischem Recht aus. Lokator

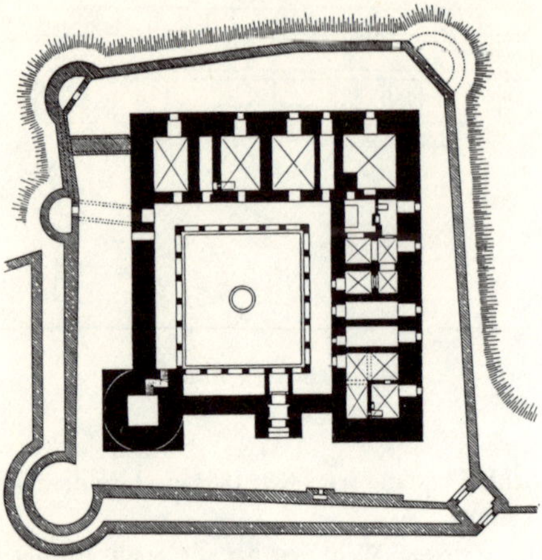

Burg Rößel, Grundriß

war Magister Elerus aus Braunsberg.

1355 begann Bischof Johann von Meißen mit dem Bau eines festen Schlosses, das Bischof Heinrich Sorbom 1375 vollendete. 1370 war zur Stadt die Neustadt hinzugekommen. Bis 1772 war Schloß Rößel Sitz eines bischöflichen Burggrafen, der das Kammeramt Rößel verwaltete.

Als das Ermland 1772 zu Preußen kam, wurde das Schloß 1780 in ein Zuchthaus verwandelt. Beim großen Stadtbrand Rathaus vernichtet, Schloß schwer beschädigt. Wiederhergestellt, schenkte König Friedrich Wilhelm III. es 1822 der evangelischen Kirchengemeinde, die den Südflügel zur Kirche umbaute.

1817 Kreis Rößel gebildet; behielt seinen Namen, auch nachdem das Landratsamt 1862 nach Bischofsburg verlegt worden war. Rathaus – ohne die Hackenbuden – 1815/1816 wieder aufgebaut.

Pfarrkirche St. Peter und Paul, schon in der Handfeste von 1337 vorgesehen, doch erst zwischen 1360 und 1380 als dreischiffige Hallenkirche erbaut, erhielt nach 1806 eine Empire-Ausstattung. Hochaltar ein Geschenk des Fürstbischofs Joseph von Hohenzollern. Glockenturm nach Wiederherstellungsarbeiten 1484 neu gebaut.

Augustinerkloster mit der Johanneskirche eine Gründung sächsischer Eremiten aus dem Jahr 1347. Nach der „Verlaufung" der Mönche stand es 1533 leer; von Bischof Mauritius Ferber der Stadt zur Nutzung übergeben. 1631 kamen die Jesuiten nach Rößel, zogen hier ein und gründeten 1632 ihr Kolleg, bis 1780 die angesehenste Bildungsstätte im südlichen Ermland; wurde in das staatliche Gymnasium umgewandelt. Kirche und Kloster 1626 durch Feuer zerstört.

Seit dem Anfang des 15. Jh. bestand ein Jungfrauenkonvent, der 1580 die Reform der Regina Protmann aus Braunsberg einführte und sich seitdem Katharinenkonvent nannte.

Rößel war im 17. und 18. Jh. eine Stadt, in der angesehene Kunsttischler, Goldschmiede und Kunstschlosser lebten. Später wirkten hier Kammacher und Blattbinder. Die meisten Webekämme kamen von dort. Es wurde Käslauisch gesprochen. Amtssprache war bis 1772 Latein. Von 1881 bis 1936 befand sich in der Stadt die Provinzialtaubstummenanstalt. Aus ihrem Zeichensaal leitete Hindenburg die Schlacht an den Masurischen Seen.

Martin Borrmann, geboren 1895, Dramaturg am Königsberger Schauspielhaus. Für den Ostmarkenrundfunk schrieb er Wortsendungen zu musikalischen Suiten über Masuren, das Samland und die Kurische Nehrung. Neben Gedichten, Erzählungen und Novellen steht der Roman „Trampedank".

Kurt Matern, geboren 1884, schuf die Pläne für das Priesterseminar in Braunsberg, malte mehrere Bilder des kaiserlichen Gutes Cadinen für das königliche Schloß in Berlin. Auch stammen von ihm ermländische Landschaften und Trachtenbilder.

Franz Resel, genannt Kuhschmaltz, geboren in

Ramten bei Rößel, Privatsekretär des Hochmeisters Michael Küchmeister und bald auch dessen Hofjurist. 1424 einstimmig zum Bischof von Ermland gewählt, nahm am Konzil von Basel und an der Kaiserwahl in Frankfurt am Main teil.
Andreas Thiel, geboren 1826, zählt zu den Gründern des ermländischen Geschichtsvereins; später Vorsitzender. 1885 zum Bischof von Ermland gewählt. Beschäftigte sich mit der Heimatgeschichte. Wilhelm II. besuchte ihn jedesmal, wenn er in Cadinen weilte.
Josef Tulawski, geboren 1698, schrieb ein Werk über die Beobachtung und Anleitung zur Anlage von Sonnenuhren und legte an einigen Kirchen solche Uhren an. Er war ein „curieuser“ Mann.
Gregor Wagner, geboren 1511, zog mit Zitaten aus der Bibel und den Kirchenvätern gegen den Kleiderluxus seiner Zeit zu Felde; gab mehrere lateinische Klassiker heraus, übersetzte Reuchlin und schrieb Gedichte, darunter hundert Verse vom „zötlichen Hosenteufel“.
Jodokus Willich, geboren 1501, zählte zu den führenden Humanisten seiner Zeit, wurde Rektor der Universität Frankfurt an der Oder.
Im 15. Jh. gab es in Rößel eine Pfarrschule, ab 1632 das Jesuitenkolleg. Eine Garnison hatte die Stadt seit 1774. Das erste Kreisblatt erschien 1849. 1939 zählte die Stadt 5058 Einwohner.

Rogehnen (poln. *Rogajni*), Kreis Preußisch Holland, erhielt die Handfeste 1377 vom Komtur zu Elbing. Ende des 17. Jh. wird es Roggayn oder Rogeinen genannt. Die Pfarrkirche stammte aus der Ordenszeit. Holzturm mit Brettern verschalt, Wetterfahne von 1752. Das Langhaus, ein gefugter Ziegelbau im wendischen Verband mit einem Zickzackmuster aus schwarzglasierten Ziegeln. Flache Holzdecke. Altar und Kanzel aus der Mitte des 17. Jh.
1939 hatte das Dorf 522 Einwohner.

Roggenhausen (poln. *Rogóż*), Kreis Heilsberg, gegründet vor 1335. Ein Pfarrer wird 1337 erwähnt. Die Handfeste erhielt das Dorf 1338. Die Pfarrkirche St. Barbara ist unten aus Feld-, oben aus Ziegelsteinen erbaut. Der obere Teil des Turmes trägt auf der Wetterfahne das Baujahr 1797. Wertvoll war das Kirchengestühl der Güter Bundien und Maraunen. Barockgestühl mit ionischen Säulchen und reichen Intarsien, mit Kartuschen geschnitztes Gebälk aus dem 17. Jh.
In der Kirche befand sich der Grabstein eines von Hatten und Gattin, ebenfalls 17. Jh. Wertvolle Ölgemälde von Peter Kolberg befanden sich im Kirchenbesitz: ein heiliger Sebastian (in der Kirche selbst), eine Kreuzabnahme, Moses in der Wüste (1718) und eine Madonna mit Kind (auf dem Kirchboden).
1939 hatte das Dorf 525 Einwohner.

Rominten (russ. –), Kreis Goldap. Die Jagdbude Rominten wird erstmals 1572 erwähnt. 1683 hatte der Kurfürst in Rominten „die hohen und besten Jagden“.
Neuentdeckt wurde Rominten, das damals Teerbude hieß, vom Prinzen Friedrich Karl von Preußen. 1890 erklärte Kaiser Wilhelm II. es zum kaiserlichen Hofjagdrevier. 1891 ließ er auf dem Steilufer der Rominte das Jagdhaus Rominten aus rotgebeizten Stämmen von norwegischen Hand-

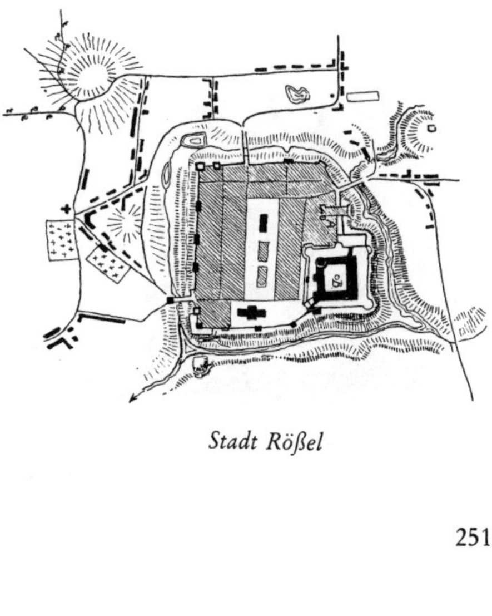

Stadt Rößel

werkern und Arbeitern im norwegischen Stil errichten.
Der Mittelbau, einstöckig angelegt, die Flügel zweistöckig mit Balkons und Veranda. 1893 kam die Hubertuskapelle hinzu, erbaut aus den kräftigsten Kiefernstämmen der Rominter Heide. Zu ihrer Einweihung war auch die Kaiserin erschienen. Arbeits- und Wirtschaftsgebäude im skandinavischen Stil folgten in den nächsten Jahren, die Brückenköpfe im Wald wurden mit geschnitzten norwegischen Drachenköpfen verziert.
Die Hubertuskapelle glich einer norwegischen Stabholzkirche, sie hatte einen gesondert stehenden Glockenturm und ein Fassungsvermögen von 120 Personen.
Nach 1918 war Rominten Staatsjagdrevier, berühmt wegen der Geweihe der dort erlegten Hirsche. 1936 Jägerhof Rominten angelegt, etwa zwei Kilometer westlich vom Jagdhaus; im Zweiten Weltkrieg, im Oktober 1944, abgebrannt. Auf der Königshöhe befand sich ein Aussichtsturm; Weitblick über die Rominter Heide.
1939 hatte das Dorf 309 Einwohner.
Rominter Heide, zur Zeit des Deutschen Ordens im Waldwerk genutzt. Die Eichen brauchte der

Forsthaus Rominten

Orden als Bauholz, die Linden für Köhlereien, die übrigen Laubbäume für Asch- und Teerbuden und Beutnereien.
Erstmals erwähnt wird die Bude Rominten im Jahr 1572 als Jagdbude aus Holz zum Unterstellen des Jagdgerätes und zum Aufenthalt für die Jäger. Aus ihr ging der spätere Ort Jagdbude hervor, eine der vier Ortschaften in der Heide. Teerbude, das spätere Rominten, war eine Salzburgersiedlung, eine Teerschwelerkolonie. Klein und Mittel Jodupp kamen später hinzu.
Die Rominter Heide war ein großes Waldgebiet mit prächtigem Baumbestand, bis 1852 die Nonnenplage einsetzte. Oberförster Reiff forstete den hügeligen und sandigen Boden auf, der in die beiden Wildnisberitte Warnen und Nassawen eingeteilt war, zu denen später Szittkehmen und Goldap kamen. Er legte neue Gehege, hauptsächlich für Rotwild an. 1890 wurde die Heide Hofjagdrevier Kaiser Wilhelms II.
Schon Georg Wilhelm, der Vater des Großen Kurfürsten, hatte hier gejagt, seit 1869 auch Prinz Friedrich Karl.
Die Rominter Heide, bis 1852 ein großer Urwald, war wenig bevölkert. Erst gegen Ende des 19. Jh. entdeckten sie Naturliebhaber und Ausflügler.
Sie hat eine Oberfläche von 240 qkm, gehört zum größten Teil zum Kreis Goldap, ein kleinerer Teil reicht in den Kreis Stallupönen hinein.
Romowe s. Oppen, Kreis Wehlau
Rosenberg (poln. *Susz*), Kreisstadt im Regierungsbezirk Westpreußen. Um 1305 vom Pomesanischen Domkapitel gegründet und bis 1525 in dessen Besitz. Die Gründungsurkunde ging verloren; 1314 erneuert. Mit dem Bau der Pfarrkirche begann man 1314. Südlich vor der Stadt wurde 1376 der Hof des Pomesanischen Domkapitels gebaut, der seit 1532 Sitz der Lehnsherren und seit 1818 der Landräte war.
1454 gehörte die Stadt vorübergehend dem Preußischen Bund an. Von 1532 bis 1817 war sie Mediatstadt. Lehnsherren waren von Polentz,

von Tettau und Schack von Wittenau.

Die Stadtmauer umzog kreisförmig die Stadt, sie hatte drei Tore und 1810 noch 17 Türme. Die Pfarrkirche hatte ein Altarhaus, auf einem Feldsteinsockel erbaut.

In der Stadt wurden Öfen hergestellt und Kalksandstein verarbeitet. Die Bevölkerung lebte vom Ackerbau. Unter den Handwerkern waren die Schuhmacher besonders zahlreich. 1815 Kreisstadt.

Eine Schützengilde gab es seit 1693, die erste Garnison 1719. Die Kirchschule ist 1535 bezeugt. Mitte des 19. Jh. erschien ein Kreisblatt.

1939 hatte die Stadt 4480 Einwohner.

Rosengarten (poln. *Radzieje*), Kreis Angerburg. Spätmittelalterliche Kirche 1826 wegen Baufälligkeit abgebrochen. An ihrer Stelle eine neue Kirche aufgebaut. Der Kronprinz, nachmaliger König Friedrich Wilhelm IV., architektonisch sehr begabt; kam mit Generalleutnant Graf Karl Friedrich Lehndorff aus Steinort überein, daß er den Entwurf, der Graf die Kosten für die Kirche tragen sollten. So entwarf der Kronprinz die achteckig geformte Kirche mit Zeltdach und hölzerner Laterne. Ungewöhnliche Struktur, mit einem früheren Entwurf Schinkels für das Jagdschloß Antonin des Fürsten Radziwill verwandt.

1939 hatte das Dorf 1139 Einwohner.

Rossitten (russ. *Rybatschij*), auf der Kurischen Nehrung, erstmals 1372 erwähnt, später öfters in den Wegeberichten des Ordens genannt. Die Burg verlor nach den Litauerkriegen (1424) ihre Bedeutung. Sitz eines Kammeramtes, später eines Domänenamtes für die südliche Hälfte der Kurischen Nehrung.

Es gab einen festen Elchwildbestand; am Möwenteich, neben dem Dorf, nisteten Tausende von Möwen, deren Eier schmackhaft und gewinnbringend waren.

Die Vogelwiese am Haffstrand, ein beliebter Rastplatz der Vögel auf ihren Zügen zum Süden. Im Januar 1901 von der Deutschen Ornithologischen Gesellschaft eine Vogelwarte gegründet, zuerst eine Beobachtungsstation, um die Vogelzüge wissenschaftlich zu untersuchen. 1903 begann man mit „Ringversuchen"; den Vögeln wurden Ringe aufgestreift, um ihren Flug zu ergründen. Krähen, Möwen, Störche, Strandvögel, Schwalben in ihrer Lebensweise und bei der Nahrungsaufnahme beobachtet. Es bestand eine ständige Verbindung mit Helgoland, der Zugspitze, der Schneekoppe, dem Brocken, verschiedenen Leuchttürmen.

Kirche in Rosenberg

Im September 1908 errichtete man ein zweckentsprechendes Haus. Die Vogelwarte wurde der Universität Königsberg und später der Kaiser-Wilhelm-Gesellschaft zur Förderung der Wissenschaft unterstellt.

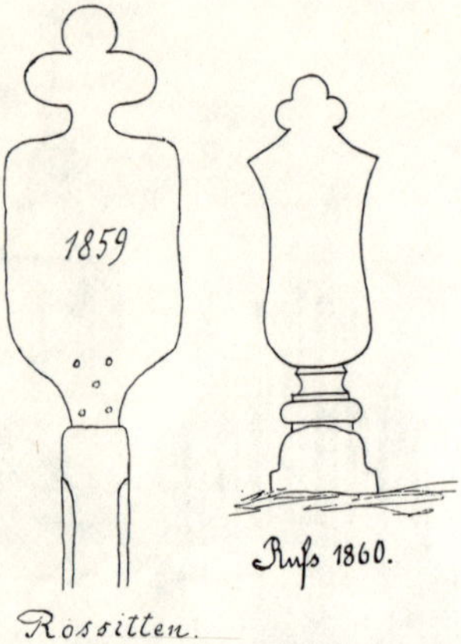

Grabdenkmäler

Seit 1896 hatte Johannes Thienemann Jahr für Jahr seinen Urlaub in Rossitten verbracht und hier die Vogelwelt kennengelernt. Er war es, der 1901 die Gründung der Vogelwarte durchgesetzt hatte; daher der „Vogelprofessor" von Rossitten genannt.

Von der Müllershöhe hatte man einen Ausblick über die ganze Kurische Nehrung; bei gutem Wetter auch über das Samland.

1939 hatte Rossitten 691 Einwohner.

Rotwalde (poln. *Rydzewo*), Kreis Lötzen, am Schwarzberge. Die Kirche hatte der pomesanische Bischof Johannes Wiegand 1579 gegründet; sie war 1591 vollendet. Ein verputzter Feldsteinbau mit etwas einschneidendem Turm und einem Adler auf der Wetterfahne; Mittelschiff aus tonnengewölbten Brettern, Seitenschiffe flach gedeckt. Altar und Kanzel waren vereinigt, in der Kanzel Medaillons von Luther und Melanchthon. Die Glocken stammten aus den Jahren 1604, 1726 und 1818.

In der Kirche befand sich ein Epitaph, den der Pfarrer Johann Sartorius seinen sieben Kindern gewidmet hatte, die im Pestjahr 1710 in sieben Tagen gestorben waren:

Ihr seid verwelkt, ihr lieben Kindelein,
In sieben Tagen wie die schönen Blümelein.
Ihr werdet jetzt grünen wie die Nelken
Durch Gottes Allmacht
und nicht mehr verwelken.

Früher hieß der Ort Rydzewen.

1939 hatte er 402 Einwohner.

Rudau (russ. *Melnikow*), Kreis Samland. Eine Burg der Prussen soll König Ottokar II. von Böhmen mit seinem Kreuzheer 1255 erobert haben; vermutlich hat es 1274 ein Kammeramt Rudau und ein Ordenshaus – an der Stelle dieser Burg – gegeben. 1320 wird ein Pfarrer Nikolaus erwähnt, eine Kirche aus Feldstein mit einem Wehrturm allerdings erst 1354.

Im Februar 1370 siegte das Ordensheer bei Rudau, verstärkt durch Bürgeraufgebote, über die zahlenmäßig überlegenen Litauer. Es war einer der größten Siege in der Ordensgeschichte, auch wenn die Chronisten später die Zahlenangaben stark übertrieben haben.

In der Schlacht fielen der Marschall Henning Schindekopf und zahlreiche Komture und Ritter. Die Sage berichtet, daß Hans Sagan, der Sohn – oder Geselle – eines Schuhmachers vom Königsberger Kneiphof, die Ordensfahne ergriffen und das Heer zum Sieg geführt haben soll. Tatsache ist, daß die „Maien", Schutzaufgebote der Königsberger Bürger, neben den Rittern bei Rudau gekämpft haben. Der historische Kern der Sage dürfte allerdings ins Jahr 1455 führen, in dem bei der Belagerung des aufständischen Kneiphofs durch den Orden ein Handwerker den Söldnern des Herzogs von Sagan die Fahne entrissen hat. Zum Andenken an die Schlacht bewahrte man in der Kirche von Rudau neben der Kanzel die Rüstung, die Henning Schindekopf getragen haben soll. Hochmeister Winrich von Kniprode ehrte den Ordensmarschall, indem er eine Gedenksäule aufstellen ließ, aus achteckigem Sandstein geformt, auf einem Granitunterbau, an der Spitze ein Kreuz, in deren Mitte ein Adler; mehrfach, zuletzt 1870, erneuert.

Eine zweite Legende webt sich um Rudau. Pfarrer Paul Bieber berichtete 1615 von einem Blutwunder. Die Spur eines Blutfadens soll sich im Abendmahlskelch gezeigt haben.

1939 hatte das Dorf 1053 Einwohner.

Rudczanny s. Niedersee

Russ (russ. *Rusne*), Kreis Heydekrug, der größte Ort im Kreise. Bis zum 15. Jh. gab es hier nur kurische Fischer. Dann wanderten Litauer ein. Eine Urkunde von 1498 nennt einen Krug im Fischerdorf Russ. Ein reger Holzhandel entwickelte sich, Schneidemühlen entstanden. Um 1770 siedelten die Memeler Holzhändler Spediteure an. Der Ort wurde Umladeplatz auch für Getreide.

Der Fischhandel kannte Spezialitäten: den Zander und die Neunaugen. Es entstand eine führende Neunaugenrösterei. 1888 südlicher Teil des Dorfes durch eine Überschwemmung schwer mitgenommen. Man begann, Deiche zu bauen. In jüngster Zeit entwickelte sich ein reger Dampferverkehr.

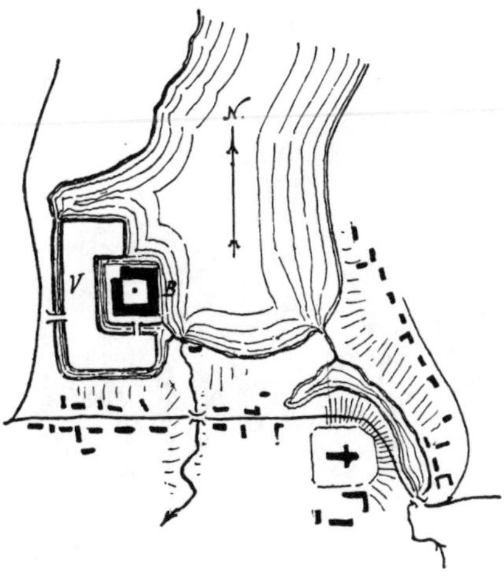

Haus Saalau

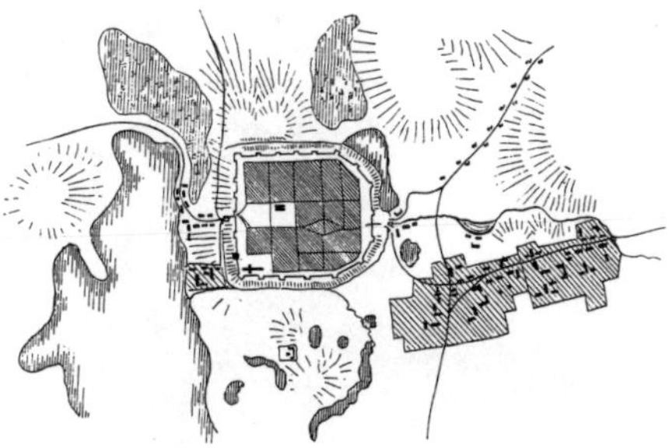

Stadt Saalfeld

Um 1650 pachtete Richard Kant, der Urgroßvater des Philosophen, den Krug in Russ. Der Name Kant dürfte kurischen Ursprungs sein. Später übernahm er einen Krug in Heydekrug. Sein Sohn Hans ließ sich als Handwerker in Memel nieder. Dessen Sohn Johann Georg, der Vater Immanuel Kants, war Handwerker in Königsberg.

Charlotte Kaiser, Schriftstellerin, geboren 1890, die sich durch Romane und Erzählungen einen Namen machte.

Russ hat eine Spezialität: den Russer Wasserpunsch. Man erhitzt in einem Topf den Inhalt einer Flasche guten Portweins, einer halben Flasche guten Weinbrands und einen Viertelliter guten Russer Wassers, gibt 150 Gramm Zucker hinzu und trinkt das Ganze mit zwei Mann aus.

1939 hatte das Dorf 2454 Einwohner.

Rydzewen s. Rotwalde

Saalau (russ. *Kamensk*), Kreis Insterburg, nördlich des Simohner Feldes gelegen. Das Gebiet von Saalau fiel 1275 an den Orden; bei der Teilung von 1352 kam es zum samländischen Domkapitel, das hier kurz nach der Jahrhundertmitte eine feste Burg als Wirtschaftshof und Verwaltungszentrum gründete, die 1355 bereits bezugsfertig, infolge der Litauerangriffe aber erst gegen Ende

Samlandküste

des Jahrhunderts voll ausgebaut war. Die Lischke bei der Burg mit Kirche und Mühle war und blieb eine dörfliche Anlage.

Nach der Säkularisierung des Ordensstaates (1525) wurde Saalau ein selbständiges Kammeramt. Aus Geldmangel mußte es jedoch immer wieder verpfändet werden. Später Domäne.

Zur Zeit des Siebenjährigen Krieges von den Russen besetzt, Kirche und Pfarrhaus in ein Lazarett verwandelt; nach dem Abzug der Truppen niedergebrannt.

1939 hatte das Dorf 725 Einwohner.

Saalfeld (poln. *Zalewo*), Kreis Mohrungen, am Ewingsee gelegen. Unter dem Komtur von Christburg, Heinrich Zuckschwert, gründeten Thüringer – die der Stadt auch den Namen gaben – um 1300 Saalfeld. Lokator war Jakob. Die Handfeste erhielt er vom Komtur zu Christburg, Sieghard von Schwarzburg, im Jahr 1305; 1320 erneuert, 1334 erweitert nach kulmischem Recht.

Die Pfarrkirche St. Johannis vor 1320 erbaut – 1320 wird ein Pfarrer genannt –, 1351 geweiht. Der Turm kam 1406/1407 hinzu. Das einzige Kloster im Oberland gründeten 1480 Franziskaner. 1524 aufgelöst. Zum Kloster gehörte die St. Leonhardskirche.

Als 1587 das Pomesanische Bistum aufgehoben wurde, richtete Markgraf Georg Friedrich das Oberländische Konsistorium ein; 1751 mit dem Königsberger Konsistorium vereinigt. 1525 Hauptstadt des Oberländischen Kreises.

1587 gründete Markgraf Georg Friedrich die dritte Fürstenschule im Herzogtum, an der Aspiranten der Königsberger Universität ausgebildet wurden.

Karl Friedrich Pauli, geboren 1723, schrieb eine Allgemeine Preußische Staatsgeschichte in 8 Bänden. Erster Versuch, die Entwicklung des preußisch-brandenburgischen Staates aufzuzeichnen.

Bauernkriege

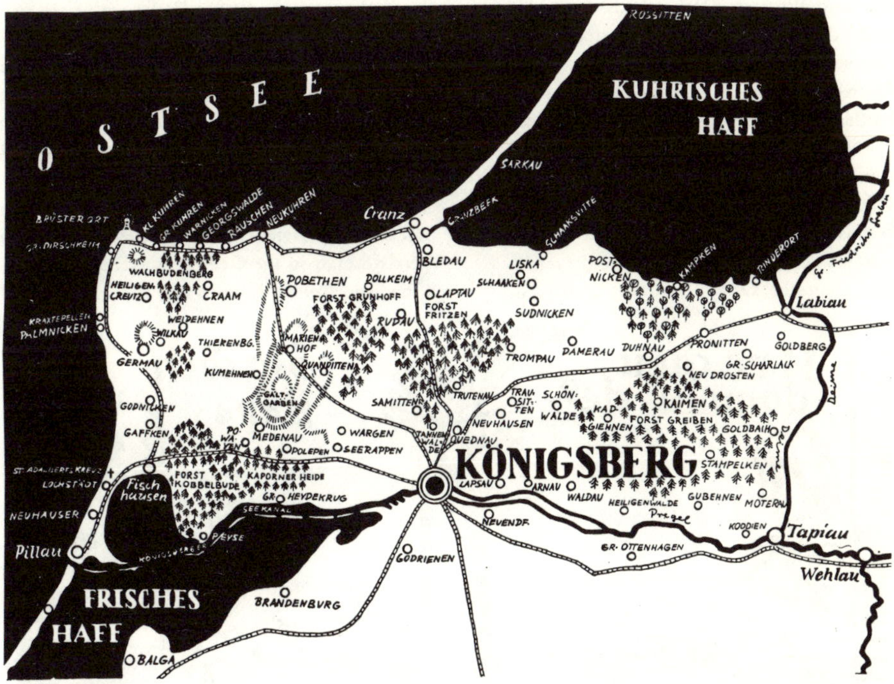

Das Samland

Seine historischen Werke waren stark umstritten. Dennoch zählte er zu den Bahnbrechern auf seinem Gebiet.

Robert Roberthin, geboren 1600, stand in Verbindung mit den bedeutendsten Gelehrten seiner Zeit, gründete den Königsberger Dichterkreis und sorgte dafür, daß Simon Dach eine Professur für Poesie an der Albertina erhielt. Er schrieb unter dem Pseudonym Berrintho Gedichte, meist nur mit einem R unterzeichnet.

Ein Schießgarten ist 1404 nachgewiesen, eine Schützengilde 1615. Die erste Garnison 1719 geschaffen. Eine Schule wird 1404 erwähnt.

1939 hatte die Stadt 3120 Einwohner.

Samland, prussische Landschaft in Form eines liegenden Rechtecks, grenzt im Süden an den Pregel und ans Frische Haff, im Westen an die Ostsee, im Norden an die Ostsee und das Kurische Haff, im Osten an die Deime. Das dichtest bewohnte prussische Gebiet, von dem schon Adam von Bremen feststellte, daß hier menschenfreundliche Bewohner zu finden waren, die den in Seenot Geratenen Hilfe leisteten. Unter verschiedenen Bezeichnungen früh bekannt: Raunonia, Abalus, Basilis, Osericta, wovon das Sembi der Dänen der späteren Bezeichnung terra Sambiensis oder Samland, abgeleitet vom litauischen szemne = Erde am nächsten kam. Wulfstan spricht um

890 vom Witland, Dusburg 1324 vom Weydeland, das mit dem Prussenfürsten Weydewut namentlich zusammenhängt.
Reiche Funde im Westen des Gebietes von der mittleren Steinzeit bis hin zur Wikingerzeit im 9.–11. Jh. freigelegt.
Der Bernstein spielte hier eine große Rolle. Die Wikingerniederlassung Wiskiauten kann als Handelsplatz mit dem prussischen Truso verglichen werden.
Der Deutsche Orden vermied es vorerst, das Land anzugreifen; die Samländer verhielten sich ebenfalls abwartend. 1246 wird erstmals berichtet, daß junge Samländer gefangengenommen und zur Bekehrung und Taufe nach Lübeck geschickt wurden. Ein erster kriegerischer Vorstoß des Komturs von Christburg im Winter 1252/1253 bei Germau abgeschlagen.
Erst der Feldzug König Ottokars von Böhmen mit dem Kreuzfahrerheer im Januar 1255 über das vereiste Haff in die Gebiete Waldau, Medenau, Quednau, Runau, Kaimen und Tapiau führte zur

Die Reformation

Der Sandkrug

Unterwerfung der Prussen. Im Prussenaufstand von 1260 standen samländische Adlige auf der Seite des Ordens. 1264 trat Ruhe ein, nur noch gelegentlich flammte der Widerstand auf.
Der Orden setzte für das Gebiet zuerst einen Vogt ein, nach 1404 unterstellte er es der Komturei Königsberg. 1525 Reformation eingeführt.
Von 1626 bis 1635 stand das Samland unter schwedischer Verwaltung. Im 19. Jh. Kreis Fischhausen gegründet, 1939 in Samland umbenannt.
Neben dem Ordensgebiet bestand das Bistum Samland, das das ganze Gebiet nördlich des Pregels umfaßte; 1243 vom päpstlichen Legaten Wilhelm von Modena gegründet. Erst 1322 kam es zur endgültigen Landesaufteilung. Bischof und Domkapitel erhielten ihre weltlichen Territorien. Gebiete westlich Fischhausen, östlich Königsberg bis zum Kurischen Haff und nördlich Insterburg mit Georgenburg als Mittelpunkt fielen dem Bischof zu, wovon ein Drittel dem Domkapitel zustand. 1285 war das Domkapitel bereits dem Deutschen Orden inkorporiert, so daß es kein selbständiges politisches Dasein mehr führte.
Das Samland wird im Westen vom Alkgebirge durchzogen, dessen höchster Berg der Galtgarben ist, 110 m hoch. Im Norden hat es die Steilküste, von einer Reihe Schluchten durchschnitten, der Morgenschlucht, Wolfsschlucht, Detroitschlucht, Gausupschlucht, Kordollingschlucht. Im Westen die Bernsteinküste mit der Blauen Erde in der Nordwestecke bei Palmnicken. 50 bis 60 m hoch gelegen, führt einen Dünenweg an der

Kirche von Santoppen

Küste entlang, an der es Badeorte vom einfachen Fischerdorf bis zum Modebad gab.
Die sanften Hügelketten im Innern des Landes sind von Feldern und teilweise von Mischwald bedeckt. Hier gedeihen Weizen, Roggen und Kartoffeln und sicherten den Bauern einen gewissen Wohlstand. Die Nordküste galt als einer der naturschönsten Landstriche Deutschlands.
Das Samland beschlägt eine Grundfläche von 2250 qkm.
Sandkrug (lit. *Smiltynė*), Vorort von Memel; am Nordende der Kurischen Nehrung gelegenes Seebad mit Freibädern und einer Fähre nach Memel. Früher Übersetzstelle der alten Poststraße von Königsberg nach Memel, die über die Kurische Nehrung ging. Bei Sturm und Eisgang mußte man oft tagelang warten und im Alten Sandkrug unfreiwilligen Aufenthalt nehmen. Bei einer solchen Gelegenheit dichtete Kotzebue das Lied: „Es kann ja nicht immer so bleiben..."

Santoppen (poln. *Sątopy*), Kreis Rößel, nach dem Gründer Santop genannt; Handfeste 1337. 1343 übergaben Bischof Hermann und sein Domkapitel das Dorf dem Kirchenvorstand des Doms zu Frauenburg. Die Pfarrkirche war dem heiligen Jodokus geweiht. Sie hatte einen Rokoko-Hochaltar von 1780; 1799 weiter ausgestattet. Ursprünglich trug er Bilder aus dem Leben des Patronatsheiligen. Er zählte zu den wertvollsten Altären des Ermlands. Tafeln heute im Museum des Heilsburger Schlosses. Die Kirchendecke hatte der Maler Bornowski ausgemalt.
1939 hatte das Dorf 563 Einwohner.
Sarkau (russ. *Sarkau*), Kreis Samland; südlichste Ortschaft auf der Kurischen Nehrung. 1569 als Kirchdorf ausgewiesen. Hier fing man vorzügliche Flundern. Beobachtet wurde von Sarkau aus der Krähenflug.
1939 hatte das Dorf 705 Einwohner.
Sassen, südliche Landschaft, die späteren Kreise Osterode und Neidenburg umfassend und weiter nach Süden über die Grenze hinausreichend. Ob der Südteil des Landes schon in der ersten Hälfte des 12. Jh., also vor Eintreffen des Deutschen Ordens, zu Masowien gehörte oder ob 1343 vom Orden an Masowien abgetreten, ist umstritten. Urkundlich steht fest, daß der Südteil Sassens ab 1384 den Namen Zakrze führte, die polnische Bezeichnung für Sassen.
Auch über die Herkunft des Namens der Landschaft ist man sich nicht einig. Sassen kann nach dem prussischen sasius = Hase benannt sein, dafür spricht der Dorfname Sassendorf, später in Hasendorf umbenannt. Der Name kann aber auch auf die Siedler hindeuten und von Sachsen abgeleitet sein. Peter von Dusburg wie auch das Lagerbuch König Waldemars von Dänemark von 1233 nennen Sassen nicht unter den prussischen Gauen. Daraus könnte man schließen, daß es keine Stammeslandschaft, sondern eine Siedlungslandschaft war.
Als Siedler werden 1320 niedersächsische Edel-

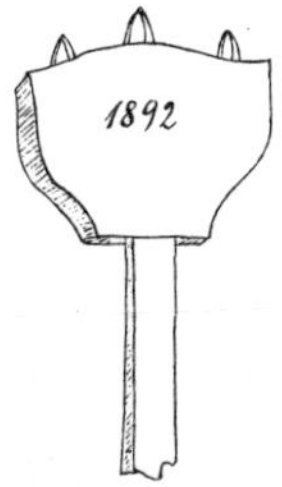

Grabkreuz in Schaaken

leute erwähnt. Der Kulmer Landkomtur und der Komtur von Christburg waren an der Besiedlung maßgeblich beteiligt. Sie erreichte 1325 ihren Höhepunkt und war 1331 so gut wie abgeschlossen.

In Urkunden wird das Land als Soysim, Sausin, Sassin erwähnt.

Schaaken (russ. –), Kreis Samland. Der Name enthält das prussische schukis = Gras. In einem Teilungsvertrag von 1258 wird „Soke" erwähnt, in einer Liste des Jahres 1299 „Schokin" aufgeführt. Nachgewiesen ist 1320 ein Pfarrer in Schaaken, der Thomas hieß. 1328 mit dem Bau eines Ordenshauses in Stein begonnen, in der achteckigen Form der früheren prussischen Wallburg.

Seit spätestens 1397 bestand ein Pflegeamt, das der Komturei Königsberg unterstand. Eine Lischke bildete sich um 1370, in ihr gab es 1398 zahlreiche Handwerker. In der Nähe ein Ordensspeicher für den Fischhandel. 1425 ein Kammerhof um das Schloß angelegt, die spätere Domäne. Mit dem Chor der Kirche um die Mitte des 14. Jh. begonnen; sie stand außerhalb Burg und Lischke. 1525 war Schaaken einer der Ausgangspunkte für den Bauernkrieg, doch bereits gegen Ende des Jahres Kammeramt. Um 1569 sprach man noch prussisch.

Die Burg 1606 durch einen Brand zerstört, wieder aufgebaut.

Ab 1642 bestand neben dem Hauptamt ein Amt Schaaken. 1752 aus den Hauptämtern Fischhausen, Schaaken, und Neuhausen der steuerrätliche Kreis Schaaken gebildet. 1815 ein Landratsamt eingerichtet; 1819 zum Kreis Königsberg. Am Haff entstand das Fischerdorf Schaaksvitte. Von hier verkehrten seit Beginn des 19. Jh. über das Haff die Schaakskener Böte nach Memel, deren Frachten auf Lastwagen nach Königsberg, ab 1900 auf die Kleinbahn umgeladen wurden.

Schaaksvitte heißt heute russ. *Kaschirskoje.*

1939 hatte das Dorf 607 Einwohner.

Schalauen, prussische Landschaft zu beiden Seiten der Memel, ohne die Ostsee zu berühren, von der sie durch die kurische Landschaft Lamata oder ceclis getrennt war. Peter von Dusburg nennt in seiner Chronik die Schalauer den nordöstlichsten Stamm der Prussen. Mittelpunkt des Gebietes war das spätere Ragnit.

Als der Orden im 13. Jh. eintraf, war das Gebiet nur dünn bevölkert. Im Westen und Nordwesten grenzte es an die Kuren, die als Fischer am Kurischen Haff und in der Memelniederung leb-

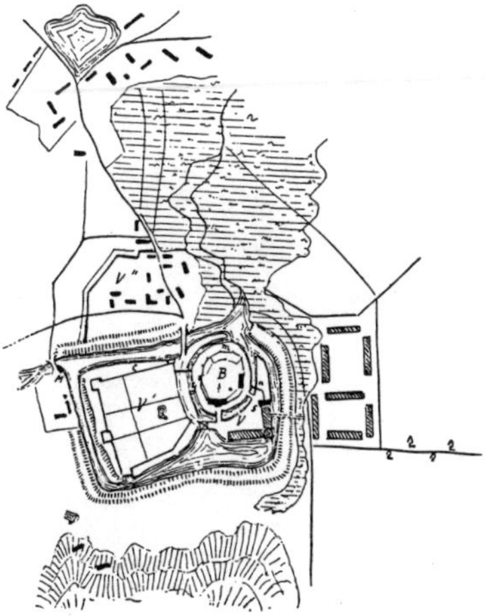

Burg Schaaken

ten. Nordöstlicher Nachbar war das litauische Schamaiten; im Osten lag Sudauen, im Süden Nadrauen. Bis ins 15. Jh. hinein war Schalauen „Wildnis". Der Orden erhob später das „Schalwenkorn", eine Abgabe für die Ansiedler bei den Burgen Ragnit und Tilsit.

Winrich von Kniprode gab 1369 den Schalauern ein Privileg, die Zehntfreiheit und das Erbrecht. Aus dem 13. und 14. Jh. sind Verschreibungen des Ordens an Schalauer bekannt. Um die Mitte des 15. Jh. Litauer als Einwanderer ins Land geholt. Der Name Schalauen wird noch von Hennenberger auf seiner Landtafel von 1595 verzeichnet. Später hieß das Gebiet «Preußisch Litauen".

Schalmey (poln. *Szałmia*), Kreis Braunsberg. Schalmia erhielt 1289 die Handfeste. Am rechten Passargeufer, bei Grunenberg, zwei Kilometer von Schalmey entfernt, lag ein Schloßberg. 1305 wird das Castrum Grunenberg erstmals erwähnt. Die Pfarrkirche wurde vom Kollegiatstift Glottau 1343 annektiert. Sie war dem heiligen Georg geweiht. Der Hochaltar stammte von 1681, ebenfalls die Kanzel.

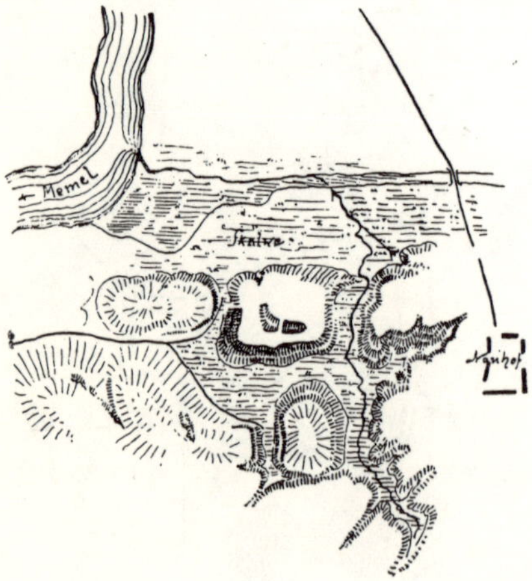

Schalauerburg

Kirche von Schalmey

Die Kirche besaß auf einem Altaraufsatz aus gotischer Zeit das Hauptbild: die Jungfrau Maria mit dem Jesuskind, dem die heilige Anna einen Apfel reicht.

1939 hatte das Dorf 362 Einwohner.

Scharfenrade (poln. *Ostrykół*), Kreis Lyck. Die 1538 erbaute Pfarrkirche brannte beim Einfall der Tataren ab und wurde 1667 aus Holz neu aufgebaut.

Bei Klein Prostken, jenseits des Lyckflusses, stand die Ostrokolnische Grenzsäule, 1545 von Herzog Albrecht errichtet. Sie ist aus Ziegelsteinen im Blockverband gesetzt, an der Basis schwarz, oben grün mit Ölfarbe gestrichen. Sie markiert die Grenze zwischen Preußen und Litauen wie auch zwischen Preußen und Masowien. Eine lateinische Inschrift, in Form eines Gedichtes, von Georg Sabinus verfaßt, lautet in deutscher Übertragung:

„Als in des Vaters Reich einst Sigmund August regierte, Und der Markgraf zugleich Albrecht der Erste gebot – Jener beherrschte Jagiellos, des

Kirche in Scharfenrade

Die Kirche besitzt ein spätgotisches Hängekreuz aus Holz, das nach der Inschrift 1679 restauriert wurde.
Bei Schellen soll sich das Schloß Ryn befunden haben.
1939 hatte das Dorf 415 Einwohner.
Schippenbeil (poln. *Sępopol*), Kreis Bartenstein, am Zusammenfluß von Guber und Alle gelegen. Eine Siedlung bestand wahrscheinlich vor 1300. 1319 soll an Stelle einer Prussenburg ein Ordenshaus entstanden sein. Hochmeister Heinrich Dusemer gab der Ortschaft Schiffenburg 1351 eine Handfeste nach kulmischem Recht. Ab 1402 taucht der Name Schippenpil – unter prussischem Einfluß – auf, später Schippenbeil. Das Stadtdorf Langendorf, 1422 der Stadt zugeschlagen, im 16. Jh. wieder verloren; im 17. Jh. zurückgewonnen. 1485 wird der Ort als oppidum bezeichnet. Stadtmauer 1372 erstmals erwähnt, im 18. und 19. Jh. abgetragen. An sie lehnte sich die Kirche

Doppelnamigen, Städte, Dieser der Preußen Reich weise mit freundlichem Sinn – Ward diese Säule gesetzt, die die Fluren der mächtigen Fürsten sondert und fortan die Mark ihrer Gebiete bestimmt."
Über der Inschrift standen zwei Wappen, das litauische und das damalige preußische.
1939 hatte das Dorff 222 Einwohner.
Schellen (poln. *Ryn Reszelski*), Kreis Rößel. Zuerst Ryn, dann nach dem Gründer Schelden genannt. Handfeste von 1339 und 1361. Die Pfarrkirche 1420 als Filiale von Knogstin erwähnt. 1493 weihte sie der Weihbischof von Plock der heiligen Maria, Petrus und Paulus, der heiligen Barbara, Dorothea und allen Märtyrern und Jungfrauen. Bald darauf wurde sie mit Glockstein vereinigt.
1706 vom Guttstädter Kanonikus Johannes Alexius Lamshöft auf eigene Kosten neu aufgebaut, als einfacher Bau mit flacher Holzdecke und niedrigem Holzturm.

Pfarrkirche Schippenbeil

an, ein steinerner Basilikenbau aus der zweiten Hälfte des 14. Jh.. Das 1402 gegründete Heilig-Geist-Hospital 1523 abgebrochen. 1469 entstand ein St. Georgs-Hospital.

1440 trat die Stadt dem Preußischen Bund bei. Der Orden belagerte sie mehrfach vergeblich, 1461 ergab sie sich. Sie kam 1525 zum Hauptamt Rastenburg.

1655 belagerte Karl X. Gustav von Schweden Schippenbeil. Die Stadt litt schwer unter der Pest von 1709/1710 und unter einem Großbrand 1749, bei dem das Rathaus den Flammen zum Opfer fiel. Der Neubau von 1752 brannte 1807 ab. 1758 bis 1762 unter russischer Besetzung, wurde die Stadt 1806 von den Russen niedergebrannt. 1818 kam sie zum Kreis Friedland, 1828 zum Kreis Bartenstein.

Kirche zu Schippenbeil, Westseite

Eine Schützengilde ist 1617 nachgewiesen, eine Garnison ab 1714.

Ein typisches Getränk ist der Schippenbeiler Bürgermeister. Halb Rum, halb alter Burgunder, vier Wochen gelagert, aus einem Weinglas getrunken, soll er den Menschen besinnlich stimmen.

1939 hatte die Stadt 3434 Einwohner.

Schirwindt (russ. *Kutusovo*), Kreis Schloßberg, an der litauischen Grenze; Deutschlands östlichste, Ostpreußens kleinste Stadt.

1515 eine Siedlung Scherwint erstmals erwähnt; die erste Verschreibung für einen Siedler erfolgte 1516. 1549 Bau einer Kirche. Friedrich Wilhelm I. verlieh dem Marktflecken 1725 das Stadtrecht. Nach Plänen des Schultheiß von Unfried um den Markt ausgebaut.

„Prunkstück" der Stadt – im romantischen Sinne – die 1856 nach den Plänen Stülers fertiggestellte „Emanuelskirche", an deren Einweihung Friedrich Wilhelm IV. persönlich teilnahm, eine neugotische Kirche mit einem Doppelturm.

Die Stadt lebte von der Herstellung landwirtschaftlicher Produkte, zusätzlich vom Grenzhandel und Schmuggel.

Eine Garnison gab es ab 1735; die erste Kirchschule stammte aus dem 16. Jh. Von 1791 bis 1838 war die private Erziehungs- und Pensionsanstalt von Hassenstein, die nach neuen Bildungswegen suchte, im weiten Umkreis bekannt.

1914 von den Russen zerstört, jedoch dank tatkräftiger Hilfe der Patenstadt Bremen rasch wieder aufgebaut. 1945 erlitt die Stadt abermals beträchtliche Zerstörungen.

1939 hatte Schirwindt 1090 Einwohner.

Schlitt (poln. *Skolity*), Kreis Heilsberg, wurde 1348 als Scoliten gegründet. Die Pfarrkirche wurde 1684 anstelle einer älteren Kirche erbaut und dem Evangelisten Johannes geweiht. Auf ihren Mauern baute man 1708 eine neue Kirche, die Bischof Załuski 1709 der heiligen Jungfrau Maria und dem heiligen Johannes weihte.

1939 hatte das Dorf 529 Einwohner.

Schloß Schlobitten, Nordansicht

Schlobitten (poln. *Słobity*), Kreis Preußisch Holland. Schloß seit 1525 im Besitz der Familie der Grafen zu Dohna. In der ersten Hälfte des 17. Jh. vom Burggrafen Abraham zu Dohna im Renaissancestil umgebaut. Er war der Begründer der umfangreichen Bibliothek. Schleiermacher hat im Schloß als Hauslehrer gewirkt.

Nach der Zerstörung durch die Schweden erhielt das Schloß seine barocke Form. Der Park ein Zeugnis barocker Gartenkultur. Das Innere des Schlosses nach dem Vorbild von Schloß Charlottenburg ausgestattet.

Schlobitten besaß das älteste deutsche Stutbuch. Für die Zeit von 1623 bis 1631 sind darin alle Pferde aufgezeichnet, die im Besitz des Gutes waren. Es begann mit 6 Hengsten und 24 Stuten. In der ganzen Zeit gab es 40 Beschäler und 213 Stuten.

Als letzter Besitzer verließ Fürst Alexander zu Dohna das Schloß im Januar 1945. Darauf niedergebrannt.

1939 hatte das Dorf 672 Einwohner.

Schlodien (poln. *Gładysze*), Kreis Preußisch Holland, im Kirchspiel Deutschendorf gelegen. Das herrschaftliche Schloß befand sich seit 1643 im Dohnaschen Besitz.

1939 hatte der Ort 597 Einwohner.

Schloßberg (russ. *Dobrowolsk*), Kreisstadt im Regierungsbezirk Gumbinnen. Litauisch: Pillkallen nach pilis = Schloß und kálnas = Berg. In der Nähe einer früheren Prussenfeste auf dem Schloßberg, im Gebiet der Komturei Ragnit, 1516 erste Verschreibung an einen Siedler, Grundlage für die Gründung eines Marktfleckens: 1549 Kirchdorf, 1580 mit Marktverkehr.

Die Stadtrechte verlieh dem Ort im Zuge des Retablissements Friedrich Wilhelm I. ohne besonderes Privileg 1725, zusammen mit der Stadt Gumbinnen. Den Stadtplan entwarf Schultheiß Unfried als Marktsiedlung.

Nach der Pest von 1709–1711 zogen Nassauer Siedler in das Gebiet, gründeten in Pillkallen eine reformierte Gemeinde, die 1819 einging. 1815 Sitz eines Landratsamts. Die evangelische Pfarrkirche, aus Feldstein gebaut, 1756 eingeweiht. Den Turm erhielt sie später.

1914 fast völlig zerstört, doch mit Hilfe der Patenstadt Breslau wieder aufgebaut. Im Herbst 1944 mußte die Stadt wegen der deutschen Frontziehung geräumt werden.

Eine Schule bestand neben der Kirche 1550; 1717 erhielt die Stadt eine Garnison.

Bekannt sind zwei mit dem Namen der Stadt verbundene Getränke: die Pillkaller Spätlese, ein Kavalleristenschnaps: Weinbrand mit einer Scheibe Cervelatwurst; und die Pillkaller Stutenmilch: heißer Arrak mit Zuckerwürfeln und einem Schuß frischer Schlagsahne, mit einem Strohhalm aus einem Sektglas getrunken.

1938 in Schloßberg umbenannt; in der ganzen Provinz bekannt war der Spruch:

„Es trinkt der Mensch,
es säuft das Pferd.
In Pillkallen ist es umgekehrt."

1939 zählte die Stadt 5833 Einwohner.

Schmauch (poln. *Skowrony*), Kreis Preußisch

Kirche von Schloßberg

Holland, östlich der Kreisstadt gelegen. Kirche auf dem prussischen Burgwall aus Findlingsblökken erbaut; Giebel aus Ziegeln, Turm aus Holz. Beim Pfarrer Henning hat der Dichter Max von Schenkendorf eine Zeitlang verweilt. Da er als Student nie mit seinem Geld auskam und Schulden machte, hatten die Eltern ihn hierher geschickt. Doch er und Henning verstanden sich nicht.

1939 hatte das Dorf 489 Einwohner.

Schmolainen (poln. *Smolajny*), Kreis Heilsberg, an der Alle gelegen. Ursprünglich hieß das Gut Prolitten; 1303 erstmals erwähnt. Im 15. Jh. kam es in den Besitz der Bischöfe von Ermland, die es als Sommerresidenz benutzten.

Nach Beschädigung des bischöflichen Palatiums in Guttstadt durch die Schweden im Jahr 1626 kamen die Burggrafen nach Schmolainen und verwalteten von hier aus das Kammeramt.

Das Schloß wurde 1765 unter Bischof Adam Stanislaus Grabowski erbaut, dessen Wappen es trägt. Zweigeschossig, im Rokokostil mit einem Torturm. Der Dichter und Freund Friedrichs des Großen, Fürstbischof Ignatius Krasicki von Ermland, führte hier ein glänzendes Hofleben und kultivierte die Parkanlagen.

1939 hatte das Dorf 721 Einwohner.

Schönberg (poln. *Szymbark*), Kreis Rosenberg. Erstmals wird der Name als Grenzbezeichnung in der Handfeste von Stärkenau 1378 erwähnt. Schönberg war die Residenz des pomesanischen Dompropstes, urkundlich als solche 1466 ausgewiesen. In Urkunden von 1468 und 1478 nennt das Domkapitel es „unser haus“ und „unser schlosz“. 1454 bis 1466 wurde es durch die Kriege in Mitleidenschaft gezogen, 1520 fiel es durch Verrat in die Hände der Polen.

1527 verlieh Herzog Albrecht das Amt Schönberg Bischof Erhard von Queis zu Lehnsrecht und gab es 1529 nach dem Tode des Bischofs mitsamt dem Schloß dem samländischen Bischof Georg von Polentz als Mannlehen. Als dieser 1550 starb, blieb es vorerst in seiner Familie. 1699 wechselte

Kirche von Schönbrück

es in den Besitz derer von Finckenstein über. 1939 hatte der Ort 905 Einwohner.

Schönbrück (poln. *Sząbruk*), Kreis Allenstein, erhielt die Handfeste 1363; erneuert 1383. Die Pfarrkirche St. Nikolaus und St. Johannes, des Evangelisten, wurde 1500 von Weihbischof Johannes geweiht. Eine ältere Kirche muß vorhanden gewesen sein, denn es werden zwischen 1355 und 1373 die Pfarrer Johannes und Heinrich Queczow erwähnt.

Die Kirche, ein Feldsteinbau mit Ziegelecken und einem gemauerten Turm mit welscher Haube und einer Wetterfahne von 1790, hatte innen eine Holzdecke in Korbbogen mit drei Bildern: über dem Hochaltar die drei göttlichen Personen, in der Mitte die Jungfrau Maria mit zwei Heiligen und über der Orgel St. Nikolaus von Bari. Der Hochaltar stammte von 1750, Übergang vom Barock zum Rokoko, die Kanzel war reiner Barock.

1939 hatte das Dorf 644 Einwohner.

Haus Regehr, Schönwiese, Kreis Marienburg

Schönwiese, Kreis Heilsberg

Schönwiese (poln. *Międzylesie*), Kreis Heilsberg. 1713 wurde ein Frevel am Kruzifix begangen. Bischof Potocki setzte eine Gerichtskommission ein. Die drei Haupttäter wurden verurteilt und 1715 enthauptet. Der Schulze von Schönwiese hatte die Anzeige unterlassen. Er wurde zu erheblicher Geldstrafe verurteilt. Sein Haus wurde abgebrochen, auf seine Kosten eine Wallfahrtskapelle zum Heiligen Kreuz erbaut. Die Kapelle wurde zu klein; der Bischof legte den Grundstein zu einer größeren, die 1723 geweiht wurde. Der Bau hielt nicht lange stand, 1749 entschloß man sich zu einem Neubau, mit ihm wurde 1752 begonnen, 1756 kam der Turm hinzu. Bischof Krasicki weihte die neue Kirche 1775.

1939 hatte das Dorf 495 Einwohner.

Schönwiese (poln. *Krasnołęka*), Kreis Marienburg. Eine erste Verleihung von Schoneweze für den Kämmerer Michael aus Fischau stammt aus dem Jahr 1340. Die Handfeste erhielt das Dorf

von Hochmeister Dietrich von Altenburg 1340 nach kulmischem Recht. Bis 1510 wurde es mehrfach vergrößert. Aus den Jahren 1696 und 1791 stammt das Vorlaubenhaus des Herrn Regehr. Die Wetterfahne über dem älteren Teil, dem Ostgiebel, gibt 1696 an. Das Haus ist zweistökkig, unten massiv, oben aus gemauertem Blendwerk. Der Giebel zum Hof hin schmucklos, zur Straße reich verziert; sie stammen aus dem Jahr 1791.
1939 hatte das Dorf 226 Einwohner.
Schreitlaugken (russ. –), Kreis Tilsit-Ragnit, wurde bekannt durch seine Pferdezucht.
Heinrich Theodor von Schön, geboren 1773, Schüler Kants, bis 1808 Mitarbeiter des Freiherrn vom Stein, dessen politisches Testament er entwarf. 1816 Oberpräsident der Provinz Westpreußen, ab 1824 der Vereinigten Provinz Preußen. Ab 1844 Leiter des Ostpreußischen Zentralvereins in Königsberg.

Schulen

Burg Seeburg (Rekonstruktion)

1941 hatte das Dorf 239 Einwohner.
Schuiken s. Spechtsboden.
Schulen (poln. *Sułowo*), Kreis Heilsberg, ursprünglich Heiligenkreuz, erhielt die Handfeste 1335 für eine zu begründende Kapelle vom Heiligen Kreuz, die der Pfarrer in Kiwitten bedienen sollte.
Die Pfarrkirche zählt zu den wenigen, die ursprünglich als Filialkirche gegründet wurden. Sie war dem Heiligen Kreuz und dem Apostel Jakobus geweiht. Das Äußere bis zur Hälfte aus Feldstein, der Turm nachträglich angebaut, innen flach gedeckt. Sie hatte nur einen Altar mit einem Ölbild des Kruzifixus mit Maria, zwischen dem Evangelisten Johannes und dem heiligen Andreas. Das Obergeschoß mit Voluten; darüber ein Ölbild des heiligen Jakobus d. Ä. Als Krönung Engel mit dem Schweißtuch Christi.
Der Schalldeckel der Barockkanzel war mit dem heiligen Michael geschmückt.
1939 hatte das Dorf 581 Einwohner.
Schwarzort (russ. –), auf der Kurischen Nehrung, südlich Memel gelegen. Auf dem 60 m hohen Bocksberg stand ein Aussichtsturm mit einem Pavillon. Die Plattform war durch Glaswände gegen den Dünensand geschützt. Von hier

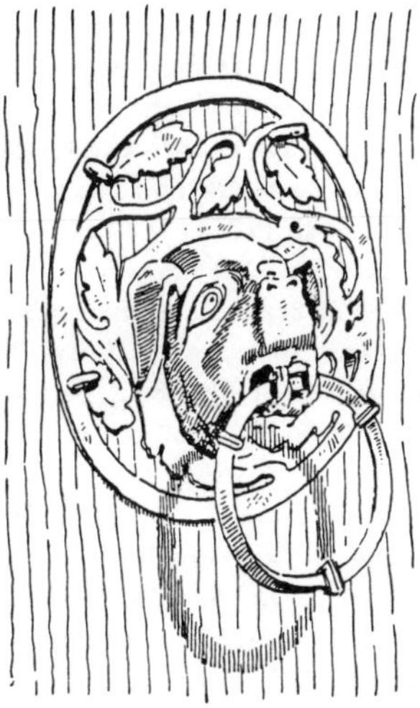

Türklopfer, Pfarrkirche Seeburg

hatte man einen Ausblick auf die gesamte Kurische Nehrung. Der Ort lag, geschützt gegen Nord- und Westwinde, sehr günstig, dazu gab es Kiefernwälder, so daß in Schwarzort das einzige Lungenheilbad an der Ostsee entstehen konnte.
1939 hatte das Dorf 346 Einwohner.

Schwarzstein (poln. *Czerniki*), Kreis Rastenburg. In der Kirche hing ein Hufeisen, der Sage nach von der Krugwirtin von Eichmedien, die wegen schlechten Biereinschenkens vom Teufel in ein Pferd verwandelt worden war.
1939 hatte das Dorf 1590 Einwohner.

Schwentainen s. Suleyken.

Seeburg (poln. *Jeziorany*), Kreis Rößel, am Simserfluß. Der ermländische Bistumsvogt Heinrich von Luter legte Anfang des 14. Jh. die Seeburg an. Siedler, die den Rand der „Wildnis" schützen sollten, kamen aus Wormditt.
Lokator Heinrich Wendepfaffe gründete die Stadt. Der Bistumsvogt Heinrich von Luter und der Bistumsverweser Magister Nikolaus stellten ihr am 5. Februar 1338 die Handfeste nach kulmischem Recht aus, 1389 erweitert.
Von 1350 bis 1355 baute Bischof Johann I. von Meißen die Burg zu der stärksten Bischofsfeste des Ermlands nach Heilsberg aus und gab ihr den höchsten Turm des Fürstbistums. Sie war im 15. und 16. Jh. Sitz der ermländischen Landvögte. Bis ins 17. Jh. hinein hatte sie ein Zeughaus.
Bis 1772 gehörte Seeburg zum bischöflichen Drittel des Ermlands, dann Immediatstadt im Kreis Heilsberg, ab 1819 im Kreis Rößel. 1783 schlug der Blitz in den Turm der Burg und setzte das Schloß in Brand. Das Feuer griff auf die Stadt über. Die Burg war Steinbruch für den Wiederaufbau der Stadt.
Die Pfarrkirche St. Bartholomäus stammte vom Ende des 14. Jh., als dreischiffige Hallenkirche erbaut; 1912 erweitert, Turm erhöht. Ihr Fundament ist aus Feldstein, der Bau aus rotem Backstein.
Joseph Ambrosius Geritz, geboren 1783, 1841 zum Bischof von Ermland gewählt. 1848 schickten die Ermländer ihn in die Deutsche Nationalversammlung. Er errichtete Kirchen und Kapellen in der Diaspora. In Braunsberg gründete er das Konvikt, in Heilsberg ein Waisenhaus; richte-

Pfarrkirche Seeburg

Kirche zu Seehesten

te aus seinem Privatvermögen Krankenhäuser ein und förderte das Bülow von Dennewitzsche Blindeninstitut.

Johannes Leo, geboren um 1572, schrieb die „Historia Prussiae“. Seine Hauptquelle war die Historia Poloniae von Martin Kromer, die er gegen Lucas David und Hennenberger verteidigte. Vieles über damals noch übliche Volksbräuche hat er in seiner Geschichte festgehalten.

Paul Snopek (Snopke), geboren vor 1500, im Dienst des ermländischen Bischofs Fabian von Lossainen, galt als Mäzen der Jugend. Die von ihm geschriebene „Ratio economi mense episcopalis Warmiensis“ für 1533 blieb als ältestes bischöfliches Rechnungsbuch erhalten.

Eine Schützengilde gab es 1597, eine Garnison ab 1787. Die erste Pfarrschule 1565 gegründet. Eine Zeitung erschien ab 1927.

1939 hatte die Stadt 3022 Einwohner.

Seehesten (poln. *Szestno*), Kreis Sensburg, am Juno-See. „Haus Seehesten“ 1348 vom Komtur zu Balga zunächst aus Holz erbaut. Beim Litauereinfall von 1350 zerstört, 1367 in Stein neu aufgebaut.

Es widerstand dem Angriff Kynstuts im Jahr 1371 und überstand alle kriegerischen Ereignisse bis zum Ende des 18. Jh. Seit 1401 saß dort ein Pfleger, von 1525 bis 1752 ein Amtshauptmann. Neben dem Schloß ließen sich Gärtner und Handwerker nieder. 1401 verlieh Ulrich von Jungingen, Komtur von Balga, dem Kirchdorf eine Handfeste als Zinsdorf. Um 1450 blühte dort die Holzindustrie. Seehesten hatte die größte Schneidemühle im Ordensland. Vom 16. bis zum Beginn des 19. Jh. als „Freiheit Seehesten“ geführt, ab 1818 als Kirchdorf.

Pfarrkirche, im 15. Jh. dreischiffig erbaut, nach dem Brand von 1624 verändert wieder aufgebaut.

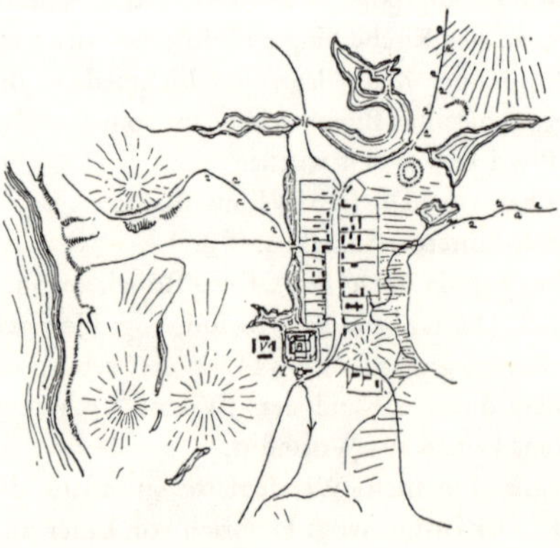

Seehesten

Die Seitenschiffe verschwanden. Der Westturm wurde neu errichtet, im Untergeschoß aus Granit, darüber drei Backsteinstockwerke.
Die Decke, 1624 ausgemalt, ahmte eine Kassettierung nach. Im Umgang der oberen Turmhalle war ein Totentanz mit den Vertretern der Stände in Grisaille gemalt. Die Bemalung des großen Altars hatte Graf Fabian von Lehndorff, „oberster Lieutenant zu Roß im Churfürstl. Brandenburgischpreuß. Natangschen Kreyse, Hauptmann zu Seehesten, Erbherr auf Maulen", gestiftet; in der Kirche beigesetzt.
1619 brannte die Ordenskirche ab. Als Feldsteinbau neu errichtet, nur die Grundmauern des Turms stammten aus der Ordenszeit.
1939 hatte das Dorf 492 Einwohner.

Seesker Berg, auf halber Strecke zwischen Goldap und Treuburg gelegen, 309 m hoch. Erscheint aus dem Tal gesehen kuppelförmig gewölbt. Auf dem Gipfel sind Fichten angepflanzt. Vom Fuß bis zur Spitze fand man erratische Blöcke von beachtlichen Ausmaßen. Eine Aussicht gab es nur in südwestlicher Richtung, doch konnte man von dort bis nach Rußland hinein sehen. Der Berg war von der Bahnstation Kowahlen aus erreichbar.

Sensburg (poln. *Mrągowo*), Kreisstadt im Regierungsbezirk Allenstein, inmitten von zehn Seen gelegen am Westufer des Schloß-Sees; von Hochmeister Konrad von Jungingen „inmitten der Wildnis" gegründet. Erstmals urkundlich 1397 erwähnt. Angelegt hat sie der Komtur von Balga, Graf Johann von Sayns. Die Gründungsurkunde ging verloren; 1440 nach kulmischem Recht erneuert. Hochmeister Konrad von Erlichshausen nahm bei dieser Gelegenheit auf Wunsch der Stadt ein Stück der ihr gegebenen Stadtfeldmark zurück. Im Reiterkrieg 1520–1521 geplündert und zum Teil niedergebrannt. Nach dem Frieden von Krakau kamen neue Siedler, vorwiegend aus Masuren. Die Stadt blühte auf.
Eine Kirche, aus Feldstein erbaut, wahrscheinlich 1409. Vor der Stadt entstand 1541 die St. Georgskapelle. Im zweiten Teil des 17. Jh. litt die Stadt unter den Tatareneinfällen und unter der Pest von 1657. Im Siebenjährigen Krieg war sie vier Jahre von Russen besetzt.
1818 Kreisstadt, nachdem sie bis dahin zum Hauptamt Seehesten gehört hatte. Die Stadt hatte ein Zementwerk, Ziegeleien und Sägewerke.
St. Adalbertkirche 1861 erbaut. Im Zweiten Weltkrieg erlitt die Stadt schwere Zerstörungen.
Eine Schützengilde gab es seit 1692, eine Garnison ab 1719. Die Lateinschule datiert aus dem Jahr 1529.
Vom Bismarckturm auf dem Mühlenberg hatte man eine weite Aussicht über die Stadt und die Seen.
1939 hatte die Stadt 9877 Einwohner.

Siegfriedswalde (poln. *Zegoty*), Kreis Heilsberg, erhielt die Handfeste 1358 vom Vogt Heinrich von Luter. Die dem heiligen Johannes, dem Evangelisten, geweihte Pfarrkirche brannte ab und wurde nach 1600 wieder aufgebaut. Bischof Rudnicki weihte sie 1606 Gott dem Allmächtigen, der seligen Jungfrau Maria und allen Heiligen, zu Ehren des heiligen Johannes.

Sensburg

1375 wird ein Pfarrer Günther erwähnt. Die Pfarrkirche war ein einfacher Ziegelbau, im Innern flach gedeckt und blau bemalt. Sie hatte eine Wetterfahne mit der Jahreszahl 1515.

Josef Graw, geboren 1854, war Mitbegründer des Verbandes der wirtschaftlichen Genossenschaften. Durch seine genossenschaftliche Arbeit erwarb er sich hohes Ansehen. In den Landtag gewählt, behielt er sein Mandat als einer der ältesten Parlamentarier bis zu seinem Tode.

1939 hatte das Dorf 740 Einwohner.

Skomanten (poln. *Skomętno Wielkie*), Kreis Lyck, früher Skomenten; nördlich von Pissanitzen gelegen. Zwei Kilometer südöstlich von Skomanten liegt der Skomand-Berg, auf dem der Sudauerfürst Skomand oder Skumand wohnte, dessen Burg Crasima Landmeister Mangold von Sternberg 1281 niederbrannte.

1939 hatte das Dorf 308 Einwohner.

Soldau (poln. *Dzialdowo*), Kreis Neidenburg, an der Neide gelegen. Ob hier kurz nach 1300 eine Grenzfeste oder ein Pflegerhaus des Ordens bestanden hat, ist nicht nachweisbar. Erster Versuch einer Stadtgründung (1344) schlug fehl. Der Osteroder Komtur Günther von Hohenstein versuchte es 1349 erneut.

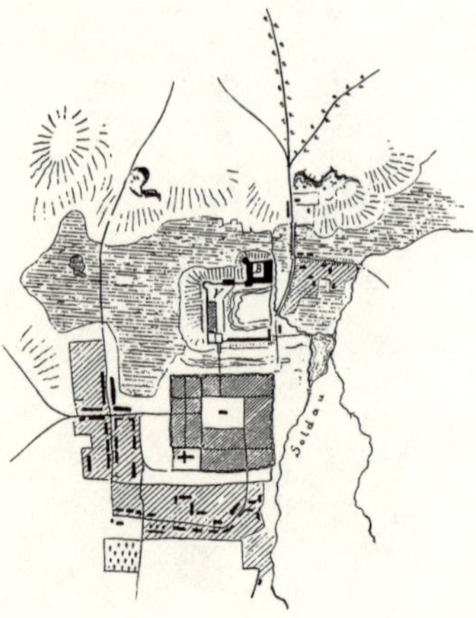

Stadt Soldau

Der an der Straße Königsberg – Warschau gelegene Ort entwickelte sich nur langsam. Er bestand aus einer deutschsprachigen Oberschicht und dem masurisch sprechenden Volke. 1409 von Russen und Litauern niedergebrannt, im Jahr darauf von den Litauern eingenommen. 1656 hatte Karl X. Gustav von Schweden hier sein Hauptquartier. Ein Jahr später fielen Tataren ein. 1806 eroberte Marschall Ney die Stadt.

Das Versailler Diktat trennte Soldau ohne Abstimmung von Ostpreußen ab.

1941 hatte Soldau 5349 Einwohner.

Sorquitten (poln. *Sorkwity*), Kreis Sensburg, 1379 gegründet, 1497 ein Pfarrer urkundlich nachgewiesen.

Johann Goereke, geboren 1750, Begründer der Pepiniere und des militärischen Sanitätswesens, erster preußischer Generalstabsarzt. Die Einrichtung der Feldlazarette hinter der Front und der ärztlichen Versorgung der Verwundeten auf dem Schlachtfeld waren sein Werk. Im Dienst der Verwundeten stand seine Tätigkeit in den Kriegen 1792, 1806/1807, 1813 und 1815.

1787 hat er der Kirche von Sorquitten ein Bild geschenkt, das einen Todesengel darstellte.

1939 hatte das Dorf 455 Einwohner.

Spechtsboden (russ. *Szujki*), Kreis Goldap.

Brüder Skowronnek, Fritz, geboren 1858, der Jagderzählungen und Naturbetrachtungen schrieb, Richard, geboren 1862, der Autor des Lustspiels „Halali" und der Masurischen Dorfgeschichten. Das Dorf hieß früher Schuiken.

1939 hatte es 223 Einwohner.

Spirdingsee (poln. *Jezioro Sniardwy*), größter See Ostpreußens, einer der größten Deutschlands. Er hat die Form eines Dreiecks, dessen Spitze nach Süden zeigt. Die Ufer sind flach, zuweilen steinreich. Nur im südlichen Teil befinden sich zwei Inseln, die Spirdinginsel und die Teufelsinsel. Beide sind bewohnt. Auf der Teufelsinsel ließ

Friedrich der Große 1784 eine kleine Festung, das Fort Lyck, anlegen, die sein Nachfolger abtragen ließ.

Die Insel gilt bei der Bevölkerung als ein Tummelplatz der Gespenster. Liegt es daran, daß sie eine kleine Garnison hatte oder daß dort zahlreiche Urnen gefunden wurden. Um sie weben sich eine Menge Spukgeschichten.

Der See ist sehr fischreich und verhältnismäßig flach. Oberfläche 109,7 qkm, Länge 18 km, Breite 13 km, Tiefe bis 23 m.

Springborn (poln. *Stoczek Klasztorny*), Kreis Heilsberg, östlich der Kreisstadt. Das Dorf Springborn erhielt seine Handfeste am 18. November 1349. Im 15., spätestens Anfang des 16. Jh. gab es eine Marienkapelle, zu der Wallfahrer kamen. Bischof Nikolaus Szyszkowski ließ an ihrer Stelle, gemäß eines gegen Ende des Ersten Schwedenkrieges abgelegten Gelübdes, von 1639 bis 1641 einen Rundbau aus verputztem Ziegelwerk errichten und übergab den Wallfahrtsort samt Kirche den Bernhardiner-Franziskanerobservanten des Wartenburger Klosters. Die Niederlassung des Ordens war zuerst in Holzbauten untergebracht, 1666 durch Massivbauten ersetzt. Seit 1672 bestand ein selbständiges Kloster.

Kanzeleingang in Springborn

Wallfahrtskirche Springborn

Die heutige Form erhielten Kirche und Kloster von 1708 bis 1817. Um die Kirche zieht sich ein kreuzgewölbter Umgang mit vier Eckkapellen; an der Ostseite Glockenturm, später durch einen dreijochigen Anbau mit der Kirche verbunden. Bischof Theodor Potocki weihte die Kirche 1716. Als bei der Säkularisierung in Preußen die Orden aufgehoben wurden, übernahm der Staat Kirche und Kloster.

1826 geschlossen, kamen sie 1841 an den ermländischen Bischof zurück, der im Kloster 1861 eine Demeritenanstalt einrichten ließ. Die Wallfahrtskirche wurde gleich nach ihrer Öffnung wieder von Pilgern aufgesucht. 1870 rief Bischof Krementz Lazaristen aus dem Rheinland nach Springborn, doch mußten diese infolge des Kulturkampfes 1873 wieder abziehen. Das Kloster, jetzt Exerzitienhaus, erhielt 1913 einen Anbau zur Gartenseite hin. 1926 gesamte Anlage wieder den Franziskanern übergeben.

Die Wallfahrtskirche hat einen Hochaltar von Christoph Peucker und als Gnadenbild eine Kopie der Lukas-Madonna in Santa Maria Maggiore in Rom. Springborn ist der Regina pacis geweiht.

1939 hatte das Dorf 251 Einwohner.

Stablack, im Dreieck Preußisch Eylau – Zinten – Heilsberg gelegen, eingeschlossen von der Passarge, der Alle, dem Frisching und dem Pasmar. Die höchste Kuppe bildet der Schloßberg bei Wildenhof, 216 m hoch. Weiter östlich bei Orschen befindet sich eine Höhe von 211 m.

Zwischen Landsberg und Heilsberg, bei Hanshagen, erreicht ein Hügel ebenfalls 216 m. Ausläufer ziehen sich nach Damerau, Heilsberg und Bartenstein.

Hier gab es einen bedeutenden Truppenübungsplatz.

Stalle (poln. *Stałewo*), Kreis Marienburg. Der Ordenshof „zu dem Stalle", dem ein Pfleger vorstand, wird 1330 erstmals erwähnt. Er wurde 1363 in ein Bauerndorf umgewandelt, das der Oberste Trapier Bruder Werner von Rundorf „ausgegeben" und dem Bischof Vincenz von Kulm 1470 eine neue Handfeste erteilt hatte. 1519 wurde dem Michael Brackwegen, Ratsherrn in Elbing, der Besitz Stalles auf Lebenszeit bestätigt. Der älteste Kirchenbau geht ins Jahr 1619 zurück. 1707/1708 wurde unter dem Schutz schwedischer Offiziere eine neue Kirche erbaut, deren Wetterfahne das Jahr 1707 anzeigte. Sie wurde 1841 in einigen Teilen erneuert. Altar, Kanzel und Orgel stammen aus dem 18. Jh. An den Wänden hängen zahlreiche Totenschilde, der älteste von 1773.

In Stalle befindet sich das Laubenhaus Köster, ein Fachwerkbau am Westende des Dorfes mit reichen Zierverbänden. Seine Inschrift lautet:

„Ich hab gebauet mit Bedacht
Der Hoff soll werden gut gemacht
Mein Nachfolger und ein anderer Mann
Ihn schon vielleicht wohl tadeln kann
Michael Gehrt Bauherr
George Pöck Baumeister 1751"

Köstersches Haus in Stalle

Das Haus wurde mit Zuschüssen des Kultusministers, der Provinz und der Gemeinde 1908 instandgesetzt.
1939 hatte das Dorf 301 Einwohner.

Stallupönen s. Ebenrode

Stannaitschen s. Zweilinden

Stegmannsdorf (poln. *Chwałęcin*), Kreis Braunsberg, nordwestlich Wormditt gelegen. Die Handfeste erhielt der Ort 1349 vom ermländischen Domkapitel. Anläßlich der Pest von 1709 beschloß das Domkapitel, eine eigene Votivkirche zum Heiligen Kreuz zu errichten. Der Neubau, 1720 bis 1728 nach den Plänen des Maurermeisters Johann Christoph Reimers aus Wormditt durchgeführt, war ein dreischiffiger barocker Hallenbau mit einem halbrunden Chor und hölzernen Deckengewölben, 1748/1749 mit reicher Architekturmalerei nach italienischem Vorbild ausgestattet. Der Maler war Johann Lossau aus Braunsberg. Im Hochaltar befand sich das Gnadenbild, ein Kruzifix aus der Zeit um 1420. Es soll der Legende zufolge ursprünglich in einem Baum in Appelauwalde gehangen haben. Ende des 16. Jh. von Nichtkatholiken geschändet, sollte es in der Pfarrkirche von Wusen geborgen werden, kehrte aber wiederholt nach Stegmannsdorf zurück. Endgültig aufgestellt in der im Juni 1728 von Bischof Szembek geweihten Wallfahrtskirche, um die Mitte des 19. Jh. mit einem Westgiebel, einer Vorhalle und einem Umgang mit vier Eckkapellen ausgestattet.
1939 hatte das Dorf 209 Einwohner.

Steinbeck (russ. –), Kreis Samland, am linken Ufer des Pregels an einem kleinen Bach in steinreicher Gegend gelegen. Ein Gürtel erratischer Blöcke zog sich von hier über den Pregel hinweg, am anderen Ufer entlang bis hin ins Samland, nach Cranz.
Gründungsjahr von Ort und Kirche unbekannt. Sie wurden 1466 der Altstadt Königsberg für ihre Treue und Hilfsbereitschaft im Dreizehnjährigen Kriege verliehen. Seit 1568 mit Neuendorf vereinigt. Die Kirche hatte ein Langhaus und einen Westturm. Nach dem Orkan von 1818 wurde sie gefestigt und der Holzturm durch einen massiven Steinturm ersetzt. Innen war sie reich ausgestattet.
1939 hatte das Dorf 811 Einwohner.

Stegmannsdorf, Leuchter

Steinort (poln. *Sztynort*), Kreis Angerburg. Das Steinorter Gebiet am Westrand des Mauersees befand sich im Besitz der seit 1422 ansässigen Familie von Lehndorff. Das ursprünglich auf einer Insel angelegte Schloß war durch den Stau des Mauersees überflutet. Deshalb kam es um 1600 zu einem zweiten Bau; 1689 abgebrochen und durch eine Barockanlage ersetzt, im 19. Jh. Türme hinzugefügt.
Hier befand sich das Archiv des Geschlechtes der Grafen von Lehndorff. Als Muster ostpreußischer Landschaftspflege galt der Schloßpark; Eichenallee im 17. Jh. angepflanzt. Man hatte einen schönen Blick auf den Mauersee. Bis 1896 gehörte zu Steinort ein Vollblutgestüt.
Der bekannteste Vertreter dieses Gechlechtes war Ahasverus von Lehndorff, dessen dritte Frau, Marie Eleonore geb. Reichsgräfin von Dönhoff,

Kirche in Stradaunen

sich durch Wohltätigkeit ausgezeichnet hat. Insbesondere hat sie die Bürger der Stadt Angerburg während der Pestjahre 1709 bis 1711 tatkräftig unterstützt. Die Urenkelin des Grafen Ahasverus, die Herzogin Friederike von Holstein, war die Großmutter des Dänenkönigs Christian IX.
1939 hatte das Dorf 629 Einwohner.
Stolzhagen (poln. *Kochanówka*), Kreis Heilsberg, gegründet vom Vogt Heinrich von Luter, Handfeste von 1362. 1408 wird ein Pfarrer Balthasar Rabe erwähnt. Die Kirche war 1565 baufällig; nach Renovierung weihte sie Bischof Kromer der heiligen Maria und dem heiligen Laurentius. Sie brannte ab. 1606 veranstaltete man eine Geldsammlung für den Bau einer neuen Kirche, die Bischof Rudnicki 1608 weihte.
1939 hatte das Dorf 456 Einwohner.
Stradaunen (poln. *Straduny*), Kreis Lyck, zu herzoglichen Zeiten als Kammeramt mit einem Schloß auf einer Insel im Lyckfluß erbaut. Die Kirche wird 1487 erwähnt: „Kirche St. Leonhart um Stradawnen zu einer ewigen Tochterkirche der Pfarrkirche zu Juchi." Seit 1554 eigener Pfarrer. Der späteren Kreuzkirche, aus Feldstein erbaut, 1736 ein Turm vorgesetzt. Ihr hat Ambtmann Johannes Stern 1743 einen innen vergoldeten Kelch verehrt. In der Kirche begraben liegt ein Ritter mit seiner Gattin, einer geborenen Lehndorffin.
1939 hatte das Dorf 801 Einwohner.
Stuhm (poln. *Sztum*), Kreisstadt im Regierungsbezirk Westpreußen. An Stelle einer 1236 zerstörten Prussenburg, wahrscheinlich Alyem, erbaute der Orden zwischen 1326 und 1335 ein Jagdschloß der Hochmeister, das 1331 als Sitz eines Komturs, 1333 eines Pflegers bzw. Vogts erwähnt wird. 1295 ist bereits ein „Hof des Ordens" vor dem Schloß bekannt. 1413 erhielt das Schloß eine Kapelle. Am Fuße des Schlosses gründete ein Lokator, der später Erbschulze wurde, vor 1416 die Stadt, die von Hochmeister Michael Küchmeister von Sternberg 1416 die Gründungsurkunde nach kulmischem Recht erhielt; 1754 bestätigt. 1478 an der Stadtmauer die Kirche zu St. Annen gebaut, 1533 innerhalb der Mauern ein Spital zum Heiligen Geist errichtet.
1466 kam die Stadt unter die Oberhoheit des polnischen Königs. Sitz des Marienburger Landgerichts. Ein wechselvolles Schicksal hatte sie im 17. Jh.: 1626 bis 1629 war sie schwedisch, 1629 bis 1635 brandenburgisch. 1639 Waffenstillstand, nachdem Schweden seine Eroberungen in Preußen aufgab und nur Livland behielt. Im Zweiten Schwedischen Krieg war Stuhm von 1656 bis 1660 schwedisch.
Ein Brand vernichtete 1683 große Teile der Stadt. Seit 1772 tagte der Preußische Städtetag in Stuhm. Die Stadt kam zum Kreis Marienburg; 1818 Kreisstadt.
Auf dem Markt stand ein Gedenkstein für den Flieger Ferdinand Schulz, der hier abgestürzt war. Die Stadt hatte eine berühmte Waldbühne. Eine Schule bestand seit 1669. 1699 Schützengilde gegründet, 1794 erhielt Stuhm eine Garnison.
1939 hatte die Stadt 7372 Einwohner.
Sturmhübel (poln. *Grzęda*), Kreis Rößel, wird in der Handfeste von 1339 noch Boumgarte genannt. Die Pfarrkirche St. Nikolaus weihte Bi-

schof Kromer 1581. 1754 brannte sie teilweise ab. Den Neubau weihte Bischof Krasicki wiederum dem heiligen Nikolaus (1779).
Die Kirche hatte eine mit Sternen bemalte Holzdecke. Die Wände waren marmorartig gestrichen. Maler J. Bornowski aus Elbing hat sie ausgemalt. Im Hochaltar befand sich ein Gemälde von Joseph Korzeniewski, 1764 in Heilsberg gemalt.
1939 hatte das Dorf 528 Einwohner.
Sudauen, östlichste der prussischen Landschaften, erstreckte sich von der Masurischen Seenkette gen Osten bis zur mittleren Memel, tief nach Litauen hinein.
Ptolemäus erwähnte um 170 n. Chr. die Sudini. Die russischen Chroniken der Waräger sprachen von Jadwingen oder Jadzwingen, die Polen nannten den Gau Pollexia. Bekannt sind ferner die Bezeichnungen Getwesiten, Jacwesen, Getwinziti.
In einer Urkunde von 1268 wird Sudauen als Gebiet zwischen Galinden und Litauen erwähnt. Im Norden grenzte es an Schamaiten, das damals noch nicht in litauischem Besitz war.
Als sudauische Landschaften wurden bekannt: Meruniske oder Mermiske, Pokime, Krasine, Selien, Kirsau.
Die Sudauer lagen in ständigem Kampf mit den Litauern und Polen. Bei der Verteidigung gegen den Deutschen Orden, der sie als den letzten prussischen Gau 1283 unterwarf, soll der Sudauerfürst Skomand mit den Seinen bis zur Weichsel vorgedrungen sein. Später ließ er sich taufen und

Stuhm

trat in den Dienst des Ordens. Seit 1422 gehörte der Südzipfel Sudauens zum Ordensland. Ein Teil der Sudauer war in die Nordwestecke des Samlands ausgewichen, wo sie den „Sudauer Winkel“ bildeten, ein anderer nach Litauen ausgewandert. Das sudauische Ordensgebiet umfaßte die späteren Bezirke Lyck, Treuburg und teilweise Goldap.

Im Kreis Lyck erinnerten der Skomantsee und das Dorf Skomanten an den Sudauerhäuptling Skomand, der aus der Chronik von Dusburg bekannt ist.

Süßenberg (poln. *Jarandowo*), Kreis Heilsberg, südöstlich von Reichenberg gelegen. Die 1359 fundierte Kirche ist eingegangen. 1597 wußte man nur, daß es sie gegeben hatte.

1791 als Kapelle auf einem steilen Berg neu aufgebaut, auf dem früher wohl eine Prussenburg stand. Das Fest Mariae Geburt wurde hier am 8. September gefeiert. Es war eine einfache Kapelle mit zwei Stichbogenfensterachsen und einem kleinen Dachreiter mit einer Wetterfahne von 1794. Sie hatte einen freistehenden hölzernen Glockenturm und eine angebaute Sakristei.

1939 hatte das Dorf 468 Einwohner.

Süßenthal (poln. *Sętal*), Kreis Allenstein. Zusental wurde 1344 dem Kollegiatsstift in Guttstadt als Dotation überwiesen. Anfang des 16. Jh. wird es als Sussenthal geführt. Eine Kirche wird erstmals 1565 erwähnt. Bischof Kromer weihte sie dem heiligen Nikolaus im Jahr 1581. Es war ein Granitbau mit Ziegelecken und Strebepfeilern, der Turm aus Holz auf einem Granitsockel. Die Kirche besaß eine kostbare Monstranz, ein Geschenk des Domherrn Michael Gorrius an das Kollegiatsstift in Guttstadt aus dem Jahr 1595; später nach Süßenthal gekommen.

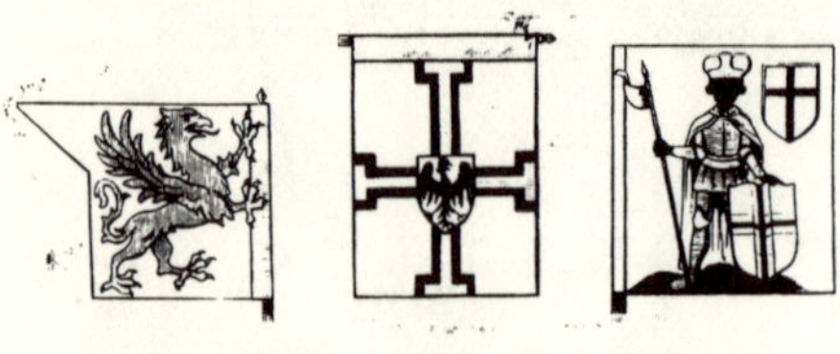

Feldzeichen des Deutschen Ordens

1939 hatte das Dorf 258 Einwohner.

Suleyken, später Suleiken (poln. *Sulejki*), Kreis Treuburg. Westlich der Kreisstadt liegt am Schwentainer See das Doppeldorf Schwentainen-Suleyken. Es mag Siegfried Lenz zum Titel seiner „Suleyker Geschichten“ inspiriert haben. Die Menschen, die in diesen Geschichten spielen, könnten in dieser Gegend gelebt haben.

1939 hatte das Dorf 689 Einwohner.

Talter Gewässer, an dessen Südende die Stadt Nikolaiken liegt. Der nördliche Teil auch als Rheinischer See bekannt. Rechts und links von hohen, teils kahlen, teils bewaldeten Ufern gesäumt. Ausgangspunkt für Fahrten auf dem Spirding- und Beldahnsee.

Oberfläche 19 qkm, 18 km lang und 400 bis 2000 m breit.

Tannenberg (poln. *Stębark*), Kreis Osterode, erstmals 1334 erwähnt. Die Kirche war eine Tochterkirche von Mühlen. Hier unterlag 1410 das Deutschordensheer einer Übermacht der Polen, Litauer und Tataren. Diese nannten die Schlacht nach dem Ort Grünwalde, poln. Grunwald.

Hochmeister Ulrich von Jungingen fiel in der Schlacht. Sein Nachfolger, Heinrich von Plauen, ließ an der Stelle eine Kapelle erbauen, zum Seelenheil aller, „dy do geslagin wordin von beyden teylin yn dem stryte“. Am 12. März 1413 der Jungfrau Maria geweiht. Die Polen zerstörten sie 1414. Später eine Fachwerkkirche gebaut. 1901 erhielt der gefallene Hochmeister einen Gedenkstein.

Vom 26. bis 30. August 1914 fand im Raum Tannenberg-Ortelsburg die „Schlacht bei Tannenberg“ statt, in der die 8. Armee unter von Hindenburg und Ludendorff die russische Narew-Armee vernichtend schlug. Zum Andenken Reichsehrenmal Tannenberg errichtet, in dem

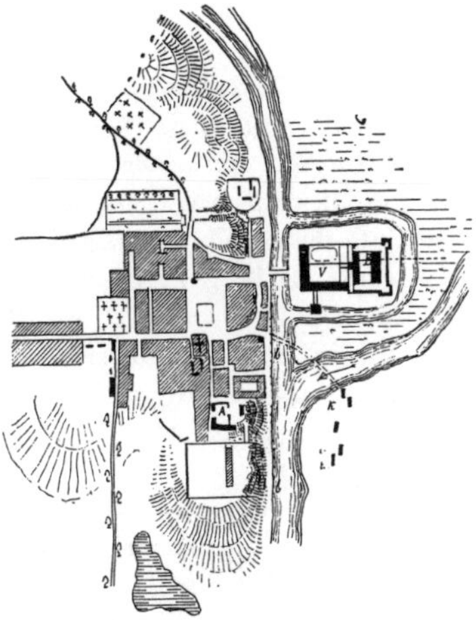

Stadt Tapiau

Generalfeldmarschall von Hindenburg bis zum Zweiten Weltkrieg seine letzte Ruhestätte fand. 1945 gesprengt.

1939 hatte das Dorf 664 Einwohner.

Tapiau (russ. *Gwardeisk*), Kreis Wehlau, am Ausfluß der Deime aus dem Pregel. Vor 1450 galt die Bezeichnung Tapiom dem Gebiet, das König Ottokar von Böhmen mit seinen Kreuzfahrern um 1255 durchzogen und unterworfen hatte. Die Prussenburg Suburgi, dabei erobert, fiel an den Orden, der sie ausbaute. Um die Burg entstand bald eine Lischke. Vom Landmeister Ludwig von Beldersheim wegen ihrer Verdienste besonders ausgezeichnete samländische Adlige, unter ihnen ein Zepel oder Salella, erhielten „vier Haken" zu kulmischem Recht.

1280 bis 1290 die Burg aufs Ostufer der Deime verlegt, während die Siedlung auf dem Westufer blieb. Eine Komturei ab 1297 eingerichtet, später nur Pflegeramt; Waldamt Tapiau, dem Komtur von Königsberg unterstellt.

1450 Lischke Tapiaw erstmals urkundlich erwähnt. Eine Kirche hatte sie offenbar nicht, denn der Gottesdienst wurde in der Burgkapelle abgehalten. Ein Pfarrer ist erst seit 1502 nachweisbar. 1661 und 1689 abgebrannt, 1694 neu aufgebaut und erweitert.

Tapiau war vom letzten Hochmeister zum Sommersitz erwählt worden. Nach 1525 in der Burg ein Hauptamt. Herzog Albrecht besuchte das Schloß oft. Er starb hier am 20. März 1568. Seit dem Verlust der Marienburg lagerte in der Burg das Ordensarchiv.

In der Willkür von 1684 wird der Ort als „Marktflecken" bezeichnet. 1722, im Zuge des Retablissements von Friedrich Wilhelm I., mit Stadtrechten ausgestattet, zur Immediatstadt erhoben. 1758 von den Russen, 1807 von den Franzosen besetzt.

König Friedrich Wilhelm II. übergab die Burg der landständischen Verwaltung und richtete in ihr eine Landesarmen- und Besserungsanstalt ein, die 1793 ihr Reglement erhielt. Sie nahm vorerst Bettler und Besserungsbedürftige auf, ab 1893 bis 1908 auch Blinde und Taubstumme, ab 1902 zusätzlich Geisteskranke. Aus ihr ging die Lan-

Lovis Corinth

St. Adalbertskreuz in Tenkitten

despflegeanstalt der Provinz Ostpreußen hervor. Damals entstand die Redensart: „Der kommt aus Tapiau..."

1914 bei einer Beschießung der Stadt alle Stadtakten vernichtet.

1385 Kynstuts Sohn Witold feierlich getauft.

Lovis Corinth, geboren 1858, Sohn eines Lohgerbers, zählt neben Liebermann und Slevogt zu den wichtigsten Vertretern des deutschen Impressionismus in der Malerei. Sein künstlerischer Ausdruck war voller Kraft, seine Bilder sind im Zuge der Rubens-Nachfolge zuweilen Zeugnisse berauschender Sinnesfreude. Als Porträtmaler, Zeichner und Lithograph nahm er in der deutschen Malerei des 20. Jh. einen bedeutenden Platz ein. Der Pfarrkirche von Tapiau schenkte er 1910 das Altarbild „Golgatha".

Ernst Mollenhauer, 1892 geboren, der Maler der Kurischen Nehrung. Nidden war die Stätte seines künstlerischen und menschlichen Reifens. Er war mit der Tochter des „Künstlervaters" Blode verheiratet, der die Künstlerkolonie Nidden geschaffen hat. Nach dem Zweiten Weltkrieg fand er eine Wahlheimat auf der Insel Sylt, wo er begraben liegt.

Erste Schule 1520 gegründet. Die erste Zeitung erschien 1904.

1939 hatte die Stadt 9272 Einwohner.

Taplacken (russ. *Talpaki*), Kreis Wehlau. Die Ordensburg war von drei Seiten vom Morast umgeben. Ein Stück östlich davon lag der Schloßberg, eine Zufluchtsstätte bei den Litauereinfällen. 1376 wurde die Burg vom Litauerfürsten Kynstut verbrannt.

Bis 1536 sollen in Taplacken Salzquellen ausgebeutet worden sein. Salzsieder aus Halle an der Saale haben die Anlagen zur Salzgewinnung verbessert.

1939 hatte das Dorf 415 Einwohner.

Tauerlauken (russ. –), bei Memel. Im Schatten der mächtigen Eiche hat Königin Luise oft mit ihrem Gemahl und den Kindern den Nachmittagstee getrunken. Am 3. August 1807, dem Geburtstag ihres Gatten, hatte sie hier ein Fest veranstaltet. Zum Andenken an diesen Tag hat man später aus Findlingsblöcken ein Denkmal errichtet. In den obersten Findling wurde das Medaillon der Königin eingelassen. Die Inschrift erinnert an das historische Datum. Kaiser Wilhelm II. hat Tauerlauken am 25. August 1890 besucht.

Teerbude s. Rominten.

Tenkitten (russ. –), Kreis Samland, nördlich von Lochstädt gelegen. Südwestlich des Dorfes stand bis 1945 das durchbrochene eiserne Kreuz zum Gedächtnis an den Märtyrertod des Prussenmissionars Adalbert von Prag am 23. April 997. Es ist umstritten, ob er hier oder bei Truso im Weichseldelta ermordet wurde. Nach der Überlieferung soll hier bereits 1035 eine Kapelle gestanden haben.

In der Gründungsakte für Tenkitten, die das samländische Domkapitel ausgestellt hat, schreibt Bischof Siegfried, daß der Patron des Bistums, St. Adalbert, „das Gebiet seiner Diözese Samland bei der Predigt des christlichen Glaubens durch sein Martyrium und das Vergießen seines kostbaren

Blutes geheiligt habe". Bischof Johann Clare von Samland soll zwischen 1319 und 1344 eine Kapelle erbaut haben. Urkundlich belegt ist die Gründung erst als Stiftung des Obersten Marschalls und Komturs von Königsberg, Ludwig von Landsee, 1422 bis 1424. Am 24. November 1669 brachte ein Weststurm am Sonntag während des Gottesdienstes die Kapelle zum Einsturz. Pfarrer Heinrich Vasolt hatte die Sturmwarnung ernst genommen und konnte so seine Gläubigen retten.

Die Kapelle hatte einen dreiteiligen Flügelaltar, eine Stiftung des Hochmeisters Friedrich von Sachsen aus dem Jahr 1504; nach Lochstädt, dann nach Marienburg gebracht. Das Adalbertskreuz auf einem Dünenhügel nahe dem Strand, fast neun Meter hoch, ist eine Stiftung der geflüchteten polnischen Gräfin Wiepolska aus dem Jahr 1831. Die Wein- und Eichenblätter, kunstvoll

Kirchturm zu Tharau

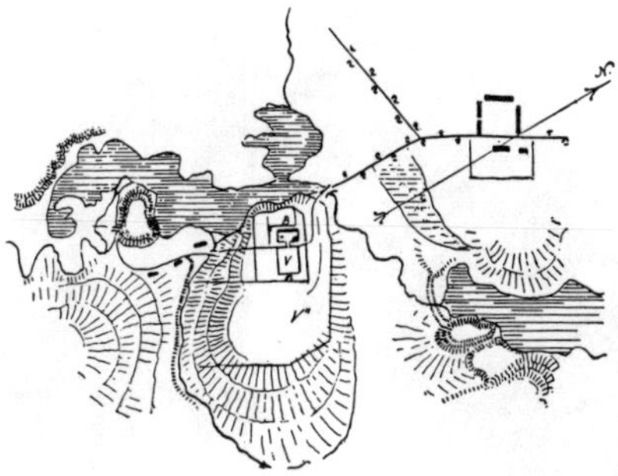

Burg Tierenberg

geschmiedet, hatte der Graf zu Dohna-Wundlakken gestiftet. Das Kreuz stand auf einem vierstufigen Granitunterbau; 1897 erneuert.

Der Dichter Zacharias Werner schrieb über die Stätte sein „Kreuz an der Ostsee", von E.T.A. Hoffmann vertont.

1939 hatte das Dorf 258 Einwohner.

Tharau (russ. *Wladimirow*), Kreis Preußisch Eylau. Das Kirchdorf Tharau wird 1315 erstmals erwähnt. Hier wurde 1615 die Tochter des Pfarrers Andreas Neander geboren, zu deren Hochzeit ein Dichter aus dem Kreis des Simon Dach das später als Volkslied bekannt gewordene „Anke von Tharaw" gedichtet hat. Anna Neander heiratete den Pfarrer Johannes Portatius in Trempen.

Von 1790 bis 1797 war Johann Gottlieb Weiß Pfarrer an der Kirche von Tharau. Von ihm stammt das „Religionsbüchlein", in mehrfach überarbeiteter Form bis in unsere Zeit hinein in Ostpreußen von Schülern und Konfirmanden gebraucht.

1939 hatte das Dorf 786 Einwohner.

Thierenberg (russ. –), Kreis Samland. Die bischöfliche Burg wurde von 1270 bis 1274 als Sitz eines bischöflichen Kammeramtes erbaut. Der Name des Ordensbeamten Konrad von Tyrberg kehrt hier abgewandelt wieder. In der Kriegsordnung des Hochmeisters Friedrich von Sachsen aus

Königin Luise

dem Jahr 1507 wird vermerkt, daß die Burg im Falle eines Krieges nicht zu halten sei.
Westlich der Burg wurde auf einem sanften Hügel die Pfarrkirche erbaut, Plebanus in einer Urkunde von 1335. Sie hatte eine kostbare Inneneinrichtung. Über dem spätgotischen Altarschrein befand sich das Wappen des vorletzten katholischen Bischofs von Samland, Günther von Bunau, der den Schrein gestiftet hat; darüber der heilige Adalbert mit Buch und Lanze. Gemalt hat den Schrein ein Schüler Albrecht Dürers in Nürnberg (1511–1518). Die Kanzel stammte vom Tischler Melchior Breuer aus dem Jahr 1581 und galt als schönste Kanzel im Samland, sie war fünfseitig gearbeitet.
1939 hatte das Dorf 624 Einwohner.
Thiergart (poln. *Zwierzno*), Kreis Marienburg. In der Handfeste für Campenau wird Tirgarten 1337 erstmals erwähnt. 1350 erhielt das Dorf vom Obersten Trapier und Komtur zu Christburg, Konrad von Brunyngisheim, seine Handfeste nach kulmischem Recht. Nach Hochwasserschäden im Jahr 1426 wurde ihm das Dorf Campenau überlassen, das jedoch gegen Ende des 16. Jh. wieder selbständig wurde.
Die Pfarrkirche Mariae Verkündigung stammte aus dem 14. Jh. 1337 wird ein „Pfarrer zu dem Tirgarte" genannt. 1607 wurde die strohgedeckte Kirche baufällig. 1696 mußte sie neu erbaut werden. Die Mittel dafür stellten König Johann III. von Polen und der Marienburger Ökonom zur Verfügung. 1853 bis 1855 wurde eine neue Kirche erbaut.
Als wertvollsten Besitz hatte sie ein Missale romanum, Cöln, „sumptibus Balthasaris ab Egmondt & Sociorum DMCC", dem angebunden die „Missae propriae Sanctorum regni Sveciae patronorum", Antwerpen, Plantin Druck 1680 und die „Missae propriae regni Poloniae", ebendort, 1695. Auf dem Deckel befanden sich die Wappen der Bischöfe von Kulm und Pomesanien. Das Titelblatt trug die Inschrift: Geschenk von Stanislaus Hosius, Domherr in Leslau und Pfarrer

Tilsiter Poststempel

in Thiergart, zum Andenken an seinen Vorgänger im Pfarramte, den Thomas Skotnicki.
1939 hatte das Dorf 638 Einwohner.

Tiedmannsdorf (poln. *Chruściel*), Kreis Braunsberg, erhielt 1296 in der Handfeste die Auflage zum Bau einer Kirche.
Bischof Kromer weihte die Pfarrkirche 1582 der Heiligen Dreifaltigkeit und der Jungfrau Maria. 1719 legte Weihbischof Kurdwanowski den Grundstein für eine dritte Kirche, die er 1721 weihte. Die Wetterfahne trägt das Jahr der Grundsteinlegung. Auf der flachen Holzdecke waren die Himmelaufnahme und die Krönung Mariens dargestellt. Ein Triumphbogen schloß das Langhaus ab, darauf die Gruppe Maria und Johannes neben dem Kruzifix aus Holz. Der Chor hatte Kreuzgewölbe.
1939 hatte das Dorf 795 Einwohner.

Tiefenau (poln. *Tychnowy*), Kreis Marienwerder. 1236 verlieh Landmeister Hermann Balk dem Edlen Dietrich von Tiefenau die Burg Klein Quedin, die erste Ordensniederlassung auf pomesanischem Boden, dazu 300 flämische Hufen. In dieser Schenkung befand sich bereits das Gebiet von Tiefenau. Die Burg Tiefenau wird erstmals 1250 urkundlich erwähnt als Grenzbezeichnung bei der Aufteilung des Bistums Pomesanien. Eine bäuerliche Niederlassung um die Burg bestand damals bereits.

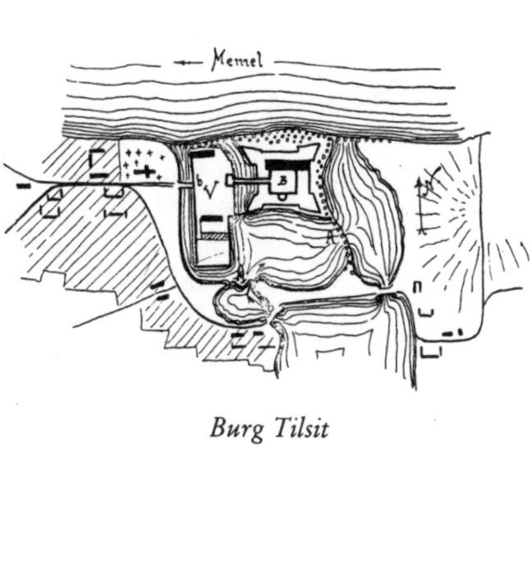

Burg Tilsit

Tilsit

Im Großen Prussenaufstand gingen Burg und Dorf unter. Während die Burg nicht wieder aufgebaut wurde, entstand das Dorf als bäuerliche Siedlung erneut; 1299 werden bereits Siedlung und Pfarrer erwähnt. Im 15. und 16. Jh. hat Tiefenau schwer gelitten.
1939 hatte das Dorf 761 Einwohner.

Tilsit (russ. *Sowjetsk*), Kreisstadt im Regierungsbezirk Gumbinnen, am Südufer der Memel gelegen. Wo seit 1365 die Burg Splitter gestanden hatte, gründete der Orden 1407 die Burg Tilse, um die sich eine Handwerkersiedlung bildete; nach der Zerstörung 1537 wieder aufgebaut. Die Burg unterstand dem Komtur von Ragnit und war Sitz eines Pflegers, nach 1525 eines Amtshauptmanns. Die Bewohner der Siedlung waren meist Schalauer. 1514 ließen sich Franziskaner nieder. 1552 gab Herzog Albrecht Tilse die Stadtrechte. Die Stadt nahm einen raschen Aufschwung.
1598 bis 1612 Lutherkirche erbaut, der Turm folgte 1695 bis 1699. Die Kirche erhielt später ein

Tilsiter Notgeldschein

Altarbild von Friedrich Kessel. 1679 hatten zuvor die Schweden eine entscheidende Niederlage durch den Großen Kurfürsten erlitten.
1752 bis 1755 das barocke Rathaus erbaut, auf dessen Vorplatz später das Schenkendorff-Denkmal von Martin Engelke stand. 1757 folgte die Landkirche, auch Litauische Kirche genannt, ein länglich-runder Bau. Eine katholische Kirche folgte 1847, eine reformierte 1898.
Am 6. Juni 1807 fand die berühmte Unterredung zwischen der Königin Luise und Napoleon I. statt. Am Tag darauf schlossen Napoleon und Zar Alexander I., am 9. Juni Napoleon und Friedrich Wilhelm III. auf einem Floß in der Memel den Tilsiter Frieden. An diese Tage erinnert die 416 Meter lange Luisenbrücke von 1907, erinnert das Königin-Luise-Denkmal im Park Jakobsruh, 1900 enthüllt, geschaffen von Gustav Eberlein aus carrarischem Marmor.
Tilsit war wichtiger Handelsplatz für Getreide, Vieh und Holz, hatte Holz-, Zellstoff- und chemische Industrien. Berühmt wurde die Stadt durch den „Tilsiter Käse“, in alle Welt ausgeführt. Seit 1873 hatte die Stadt eine Papiermühle, die jedoch 1876 abbrannte. Bombenangriffe richteten im Zweiten Weltkrieg 1944 Schäden an.
Johannes Bobrowski, geboren 1917, rückte als Schriftsteller das Verhältnis des Menschen im Osten zu seinen östlichen Nachbarn von der Ordenszeit bis zur Gegenwart in den Mittelpunkt seiner Werkthematik. In der Lyrik schuf er mit die besten Zeugnisse der Zeit nach dem Zweiten Weltkrieg. Gleichwertig waren seine Romane.
Annemarie in der Au, geboren 1924, anfangs Schauspielerin und der Theatergeschichte verschrieben, schuf eine Reihe von Gedichten und Prosawerken, die Anerkennung fanden. Daneben betätigt sie sich als Journalistin.
Gustav Kossina, geboren 1858, Bibliothekar an der Königlichen Bibliothek in Berlin. Später an der Universität erster Lehrstuhl für Archäologie. Er widmete sich der Erforschung des germani-

Tilsit, Mittelstraße 36

schen Altertums, insbesondere der Stammeskunde; war die Autorität für deutsche Vor- und Frühgeschichte.
Gottlob Ferdinand Maximilian Gottfried von Schenkendorff, geboren 1783, schrieb Gedichte, die zum untrennbaren Bestandteil des Freiheitskampfes wurden, an dem er trotz gelähmter Hand teilnahm. Von ihm stammt das Lied „Freiheit, die ich meine".
K. T. Tielo, mit bürgerlichem Namen Kurt Mikkoleit, geboren 1874, als Dichter bekannt, schrieb die „Klänge aus Litauen". Dem Memelstrom, dem Schaktarp, den heimkehrenden Fischern setzte er in seinen Versen manch ein Denkmal.
Wilhelm Voigt, geboren 1849, ging als Hauptmann von Köpenick in die Geschichte ein. Carl Zuckmayer hat ihm in seinem gleichnamigen Lustspiel ein Denkmal gesetzt.
Emil Wiechert, geboren 1861, Geophysiker, widmete sich der Erforschung der Erdbeben, schrieb eine Theorie und ein Grundlagenwerk über Elektrodynamik.
Frank Wisbar, geboren 1902, Regisseur und Aufnahmeleiter beim Film. In den USA widmete er sich erfolgreich dem Fernsehen. Er drehte „Haie und kleine Fische" und den Stalingradfilm „Hunde, wollt ihr ewig leben".
Johanna Wolff, geboren 1858, schrieb Gedichte, Erzählungen und Dramen, in denen sie mit Vorliebe Frauenschicksale überzeugend gestaltete. Bekannt wurde sie durch ihre Erzählung „Mein Hanneken" in der Tradition ostpreußischer Frauendichtung.
Eine Kirchschule hatte die Stadt im 16. Jh. 1586 öffnete die Provinzialschule der Lande Preußen ihre Tore. Später Gymnasium und Realschule.
Die erste Garnison zog 1714 in Tilsit ein. Ab 1816 erschien ein Wochenblatt.
Im 19. Jh. begann das Theaterleben, das sich auf die nördliche Provinz ausdehnte.
1939 hatte die Stadt 59100 Einwohner.
Tolkemit (poln. *Tolkmicko*), Kreis Elbing, an der Küste des Frischen Haffs gelegen. Die Gründungsurkunde erhielt die Stadt vom Elbinger Komtur Ludwig von Schippen vor 1300. Eine Handfeste stellte Hochmeister Heinrich Dusemer 1351 aus, 1444 von Hochmeister Konrad von Erlichshausen nach kulmischem Recht erneuert. Deutschordensburg, 1454 zerstört. Die Schloßfreiheit war ein Dorf mit eigenem Schulzen. Die Kirche, 1344 dem Heiligen-Geist-Hospital in Elbing inkorporiert, 1376 dem Heiligen Kreuz, der Jungfrau Maria und dem heiligen Jakobus geweiht. Im 14. Jh. wurde das St. Georgs-Hospital gegründet.
Die Stadt trat 1440 dem Preußischen Bund bei, fiel 1454 vom Orden ab. Bis 1466 war sie Sitz eines

Tilsiter Stadtwappen

Waldmeisters des Ordens; kam dann unter die Oberhoheit des polnischen Königs, wurde Sitz eines Starosten. Von 1457 bis 1506 an die Familie von Baisen verpfändet. 1508 bis 1569 befand sie sich im Besitz des ermländischen Domkapitels in Frauenburg. Daher faßte die Reformation nicht Fuß, obwohl Tolkemit im Reiterkrieg in der Hand des Ordens war.

1569 bis 1724 im Besitz der Familie Dzialynski; 1626 bis 1660 von den Schweden besetzt. 1727 an Preußen gefallen; unter Marienwerder, 1808 dem Kreis Marienburg, 1818 dem Kreis Elbing zugeteilt. Fischerei und Landwirtschaft herrschten vor, bedeutend war die Herstellung von Butter- und Heringfässern, zumal seit 1862 der neue Hafen gebaut war.

In Tolkemit vollendete der Dominikanermönch Simon Graunau 1529 seine „Preußische Chronik", nachdem er jahrelang als Bettelmönch umherziehend dazu Material gesammelt hatte.

Von Tolkemit fuhr – wie von Elbing – ein Dampfer nach Kahlberg und brachte Feriengäste auf die Frische Nehrung.

Zwei Sagen umkreisen Tolkemit, die Sage vom Tolkemiter Riesenaal und die vom „Heiligen Stein im Haff". Von dem heiligen Stein heißt es: Wenn der Hahn kräht, rührt er sich – nämlich der Hahn! Man hat den Tolkemitern den Spitznamen Stintstecher gegeben. Ihr Bier ist als Brüllkater oder Rohrkater bekannt, weil man nach reichlichem Genuß zu brüllen oder zu „röhren" begann. Ein Begriff an der Ostseeküste ist die Tolkemiter Lomme, der Schiffstyp des Frischen Haffs (ähnlich dem Kurenkahn am Kurischen Haff). Sie ist ein Zweimaster-Gaffelsegler, eigentlich zum Transport von Getreide und Vieh bestimmt. Ein

Boote in Tolkemit

weiterer typischer Begriff ist das „Steinzangen“, das Heben von Steinen vom Meeresgrund.
Eine erste Stadtschule gab es im 18. Jh. Die Stadt hatte niemals eine Garnison.
1943 zählte sie 3942 Einwohner.
Tolksdorf (poln. *Tolkowiec*), Kreis Braunsberg, nordwestlich Mehlsack gelegen. Galt als das älteste Dorf des Fürstbistums Ermland. Den Namen hat es von seinem Lokator Henricus interpres, einem angesehenen Tolken. Vorher soll es nach seinem Vater Bernhardus Bernhardsdorf geheißen haben. Die Handfeste erhielt es im Jahr 1300. 1381 wird ein Pfarrer Peter Prange genannt. 1581 weihte Bischof Kromer die Kirche dem heiligen Martin. Sie bestand fast ganz aus ungesprengten Feldsteinen. An der Sakristei befand sich ein Halseisen. Der Turm wurde viel später hinzugefügt. Die Wetterfahne trägt die Zahl 1849.
1939 hatte das Dorf 474 Einwohner.
Tollack (poln. *Tuławki*), Kreis Allenstein, früher Breitenfeld. Handfeste von 1369. Die Kirche ist wahrscheinlich im Bündnerkrieg untergegangen. Bischof Johann IV. Dantiscus verlieh das Gut 1538 seinem Domherrn Achatius von der Trenck. Im 18. Jh. entstand eine kleine Kapelle, die Bischof Krasicki 1782 weihte.
1939 hatte das Dorf 757 Einwohner.
Tollmingen (russ. *Tollmingkemsk*), Kreis Goldap. Hier hat der Dichter Christian Doneleitis,

Brandzeichen aller in Trakehnen geborenen Pferde seit 1782 (links) Warmblut Trakehner Abstammung (rechts)

Der Trakehner

auch Donalitius genannt, von 1743 bis 1780 als Pfarrer gewirkt. Sein Hauptwerk, das Gedicht „Das Jahr“, wahrscheinlich hier geschrieben, gehört zu den besten Natur- und Menschenschilderungen der litauischen Landbevölkerung. Er schrieb in Hexametern. Auch als Mittler zwischen dem Deutschen und dem Litauischen machte er sich verdient. Die litauische Sprache hatte er an der Königsberger Universität erlernt. Es ist auch überliefert, daß Doneleitis optische Gläser, Thermometer und Klaviere hergestellt haben soll. Früher hieß das Dorf Tollmingkehmen.
1939 hatte es 395 Einwohner.
Tollmingkehmen s. Tollmingen
Trakehnen (russ. *Jasnaja Poljana*), Kreis Ebenrode. Nach Vorarbeiten 1726 mit der Kultivierung des Sumpflandes zwischen Gumbinnen und

Weidende Pferde

Stallupönen begonnen. 1732 auf Anordnung König Friedrich Wilhelms I. die zerstreut umliegenden Gestütabteilungen der Staatsdomänen zu einem „Königlichen Stutamt" zusammengefaßt, um eine einheitliche Zucht zu ermöglichen. Man begann mit etwa 1200 Pferden. Ursprünglich war Trakehnen als Hofgestüt gedacht, um dem Marstall in Berlin Zug- und Reitpferde zu liefern. Mit dem Ausbau des Stutamtes war Kammerpräsident von Domhardt betraut.

Der 1786 zum Oberstallmeister ernannte Graf Karl Lindenau wählte im Jahr darauf die siebenzackige Elchschaufel als Brandzeichen.

Ab 1832 die Armee von den Remontedepots mit eigener Zucht versorgt. In Trakehnen entstanden mustergültige Einrichtungen für Aufzucht und Auslese.

In der zweiten Hälfte des 19. Jh. führte Oberstallmeister von Schwichow dem ostpreußischen englisches Blut zu, was besonders den Reitpferden zugute kam.

Das Hauptgestüt Trakehnen bestand aus einer Reihe von Höfen mit Wirtschaftsgebäuden, Stallungen und Wohnungen. Das Wohnhaus des Landstallmeisters, „Schloß Trakehnen" genannt, hatte ein hölzernes Türmchen; der Stall mit Spitzbogenfenstern glich von außen einer turmlosen Kirche. Dahinter lag die Reitbahn.

1878 erschien der erste Band des Stutbuches des Hauptgestüts Trakehnen. 1911 fand das erste Querfeldeinrennen statt, aus dem der alljährliche Renntag im Rahmen der „Großostpreußischen Turnierwoche" hervorging.

Am 17. Oktober 1944 erhielt das Gestüt den Befehl zur übereilten Räumung.

Gustav Friedrich Eugen von Below, geboren

1791, gehörte dem von Theodor von Schön geleiteten Kreis des konstitutionell-liberalen Landadels an, der sich um die Hebung der wirtschaftlichen und sozialen Verhältnisse in Ostpreußen bemühte. Besonders setzte er sich für den Ausbau des Verkehrsnetzes ein. 1848 übernahm er das Kommando der 1. Division in Königsberg.
1939 hatte das Dorf 501 Einwohner.

Trempen (russ. *Nowostrojewo*), Kreis Angerapp. Bei der Verleihung des Gebietes Gerdauen an den Söldnerführer Georg von Schlieben wird Trempen als Grenzort genannt; beim Streit mit dem Pfleger von Insterburg wegen der Beutnerei der Marktflecken 1510 erwähnt.

Die Kirche, 1550 auf einem durch Funde nachgewiesenen prussischen Gräberfeld erbaut, stand unter dem Patronat von Ernstburg. 1582 wird als erster Prediger Johannes Tortilowius genannt. Von 1630 oder 1633 bis 1641 wirkte Johannes Portatius, der 1636 Anke von Tharau geheiratet hatte. Als Sprachlehrer hat er auf die Ähnlichkeit des Litauischen mit dem Griechischen hingewiesen.

1695 Kirche mit festen und starken Mauern neu aufgeführt. Von 1752 bis 1800 war der aus Marienburg stammende Pfarrer Ostermeyer tätig, der einen kritischen Beitrag zur prussischen Religionsgeschichte schrieb und zusammen mit seinem Amtsbruder in Ballethen, dem Pfarrer Walter, ein litauisches Gesangbuch herausgab.
1939 hatte das Dorf 872 Einwohner.

Treuburg (poln. *Olecko*), Kreisstadt im Regierungsbezirk Gumbinnen, am Ausfluß der Lega aus dem Oletzkoer See gelegen. Die Namen Treuburg und Marggrabowa tauchen 1559 fast gleichzeitig auf; seit 1832 heißt die Stadt nur Marggrabowa, seit 1928 heißt sie nur Treuburg. Gegründet 1560 von Herzog Albrecht von Preußen nach kulmischem Recht.

Eine Pfarrkirche, bald nach der Gründung erbaut, massiv in der Form eines Rechtecks mit einem polygonalen Chorabschluß. Im Volksmund geht die Geschichte um, Herzog Albrecht habe zur Erinnerung an eine Begegnung mit seinem Freund König Sigismund II. August von Polen in der Jagdhütte am Oletzkoer See die Stadt gegründet, „Markgrafenstadt" (Marggrabowa) genannt. Dafür gibt es in der Gründungsurkunde keinen Hinweis, geschweige denn eine Bestätigung.

Die 1559 erstmals erwähnte Jagdbude am See 1654 durch ein Schloß ersetzt, das der Amtshauptmann Christoph Albrecht von Schönaich erbaut haben soll. Nach anderer Quelle wurde das Schloß bereits 1619 erbaut.

Der Tatarensturm von 1656 und sechs Großbrände vernichteten die Stadt mehrmals. Nach der Pest von 1710 soll sie noch 38 Einwohner gehabt haben.

Treuburg

1818 Kreisstadt. Die Stadt lebte vom Handel, hatte den größten Marktplatz Deutschlands: 28 Morgen = 7 Hektar. Sie hatte eine Landwirtschaftsschule. Industrie zur Veredelung landwirtschaftlicher Erzeugnisse. Auch vorbildliche Sportanlagen besaß sie.
Treuburg galt als die „kälteste Stadt Ostpreußens“ und hatte die meisten Schneetage im Jahr. Eine Stadtschule gab es wahrscheinlich schon 1560, eine Garnison ab 1714. Ab 1907 hatte die Stadt eine Realschule, die über die Oberrealschule zum Realgymnasium aufstieg.
1939 zählte Treuburg 7114 Einwohner.
Truchsen (poln. *Troksy*), Gemeinde Molditten (poln. *Mołdyty*) im Kreis Rößel, um 1470 als Lusian, später als Lusisigeyn erwähnt. *Fabian von Lossainen*, geboren um 1470, wurde nach dem Tode des Bischofs Lucas von Watzenrode dessen Nachfolger. Die Bischofsweihe erhielt er im Jahr seiner Wahl zum ermländischen Bischof in Petrikau vom Gnesener Erzbischof in Gegenwart König Sigismunds von Polen. Unter seiner Regierung stand das Fürstbistum zeitweilig im sehr gespannten Verhältnis zum Deutschordensstaat und erlebte die furchtbaren Verheerungen durch die Söldner des Ordens im Reiterkrieg von 1520/1521.
1939 hatte Molditten 248 Einwohner.
Truso, Handelsplatz der Prussen in der Nähe oder auf dem Boden von Elbing gelegen. Der Seefahrer Wulfstan ist 890 bis nach Truso gefahren. Dort verkehrten Wikinger als Händler. Der

Kühe auf der Weide

Prussenmissionar Adalbert von Prag soll gewissen Berichten zufolge in der Nähe oder in Truso den Märtyrertod gefunden haben.
Der 1237 gegründeten Stadt Elbing kam es zugute, daß die Prussen dort vorher einen Handelsplatz hatten. Seefahrer und Kaufleute waren seit fast drei Jahrhunderten gewohnt, diesen anzulaufen.

Trutenau (russ. –), Kreis Samland. 1775 hatte der Königsberger Buchhändler Kanter an Stelle der kleinen Papiermühle, die hier stand, eine Papier- und Preßspanfabrik erbauen lassen, in der dünne, sehr glatte Papptafeln hergestellt wurden, zwischen die man Tuch preßte, um ihm einen besonderen Glanz zu geben. Kanter starb 1787 in Königsberg.
1939 hatte das Dorf 419 Einwohner.

Tüngen (poln. *Bogatyńskie*), Kreis Braunsberg, südwestlich der Stadt Wormditt gelegen. Ein Herr von Blell hat eine reichhaltige Waffensammlung angelegt, die später in die Marienburg gekommen ist. Am Portal des Herrenhauses gab es Beischläge wie in Danzig.
1939 hatte das Dorf 423 Einwohner.

Upalten (poln. *Upałty*), Kreis Lötzen. Insel im Mauersee, von der der Angerburger Pfarrer Helwig (1666 bis 1748) berichtet, es habe dort eine „pompös" ausgestattete, nach den Regeln der modernen Baukunst errichtete Villa gestanden, östlich davon ein aus kunstvoll zusammengelegten Stämmen errichtetes Wirtshaus, dessen Wände mit zahlreichen großen Spiegeln geschmückt waren.
Später bot die Insel ein Bild friedlicher Ruhe und völliger Abgeschiedenheit. Es gab dort, wie ein Reiseführer von 1918 berichtet, nur eine einfache Wirtschaft. „Sonst unterbricht nichts die feierliche Stille des lieblichen Haines als das Lispeln des Laubes, der Gesang der zahlreichen Vögel, die hier nisten, und dann und wann das Krächzen des Fischreihers, der auf den Spitzen der hochstämmigen Bäume sich eine ungefährdete Heimstätte

Kirche von Wallenrode

gebaut hat, von wo aus er mit regem Eifer der Jagd nach den befloßten Bewohnern des Wassers obliegt." Neben den „Reiherhorsten" waren das „einsame Grab", der „Ulmendom" und die „Roseninsel" die Sehenswürdigkeiten des Eilandes.
1939 hatte das Dorf 548 Einwohner.

Wadang (poln. *Wadąg*), Kreis Allenstein, fünf Kilometer nördlich der Kreisstadt. 1715 erste Papiermühle im Ermland eröffnet. Der erste Papiermacher war Johann Andreas Hempel. Nach seinem Tode übernahm sein Sohn aus erster Ehe, der Papiermacher bei der zweiten ermländischen Mühle in Wusen bei Braunsberg, den Betrieb. Mühle wie auch der Scharwerkerhof Wadang gehörten dem ermländischen Domkapitel. Hempel hatte sie in Pacht auf Lebzeit. Als er starb, übernahm vorerst seine Witwe die Mühle; sie heiratete den Papiermacher Wilhelm Fenthor, der die ursprüngliche Glättermühle in eine Stampf-

Wanderdüne

mühle umgestaltete. 1802 kaufte der Papiermacher Joseph Jacob Hempel die Mühle und baute sie zu einem leistungsfähigen Unternehmen aus. Als einziger in der Provinz stellte er Royal-Papier her, das beste, das es damals gab. Er fügte das Wasserzeichen WADANG ein, darüber eine Krone. Als erster in der Provinz stellte er eine Papiermaschine auf. 1843 verkaufte er den Betrieb an die Allensteiner Kreiskorporation. Seit 1870 stand die Mühle, wie die übrigen in der Provinz, still, da sie der Konkurrenz von Tilsit und der Mühlen im Reich nicht gewachsen war.
1939 hatte das Dorf 130 Einwohner.
Waldau (russ. *Nisowje*), Kreis Samland. Das Schloß wurde 1264 von Johannes Brulant und Konrad Dyabel erbaut. Es diente den Hochmeistern, seit sie in Königsberg wohnten, als Sommerresidenz. Nach 1525 Vorwerk von Neuhausen, 1720 königliche Domäne.
1858 im Schloß eine landwirtschaftliche Akademie eröffnet, eine Baumschule, ein botanischer Garten und ein Versuchsfeld angelegt. Doch schon 1867 der früheren Bestimmung zurückgegeben.
Die Akademie schloß die Tore aus Mangel an Schülern. 1869 wurde der Lehrstuhl für Landwirtschaft an der Königsberger Universität eingerichtet. Im Schloß war 1870 ein Volksschullehrerseminar untergebracht.
1939 hatte das Dorf 789 Einwohner.
Wallenrode (poln. *Wieliczki*), Kreis Treuburg, am Kleinen Oletzkosee gelegen. Früher hieß das Dorf Wielitzken. Ein Pfarrer ist 1552 bekannt. Beim Einfall der Tataren 1656 brannten Kirche, Pfarrhaus, Kaplanei, Schule und Hospital ab. Auf einer kleinen Anhöhe erbaute man aus gutem Kiefernholz eine neue Kirche. Aus dem Zwölfeck geschossen, mit einem Turm von 1694, beiderseits Vorhallen und einer Wetterfahne von 1693. Im Innern flach gedeckt. Auf dem Querbalken zur Orgelseite stand: „Dem Dreieinigen Gott zu Ehren und zu seeliger Erbauung seiner Gemeinde ist diese Kirche gebauet 1676". Der Altar stammte aus dem Jahre 1708, die Glocken trugen eingravierte Jahreszahlen: 1660, 1666, 1762.
1939 hatte das Dorf 587 Einwohner.
Waltersdorf (poln. *Pęciszewo*), Kreis Heiligenbeil. Die Pfarrkirche aus dem 14. Jh. gilt als „hervorragendes Kunstwerk" und nimmt zugleich unter den ostpreußischen Kirchen ob ihrer „weltlichen Kanzel" eine Sonderstellung ein. Sie war dem heiligen Bartholomäus geweiht. Der Turm, auf steinernem Fundament, verjüngte sich und war mit Schindeln gedeckt.
Unter dem Triumphbogen auf dem mittelalterlichen Triumphbalken stand ein lebensgroßer Kruzifixus aus Holz, wahrscheinlich eine Nürnberger Schnitzarbeit. Die Kanzel vom Ende des 16., Beginn des 17. Jh. war ein Meisterwerk. Die Bildnisse der vier Evangelisten waren aus hellen Intarsien, in dunkles Eichenholz eingelegt. Die Kanzeltreppe, von einer nackten Frau getragen, war mit echten Intarsien ausgestattet. Auch der Schalldeckel war mit nackten Frauen gestaltet. Hier machte sich der Einfluß der Reformation erstmals in der Kirchenkunst bemerkbar.
1939 hatte das Dorf 471 Einwohner.
Wanderdünen entstehen durch den Wind, der vom Fuße der Düne aufsteigend alle losen Sand-

körner vor sich her den Abhang hinaufjagt, bis sie hinter den Kamm des Sandwalls gelangen. Von der Windseite wird der Sand in den Windschatten hinübergetragen. Da der Wind meist von der See kommt, schreitet die Düne unaufhaltsam dem Haff zu, legt jährlich fünf bis zehn Meter zurück. Schließlich „ersäuft sie sich" im Haff und verflacht das Fahrwasser. Auf ihrer Wanderung vernichtet sie alles, was sie antrifft. Ganze Dörfer wurden verschüttet: Karweiten unter dem Sand begraben, Pillkoppen in 200 Jahren viermal umgebaut; von Kunzen ist nichts übrig geblieben, selbst die Kirche ging unter; nach Rossitten verlegt. Auch auf der Frischen Nehrung das Dorf Schmeergrube verschüttet.

Friedhöfe mit alten Grabkreuzen von der Düne aufgedeckt, Schädel und verblichene Knochen freigelegt, so auf dem Pestfriedhof von Nidden, dem Friedhof von Kunzen. Viele Wanderdünen legte man fest: bei Rossitten, bei Nidden, bei Pillkoppen, Perwelk, Preil und Schwarzort. Es war eine schwierige Arbeit. Mit Kiefernzweigen abgesteckte Vierecke mit Strauchwerk, Erdreich, Lehm, Baggerschlick aufgefüllt. Nur durch

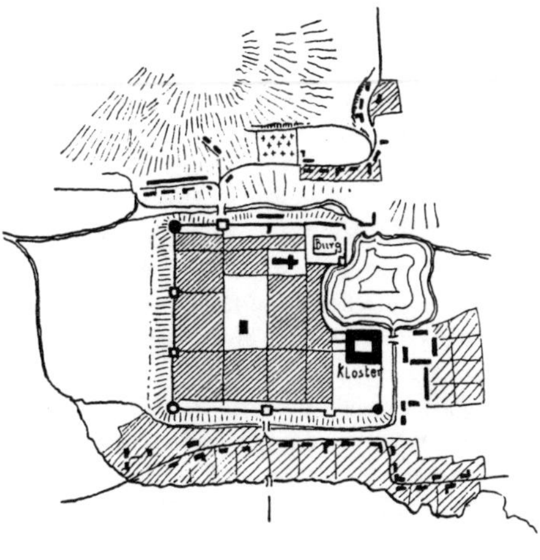

Stadt Wartenburg

Wartenburg, Kloster

Waldanpflanzung können Wanderdünen zum Stehen gebracht werden. Die Bergkiefer eignet sich am besten dafür, sie ist unempfindlich gegen Sturm, Sand und Frost.

Wargen (russ. –), Kreis Samland. Auf einer Landzunge am Westufer des „Kirchenteichs" erbaute man auf den Trümmern einer Ordensburg im 14. Jh. eine Kirche. Ihr gegenüber errichtete 1894 am Ostufer des Flusses Graf Lehndorff ein Schloß.

Südlich, bei Preil, verkündet ein Gedenkstein auf einer eingelassenen Eisentafel:

„S.M. der deutsche Kaiser Wilhelm mit seinem Sohne, dem Kronprinzen K.u.K.H. stiegen hier zu Pferde und geruhten einen Steigbügeltrunk anzunehmen von Graf Heinrich Lehndorff, General à la suite Dr. Maj. des Kaisers und Königs, den 8. September 1879."

In der ersten Hälfte des 19. Jh. gab es den Wargener Narrenmarkt. Er fand im September statt. Aus Königsberg kamen die Menschen, um Masken und Instrumente zu kaufen, mit denen sie lärmend heimzogen.

1939 hatte das Dorf 901 Einwohner.

Warmien, prussischer Gau, zu dem die ganze Küste des Frischen Haffes – vom Drausensee bis zur Pregelmündung – gehörte. Im Süden grenzte

er an die Landschaft Pazluk, im Osten an Natangen und die Landschaft Wewa, dem späteren Kapitelamt Mehlsack.
1254 lagen die Komtureien Balga und Brandenburg ganz auf warmischem Boden.
Warmien gab dem Bistum Ermland seinen Namen, doch stimmen dessen Grenzen keineswegs mit den warmischen überein. Nur der Mittelteil des prussischen Gaues gehörte zum Bistum. Das nördliche Drittel wie der Südwestteil waren Ordensgebiet.

Wartenburg (poln. *Barczewo*), Landkreis Allenstein. Neben dem Wildhaus Wartenbergk am Wadangsee wird 1336 erstmals die Siedlung Wartenburg genannt. Beide 1354 von den Litauern völlig vernichtet. Bischof Johann Stryprock verlegte den Ort eine Meile ostwärts und erteilte dem Lokator Heinrich von Leyß, einem Bruder des Lokators von Allenstein, am 6. Juli 1364 die Handfeste nach kulmischem Recht; 1482 erweitert. Eine bischöfliche Burg, bald darauf erbaut, ein Rathaus, die Pfarrkirche zur heiligen Anna in die Stadtbefestigungen einbezogen. Um das Rathaus standen Hackenbuden in gotischem Stil. Die Pfarrkirche, eine dreischiffige chorlose Hallenkirche, war um 1400 vollendet. Den massigen Westturm erhielt sie hundert Jahre später. Brannte 1594 aus.

Pfarrkirche zu Wartenburg, Gewölbe

Schon in der Handfeste war die Anlage eines Franziskanerklosters vorgesehen. 1380 unter Bischof Heinrich Sorbom gebaut, mit einer Klosterkirche, einer einschiffigen Halle mit großem Chor, dem heiligen Andreas, dem Patron des Ermlands, geweiht. Nach der Reformation stand es leer, vom ermländischen Bischof Kardinal Andreas Bathory zuerst der Stadt zu Wohnzwecken, später den Bernhardinermönchen zur Verfügung gestellt, die es 1597 neu einrichteten. 1810 säkularisiert, 1830 vom preußischen Staat eingezogen und 1846 in eine Strafanstalt verwandelt.
Nikolaus Anton Schulz, geboren 1695, Ratgeber Bischof Szembeks und dessen Begleiter bei politischen Missionen. Bei Abwesenheit des Bischofs zum Statthalter des Bistums bestellt. Er zählte zu den führenden Verwaltungsbeamten des Fürstbistums. Dem Frauenburger Dom vermachte er zahlreiche Bilder.
Eine Pfarrschule gab es seit 1677, die erste Zeitung erschien 1888.
1939 hatte die Stadt 5 842 Einwohner.

Wasserscheiden. Man unterscheidet in Ostpreußen drei große Wasserscheiden: zwischen Pregel und Memelland, zwischen Pregel und Weichselgebiet und schließlich zwischen Alle und Passarge.
Die Wasserscheide zwischen *Pregel und Memelland* beginnt auf der Ostseite des Wysztyter Sees und führt an Stallupönen / Pillkallen vorbei, umschreitet die Insterquelle und führt durch die Große Plinis und Kacksche Balis. Sie durchschneidet das Große Moosbruch, die Muppiau, den Druskener Forst und führt durchs Samland über den Großen Haufen bis zur Küste, die sie bei Palmnicken erreicht.
Die Wasserscheide zwischen *Pregel und Weichselgebiet* führt von der Quelle der Jodappe zum Mierunsker See, geht im großen Bogen um Kowahlen zum Seesker Berg, nach Westen zur Försterei Heydtwalde und nach Süden zum Borkener Forst, am Widminner See vorbei durch den Lö-

wentinsee. Von der Guberquelle nördlich Rhein nach Insterburg, vorbei am Gehlandsee nach Bischofsburg, zum Kirchdorf Lahna, an Tannenberg vorbei zur Drewenzquelle, am linken Passargeufer nach Jablonken und bis Liebstadt, zur Trunzer Höhe und endet am Frischen Haff. Sie trennt das Gebiet der Alle und der anderen Flüsse, die zum Frischen Haff führen, vom Gebiet der Weichsel.

Die Wasserscheide zwischen *Alle und Passarge* wird vor allem vom Stablack gebildet. Sie führt südlich auf Heilsberg zu um den Drewenz herum zum Westzipfel des Okullsees, am Wulpingsee vorbei bis zum Plautziger See.

Wehlau (russ. *Snamensk*), Kreisstadt an der Mündung der Alle in den Pregel, Regierungsbezirk Königsberg. 1255 errichteten die Prussen die Burg Wetau oder Wetalo = Wasserburg gegen den Deutschen Orden; bald darauf vom Orden erobert, in dessen Besitz sie 1258 bei der Teilung des Gebietes zwischen Orden und Bischof erwähnt wird. Bei der dritten Belagerung durch die Sudauer 1280 zerstört.

Pfarrkirche zu Wehlau

1336 erhielt der Schulze Gottfried Hundertmark den Auftrag zur Stadtgründung nach kulmischem Recht. Er begann mit der Dorfsiedlung, baute 1380 Befestigungsmauern. Die Burg gehörte zur Komturei Königsberg, zum Waldamt Tapiau. Seit 1460 wieder im Besitz des Ordens.

Pfarrkirche, als weiträumige Hallenkirche 1360 bis 1380 angelegt; 1370 bis 1440 Kirchenschiff und Westwerk mit einem breiten aufgesetzten Turm auf mächtigen Turmhallenpfeilern erbaut. Der Ostgiebel reich gegliedert. In der Kirche gab es spätgotische Wandmalereien. 1541 traf der Blitz den Turm. Der Hauptaltar stammte von 1633, die Innenausstattung im Barockstil: Altäre, Kanzel, Orgel. 1349 an Stelle der ehemaligen Burg ein Franziskanerkloster erbaut, 1447 ein Bernhardinerkloster gegründet. Beide bestanden bis 1520.

Am 29. September 1657 Wehlauer Vertrag abgeschlossen: Preußen aus der polnischen Lehnsherrschaft entlassen. Vermittler war das Haus Habsburg, das die Stimme des Kurfürsten bei der Kaiserwahl brauchte.

1679 von den Schweden, 1757 von den Russen besetzt. 1807 zog Napoleon ein und ließ die Stadt plündern.

Wehlau hatte den größten Pferdemarkt Europas, schon zu Beginn des 14. Jh. erwähnt. 1896 wurden Pferde aus Kanada zum Kauf angeboten. Jährlich bis zu 20000 Pferde verkauft.

Dietrich Born, geboren 1869, begründete neben der Trakehner Zucht die Kaltblutzucht. Ein zugsicheres Pferd für den schweren Lehmboden sollte gezüchtet werden. Born studierte die Zuchtgebiete der Kaltblutpferderassen in Westeuropa, begann die Kaltblutzucht mit aus Belgien eingeführten Stutfohlen. 1914 führte er das Ostpreußische Stutbuch für schwere Arbeitspferde ein.

Altarfiguren aus Alt Wehlau

1339 erhielt die Stadt ein Privileg für eine höhere Stadtschule; nach der Reformation (1537) Lateinschule gegründet, die unter Jakob Reese (1690 – 1739) ihre höchste Blüte erlebte und zahlreiche Schüler auf das Studium an der Albertina vorbereitete. Eine Garnison gab es seit 1678.
1939 hatte die Stadt 8463 Einwohner.
Weinsdorf (poln. *Dobrzyki*), Kreis Mohrungen, am Weinsdorfer Kanal gelegen. Der Kanal wurde als Verbindung des Geserichsees mit dem Ewingsee in der ersten Hälfte des 14. Jh. gegraben. 1320 wird Wygandisdorff erstmals erwähnt.
Die Pfarrkirche stand bereits 1320. Wiederhergestellt wurde der Bau 1776 und 1864. Sie hat ein hohes Fundament aus ungesprengtem Feldstein, darüber ein gefugter Ziegelbau im wendischen Verband. Das Langhaus hat einen hölzernen Dachreiter mit einer Wetterfahne von 1736.
Außen befindet sich an der Südwestseite ein Halseisen.
1939 hatte das Dorf 732 Einwohner.
Wernegitten (poln. *Kłębowo*), Kreis Heilsberg, sollte nach einer Urkunde von 1348 Schönenvelt heißen. Am 1. April 1348 verlieh Fürstbischof Hermann von Prag seinem getreuen Dolmetsch, dem Stammesprussen Peytun, Land zwischen Simser und Simsersee, an der Grenze zur „Großen Wildnis", zu dauerndem Besitz und nach kulmischem Recht, um dort ein Dorf zu gründen und Bewohner anzusiedeln. Im selben Jahr erhielt die Kirche, laut Handfeste, vier Hufen. Sie war der heiligen Margaretha geweiht.
Georg Wehner, Pfarrer in Heilsberg, war 1497 zugleich Kommendarius in Wernegitten. Erst am 13. November 1577 ernannte Bischof Kromer einen eigenen Pfarrer, Jakob Werner, bisher Vikar in Wormditt, und weihte am 10. September 1581 die Kirche erneut „in honorem S. Margarethae". Erbaut teilweise aus Feldstein, sonst aus Ziegeln im Blockverbande. Die Wetterfahne auf dem Dach am Ostende zeigt die Zahl 1645, die auf dem hölzernen Turm 1759.
Die Flachdecke im Innern war ausgemalt. Der Hochaltar zeigte den Erlöser mit Sankt Petrus und Sankt Paulus. Innenraum romanisch.
Dem Pfarrer unterstand auch die Kapelle des heiligen Jakobus in dem 1349 gegründeten Blumenau, die anläßlich der Pest von 1612 erbaut worden war. Anfang des 18. Jh. erneuert, wurde seit 1775 am Festtag des Heiligen dort eine Messe gelesen.
Clemens Josephus Neumann, geboren 1907, entstammt einem alteingesessenen Bauerngeschlecht. 1950 trat er als Journalist in den Dienst der Sache seiner vertriebenen Landsleute, war Chefredakteur der Vertriebenen-Korrespondenz, später des Deutschen Ostdienstes. In den Vorständen mehrerer kultureller Organisationen setzt er sich für die Erhaltung des ostdeutschen Kulturerbes ein.
1939 hatte das Dorf 610 Einwohner.
Widminnen (poln. *Wydminy*), Kreis Lötzen,

südöstlich der Kreisstadt gelegen. 1595 bereits als „großes Kirchdorf" erwähnt, mit Marktrecht und zehn Krügen ausgestattet. Der Ort lag in einer sehr fruchtbaren und bevölkerungsreichen Umgebung. Von zwei Großbränden heimgesucht. Beim Brand 1572 wurde die aus Feldstein erbaute Kirche vernichtet; 1656 fielen fünfzig Häuser dem Feuer zum Opfer.
1939 hatte das Dorf 2235 Einwohner.

Willenberg (poln. *Wielbark*), Kreis Ortelsburg. Urkundlich bezeugt ist das „Wildhaus" Wildenburg im Jahr 1361. Es war Sitz eines Pflegers des Ordens. Rundum siedelten Beutner und Jäger. Neben dem Wildhaus gab es ein Hammerwerk, das Raseneisenerz verarbeitete. An der Straße Königsberg – Warschau gelegen, entwickelte sich der Flecken, so daß Herzog Albrecht ihn zur Stadt erheben wollte. Aber erst 1643 unter dem Großen Kurfürsten wird er erstmals „Städtlein" genannt. 1656 verwüsteten ihn die Tataren. Die Stadtgerechtigkeit erhielt er am 21. Juli 1723 von König Friedrich Wilhelm I., die Handfeste 1747. Es entfaltete sich das Tuchmachergewerbe.
Dann zog die französische Armee mit 70000 Mann durch die Stadt. Napoleon weilte in ihr vom 21. Januar bis 2. Februar 1807. Im Amtshaus der Domänenkammerverwaltung wartete er auf die Entscheidung Preußens hinsichtlich des Anschlusses an Rußland, die ihm General von Kleist überbringen sollte. Die Stadt verlor in dieser Zeit ihr Grundvermögen. 1752 dem Kreis Neidenburg, 1827 dem Kreis Ortelsburg zugeteilt.
1914 stand sie im Brennpunkt der Schlacht von Tannenberg, dreimal von Russen besetzt. Bei der Försterei Karolinenhof erschoß sich der russische General Samsonow, dem der Landarzt von Ortelsburg, von Poser, ein Denkmal setzen ließ mit der Inschrift: „General Samsonow, dem Gegner Hindenburgs in der Schlacht bei Tannenberg, gef. 30. August 1914." Zwischen den beiden Weltkriegen war die Stadt ländliches Marktzentrum.
Die erste Schule stammte aus dem Jahr 1697.
1939 betrug die Einwohnerzahl 2600.

Willenheim s. Hanskirchen

Windenburg (lit. *Vente*), Kreis Heydekrug, das ostpreußische Vineta genannt. Zur Sicherung der Haffküste gegen die Litauereinfälle legte Henning Schindekopf 1360 eine Ordensburg an, die dem Ordensmarschall in Königsberg, seit Ende des 15. Jh. der Komturei, dann dem Hauptamt Memel unterstand.
Die hart am Haff gelegene Burg ist in den Wellen versunken. 1422 heißt es, sie sei vom Sturm fast überflutet; 1506 unter den zu haltenden Burgen in der Kriegsordnung nicht mehr erwähnt. Besucher wollten noch im 19. Jh. aus dem Wasser aufragende Mauerreste gesehen haben.
Die Kirche, vielleicht war es nur eine Burgkapelle, ebenfalls im Wasser versunken. Pfarrer Wittich zog ins nördlich gelegene Kinten und gründete dort ein neues Kirchspiel.
Windenburg blieb Fischerdorf. Ein Haffleuchtfeuer auf einem dunkelgrauen achteckigen, massiven Turm zeigt den Schiffern die „Windenburger Ecke" an.
1935 hatte das Dorf 395 Einwohner.

Wolfsdorf

Wohnsdorf (russ. –), Kreis Bartenstein, am Unterlauf der Alle gelegen. 1255 zerstörte der Königsberger Komtur die Feste Capostete auf dem Schloßberg. An ihrer Stelle errichtete der Orden ein Wildhaus, das die Litauer 1319 und 1347 zerstörten. Gegen Ende des 14. Jh. baute man es wieder auf.

Seit 1348 befand sich hier das Kammeramt Wohnsdorf, das dem Pfleger von Insterburg unterstand. Vor dem Ordenshaus entstand eine Lischke mit mehreren Krügen. Nach dem Dreizehnjährigen Krieg mußte der Orden Schloß, Hof und die Kirche von Auglitten, Patronatskirche von Groß Wohnsdorf, an Hans von Weyer abtreten.

1922/1923 baute man bei Groß Wohnsdorf die Talsperre zur Entlastung des Kraftwerkes bei Friedland.

Friedrich Leopold Freiherr von Schroetter, geboren 1743, lernte als Offizier in Königsberg Kant kennen und über ihn den Staatswissenschaftler an der Königsberger Albertina Christian Jakob Krauss, mit dessen Wirtschaftsideen er sich vertraut machte. Er lud Kant öfters nach Wohnsdorf ein. Ab 1791 war er Oberpräsident der Ost- und Westpreußischen Kammern, ab 1795 Minister für Ost- und Westpreußen.

Pfarrkirche zu Wormditt

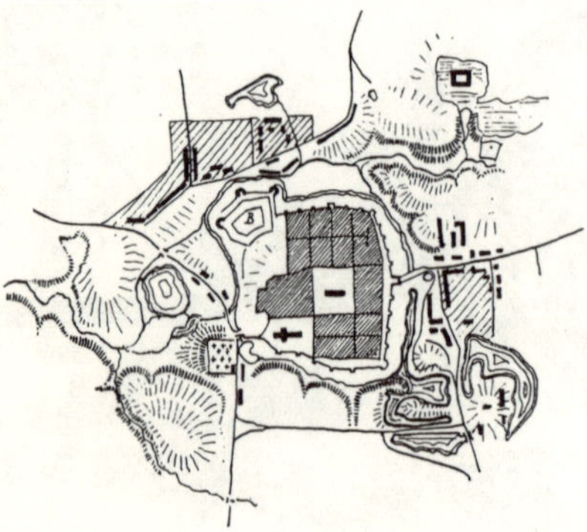

Stadt Wormditt

1939 hatte das Dorf 555 Einwohner.

Wolfsdorf (poln. *Wilczkowo*), Kreis Heilsberg. Das Dorf erhielt am 2. April 1332 seine Handfeste. Der Gründer und erste Schulze hieß Bernhard. Im Ersten Schwedenkrieg schwer mitgenommen. „Nicht eine Kuh, nicht ein Pferd und nicht einmal ein Schwein hatten die Leute behalten", berichtete der Pfarrer 1629.

1630 herrschte im Gebiet eine große Mäuseplage. Die Felder waren völlig kahlgefressen. Die Dorfbewohner mußten ihr Brot aus Knott-Spech, der Spreu von Fruchtknoten des Leinsamens, backen. 1630 starben an die 500 Menschen an der Pest. Die Kirche wurde 1787 geweiht.

1939 hatte das Dorf 799 Einwohner.

Wormditt (poln. *Orneta*), Kreis Braunsberg, am linken Ufer der Drewenz gelegen. Erstmals als Siedlung 1308, als Pfarrgemeinde Wurmedyten

Pfarrkirche von Wormditt, Detail

1312, als Stadt 1313 urkundlich erwähnt. Der Name weist auf die Sage vom Lindwurm hin, der sich im Stadtwappen befindet. Bischof Eberhard von Neisse verlieh dem Lokator Willus oder Wilhelm, einem Bürgersohn aus Neisse, 1312 die Handfeste der Stadt; 1359 nach kulmischem Recht erneuert.
1340 begann man mit dem Bau einer Ringmauer. 1373 war das Rathaus fertiggestellt, das die älteste Glocke des Ermlands, die Ratsglocke von 1384, trug. Auf dem Westgeschoß befand sich ein Storchennest.
Die bischöfliche Burg war von 1341 bis 1349 Residenz des Bischofs Hermann von Prag. Um 1806 abgebrochen.
Die Pfarrkirche St. Johannis, 1379 geweiht, später durch einen Kapellenkranz erweitert, war 1494 vollendet. Eine Basilika mit halbhohen Seitenschiffen und Oberfenstern im Mittelschiff. Der Turm mit durchlaufenden Spitzbogenblenden ging in eine achteckige Glockenhaube über. Ursprünglich war die Kirche mit Fresken ausgemalt, darunter einer Maria im Ährenkleide. Inneneinrichtung später im Barockstil hinzugefügt.
Ein Heiliggeisthospital und ein St. Georgs-Hospital stammten aus dem Jahr 1340. 1402 sind Beginen in der Stadt vermeldet, 1586 mit der ermländischen Katharinenkongregation vereint.
Besiedelt von Mitteldeutschen und Schlesiern. Bis ins 19. Jh. hinein blühte die Tuchmacherzunft. Sitz des Hutmacherhauptgewerks des Fürstbistums Ermland. Bedeutende Orgeln vom 16. bis 19. Jh.
1627 von Gustav Adolf erobert; zwei Jahre schwedisch, von 1655 bis 1657 im Besitz des Großen Kurfürsten. Ab 1772 preußisch. Im Krieg von 1807 Kampfgebiet. In Wormditt befand sich die Zentrale des 1884 gegründeten Ermländischen Bauernvereins.

Pfarrkirche Wormditt, Detail

Nicolaus von Tüngen entstammte einer Bürgerfamilie, die nach dem benachbarten Gut den Namen führte. 1467 zum Bischof von Ermland gewählt, mußte er sich sein Bistum im wahrsten Sinne des Wortes erobern. Ihm ist zu verdanken, daß das Ermland weiter deutsches Bistum blieb. Eine bischöfliche Hofschule bestand von 1340 bis 1350. Ab 1772 hatte die Stadt eine Garnison. Die erste Zeitung erschien 1880.
1939 hatte die Stadt 7817 Einwohner.
Wusen (poln. *Osetnik*), Kreis Braunsberg, auf dem Territorium Wosen errichtet. Handfeste von 1289. Eine Pfarrkirche bestand im 15. Jh. 1480 wird ein Pfarrer Caspar Braxatoris erwähnt.
Die Kirche war St. Jakobus d. Ä. geweiht. Sie wurde 1729 letztmals umgebaut. Eine Wetterfahne auf dem Ostgiebel verrät dieses Jahr. Der Turm wurde nach dem Brand von 1688 erneuert. Der Hochaltar stammt aus dem Jahr 1742. Die Decke im Kirchenschiff hat der Maler Lossau, ein Schüler oder Nachahmer Tiepolos, 1752 ausgemalt. Sie ist ungewöhnlich für eine ermländische Dorfkirche.
Ganz in der Nähe Wusens liegen die nach dem Gut Spanden benannten „Spandener Schanzen". An der Brücke bei Spanden stießen 1807 Franzosen und Russen zusammen. Die Russen mußten sich nach Wusen zurückziehen.
1939 hatte das Dorf 831 Einwohner.
Wuslack (poln. *Wozławki*), Kreis Heilsberg; gegründet 1350, ursprünglich Frischenbach genannt. Das Dorf entstand auf dem Feld Wuselauken und erhielt 1357 als Wuselauke seine Handfeste.
Die Pfarrkirche ist in der Handfeste nicht erwähnt. Sie wurde im 14. Jh. erbaut. 1379 gab es einen Pfarrer Nikolaus. Die Kirche war dem heiligen Antonius Magnus (gestorben 356) geweiht. Ihr mächtiger Turm beherrschte die Landschaft; abwechslungsreich mit Blenden und Bögen gegliedert, von einem Treppengiebel gekrönt. Bei der südlichen Vorhalle ließ der Frauenburger Domherr Gottfried Heinrich zu Eulenburg 1727 eine rundgebaute Kapelle des heiligen Bruno mit weiter Kuppel anfügen. Peter Meier aus Heilsberg hat sie ausgemalt. Der Altar hatte ein Bild des heiligen Bruno, der 1009 als Märtyrer bei der Prussenbekehrung starb. Das Deckengemälde zeigte Christus, der, von vielen Heiligen umgeben, in den Himmel auffährt.
1939 hatte das Dorf 481 Einwohner.
Wuttrienen (poln. *Butryny*), Kreis Allenstein, östlich vom Lansker See gelegen. Das Dorf erhielt 1412 vom ermländischen Domkapitel seine Handfeste. Lokatoren waren zwei Stammesprussen: Dibiken und Kninken. Als südlichstes Dorf des Ermlands in einer bodenfruchtbaren Gegend angelegt, wo Ackerbau und Viehzucht gedeihen konnten. Zugeteilt dem Kammeramt Allenstein.

Pfarrkirche zu Wormditt, Detail

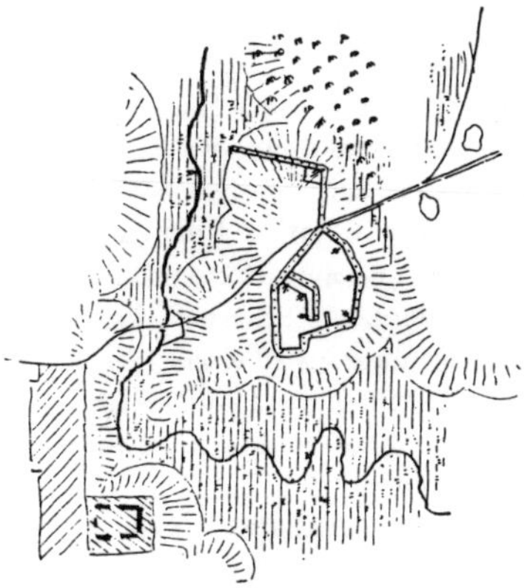

Schanzen bei Wusen

Den Namen leitete man vom prussischen wutris = Schmied ab.
Die Kriege des 15. und 16. Jh. überstand das Dorf wegen seiner abgelegenen Lage glimpflich. Um 1500 trafen slawische Neusiedler in der Umgebung ein, gründeten neue Dörfer und ließen sich auch in Wuttrienen selbst nieder. Im 16. Jh. wurde es – nachdem 1516 eine kleine, hölzerne Pfarrkirche erbaut worden war – Kirchspiel. Die Erstausstattung erhielt die Kirche aus dem Frauenburger Dom. Mitte des 17. Jh. brannte sie ab, von 1680 bis 1689 massiv neu aufgebaut. Am 20. Mai 1701 weihte sie Bischof Andreas Załuski. Ab 1684 gab es ein Trauungsregister.
Eine Feuersbrunst zerstörte 1728 das ganze Dorf einschließlich Pfarrhaus; nur die Kirche blieb unversehrt. 1807 von plündernden Kriegshorden heimgesucht, 1886 brannte die Kirche aus; beim Wiederaufbau vergrößert. Allerdings bekam sie vorerst nur einen hölzernen freistehenden Glockenturm mit einer Wetterfahne von 1680. Den Hochaltar erhielt sie aus der Braunsberger Pfarrkirche, eine Arbeit von 1681.
Wuttrienen war bei den Reisen der Bischöfe nach Warschau die letzte Station im Ermland. 1772 kam das Dorf zu Preußen, 1870 verlor es viele Bewohner durch Abwanderung ins Ruhrgebiet, vorwiegend nach Herne und Wanne-Eickel.
1939 zählte Wuttrienen 730 Einwohner.

Zantir, Burg und Siedlung auf dem rechten Weichselufer am oder auf dem Weißen Berg. Bischof Christian hat die Burg vermutlich 1233, unterstützt vom Herzog vom Pomerellen, als Missionsstützpunkt angelegt. 1239 beklagte er sich beim Papst, der Deutsche Orden habe „Burg und Stadt feindlich betreten". Der päpstliche Legat Wilhelm von Modena teilte 1243 die Insel Zantir der neugebildeten Diözese Pomesanien zu. 1244 befand sie sich im Besitz des gegen den Orden kämpfenden Herzogs Swantopolk, der eine neue Burg errichtete, die 1247 noch in seiner Hand war.
1248 kam Zantir durch Grenzregelung wieder in den Besitz des Ordens; zur Komturei erhoben, von der aus vermutlich das Werder verwaltet wurde. Beim Prussenaufstand von 1277 belagerten die Sudauer Zantir. Burg 1280 abgebrochen, um Baumaterial für den Bau der Marienburg freizubekommen. Der Ort Zantir blieb bestehen. 1399 eine Kirche erbaut und geweiht. 1466 rüsteten Söldner des Ordens Burg und Kirche zur Verteidigung; bei ihrem Abzug ließen sie alles in Flammen aufgehen.

Kirche von Wuslack

Zinten

Zinten (russ. *Kornewo*), Kreis Heiligenbeil, am Flüßchen Stradick gelegen. 1294 wurde dem Prussen Sulenko das Recht auf eine „stad" bei Maraunen erteilt. Vermutlich handelte es sich um das spätere Zinten. Um 1290 bestand eine Siedlung. Der Komtur von Balga gründete die Stadt Sinthen 1313. Eine Kirche wird erstmals 1341 erwähnt, dem heiligen Nikolaus und der heiligen Barbara geweiht. 1716 brannte sie ab. Noch im 14. Jh. soll die St. Annen- oder Hospitalkirche erbaut worden sein. Auch sie ist 1716 abgebrannt. Der Komtur von Balga, Ulrich von Jungingen, bewilligte 1399 ein Hospital bei der Kirche, das 1818 abbrannte.

1352 erneuerte Hochmeister Winrich von Kniprode die Handfeste nach kulmischem Recht. Der Stadt wurde die Fischerei auf dem Stradick übertragen, was hinsichtlich reichen Krebsfangs wichtig war. Im Hungerkrieg von 1414 wurde Zinten zerstört und ausgeraubt.

Eine Wassermühle von 1417 steht am Anfang künftiger Industrien. 1437 ist von einem Kameramt Zinten die Rede. Die Stadt schloß sich 1440 dem Preußischen Bund an, stand aber im Jahr darauf auf der Seite des Hochmeisters. 1454 huldigte sie dem König von Polen, kehrte im Jahr darauf zum Orden zurück.

1480 verpfändete der Hochmeister Zinten den Söldnerführern Anselm und Hans von Tettau. Der Bischof von Pomesanien löste das Pfand 1496 ein und blieb bis 1501 Lehnsherr der Stadt. 1520 brannte die Stadt bis auf die Kirche nieder. Seit der Reformation befand sich die Stadt im „Ausland". Auf Anordnung Bischof Ferbers durften Nichtkatholiken nur bis zu einem Jahr im Ermland leben. So fuhren diese um Neujahr für ein paar Tage nach Zinten, um für ein weiteres Jahr ins Ermland zurückzukehren.

Große Brände 1593 und 1625, schwedische Besetzung, ein Großbrand von 1716 nahmen die Stadt schwer mit. Bis 1740 erholte sie sich wieder; 1746 brannte die Walkmühle ab, die Tuchmacherei fand ein Ende.

1812 erlebten die Bürger den Durchmarsch der Großen Armee auf dem Wege nach Rußland.

1818 – für knapp ein Jahr – Kreisstadt, dann dem Kreis Heiligenbeil zugeteilt. 1831 wütete die Cholera, am Jahresende verheerte ein Großbrand die Stadt, die auch im Zweiten Weltkrieg schwere Schäden davontrug.

Man nannte das Gebiet zwischen Zinten und Preußisch Eylau die Hundstürkei. Dies gab den Kindern Anlaß, Zinten auf „hinten" zu reimen. Eine Schützengilde gab es im 14. Jh. Ein Geistlicher, zugleich Schulmeister, wird 1568 erwähnt. 1740 bekam die Stadt eine Garnison. Ab 1902 erschien ein Wochenblatt.

1939 hatte Zinten 5 800 Einwohner.

Zweilinden (russ. *Furmanowo*), Kreis Gumbinnen, früher Stannaitschen.

Julius Lippert, geboren 1866. Ihm verdanken wir neben einer arabischen Literaturgeschichte die Erforschung und Geschichte des westlichen Sudans. Er starb 1911 in Berlin, wo er als ordentlicher Professor das orientalische Seminar leitete. 1939 hatte das Dorf 669 Einwohner.

PROVINZ OSTPREUSSEN

Wohnbevölkerung am 7. Mai 1939

(Memelgebiet und Teilkreis Neidenburg am 10. Oktober 1941)

Regierungsbezirk Königsberg

Stadtkreis:

Königsberg (Pr)	372 164

Landkreise:

Bartenstein	50 448

Allenau	528
Althof	230
Ardappen	122
Bartenstein	12 912
Beyditten	384
Böttchersdorf	629
Damerau	551
Deutsch Wilten	759
Dietrichswalde	244
Domnau	2 990
Eisenbart	306
Falkenau	552
Friedland	4 417
Gallingen	800
Gallitten	275
Genditten	460
Georgenau	312
Grommels	234
Groß Klitten	275
Groß Poninken	448
Groß Schwansfeld	480
Groß Schwaraunen	462
Heinrichsdorf	309
Hermenhagen	341
Heyde	213
Hohenstein	104
Juditten	536
Kapsitten	439
Karschau	127
Kinkeim	161
Kipitten	215
Klein Schönau	304
Klingenberg	496
Kraftshagen	536
Kukehnen	79
Landskron	723
Langendorf	618
Langhanken	170
Lapkeim	288
Legienen	134
Liekeim	187
Losgehnen	180
Loyden	206
Markienen	434
Massaunen	375
Maxkeim	363
Mertensdorf	369
Nohnen	106
Paßlack	419
Plensen	369
Polkitten	181
Preußisch Wilten	410
Redden	271
Romsdorf	457
Rosenort	276
Roskeim	233
Sandlack	156
Schippenbeil	3 434
Schönbaum	241
Schönbruch	1 139
Schönwalde	327
Schwönau	373
Sehmen	503
Siddau	266
Skitten	315
Söllen	259
Sommerfeld	192
Spittehnen	329
Stockheim	544
Stolzenfeld	390
Tromitten	356
Wangritten	186
Wehrwilten	243
Wöterkeim	543
Wohnsdorf	555
Wolmen	389
Wordommen	148

Braunsberg	62 317

Agstein	92
Alt Münsterberg	150
Basien	973

Betkendorf	217
Bludau	381
Blumberg	121
Bornitt	272
Borwalde	71
Braunsberg	21 142
Bürgerwalde	315
Drewsdorf	93
Engelswalde	205
Eschenau	193
Fehlau	71
Frauenburg	2981
Gauden	75
Gayl	164
Gedauten	173
Gedilgen	128
Glanden	88
Groß Rautenberg	490
Grunenberg	97
Heinrichsdorf	199
Heinrikau	798
Heistern	235
Hogendorf	274
Huntenberg	107
Karben	122
Karschau	210
Kaschaunen	323
Kirschienen	182
Kleefeld	250
Klein Rautenberg	117
Klenau	177
Klingenberg	294
Komainen	161
Kreutzdorf	168
Krickhausen	285
Kurau	392
Langwalde	588
Layß	500
Lichtenau	588
Lichtwalde	149
Liebenau	150
Liebenthal	180
Lilienthal	275
Lotterbach	209
Lotterfeld	222
Mehlsack	4393
Mertensdorf	212
Migehnen	891
Millenberg	292
Neuhof	282
Neu Passarge	429
Open	695
Packhausen	318
Parlack	149
Paulen	227
Peterswalde	399
Pettelkau	488
Pilgramsdorf	124
Plaßwich	670
Plauten	310
Podlechen	172
Rawusen	132
Regitten	435
Rosengarth	324
Rosenwalde	116
Schafsberg	102
Schalmey	362
Schillgehnen	330
Schönau	117
Schöndamerau	598
Schönsee	190
Schwillgarben	143
Seefeld	198
Sonnenfeld	140
Sonnwalde	545
Stangendorf	162
Stegmannsdorf	209
Steinbotten	100
Straubendorf	117
Sugnienen	256
Thalbach	390
Tiedmannsdorf	795
Tolksdorf	474
Tüngen	423
Vierzighuben	259
Wagten	341
Willenberg	148
Wölken	71
Woppen	197
Wormditt	7817
Woynitt	141
Wusen	831
Zagern	156

Gerdauen 35013

Adamswalde	205
Altendorf	718
Arnsdorf	395
Assaunen	493
Astrau	393
Bieberstein	324
Birkenfeld	539
Bokellen	379
Bruchort	67
Dietrichsdorf	280
Dreimühl	290
Ebenau	236
Ellernbruch	270
Friedenberg	383
Friedrichswalde	440
Georgenhain	444
Gerdauen	5118
Gerkiehnen	195
Großblankenfelde	326
Groß Gnie	570
Groß Potauern	205
Groß Schönau	387
Grünheim	225
Hochlindenberg	274
Ilmenhorst	526

Ilmsdorf	322
Kaydann	217
Kiehlendorf	181
Kleinblankenfelde	209
Kleingnie	1 015
Klinthenen	287
Kröligkeim	808
Kurkenfeld	406
Laggarben	434
Lieskendorf	238
Lindenau	426
Löcknick	331
Löwenstein	588
Mauenfelde	216
Melchersdorf	94
Molteinen	672
Momehnen	545
Mulden	894
Neuendorf	496
Neusobrost	534
Nordenburg	3 173
Odertal	145
Peißnick	226
Pentlack	370
Petrineusaß	139
Plagbuden	297
Polleiken	233
Posegnick	663
Prätlack	175
Rädtkeim	379
Raudingen	430
Reuschenfeld	718
Schakenhof	677
Schellenberg	239
Schiffus	247
Schmodehnen	217
Schneiderin	285
Schönlinde	488
Skandau	502
Sobrost	296
Trausen	258
Waldburg	534
Wandlacken	562
Werschen	191
Wesselau	459
Willkamm	515

Heiligenbeil	53 207
Alt Passarge	247
Arnstein	559
Balga	755
Barsen	89
Birkenau	218
Bladiau	1 217
Bönkenwalde	266
Bolbitten	226
Bombitten	424
Brandenburg	1 596
Breitlinde	99
Deutsch Bahnau	219
Deutsch Thierau	662
Dösen	210
Eichholz	484
Eisenberg	813
Fedderau	164
Follendorf	124
Freudenthal	122
Gallingen	163
Groß Hasselberg	364
Groß Hoppenbruch	299
Groß Klingbeck	359
Groß Rödersdorf	171
Grünwalde	228
Grünwiese	242
Grunau	403
Grunenfeld	236
Hammersdorf	180
Hanswalde	649
Hasselpusch	218
Heiligenbeil	12 100
Hermsdorf	839
Herzogswalde	212
Hohenfürst	404
Hohenwalde	496
Jäcknitz	517
Jürkendorf	140
Kahlholz	240
Karben	177
Kildehnen	116
Kirschdorf	160
Klaussitten	206
Klein Rödersdorf	233
Kleinwalde	84
Köllmisch Gehdau	80
Königsdorf	162
Konradswalde	91
Kukehnen	241
Kumgarben	95
Kuschen	150
Langendorf	130
Lank	742
Laukitten	230
Lauterbach	338
Legnitten	305
Leisuhnen	275
Lichtenfeld	794
Lindenau	396
Lönhöfen	132
Ludwigsort	1 252
Lüdtkenfürst	265
Maraunen	237
Müngen	73
Nemritten	231
Partheinen	458
Patersort	221
Pellen	208
Perbanden	77
Perwilten	216
Pinnau	67

Plössen	263
Pörschken	605
Pokarben	273
Poplitten	110
Pottlitten	227
Preußisch Bahnau	434
Quilitten	259
Rauschbach	94
Rehfeld	295
Rippen	546
Robitten	325
Rödersdorf	180
Rossen	221
Sargen	123
Schirten	323
Schölen	145
Schönborn	108
Schönfeld	303
Schönlinde	337
Schönrade	215
Schönwalde	494
Schoschen	153
Schwanis	361
Schwengels	411
Sollecken	179
Sonnenstuhl	314
Steindorf	446
Stolzenberg	549
Thomsdorf	260
Tiefensee	575
Vogelsang	305
Waltersdorf	471
Wangnicken	343
Wargitten	210
Wermten	238
Wesselshöfen	408
Wilknitt	177
Windkeim	301
Wohlau	111
Wolitta	94
Wolittnick	225
Zinten	5 800

Heilsberg 56 214

Albrechtsdorf	222
Alt Garschen	315
Althof	180
Altkirch	546
Ankendorf	234
Arnsdorf	1 365
Battatron	327
Beiswalde	353
Benern	599
Bewernick	150
Blankenberg	560
Blankensee	349
Bleichenbarth	273
Blumenau	365
Bogen	244
Drewenz	205
Elditten	249
Eschenau	399
Frauendorf	497
Freimarkt	717
Friedrichsheide	108
Glottau	735
Gronau	421
Großendorf	251
Groß Klaussitten	319
Guttstadt	5 932
Heiligenfelde	126
Heiligenthal	713
Heilsberg	11 787
Hohenfeld	84
Jegothen	206
Kalkstein	474
Katzen	280
Kerschdorf	163
Kerschen	139

Kerwienen	457
Kiwitten	434
Kleiditten	132
Kleinenfeld	210
Klingerswalde	524
Klotainen	236
Knipstein	271
Knopen	222
Kobeln	324
Konitten	128
Konnegen	280
Krekollen	627
Langwiese	183
Launau	855
Lauterhagen	438
Lauterwalde	127
Lawden	153
Liewenberg	568
Lingenau	313
Markeim	187
Mawern	169
Medien	196
Münsterberg	578
Napratten	232
Neuendorf b. Guttstadt	191
Neuendorf b. Heilsberg	290
Neu Garschen	216
Noßberg	742
Ober Kapkeim	255
Petersdorf	236
Peterswalde	537
Polpen	234
Pomehren	134
Queetz	789
Raunau	849
Regerteln	360
Rehagen	330
Reichenberg	493
Reimerswalde	619
Retsch	275
Roggenhausen	525
Rosenbeck	186

Rosengarth	776
Schlitt	529
Schmolainen	721
Schönwalde	208
Schönwiese	495
Schulen	581
Schwenkitten	170
Schwuben	111
Settau	111
Siegfriedswalde	740
Sommerfeld	304
Soritten	242
Springborn	251
Stabunken	108
Sternberg	461
Stolzhagen	456
Süssenberg	468
Thegsten	251
Tollnigk	398
Trautenau	235
Unter Kapkeim	237
Voigtsdorf	331
Waltersmühl	334
Warlack	223
Wernegitten	610
Wolfsdorf	799
Workeim	392
Wosseden	199
Wuslack	481

Labiau	51 885

Alt Gertlauken	788
Auerfelde	157
Auerwalde	134
Bartelshöfen	107
Beerendorf	95
Berghöfen	136
Biehnendorf	351
Bitterfelde	299
Blöcken	160
Blumenfelde	131
Bothenen	279
Breitflur	198
Burgsdorf	281
Dachsfelde	132
Danielshöfen	108
Deimehöh	213
Deimemünde	30
Deimetal	106
Domhardtfelde	249
Duhnau	132
Ehlertfelde	153
Eichenberg	220
Eichenrode	404
Elchwerder	1 048
Erlenfließ	336
Florweg	49
Friedrichsburg	334
Friedrichsrode	449
Gilge	1 154
Goldberg	386
Goltzhausen	107
Groß Baum	1 036
Groß Droosden	591
Groß Legitten	483
Groß Pöppeln	202
Gutfließ	524
Habichtswalde	402
Haffwerder	898
Haffwinkel	547
Hagenwalde	147
Hallenau	135
Heiderode	92
Heiligenhain	381
Herzfelde	135
Hindenburg	1 213
Hirschdorf	163
Hohenbruch	1 155
Hügelort	243
Jorksdorf	391
Kadgiehnen	80
Kaimen	364
Kalkfelde	121
Kampken	214
Kapstücken	183
Kirschbeck	163
Kirschkeim	136
Klein Baum	92
Korehlen	114
Kornfelde	150
Kornhöfen	103
Krakau	388
Kreuzweg	224
Labiau	6 527
Lablacken	575
Langenheim	133
Laukischken	824
Lethenen	101
Liebenfelde	4 089
Liebenort	333
Lindenau	198
Lindenhorst	532
Ludendorff	874
Marienbruch	119
Markthausen	1 220
Mauern	351
Mettkeim	361
Mörnersfelde	250
Moritten	189
Mühlenau	276
Nautzken	235
Neuenrode	182
Neuwiese	555
Paaringen	95
Panzerfelde	138
Perdollen	254
Peremtienen	165
Plicken	101
Pogarben	72
Poßritten	137
Pronitten	732

Reiken	173
Rinderort	672
Rodenwalde	190
Rotenfeld	229
Rothöfen	126
Schakaulack	204
Schanzkrug	167
Scharlack	294
Schlicken	376
Schulkeim	110
Sellwethen	369
Senseln	189
Sergitten	179
Sielkeim	371
Spannegeln	214
Steindorf	312
Stenken	170
Theut	213
Thiemsdorf	252
Timber	529
Timberhafen	239
Wachsnicken	151
Waldwinkel	607
Wanghusen	208
Wartenburg	112
Weißenbruch	314
Welmdeich	272
Willmanns	127
Wittenrode	129

Mohrungen 56 255

Alt Bestendorf	509
Alt Christburg	988
Altstadt	364
Auer	419
Bärting	275
Bagnitten	148
Banners	267
Barten	269
Bauditten	548
Bensee	124
Bolitten	335
Boyden	240
Buchwalde	252
Bündtken	244
Dittersdorf	370
Eckersdorf	682
Freiwalde	1 015
Georgenthal	847
Gergehnen	334
Gerswalde	1 026
Görken	142
Golbitten	121
Goldbach	353
Goyden	234
Groß Arnsdorf	609
Groß Gottswalde	356
Groß Hanswalde	340
Groß Hermenau	432
Groß Münsterberg	273
Groß Sauerken	57
Groß Trukainen	92
Groß Wilmsdorf	349
Gubitten	266
Güldenboden	430
Hagenau	840
Heinrichsdorf	295
Herzogswalde	694
Himmelforth	616
Horn	769
Jäskendorf	407
Kämmen	138
Kahlau	821
Kallisten	353
Karnitten	340
Kerpen	218
Klein Hanswalde	179
Klogehnen	52
Königsdorf	392
Kolteney	425
Kornellen	214
Koschainen	305
Kranthau	98
Kunzendorf	205
Kuppen	399
Liebstadt	2 742
Liebwalde	591
Linkenau	316
Löpen	248
Miswalde	735
Mohrungen	8 373
Mortung	292
Mothalen	192
Motitten	176
Nickelshagen	485
Paradies	217
Paulehnen	142
Paulken	337
Pittehnen	148
Pörschken	106
Polkehnen	111
Pollwitten	465
Ponarien	277
Prägsden	95
Preußisch Mark	437
Prökelwitz	520
Reichau	881
Reichenthal	269
Reichertswalde	410
Reußen	545
Rollnau	457
Saalfeld	3 120
Sadlauken	142
Samrodt	822
Sassen	246
Schertingswalde	213
Schliewe	206
Schnellwalde	570
Schönaich	120
Schwalgendorf	658
Schwenkendorf	287

Seegertswalde	775
Seubersdorf	654
Silberbach	607
Simnau	604
Skollwitten	140
Sonnenborn	751
Sorbehnen	367
Sorrehnen	436
Sportehnen	111
Stollen	304
Taabern	327
Terpen	225
Venedien	441
Vorwerk	459
Waltersdorf	571
Weepers	252
Weinsdorf	732
Wiese	899
Willnau	283
Winkenhagen	227
Wodigehnen	69

Preußisch Eylau	56 385
Abschwangen	608
Ackerau	378
Albrechtsdorf	842
Almenhausen	298
Althof	517
Alt Steegen	361
Arnsberg	291
Augam	278
Bandels-Sand	216
Bartelsdorf	378
Bekarten	129
Blankenau	265
Blumstein	285
Bönkeim	398
Borchertsdorf	276
Borken	357
Buchholz	587
Dixen	222
Döbnicken	243
Dollstädt	296
Eichen	323
Eichhorn	337
Finken	337
Frisching	506
Glandau	658
Glauthienen	248
Grauschienen	103
Graventhien	314
Groß Dexen	114
Groß Lauth	616
Groß Sausgarten	284
Grünbaum	281
Grünwalde	411
Guttenfeld	174
Hanshagen	457
Hoofe	519
Hoppendorf	293
Hussehnen	384
Jesau	1 976
Kanditten	928
Kavern	286
Kilgis	301
Klaussen	84
Klein Sausgarten	274
Kniepitten	779
Kreuzburg	2 007
Kromargen	390
Krücken	169
Kumkein	388
Kutschitten	120
Lampasch	167
Landsberg	3 120
Legden	554
Lewitten	397
Lichtenfelde	215
Liepnicken	195
Loschen	149
Mollwitten	325
Moritten	225
Mostitten	359
Mühlhausen	939
Naunienen	204
Neucken	150
Neuendorf	214
Packerau	231
Papperten	131
Parösken	225
Peisten	247
Petershagen	423
Pompicken	223
Porschkeim	264
Poschloschen	235
Posmahlen	329
Powarschen	116
Preußisch Eylau	7 485
Pudelkeim	181
Quehnen	207
Reddenau	448
Roditten	144
Rositten	804
Rothenen	170
Sangnitten	369
Schlauthienen	159
Schmoditten	507
Schnakeinen	219
Schönwiese	579
Schrombehnen	636
Seeben	527
Serpallen	106
Sieslack	370
Sollau	187
Sollnicken	491
Sortlack	121
Strobehnen	181
Tenknitten	213
Tharau	786
Thomsdorf	284

Tiefenthal	257
Tolks	495
Topprienen	439
Trinkheim	200
Uderwangen	1616
Vierzighuben	342
Wackern	249
Wangnick	207
Warschkeiten	321
Weischnuren	243
Wildenhoff	333
Wittenberg	897
Wöterkeim	195
Wogau	452
Worglitten	279
Worienen	709
Worschienen	132
Zohlen-Perscheln	192

Preußisch Holland 37492

Alken	148
Alt Dollstädt	275
Alt Kußfeld	45
Alt Teschen	88
Angnitten	277
Awecken	308
Baarden	262
Behlenhof	332
Blumenau	293
Borchertsdorf	300
Bordehnen	188
Breunken	108
Briensdorf	361
Buchwalde	154
Bürgerhöfen	95
Bunden	229
Deutschendorf	620
Döbern	685
Draulitten	234
Drausenhof	144
Ebersbach	430
Falkhorst	130
Fürstenau	381
Göttchendorf	210
Greißings	59
Groß Thierbach	291
Grünhagen	755
Günthersdorf	182
Hasselbusch	80
Heiligenwalde	380
Hermannswalde	176
Hermsdorf	516
Herrndorf	467
Hirschfeld	1154
Hohendorf	488
Jankendorf	441
Jonikam	35
Kalthof	296
Karwinden	245
Karwitten	158
Königsblumenau	724
Kopiehnen	96
Krapen	191
Krickehnen	114
Krönau	281
Krossen	273
Lägs	147
Langenreihe	159
Lauck	402
Liebenau	137
Lohberg	241
Lomp	276
Luxethen	350
Mäken	151
Marienfelde	368
Mühlhausen	3008
Nauten	200
Neu Dollstädt	763
Neuendorf	421
Neumark	434
Neu Münsterberg	257
Neu Teschen	110
Peiskam	202
Pergusen	144
Plehnen	76
Podangen	223
Preußisch Holland	6345
Quittainen	380
Rapendorf	306
Reichenbach	732
Reichwalde	612
Robitten	153
Rogau	148
Rogehnen	522
Rossitten	257
Schlobitten	672
Schlodien	597
Schmauch	489
Schönaich	143
Schönberg	269
Schönborn	193
Schönfeld	349
Schönfließ	200
Schönwiese	115
Seepothen	196
Sommerfeld	585
Steegen	418
Sumpf	304
Tippeln	231
Weeskendorf	231
Wiese	362
Zallenfelde	258

Rastenburg 57223

Alt Rosenthal	418
Babziens	346

Bäslack	686
Bannaskeim	432
Barten	1543
Baumgarten	568
Blaustein	462
Borschenen	94
Bürgersdorf	329
Dönhofstädt	1526
Drengfurth	2289
Freudenberg	463
Fürstenau	778
Glaubitten	445
Godocken	162
Groß Galbuhnen	381
Groß Köskeim	161
Groß Neuhof	803
Groß Winkeldorf	153
Gudnick	223
Heiligelinde	229
Jäglack	414
Jankenwalde	184
Kaltwangen	172
Kamplack	104
Karschau	435
Kemlack	172
Korschen	3042
Kotittlack	198
Krausendorf	381
Kremitten	252
Lablack	76
Lamgarben	652
Langheim	733
Laxdoyen	174
Marienthal	429
Meistersfelde	312
Modgarben	307
Muhlack	363
Neuendorf	96
Neu Rosenthal	628
Paaris	459
Partsch	312
Pastern	108

Plehnen	472
Podlacken	221
Podlechen	275
Pötschendorf	521
Pohiebels	459
Prangenau	526
Prassen	1469
Pülz	771
Rastenburg	19634
Rodehlen	612
Salzbach	321
Sansgarben	219
Sausgörken	361
Scharfs	355
Schlömpen	103
Schönfließ	566
Schrankheim	321
Schülzen	369
Schwarzstein	1590
Seeligenfeld	496
Spiegels	197
Stettenbruch	163
Sußnick	241
Taberwiese	284
Tolksdorf	563
Wehlack	380
Weischnuren	269
Weitzdorf	145
Wendehnen	216
Wenden	812
Widrinnen	471
Wilkendorf	574
Wolfshagen	378
Woplauken	217
Zandersdorf	158

Samland	120246
Altenberg	250
Alt Katzkeim	189
Arnau	438
Aweyken	81
Bärwalde	608
Battau	170
Bergau	338
Berthaswalde	137
Biegiethen	185
Bieskobnicken	111
Birkenwalde	179
Bledau	656
Bludau	637
Borchersdorf	590
Brasdorf	349
Bulitten	460
Cranz	5079
Damerau	354
Dargen	147
Dommelkeim	387
Dopsattel	173
Dorben	156
Dossitten	464
Drebnau	253
Drugehnen	820
Eisliethen	354
Eisseln	63
Elchdorf	274
Eythienen	270
Fischhausen	3879
Friedrichstein	525
Fuchsberg	959
Fuchshöfen	349
Gaffken	321
Gallgarben	546
Gamsau	249
Garbseiden	348
Geidau	284
Georgenswalde	791
Germau	1140
Godnicken	859
Godrienen	773

Goldschmiede	695
Gollau	409
Goythenen	108
Groß Barthen	238
Groß Blumenau	1 013
Groß Dirschkeim	642
Großheidekrug	2 411
Groß Hubnicken	467
Groß Kuhren	844
Groß Ladtkeim	538
Groß Lindenau	1 508
Groß Mischen	693
Groß Ottenhagen	875
Grünhoff	472
Gutenfeld	1 334
Heidemaulen	235
Heidewaldburg	298
Heiligenkreutz	429
Heiligenwalde	716
Horst	130
Jäskeim	389
Jungferndorf	249
Kalkeim	64
Kallen	359
Karmitten	249
Kirschnehnen	504
Klein Dirschkeim	376
Klein Hubnicken	318
Klein Kuhren	234
Klein Ottenhagen	231
Knöppelsdorf	529
Kobbelbude	430
Kojehnen	212
Konradswalde	254
Korreynen	355
Kraam	550
Kragau	245
Kraussen	1 520
Kropiens	539
Kuikeim	164
Kumehnen	793
Langendorf	158
Laptau	611
Lauknicken	80
Legden	198
Lengniethen	315
Lichtenhagen	317
Lindenau	190
Liska-Schaaken	566
Lobitten	169
Löwenhagen	906
Loppöhnen	155
Ludwigswalde	712
Mahnsfeld	522
Mandeln	771
Mantau	376
Marienhof	283
Marscheiten	141
Maulen	490
Medenau	1 202
Michelau	363
Mogahnen	407
Molsehnen	640
Mülsen	359
Nautzwinkel	294
Neuendorf	247
Neuhäuser	961
Neuhausen	4 198
Neuhof	573
Neukuhren	4 779
Neu Lindenau	190
Nickelsdorf	149
Nöttnicken	96
Norgau	497
Norgehnen	175
Paggehnen	155
Palmburg	768
Palmnicken	3 079
Perteltnicken	270
Perwissau	279
Peyse	2 196
Pillau	12 379
Pillkoppen	301
Pobethen	1 358
Pogauen	432
Poggenpfuhl	462
Pojerstieten	367
Posselau	109
Postnicken	847
Powayen	140
Powunden	703
Prawten	246
Ramsen	149
Rantau	586
Rauschen	2 542
Regehnen	501
Rosignaiten	198
Rossitten	691
Rothenen	362
Rudau	1 053
Saltnicken	53
Sanglienen	223
Sankt Lorenz	704
Sarkau	705
Schaaksvitte	607
Schalben	159
Schlakalken	184
Schmiedehnen	169
Schönmohr	297
Schönwalde	553
Schorschehnen	94
Schuditten	468
Schugsten	535
Seerappen	1 731
Seewalde	140
Sorthenen	139
Sperlings	426
Stantau	329
Steinbeck	811
Steinort	218
Sudnicken	473
Syndau	250
Tenkitten	258
Thiemsdorf	190
Thierenberg	624
Trankwitz	469

Tranßau	329
Trentitten	555
Trömpau	307
Trutenau	419
Uggehnen	679
Waldau	789
Waldburg	308
Wardienen	95
Wargen	901
Wargienen	328
Weidehnen	356
Weißenstein	343
Wernsdorf	154
Wickbold	479
Widitten	351
Wiekau	273
Willkeim	294
Willkühnen	388
Wischehnen	263
Wolfsdorf	230
Worienen	228
Wosegau	432
Woytnicken	148
Wundlacken	337
Ziegelau	331

Wehlau	50 236
Allenburg	2 694
Aßlacken	319
Auerbach	157
Bartenhof	237
Bieberswalde	297
Biothen	378
Brandlacken	40
Bürgersdorf	452
Dachsrode	65
Damerau	118
Eichen	376
Eiserwagen	250
Ernstwalde	150
Freudenfeld	218
Friedrichsdorf	350
Friedrichsthal	282
Frischenau	317
Fritschienen	101
Fuchshügel	208
Gauleden	991
Genslack	406
Goldbach	951
Grauden	104
Groß Allendorf	295
Groß Birkenfelde	49
Groß Budlacken	74
Groß Engelau	615
Groß Keylau	218
Groß Michelau	175
Groß Nuhr	337
Groß Ponnau	239
Großudertal	255
Grünhayn	408
Grünlinde	320
Gundau	146
Guttschallen	191
Hanswalde	160
Hasenberg	257
Holländerei	194
Imten	321
Irglacken	208
Jägersdorf	46
Kallehnen	95
Klein Budlacken	36
Klein Engelau	318
Klein Nuhr	534
Klein Ponnau	109
Klinglacken	26
Knäblacken	62
Koddien	141
Köllmisch Damerau	108
Köthen	128
Koppershagen	199
Kortmedien	164
Kühnbruch	50
Kuglack	152
Kuglacken	504
Kukers	135
Langendorf	313
Leipen	96
Leißienen	425
Lindendorf	413
Magotten	106
Moptau	108
Moterau	399
Nalegau	98
Neuendorf	225
Neumühl	249
Nickelsdorf	336
Parnehnen	565
Paterswalde	1 225
Pelkeninken	146
Petersdorf	464
Pettkuhnen	133
Plauen	398
Plibischken	227
Plompen	43
Pomedien	351
Poppendorf	409
Pregelswalde	700
Reinlacken	225
Reipen	127
Richau	284
Ringlacken	37
Rockeimswalde	187
Roddau-Perkuiken	401
Romau	195
Rosenfelde	80
Sanditten	789
Schallen	254
Schiewenau	438
Schillenberg	168
Schirrau	487
Schönrade	199

Schorkenicken	83
Sechshuben	78
Sielacken	64
Skaten	87
Sprindlack	119
Stadthausen	93
Stampelken	293
Starkenberg	398
Stobingen	479
Tapiau	9272
Taplacken	415
Tölteninken	172
Uderhöhe	134
Wargienen	193
Warnien	120
Wehlau	8463
Weidlacken	237
Weißensee	646
Wilkendorf	469
Wilmsdorf	87
Zohpen	304

Regierungsbezirk Gumbinnen

Stadtkreise:

Insterburg	48711

Memel	41297

Tilsit	59105

Landkreise:

Angerapp	31549
Adamsheide	262
Albrechtau	157
Albrechtshof	228
Almental	256
Altentrift	69
Altheide	324
Altlautersee	135
Altlinde	92
Altsauswalde	142
Alt Thalau	63
Ammerau	176
Angerapp	4336
Auerfluß	300
Aussicht	162
Ballethen	447
Balschdorf	144
Balsken	133
Berglingen	156
Bidenteich	173
Bindemark	63
Blinkersee	117
Brahetal	210
Brassen	67
Brenndenwalde	145
Brettken	130
Bruderhof	155
Brunshöfen	42
Christiankehmen	222
Dachshausen	208
Dingelau	235
Dittwiese	66
Drachenberg	89
Eibenburg	296
Elken	187
Erlenflet	98
Ernstburg	320
Eschingen	287
Finkenwalde	60
Friedeck	165
Friedrichsberg	310
Fritzenau	132
Gahlen	344
Gembern	257
Gleisgarben	270
Golsaue	134
Grieben	198
Grieswalde	196
Grimmen	266
Großbachrode	112
Großbeinuhnen	215
Groß Grobienen	181
Groß Illmen	95
Groß Jahnen	180
Großkallwen	104
Großlautersee	53
Großmedien	280
Groß Ragauen	204
Groß Skirlack	229
Groß Sobrost	221
Großsteinau	127
Großzedmar	108
Grünblum	73
Gründann	35
Grünsiedel	94
Gruneiken	78
Gudwainen	49

Gutbergen	124
Hallweg	338
Hasenbrück	121
Hilpertswerder	84
Ilgenau	185
Jodanen	108
Jürgenfelde	290
Julienfelde	150
Jungferngrund	67
Kamanten	106
Kanden	155
Kannen	205
Karkeim	168
Karpauen	342
Kermen	250
Kermenau	77
Kleedorf	74
Kleinangerapp	388
Kleinbachrode	90
Kleinbeinuhnen	369
Klein Grobienen	69
Kleinlautersee	211
Klein Ragauen	58
Klein Skirlack	189
Klein Sobrost	139
Kleinzedmar	69
Kleschauen	163
Königsgarten	179
Köskeim	74
Konradshof	216
Kranichfelde	199
Kreuzhausen	203
Kreuzstein	108
Krucken	69
Kudern	135
Kuppenwiese	114
Kurschen	131
Labonen	184
Langenrück	69
Linnemarken	42
Loppinnen	48
Maiden	107
Marienwalde	316
Meltbach	79
Mentau	81
Menturren	120
Meßken	93
Milchbude	19
Missen	69
Neubeinuhnen	92
Neusauswalde	82
Neu Thalau	82
Notrienen	73
Oberhofen	82
Ostkehmen	67
Peterkeim	82
Puttkammer	54
Ragen	57
Ramfelde	113
Rauben (-Degelgirren)	122
Raunen	105
Rogalwalde	214
Rosenberg	50
Roßkamp	111
Rüttelsdorf	147
Runden	159
Sandeck	126
Sanden	500
Sauckenhof	208
Sausreppen	251
Schanzenhöh	124
Schiedelau	146
Schimmelhof	90
Schlieben	98
Schönfels	168
Schönwall	70
Schudau	66
Seehagen	50
Seehügel	88
Sillenfelde	234
Sodehnen	422
Stillheide	180
Ströpken	259
Stroppau	292
Tatarren	267
Tiefenhagen	68
Trempen	872
Uhlenhorst	207
Ursfelde	91
Waldkerme	156
Wehrwalde	102
Wiecken	268
Wiesenbrunn	93
Wiesenhausen	180
Wildhorst	99
Wilhelmsberg	578
Wittbach	201

Angerburg	42744
Albrechtswiesen	494
Andreastal	456
Angerburg	10922
Angertal	172
Benkheim	1970
Bergensee	431
Birkenhöhe	241
Borkenwalde	310
Buddern	897
Doben	227
Dowiaten	205
Engelstein	592
Gembalken	139
Geroldswalde	215
Gronden	367
Groß Budschen	443
Großgarten	1551
Groß Guja	447
Groß Strengeln	262
Gurren	402
Haarschen	811
Hartenstein	412

Heidenberg	540
Herbsthausen	385
Hochsee	193
Jakunen	749
Jorken	354
Kanitz	509
Kehlen	777
Kerschken	311
Kleinkutten	231
Klein Strengeln	348
Knobbenort	193
Kruglanken	1 222
Kulsen	330
Kutten	413
Langbrück	383
Lindenwiese	256
Lissen	749
Masehnen	374
Neu Freudenthal	284
Ostau	229
Paßdorf	377
Paulswalde	425
Perlswalde	325
Primsdorf	401
Raudensee	373
Rehsau	334
Rochau	299
Rosengarten	1 139
Salpen	537
Schwenten	828
Seehausen	450
Siewen	259
Siewken	401
Soldahnen	430
Soltmahnen	517
Sonnheim	315
Steinort	629
Steinwalde	363
Stullichen	175
Sunkeln	175
Surminnen	455
Taberlack	255
Talheim	391
Thiergarten	635
Treugenfließ	138
Wensen	240
Wenzken	510
Wiesental	364
Wieskoppen	154

Ebenrode	41 265

Absteinen	147
Alexbrück	367
Almen	83
Altbruch	66
Altenfließ	68
Amalienhof	275
Andersgrund	95
Antonshain	68
Baringen	432
Bartztal	129
Berningen	120
Bersbrüden	181
Bilderweiten	342
Birkenmühle	1 076
Bißnen	68
Brandrode	38
Bredauen	482
Bruchhöfen	338
Brücken	92
Burgkampen	591
Buschfelde	296
Damerau	229
Datzken	48
Deeden	70
Disselberg	112
Dräwen	114
Drusken	198
Dürrfelde	107
Ebenrode	6 608
Eichhagen	339
Eichkamp	231
Eimental	83
Ellerau	117
Ellerbach	106
Erlenhagen	249
Eydtkau	4 922
Finkenschlucht	71
Föhrenhorst	322
Freieneck	45
Fuchshagen	184
Germingen	79
Göritten	467
Grenzkrug	55
Grieben	113
Groß Degesen	277
Groß Trakehnen	1 518
Grünhof	125
Grünweide	300
Grundhausen	26
Gutweide	91
Hainau	462
Haldenau	235
Haselgrund	68
Heimfelde	187
Hellbrunn	153
Hochmühlen	190
Hochtann	81
Hohenfried	166
Hohenschanz	118
Hollenau	184
Hopfenbruch	112
Hügeldorf	77
Jocken	77
Jürgenrode	65
Kalkhöfen	158
Kassuben	243
Kattenau	696
Kickwieden	145
Kinderfelde	55
Kinderhausen	208

Kischken	118
Klimmen	114
Kögsten	53
Krähenwalde	70
Krebsfließ	96
Kummeln	176
Lauken	206
Leegen	81
Lehmau	114
Lehmfelde	92
Lengen	96
Lengfriede	191
Lerchenborn	263
Lichtentann	77
Lucken	168
Malissen	153
Martinsort	48
Matten	86
Mecken	72
Mehlkinten	43
Mildenheim	69
Mühlengarten	460
Narwickau	145
Nassawen	402
Neuenbach	49
Neu Trakehnen	801
Nickelsfelde	102
Norwieden	100
Packern	45
Parkhof	58
Pfeifenberg	37
Platen	82
Pohlau	98
Preußenwall	190
Quellbruch	98
Raineck	133
Randau	91
Raschen	47
Rauhdorf	71
Rauschendorf	87
Rauschmünde	65
Rehbusch	127

Ribben	101
Rodebach	261
Rohren	187
Romeiken	149
Sandau	101
Sannen	117
Schanzenort	545
Schapten	73
Scharfeneck	271
Schellendorf	240
Schenkenhagen	196
Schleusen	173
Schleuwen	54
Schloßbach	791
Schmilgen	36
Schuckeln	48
Schützenort	147
Schuggern	49
Schwanen	29
Seebach	114
Seehausen	141
Seekampen	178
Semmetimmen	56
Sinnhöfen	101
Sodargen	368
Soginten	93
Sonnenmoor	182
Stadtfelde	602
Stärken	34
Stehlau	170
Steinhalde	175
Stobern	51
Stolzenau	161
Ströhlen	60
Sudeiken	32
Talfriede	73
Tannenmühl	224
Tauern	88
Teichacker	139
Trakehnen	501
Tutschen	471
Ulmenau	42

Urfelde	141
Wabbeln	176
Wagonen	29
Weidenkreuz	191
Weitenruh	65
Wenzbach	326
Wickenfeld	156
Wilken	53
Willdorf	60
Wilpen	112
Windberge	133
Wirbeln	107
Wittkampen	114
Wohren	64

Elchniederung	54 867

Ackeln	113
Adelau	58
Adlig Linkuhnen	379
Ahlgarten	62
Allgau	67
Altdümpelkrug	121
Altengilge	195
Altginnendorf	105
Alt Iwenberg	84
Altmühle	190
Altschanzenkrug	131
Alt Seckenburg	211
Alt Sellen	147
Amtal	136
Anmut	47
Ansorge	147
Antonswiese	150
Argemünde	246
Argendorf	220
Argental	276
Aschenberg	73

Aschpalten	82
Balten	111
Berkeln	298
Birkenheim	120
Bolzfelde	104
Bolzhagen	113
Borstehnen	16
Brandenburg	154
Breitenhof	97
Brittanien	334
Budeweg	127
Bürgerhuben	121
Buttenhagen	82
Dannenberg	156
Demmen	151
Deschen	310
Doblienen	64
Dünen	358
Eckwalde	182
Elbings Kolonie	601
Erlen	145
Erlenrode	73
Eschenberg	200
Falkenhöhe	139
Finkenhof	136
Friedeberg	270
Friedlau	87
Georgenforst	104
Georgenheide	144
Gerhardsgrund	165
Gerhardsheim	150
Gerhardshöfen	56
Gerhardswalde	105
Gerhardsweide	202
Gilgenfeld	171
Gilgetal	285
Gilkendorf	94
Ginkelsmittel	244
Gobienen	112
Gowarten	333
Grenzberg	358
Grieteinen	142
Gronwalde	248
Groß Friedrichsdorf	1196
Großheidenstein	68
Groß Heinrichsdorf	181
Groß Marienwalde	196
Großwalde	230
Grünau	238
Grünbaum	133
Gründann	287
Grüneberg	111
Grünhausen	464
Grünhof-Kippen	76
Grünwiese	151
Gruten	164
Gutsfelde	121
Haslingen	104
Heideckshof	220
Heinrichswalde	3460
Herdenau	592
Herrendorf	144
Hochdünen	126
Hohenberge	196
Hoheneiche	128
Hohensprindt	282
Hohenwiese	147
Ibenberg	111
Ibenwerder	75
Inse	545
Iwenheide	58
Jägerhöh	364
Jagsten	272
Jodingen	86
Johannsdorf	99
Kämpen	103
Karkeln	885
Kastaunen	358
Kieslau	46
Kischen	104
Kleeburg	161
Kleindünen	162
Kleinerlenrode	106
Klein Friedrichsdorf	39
Klein Friedrichsgraben	328
Kleingrenzberg	54
Kleinheidenstein	62
Klein Heinrichsdorf	203
Klein Marienwalde	94
Kleinrokitten	29
Kleinsommershöfen	100
Kleinwalde	36
Kleinwarschen	76
Klemenswalde	337
Kloken	581
Köllmisch Linkuhnen	71
Köllmisch Schnecken	73
Kreuzingen	2256
Kripfelde	184
Kuckerneese	4492
Kurrenberg	86
Kurwe	22
Kurwensee	85
Kussenberg	138
Lakendorf	135
Langenberg	82
Lehmbruch	50
Leitwarren	67
Lentenbude	81
Lessen	68
Lindendorf	134
Lindental	372
Lischau	132
Loye	279
Mägdeberg	110
Margen	119
Milchhof	176
Motzfelde	150
Mühlenkreuz	229
Mühlmeistern	180
Nassenfelde	113
Neuendorf	161
Neufelde	349
Neufrost	184
Neuginnendorf	51
Neukirch	1589

Neulinkuhnen	89
Neuschleuse	164
Neu Sellen	59
Neusorge	
Ksp. Heinrichswalde	331
Neusorge	
Ksp. Kuckerneese	76
Noiken	301
Ossafelde	247
Oswald	220
Parwen	197
Perkuhnen	102
Peterswalde	417
Plein	140
Polenzhof	207
Raging	212
Rautenburg	307
Rautersdorf	205
Rauterskirch	598
Rehwalde	77
Rewellen	96
Rokitten	91
Rosenwalde	151
Ruckenfeld	266
Ruckenhagen	88
Rutenfelde	32
Schackwiese	143
Schakendorf	367
Schalteck	135
Schlichtingen	147
Schneckenwalde	481
Schneiderende	119
Schönrohr	57
Schönwiese	299
Schorningen	71
Schulzenwiese	358
Schwanensee	207
Seckenburg	1488
Selsen	82
Sköpen	414
Skören	266
Skulbetwarren	142
Skuldeinen	118
Sommershöfen	72
Sprosserweide	112
Steilberg	139
Stellwagen	193
Stobingen	120
Streulage	80
Stucken	240
Tannenhöhe	85
Tawe	840
Tawellenbruch	455
Tewellen	138
Thomaten	361
Trammen	276
Tranatenberg	112
Trumpenau	181
Urbansprind	297
Vielbrücken	163
Warsche	63
Warschfelde	161
Warskillen	132
Warten	149
Wartenfeld	183
Wartenhöfen	660
Wegnersdorf	18
Wildwiese	524
Wilhelmsbruch	434
Wilhelmsheide	234
Wittken	158
Wolfsberg	148
Wolfsdorf	128
Ziegelberg	134

Goldap	45825
Äschenbruch	118
Albrechtsrode	166
Altenbude	306
Altenwacht	55
Altenzoll	50
Amberg	48
Arnswald	466
Auersfeld	88
Ballenau	99
Barkau	247
Bastental	123
Beierswalde	276
Bergerode	75
Bergershof	58
Bergesruh	171
Billenau	73
Birkendorf	154
Bodenhausen	832
Bornberg	142
Burgfelde	432
Buschbach	125
Daken	62
Deeden	65
Dobauen	168
Dubeningen	404
Duneiken	389
Ebershagen	52
Eckertsberg	141
Eichicht	284
Ellern	126
Elsgrund	279
Engern	272
Erlensee	116
Forsthausen	188
Frankeneck	93
Freienfeld	81
Freudenau	59
Friedrichau	78
Friedrichswalde	187
Gehlweiden	477
Gellenau	59
Gerwalde	60
Glaubitz	277
Gnadenheim	240

Goldap	12786
Grilsen	59
Grimbach	65
Grischken	118
Grönfleet	231
Großfreiendorf	173
Großguden	141
Grünhügel	57
Gulbensee	79
Gurnen	599
Hainholz	37
Hallenfelde	504
Hardteck	1191
Hartental	67
Hegelingen	361
Heidensee	47
Hellerau	106
Herandstal	694
Hermeshof	259
Herzogsrode	394
Hitlershöhe	133
Hohenrode	143
Hohenwaldeck	167
Holzeck	225
Jägersee	128
Jagdbude	78
Jarkental	335
Johannisberg	168
Kaltenbach	63
Kaltensee	159
Kaschen	155
Keckskeim	90
Klarfließ	62
Kleinau	42
Kleinguden	114
Kornberg	230
Kosmeden	208
Kräuterwiese	33
Kraghof	66
Kühlberg	67
Kunzmannsrode	298
Kurnen	174
Langensee	170
Langenwasser	223
Lengenfließ	122
Liegetrocken	152
Linnau	155
Loien	231
Loken	81
Maleiken	81
Martinsdorf	168
Matztal	103
Meschen	179
Mörleinstal	227
Motzken	73
Neumagdeburg	57
Noldental	56
Nordenfeld	105
Ossau	43
Pabbeln	70
Padingen	181
Pellau	57
Pellkauen	189
Pfalzberg	75
Pfalzrode	107
Pickeln	276
Plauendorf	153
Pöwen	143
Praßlau	76
Preußischnassau	138
Quellental	84
Rabeneck	36
Rappenhöh	270
Rauental	169
Reddicken	72
Reutersdorf	58
Ribbenau	168
Ringfelde	104
Rodenheim	173
Rodenstein	135
Rogainen	395
Rominten	309
Rotenau	20
Rothebude	156
Salzburgerhütte	54
Satticken	166
Schackeln	243
Schäferberg	235
Schardingen	237
Scharnen	132
Scheeben	104
Schelden	554
Schlaugen	198
Schneegrund	210
Schönheide	411
Schöntal	411
Schwadenfeld	280
Seefelden	169
Serguhnen	76
Serteck	102
Spechtsboden	223
Sprindberg	175
Staatshausen	174
Steinhagen	287
Steinheide	108
Summau	99
Tannenhorst	101
Texeln	193
Thomasfelde	365
Tiefenort	203
Tollmingen	395
Tulkeim	185
Unterfelde	307
Urbansdorf	393
Wangenheim	79
Warnen	231
Wartenstein	117
Wehrfeld	66
Wehrkirchen	1270
Wellenhausen	190
Widmannsdorf	271
Wildwinkel	66
Winterberg	160
Wittigshöfen	533
Zapfengrund	82
Zellmühle	608

Zoden	73
Zollteich	82

Gumbinnen	55 272
Adamshausen	455
Altkrug	753
Altlinden	60
Altweiler	120
Amtshagen	470
Angereck	337
Angerfelde	184
Angerhöh	346
Austfelde	61
Bärenhagen	67
Bahnfelde	194
Balbern	50
Bergenbrück	98
Bergendorf	201
Berstenau	105
Birkenhöhe	101
Birkenried	234
Bismarckshöh	118
Blecken	286
Branden	227
Brauersdorf	81
Brückental	132
Buchenrode	70
Bumbeln	181
Chorbuden	65
Dauginten	160
Eggenhof	122
Eichenfeld	252
Erlengrund	358
Eyßeln	63
Falkenhausen	128
Florhof	133
Forsteck	125
Frankenhof	59
Freudenhoch	58
Friedrichsfelde	29
Fuchstal	63
Gertenau	98
Gerwen	580
Girnen	208
Groß Baitschen	306
Groß Datzen	165
Großgauden	338
Groß Mixeln	173
Großpreußenbruch	100
Großpreußenwald	193
Großstangenwald	221
Großwaltersdorf	480
Grünfließ	176
Grünhaus	202
Gumbinnen	24 534
Habichtsau	133
Hagelsberg	87
Haselhof	51
Hasenrode	119
Heinsort	169
Herzogskirch	291
Heubude	50
Hochfließ	486
Hoheneck	48
Hohenfried	163
Hohenwerder	89
Jäckstein	79
Jägersfreude	199
Jägershagen	311
Jürgendorf	75
Jungort	177
Kahlheim	250
Kailen	39
Kaimelau	189
Kaimelskrug	168
Kanthausen	374
Karmohnen	97
Kleehagen	221
Klein Baitschen	165
Kleingauden	67
Kleinpreußenbruch	188
Kleinpreußenwald	185
Kleinstangenwald	90
Klein Trakehnen	573
Kleinweiler	75
Korellen	76
Krammsdorf	195
Krausenbrück	74
Krügertal	49
Kubbeln	252
Kutten	164
Lampshagen	43
Langenweiler	164
Laurinshof	99
Lolen	217
Lorenzfelde	261
Luschen	231
Lutzen	78
Martinshof	77
Matzhausen	285
Matzrode	132
Mertinshagen	78
Mittenfelde	118
Moorhof	152
Moosgrund	144
Nemmersdorf	637
Neuenburg	47
Neuhufen	53
Neupassau	118
Norbuden	125
Ohldorf	1 181
Pabbeln	99
Pendershof	100
Peterstal	171
Pfälzerort	70
Pfälzerwalde	243
Pötschwalde	255
Praßfeld	344
Preußendorf	917

Puspern	442
Rahnen	77
Reckeln	62
Richtfelde	238
Riedwiese	81
Ringfließ	96
Röden	67
Rohrfeld	210
Roloffseck	133
Roseneck	74
Rosenfelde	94
Roßlinde	305
Rotenkamp	63
Rotweiler	74
Samfelde	236
Sampau	83
Schmilgen	151
Schöppenfelde	135
Schublau	60
Schulzenwalde	382
Schunkern	171
Schwarzenau	72
Schweizerau	82
Schweizersfelde	216
Schweizertal	380
Seewiese	191
Seilhofen	94
Sodeiken	553
Sprindort	152
Springen	208
Steffensfelde	266
Tannsee	291
Tellrode	319
Turen	106
Tutteln	118
Ullrichsdorf	329
Vierhufen	59
Weidengrund	266
Wiekmünde	175
Wilhelmsberg	134
Wolfseck	127
Zweilinden	669

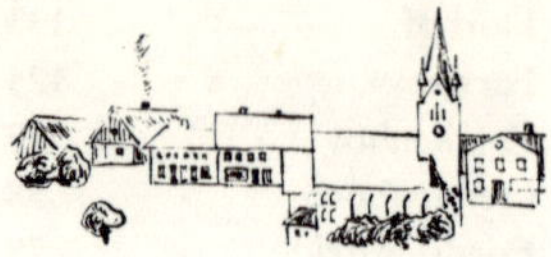

Heydekrug	41592
Akmonischken	236
Alt Stremehnen	197
Altweide	315
Augskieken	236
Auritten	485
Barden	396
Bersteningken	333
Berzischken	320
Bewern	592
Coadjuthen	947
Didßeln	300
Elchwinkel	155
Feilenhof	224
Gaidellen	767
Galsdon-Joneiten	343
Georgenhöhe	265
Girreningken	133
Gnieballen	253
Gurgsden	200
Heidewald	320
Heinrichsfelde	479
Hermannlöhlen	321
Heydekrug	5236
Jonaten	251
Jugnaten	571
Kaßemecken	331
Kawohlen	218
Kinten	833
Kirlicken	230
Kischken	334
Klein Grabuppen	201
Klugohnen	321
Kolleschen	249
Kugelhof	420
Kukoreiten	321
Kurpen	329
Kuwertshof	427
Lapallen	185
Laschen	381
Laudßen	386
Leitgirren	171
Mädewald	272
Mantwieden	341
Matzken	269
Matzstubbern	506
Medischkehmen	480
Meischlauken	384
Mestellen	307
Metterqueten	328
Michelsakuten	164
Minge	205
Moorweide	281
Neusassen	424
Pageldienen	415
Pagrienen	482
Pakamonen	227
Paleiten	324
Passon-Reisgen	254
Pauern	210
Peteraten	121
Petrellen	409
Plaschken	466
Pleine	395
Prätzmen	155
Rucken	618
Rudienen	213
Rumschen	325
Rupkalwen	100
Ruß	2454
Saugen	419
Sausgallen	206
Scheeren	393
Schillmeyßen	312
Schillwen	474
Schlaunen	222
Skerswethen	273

Skirwiet	354
Steppon-Rödßen	164
Stonischken	469
Suwehnen	258
Szagaten	232
Szameitkehmen	269
Tarwieden	445
Tattamischken	82
Tauten	215
Tennetal	267
Trakseden	580
Ußlöknen	549
Ußpelken	481
Wabbeln	160
Wersmeningken	535
Wiesenheide	394
Wietullen	265
Wilkomeden	195
Willeiken	325
Windenburg	395
Wirkieten	469

Insterburg	43 224
Althof-Insterburg	798
Amwalde	233
Angerbrück	165
Angerlinde	692
Angermoor	170
Argenquell	120
Aulenbach	1 049
Bärensprung	162
Bergental	155
Bergfriede	161
Bernhardseck	136
Bessen	194
Binden	227
Birken	726
Birkenhausen	190
Birkenhof	261
Birkenhorst	235
Birklacken	147
Blüchersdorf	263
Blumenbach	127
Blumental	182
Brachenfeld	125
Brennersdorf	193
Buchhof	276
Burbeln	114
Dallwitz	375
Dittau	215
Dittlacken	452
Dreibrücken	246
Dröschdorf	147
Drojental	237
Eichenberg	253
Eichenstein	324
Eichental	153
Eichhorn	121
Erdmannsruh	382
Eschenhang	83
Falkenreut	227
Farndorf	46
Fehlbrücken	274
Feldeck	208
Finkengrund	150
Friedenau	280
Friedensfelde	272
Gaiden	46
Georgenburg	605
Georgental	774
Gnottau	177
Gravenort	145
Groß Eschenbruch	436
Groß Franzdorf	340
Groß Gerlauken	80
Groß Jägersdorf	289
Großlugau	414
Groß Schunkern	226
Groß Warkau	282
Grünacker	88
Grünbirken	63
Grünheide	611
Güldenau	198
Hasenfeld	302
Hengstenberg	201
Hoheninster	114
Honigberg	114
Horstenau	415
Hutmühle	395
Insterblick	166
Jägertal	404
Jänichen	466
Jennen	171
Jessen	105
Kampeneck	170
Kamswiken	149
Karlswalde	264
Kastaunen	108
Keilergrund	214
Kirschland	223
Kirsnen	49
Klein Bubainen	131
Kleingeorgenburg	217
Klein Gerlauken	90
Klein Schunkern	160
Klingen	122
Kneiffen	68
Kumpchen	58
Kundern	72
Kuttenhöh	142
Landwehr	178
Laschnicken	639
Lehwald	89
Lindenberg	388
Lindenhausen	87
Lindenhöhe	262
Louisenthal	161
Luisenberg	522
Mattenau	285
Mittel Warkau	203
Mittenwalde	173

Muldenwiese	157
Myrtenhof	166
Neuendorf	358
Neugrün	183
Neunassau	374
Neuteich	120
Neuwalde	201
Norkitten	1147
Oberschleifen	145
Oberschwalben	159
Ossafurt	249
Ossaquell	261
Otterwangen	387
Pagelienen	197
Perkunsfelde	124
Pesseln	165
Peterstal	154
Piaten	383
Pladden	47
Pregelau	342
Puschdorf	559
Rauducken	100
Rehfeld	158
Rehwiese	65
Rosenthal	210
Roßthal	129
Saalau	725
Saugehnen	241
Sausen	103
Schackenau	297
Scherden	77
Scheunenort	212
Schierheide	181
Schleifenau	159
Schmackerau	86
Schönwaldau	266
Schönwiese	217
Schulzenhof	435
Schuppinnen	98
Schwägerau	427
Schwalbental	577
Schwerfelde	281
Seßlacken	374
Siegmanten	260
Siegmundsfelde	399
Siemohnen	418
Sprakten	320
Staatshausen	519
Stablacken	200
Staggen	140
Stanken	107
Starkenicken	302
Steinacker	129
Steinsee	215
Stobingen	277
Storchfelde	187
Streudorf	131
Streusiedel	114
Strigengrund	620
Swainen	132
Tammau	278
Tannenfelde	83
Tannenschlucht	104
Tiesfelde	76
Timberquell	110
Tricken	134
Trumplau	68
Unterbirken	78
Walddorf	215
Waldfrieden	215
Waldhausen	758
Walkenau	131
Wiesenblick	115
Wilkental	127
Wirbeln	364
Wirtberg	202

Memel	27752
Aglohnen	423
Althof	463
Bachmann	117
Bajohren	419
Birkenhain	249
Buddelkehmen	271
Dargußen	321
Darzeppeln	354
Daugmanten	254
Dawillen	471
Deegeln	397
Deutsch Crottingen	303
Dittauen	536
Drawöhnen	260
Drucken	286
Dumpen	430
Gabergischken	224
Gelßinnen	347
Girngallen-Gedmin	269
Girngallen-Matz	348
Götzhöfen	350
Grabsten	390
Groß Jagschen	619
Hohenflur	258
Ißluße	153
Jankeiten	229
Kairinn	282
Kantweinen	409
Karkelbeck	772
Karlsberg	264
Kebbeln	532
Kerndorf	311
Kissinnen	190
Klausmühlen	285
Kollaten	530
Krucken-Görge	559
Lankuppen	331
Lankutten	145
Laugallen	281
Launen	229
Leisten	144
Lingen	272

Löllen	295
Matzkieken	184
Mellneraggen	1069
Mißeiken	293
Nidden	847
Nimmersatt	382
Paul-Narmund	263
Perwelk	173
Piaulen	252
Plicken	960
Pößeiten	376
Preil	188
Prökuls	1196
Rooken	309
Sakuten	487
Schäferei	193
Schilleningken	366
Schlappschill	240
Schnaugsten	258
Schudebarsden	213
Schwarzort	346
Schwenzeln	349
Stankeiten	313
Starrischken	188
Stragna	292
Stutten	275
Szimken	502
Truschellen	920
Wallehnen	248
Wannaggen	681
Wensken	279
Wilkieten	403
Wowerischken	135

Schloßberg	42656
Abendwalde	210
Ackermühle	163
Adlerswalde	255
Albrechtswalde	38
Altbaum	106
Altsnappen	358
Auengrund	65
Auertal	61
Bärenbach	71
Bärenfang	406
Ballen	96
Barschen	79
Barsden	59
Beinicken	147
Belsen	137
Beutnerwalde	22
Bilden	105
Birkenfelde	79
Birkenhof	128
Bitzingen	111
Blockswalde	262
Blumenfeld	431
Blumenthal	249
Bönick	164
Brämerhusen	185
Bröden	74
Bruchdorf	64
Bruchlage	57
Buden	120
Bühlen	45
Bühlerhof	63
Cäsarsruhe	137
Dachsheide	68
Dauden	69
Deihornswalde	204
Deinen	188
Derschau	92
Doristhal	227
Dorotheendorf	50
Dreibuchen	153
Dreßlershausen	152
Drozwalde	101
Dudenfelde	156
Dudenwalde	119
Ebenfelde	194
Ebenhausen	90
Ebenwalde	100
Ebertann	320
Edern	183
Eichbruch	134
Eigern	34
Eschenhöhe	182
Feuchtwiesen	127
Fichtenhöhe	149
Flußfelde	129
Fohlental	154
Forsthusen	56
Frankenreuth	107
Friedfelde	85
Friedrichsweiler	71
Gettkanten	25
Gobern	97
Grabenbrück	93
Grabfelde	71
Grenzbrück	28
Grenzfelde	80
Grenzheide	189
Grenzhöhe	330
Grenzwald	215
Groß Königsbruch	27
Grüneichen	148
Grünrode	95
Grünwalde	91
Grumbkowsfelde	118
Grundhufen	43
Grundweiler	45
Gutpetern	21
Hagenfließ	86
Hagenrode	44
Hainort	50
Hansruh	133
Haselberg	2066
Hauptmannsdorf	58
Heinrichsfelde	121
Hensken	423

Herbstfelde	99
Hermannsdorf	248
Hintertannen	34
Hochfeld	71
Hochweiler	138
Hopfendorf	182
Inglau	140
Insterwalde	128
Insterwangen	41
Iwenberg	115
Jägerswalde	249
Jodungen	111
Kailen	174
Karpfenwinkel	148
Katharinenhof	273
Kayserswiesen	166
Kiefernberg	140
Kiefernhorst	24
Kiesdorf	865
Kiesfelde	208
Kleinhildesheim	73
Kleinruden	58
Kleinschloßberg	26
Kleinsorge	108
Klischen	79
Klohnen	80
Königsfeld	49
Köschen	137
Krähenberge	207
Kreuzhöhe	95
Krusen	124
Kühnen	93
Kurschen	106
Kussen	660
Ladmannsfelde	125
Langenfelde	496
Laschen	51
Lauterbrücken	53
Legen	57
Lindbach	176
Lindenhaus	588
Lindenhof	170
Lindicken	175
Lindnershorst	75
Löbaugrund	83
Löbenau	184
Lorenzen	68
Lubenwalde	52
Lugeck	41
Mallwen	780
Marderfelde	80
Martingen	60
Meißnersrode	221
Michelfelde	143
Mingen	56
Mittenbach	37
Mittenwalde	193
Moormühle	52
Moorwiese	107
Moosbach	103
Moosheim	146
Mühleck	99
Mühlenhöhe	349
Naßfelde	69
Nauningen	119
Neuweide	113
Nicklashagen	157
Ostdorf	142
Osterfelde	73
Ostfurt	134
Parschen	44
Paulicken	119
Peterort	42
Petershausen	120
Petzingen	28
Radenau	236
Rehwalde	161
Reinkenwalde	410
Ritterswalde	35
Rodungen	141
Rotfelde	183
Rucken	231
Sallen	62
Salten	74
Sandhöhe	60
Sandwalde	79
Sassenbach	70
Schacken	81
Scharen	291
Schatzhagen	92
Schieden	95
Schillfelde	899
Schillingen	92
Schirwindt	1 090
Schleswighöfen	138
Schloßberg	5 833
Schmilgen	321
Schruten	118
Schwarpen	313
Schwarzenberge	261
Schwarzfelde	44
Schwarzwiesen	123
Seehuben	145
Seidlershöhe	279
Senkendorf	45
Serbenten	28
Siebenlinden	108
Siedlerfelde	169
Smailen	143
Snappen	135
Sorgenfelde	69
Spatzen	74
Sprindacker	105
Spullen	357
Stahnsdorf	102
Steinershöfen	110
Steinkirch	217
Stimbern	57
Stirnen	76
Stobern	70
Streuhöfen	140
Sturmen	92
Stutbruch	74
Talwiesen	134
Tanneck	74
Tannenwalde	104

Tegnerskrug	348
Tiefenfelde	32
Treufelde	197
Tulpeningen	384
Tuppen	206
Urbanshöhe	91
Urlau	49
Vierhöfen	76
Vormwalde	148
Walddorf	85
Waldenau	34
Waldhufen	145
Waldlinden	86
Waldried	33
Wallinden	30
Weidenbruch	73
Weidenfeld	181
Wensken	96
Werben	137
Werden	67
Wetterau	254
Wiesenbrück	75
Wietzheim	291
Wildnisrode	61
Willuhnen	291
Wingern	130
Wöschen	72
Zweihuben	38

Tilsit-Ragnit	79 382

Absteinen	313
Achtfelde	84
Ackerbach	90
Adelshof	104
Aggern	109
Allingen	179
Altengraben	75
Altenkirch	781
Altweiden	39
Angerbrunn	40
Angerwiese	208
Ansten	178
Annuschen	344
Argenau	68
Argenbrück	576
Argenfelde	338
Argenflur	210
Argenfurt	194
Argenhof	189
Aschen	87
Auerfließ	289
Augsgirren	343
Ballanden	263
Baltupönen	365
Balzershöfen	98
Barsuhnen	204
Bartken	113
Baubeln	206
Bendigsfelde	440
Bergdorf	168
Bergental	213
Berghang	131
Berginswalde	28
Bersken	106
Billen	124
Birgen	60
Birkenfelde	74
Birkenhain	452
Birkenstein	109
Birkenweide	86
Birstonischken	197
Bittehnen	391
Blendienen	78
Bojehnen	331
Boyken	98
Brakenau	104
Brandenhof	95
Breitenstein	1 263
Brettschneidern	176
Brohnen	57
Bruchfelde	121
Bruchhof	113
Budingen	66
Burental	117
Buschdorf	32
Cullmen-Jennen	347
Cullmen-Wiedutaten	396
Dammfelde	247
Dirsen	23
Dreidorf	132
Dreifurt	541
Dreisiedel	214
Drosselbruch	92
Duden	53
Dundeln	80
Ehrenfelde	230
Eichbaum	96
Eichendorf	70
Eichenheim	115
Eichenhorst	207
Eistrawischken	365
Ellerngrund	38
Endrikaten	230
Erlenbruch	90
Erlenfeld	210
Falkenort	98
Feldhöhe	71
Fichtenberg	102
Fichtenfließ	214
Fichtenwalde	124
Finkenhagen	170
Finkental	138
Flachdorf	86
Freiendorf	97
Freienfelde	107
Freihöfen	51
Friedenswalde	179
Fuchshausen	41
Fuchshöhe	69
Gaistauden	154

Garnen 46
Geidingen 173
Gerslinden 401
Gillanden 180
Gillandwirßen 305
Gindwillen 132
Girren 46
Girschunen 139
Größpelken 315
Groosten 100
Groschenweide 219
Großfelde 98
Groß Kindschen 274
Großkummen 98
Großlenkenau 657
Groß Perbangen 84
Großroden 126
Großschenkendorf 126
Großschollen 197
Großwingen 212
Grünau 160
Grünhöhe 71
Grüntal 255
Grünweiden 153
Gudden 382
Güldengrund 265
Hartigsberg 238
Hasenflur 71
Hegehof 233
Heidenanger 176
Henndorf 70
Hirschflur 418
Hohenflur 94
Hohensalzburg 364
Hüttenfelde 248
Insterbergen 55
Insterbrück 219
Insterhöh 182
Insterweide 139
Jägerfeld 54
Jägerkrug 46
Jägershof 162
Jesten 54
Jonikaten 249
Juckstein 206
Jurken 96
Kaiserau 75
Kallehnen 121
Kallehnen 203
Kallenfeld 139
Kallwehlen 225
Kampspowilken 205
Karlshof 152
Karohnen 175
Kartingen 211
Kasseln 47
Kattenhof 270
Kauschen 241
Kellen 218
Kellerischken 222
Keppen 74
Kerkutwethen 420
Kermen 47
Kernhall 111
Kettingen 48
Kindschen 186
Kleehausen 135
Kleinkummen 66
Kleinlenkenau 82
Kleinmark 73
Klein Perbangen 64
Kleinschollen 121
Klingsporn 125
Klipschen 133
Königshuld I 133
Königshuld II 27
Königskirch 508
Krakischken 162
Krakonischken 55
Krauden 96
Kreywöhnen 270
Kuben 44
Kühlen 149
Kulmen 183
Kuttenhof 248
Langenflur 148
Langenort 34
Lasdehnen 277
Lassen 36
Laugßargen 500
Lesgewangen 418
Lichtenhöhe 31
Lichtenrode 60
Lieparten 108
Lindenbruch 125
Lindengarten 153
Lindenthal 107
Lindenweiler 92
Lindicken 73
Lobellen 194
Löffkeshof 208
Lompönen 700
Loten 185
Mantwillaten 164
Martinsrode 65
Marunen 100
Maßwillen 209
Meldienen 146
Memelwalde 247
Mikut-Krauleiden 180
Moritzfelde 55
Motzischken 301
Moulinen 204
Mühlenhöh 201
Mühlpfordt 56
Nattkischken 418
Neppertlauken 218
Nesten 96
Neudorf 157
Neuhof 141
Neusiedel 372
Obereißeln 403
Opeln 77
Ostfelde 184
Ostmoor 97
Ostwalde 375

Pagulbinnen	171
Palen	74
Pamletten	301
Paschen	91
Paßleiden	40
Pellehnen	148
Petersfelde	136
Petersmoor	223
Piktupönen	312
Plaunen	54
Plauschwarren	156
Pötken	87
Pogegen	2761
Powilken	247
Preußenhof	91
Preußwalde	67
Pröschen	129
Prussellen	163
Pucknen	117
Quellgründen	98
Radingen	142
Ragnit	10094
Rauken	129
Rautenberg	643
Rautengrund	521
Reisterbruch	160
Robkojen	502
Rucken	71
Ruddecken	367
Sackeln	85
Sammelhofen	165
Sandfelde	139
Sandkirchen	336
Sassenau	182
Sassenhöhe	64
Sauerwalde	136
Schäcken	255
Schäferei-Nausseden	148
Schalau	464
Schanzenkrug	144
Scharden	86
Scharken	84
Schattenau	151
Scheiden	89
Schillen	1942
Schillgallen	270
Schlecken	57
Schleppen	381
Schmalleningken	1321
Schreitlaugken	239
Schroten	74
Schudienen	182
Schuppen	49
Schuppenau	131
Schurfelde	113
Schustern	216
Siebenkirchberg	103
Sokaiten	218
Sommerau	262
Staggen	96
Stannen	111
Steffenshof	48
Steinflur	153
Steireggen	63
Stumbragirren	437
Szagmanten	272
Szillutten	132
Szugken	230
Tauern	178
Thomuscheiten	359
Thorunen	56
Tilsen	59
Tilsenau	200
Tilsental	109
Timstern	218
Tischken	197
Torffelde	189
Trakeningken	330
Trappen	1095
Turken	61
Tussainen	491
Ulmental	127
Untereißeln	876
Urbanshof	76
Ußballen	249
Ußkullmen	235
Wabben	89
Waldau	199
Waldeneck	123
Waldheide	428
Waldreuten	195
Wallenfelde	88
Warnen	164
Wartulischken	230
Waschingen	127
Weedern	115
Weidenau	197
Weidenberg	89
Weidenfließ	167
Weinoten	761
Werfen	108
Weßeningken	126
Wiesenfeld	75
Wilkenau	80
Willkischken	981
Willmannsdorf	103
Windungen	48
Winge	136
Winterlinden	37
Wischwill	1174
Wittenhöhe	62
Wittgirren	230
Wodehnen	233
Woringen	82

Treuburg 37998

Albrechtsfelde	258
Babeck	157
Bärengrund	350
Barnen	139

Bartken	45
Bergenau	401
Bittkau	202
Bolken	305
Borken	298
Buttken	280
Deutscheck	405
Diebauen	310
Dingeln	86
Draheim	370
Dullen	240
Duneiken	528
Eibenau	527
Eichhorn	291
Erlental	430
Friedberg	234
Friedensdorf	37
Friedrichsheide	155
Fronicken	457
Garbassen	752
Gelitten	94
Giesen	526
Gordeiken	250
Griesen	300
Groß Retzken	181
Grünheide	212
Guhsen	220
Gutten	183
Halldorf	367
Heinrichstal	166
Herrendorf	199
Herzogshöhe	401
Herzogskirchen	596
Herzogsmühle	374
Jarken	120
Jesken	241
Jürgen	243
Kalkhof	415
Kelchdorf	42
Kilianen	148
Kiöwen	412
Kleschen	429
Klinken	70
Königsruh	275
Kreuzdorf	49
Krupinnen	499
Kutzen	155
Legenquell	385
Lengau	238
Markau	304
Markgrafsfelde	308
Masuren	398
Merunen	1 087
Moneten	333
Moschnen	269
Müllersbrück	208
Neuendorf	306
Nußdorf	335
Plöwken	398
Podersbach	72
Rehfeld	58
Reimannswalde	1 231
Reinkental	628
Reuß	779
Richtenberg	215
Ringen	64
Roggenfelde	132
Rogonnen	436
Rostau	64
Saiden	405
Sargensee	283
Satticken	398
Schareiken	309
Schlöppen	55
Schönhofen	532
Schuchten	165
Schwalg	189
Schwalgenort	301
Schwentainen	689
Schwiddern	213
Seedranken	385
Seesken	230
Siebenbergen	84
Statzen	199
Stosnau	412
Suleiken	325
Tannau	324
Teichwalde	244
Treuburg	7 114
Urbanken	69
Vorbergen	212
Wallenrode	587
Wiesenfelde	203
Wiesenhöhe	785
Willkassen	404
Woinassen	210

Regierungsbezirk Allenstein

Stadtkreis:

Allenstein	50 396

Landkreise:

Allenstein	57 150
Abstich	481
Alt Kockendorf	307
Alt Märtinsdorf	344
Alt Schöneberg	421

Alt Vierzighuben	350
Alt Wartenburg	830
Ballingen	67
Barwienen	69
Bertung	798
Bogdainen	67
Braunswalde	503
Bruchwalde	209
Cronau	803
Darethen	565
Daumen	173
Debrong	83
Derz	630
Deuthen	977
Dietrichswalde	941
Diwitten	626
Fittigsdorf	375
Friedrichstädt	130
Ganglau	183
Gedaithen	278
Gillau	458
Göttkendorf	1079
Gottken	230
Grabenau	624
Graskau	93
Grieslienen	939
Gronitten	236
Groß Bartelsdorf	443
Groß Buchwalde	724
Groß Damerau	385
Groß Gemmern	89
Groß Kleeberg	521
Groß Lemkendorf	1002
Groß Purden	820
Groß Trinkhaus	263
Herrmannsort	356
Hirschberg	603
Hochwalde	260
Honigswalde	265
Jadden	351
Jomendorf	904
Jonkendorf	781
Kainen	152
Kalborn	547
Kallacken	50
Kaplitainen	193
Kirschbaum	248
Kirschdorf	250
Kirschlainen	279
Klaukendorf	215
Klausen	177
Klein Kleeberg	592
Klein Lemkendorf	102
Klein Purden	195
Köslienen	498
Krämersdorf	301
Kranz	99
Lansk	107
Leinau	263
Leissen	129
Lengainen	731
Leschnau	225
Likusen	820
Maraunen	296
Mauden	167
Micken	181
Mokainen	597
Mondtken	543
Nagladden	325
Nattern	268
Nerwigk	226
Neu Bartelsdorf	414
Neu Kockendorf	381
Neu Märtinsdorf	253
Neu Schöneberg	139
Neu Vierzighuben	489
Nußtal	98
Odritten	91
Ottendorf	529
Pathaunen	310
Patricken	426
Penglitten	195
Plautzig	732
Plutken	379
Polleiken	81
Preiwils	401
Prohlen	224
Quidlitz	161
Ramsau	837
Redigkainen	158
Rentienen	59
Reuschhagen	679
Reußen	870
Rosenau	690
Rosgitten	63
Salbken	205
Schaustern	358
Schillings	74
Schönau	200
Schönbrück	644
Schönfelde	667
Schönfließ	129
Schönwalde	487
Skaibotten	554
Sombien	153
Spiegelberg	569
Stabigotten	925
Steinberg	404
Stenkienen	280
Süssenthal	525
Teerwalde	347
Thomsdorf	566
Tollack	757
Tolnicken	417
Trautzig-Nickelsdorf	267
Wadang	130
Warkallen	313
Wartenburg	5843
Wemitten	387
Wengaithen	215
Wieps	850
Windtken	244
Wiranden	241
Woppen	28
Woritten	570
Wuttrienen	730

Johannisburg	53 089

Adlig Kessel	91	Fichtenwalde	98	Kreuzofen	480
Altwolfsdorf	443	Fischborn	100	Kronfelde	123
Andreaswalde	133	Flockau	208	Kuckeln	64
Arenswalde	394	Flosten	248	Kurwien	715
Arys	3 553	Freundlingen	218	Lehmannsdorf	109
Babrosten	149	Fröhlichen	70	Lindensee	203
Bachort	214	Gebürge	300	Lipniken	181
Balkfelde	165	Gehlenburg	2 623	Lisken	350
Balzershausen	149	Gehsen	620	Lissuhnen	297
Bergfelde	87	Gentken	180	Loterswalde	169
Birkenberg	84	Gregersdorf	262	Ludwigshagen	198
Birkental	65	Großdorf	300	Lupken	364
Brandau	98	Groß Kessel	449	Maldaneien	293
Breitenheide	153	Groß Rogallen	214	Masten	141
Brennen	314	Großrosen	496	Mikutten	125
Brennerheim	67	Groß Zechen	148	Misken	256
Brödau	304	Grünheide	169	Mittelpogauen	482
Brüderfelde	120	Gruhsen	156	Mittenheide	518
Burgdorf	137	Gusken	256	Mövenau	286
Diebau	261	Gutten	214	Monethen	279
Dimussen	266	Heidig	350	Morgen	334
Dornberg	72	Heldenhöh	181	Mühlengrund	136
Dorren	482	Herzogsdorf	154	Nickelsberg	289
Dreifelde	397	Hirschwalde	296	Nieden	542
Drigelsdorf	1 798	Jagdhof	19	Nittken	213
Drosselwalde	233	Jakubben	132	Offenau	373
Drugen	145	Johannisburg	6 322	Oppendorf	106
Dünen	125	Jurgasdorf	52	Ottenberge	176
Eckersberg	234	Kaltenfließ	133	Pasken	91
Eichendorf	778	Karpen	378	Paulshagen	208
Erdmannen	388	Karwik	312	Pilchen	314
Erlichshausen	55	Kibissen	57	Poseggen	56
Erztal	186	Klein Rogallen	55	Quicka	247
Eschenried	108	Kleinrosen	45	Raken	316
Falkendorf	149	Klein Zechen	118	Reihershorst	232
		Kölmerfelde	664	Reiherswalde	129
		Königsdorf	275	Reinersdorf	155
		Königstal	497	Reitzenstein	240
		Kolbitz	141	Ribitten	197
		Kolbitzbruch	149	Richtenberg	378
		Kosken	150	Richtwalde	265
		Kotten	177	Rosensee	174

Rostken	375
Ruhden	283
Sadunen	342
Schast	193
Schlangenfließ	150
Schoden	300
Schützenau	416
Schwallen	219
Schwiddern	236
Seegutten	1037
Seehöhe	232
Seeland	275
Sernau	102
Siegenau	196
Siegmunden	211
Simken	142
Soldahnen	92
Spallingen	94
Sparken	134
Spirdingswerder	30
Steinen	228
Steinfelde	198
Stollendorf	631
Sulimmen	289
Surren	134
Talau	269
Tannenheim	101
Tatzken	80
Tuchlinnen	421
Turau	305
Ublick	320
Valenzinnen	127
Wächtershausen	35
Wagenau	141
Walddorf	122
Waldenfried	124
Waldersee	182
Warnold	372
Wartendorf	694
Weissuhnen	433
Wiartel	271
Wiesenheim	146
Wildfrieden	84
Wilkenhof	179
Woinen	147
Woiten	100
Wolfsheide	294
Worgullen	52
Zollerndorf	364

Lötzen	50012

Adlersdorf	633
Allenbruch	483
Arlen	532
Balzhöfen	438
Bergwalde	166
Billsee	108
Birkfelde	301
Brassendorf	378
Dankfelde	664
Dannen	139
Eisenwerk	126
Eisermühl	453
Faulhöden	94
Freihausen	413
Freiort	244
Funken	453
Gneist	312
Goldensee	628
Graiwen	245
Gregerswalde	66
Groß Gablick	748
Groß Jauer	409
Großkrösten	252
Groß Notisten	101
Groß Stürlack	871
Großwarnau	505
Grünau	324
Grünwalde	69
Grundensee	247
Gutten	89
Hanffen	502
Kampen	242
Klein Jauer	141
Kleinkrösten	148
Klein Lenkuk	176
Klein Notisten	219
Klein Stürlack	592
Kleinwarnau	272
Königsfließ	396
Königshöhe	477
Kraukeln	487
Kronau	262
Langenwiese	260
Lauken	465
Lindenheim	288
Lindenwiese	274
Lötzen	16288
Lorenzhall	197
Martinshagen	459
Mertenau	116
Mertenheim	328
Milken	960
Münchenfelde	93
Neuforst	68
Neuhoff	619
Perkunen	217
Preußenburg	205
Rainfeld	142
Rauschenwalde	390
Reichensee	542
Reichenstein	356
Rhein	2429
Richtenfeld	84
Rodenau	287
Rodental	989
Rotwalde	402
Rübenzahl	285
Salza	398
Schalensee	93

Schönballen	209
Schwansee	99
Schwiddern	340
Skomand	48
Spirgsten	562
Steintal	508
Steinwalde	187
Stenzeln	68
Sulimmen	497
Talken	448
Tiefen	214
Trossen	262
Upalten	548
Waldfließ	219
Weidicken	246
Widminnen	2 235
Wissowatten	389
Wolfsee	1 167
Zondern	127

Lyck 56 417

Alt Kriewen	222
Andreken	69
Auersberg	185
Auglitten	330
Aulacken	220
Baitenberg	209
Bartendorf	335
Berndhöfen	251
Binien	68
Birkenwalde	229
Blumental	145
Bobern	178
Borken	313
Borschimmen	683
Bunhausen	263
Deumenrode	187
Dippelsee	864
Dorntal	109
Dorschen	164
Dreimühlen	661
Ebenfelde	562
Ehrenwalde	195
Eichensee	339
Finsterwalde	129
Fließdorf	843
Frauenfließ	126
Gailau	93
Geigenau	113
Georgsfelde	96
Giersfelde	114
Giesen	61
Gingen	179
Glinken	68
Goldenau	434
Gollen	286
Gorlau	400
Gortzen	161
Grabnick	685
Groß Lasken	245
Großschmieden	134
Grünsee	102
Gusken	174
Gutenborn	85
Hansbruch	309
Heldenfelde	377
Hellmahnen	97
Hennenberg	24
Herrnbach	78
Jürgenau	175
Kalgendorf	444
Kalkofen	150
Kalthagen	169
Kechlersdorf	139
Keipern	387
Kelchendorf	275
Kiefernheide	26
Kielen	107
Klaussen	330
Klein Lasken	232
Klein Rauschen	201
Kobilinnen	185
Kölmersdorf	692
Königswalde	225
Krassau	100
Kreuzborn	198
Kreuzfeld	124
Kulessen	54
Kutzen	186
Langenhöh	226
Langheide	348
Langsee	190
Laschmieden	66
Lenzendorf	271
Lindenfließ	102
Lisken	277
Lissau	293
Loien	80
Lübeckfelde	349
Lyck	16 482
Maihof	27
Malkienen	73
Martinshöhe	271
Maschen	196
Millau	512
Milucken	153
Milussen	217
Monken	139
Montzen	114
Morgengrund	131
Mostolten	240
Mulden	242
Neuendorf	1 103
Neumalken	467
Nußberg	496
Petersgrund	267
Petzkau	177
Plötzendorf	132
Prostken	2 300
Ramecksfelde	110

Regeln	389
Reichenwalde	106
Reiffenrode	267
Renkussen	102
Reuschendorf	209
Rogallen	256
Rosenheide	460
Rostken	248
Rotbach	238
Rumeyken	56
Rundfließ	419
Sareiken	159
Sarken	122
Scharfenrade	222
Schelasken	100
Schnippen	166
Schönhorst	423
Schwarzberge	118
Seebrücken	272
Seedorf	185
Seefrieden	189
Seeheim	30
Seliggen	286
Selmenthöhe	110
Sentken	483
Sieden	211
Siegersfeld	154
Skomanten	308
Soffen	310
Soltmahnen	117
Sonnau	446
Sorden	82
Sprindenau	157
Stahnken	136
Statzen	244
Steinberg	674
Steinkendorf	244
Stettenbach	158
Stradaunen	801
Talken	23
Talussen	154
Thomken	107
Ulrichsfelde	155
Vierbrücken	262
Wachteldorf	97
Waiblingen	97
Walden	850
Waldwerder	465
Waltershöhe	261
Weißhagen	80
Wellheim	99
Wiesengrund	142
Willenheim	115
Wittenwalde	410
Wittingen	234
Zappeln	68
Zeysen	344
Zielhausen	108
Zinschen	45

Neidenburg	64442
Allendorf	226
Alt Petersdorf	100
Balden	229
Bartkenguth	288
Bartzdorf	333
Bialutten	472
Billau	88
Borchersdorf	472
Braynicken	172
Breitenfelde	239
Brodau	612
Burdungen	589
Bursch	358
Buschwalde	169
Dietrichsdorf	473
Eichenau	210
Frankenau	319
Freidorf	171
Froben	244
Fylitz	507
Gardienen	510
Gartenau	348
Gedwangen	1288
Gimmendorf	372
Gittau	125
Gorau	79
Grallau	433
Gregersdorf	235
Grenzdamm	157
Grenzhof	72
Großeppingen	164
Großkarlshof	125
Großkosel	349
Groß Lensk	567
Großmuckenhausen	160
Groß Sakrau	279
Groß Schläfken	320
Großseedorf	219
Großwalde	385
Grünfließ	730
Gutfeld	275
Hardichhausen	229
Hartigswalde	187
Heinrichsdorf	1075
Herzogsau	125
Hohendorf	402
Hornheim	240
Illowo	2434
Ittau	335
Jägersdorf	316
Kämmersdorf	162
Kaltenborn	305
Kandien	407
Kaunen	214
Kleineppingen	62
Kleinkosel	504
Klein Lensk	597
Klein Sakrau	219
Klein Schläfken	388

Kleinseedorf	40
Kniprode	256
Königshagen	487
Koschlau	752
Krokau	308
Kurkau	426
Kyschienen	714
Lahna	225
Layß	221
Lippau	183
Logdau	141
Lykusen	156
Magdalenz	119
Malga	481
Malgaofen	170
Malshöfen	397
Michelsau	97
Moddelkau	204
Murawken	234
Muschaken	631
Narthen	258
Narzym	903
Neidenburg	9 201
Neudorf	445
Neuhof	415
Niedenau	269
Niederhof	416
Omulefofen	518
Orlau	425
Oschekau	241
Palicken	53
Pierlawken	362
Pilgramsdorf	439
Przellenk	883
Radomin	162
Rettkau	157
Reuschwerder	216
Roggen	561
Roggenhausen	67
Ruttkowitz	644
Saberau	335
Sablau	126

Saffronken	214
Sagsau	246
Salleschen	192
Santop	81
Scharnau	748
Schiemanen	123
Schönkau	495
Schönwiese	380
Schuttschen	435
Schuttschenofen	198
Schwarzenofen	302
Seeben	733
Seehag	669
Siemienau	213
Skottau	401
Skudayen	133
Skurpien	532
Sochen	408
Soldau	5 349
Steinau	143
Steintal	225
Struben	447
Talhöfen	417
Taubendorf	194
Tauersee	665
Tautschken	396
Thalheim	256
Thurau	195
Ulleschen	422
Usdau	732
Waiselhöhe	414
Waldbeek	127
Wallendorf	373
Waltershausen	195
Wansen	267
Warchallen	155
Wasienen	172
Wetzhausen	358
Wiesenfeld	294
Wilmsdorf	398
Windau	315
Winrichsrode	119

Winsken	309

Ortelsburg	73 442

Alt Keykuth	284
Altkirchen	1 666
Alt Kiwitten	147
Alt Werder	80
Anhaltsberg	95
Auerswalde	85
Babanten	74
Bärenbruch	212
Borkenheide	85
Bottau	480
Damerau	144
Deutschheide	335
Deutschwalde	126
Dimmern	202
Ebendorf	861
Eckwald	165
Eichthal	52
Erben	604
Eschenwalde	276
Farienen	857
Finsterdamerau	222
Flammberg	772
Freudengrund	184
Friedrichsfelde	115
Friedrichshagen	62
Friedrichshof	1 802
Friedrichsthal	121
Fröhlichshof	345
Fröhlichswalde	69
Fürstenwalde	549
Geislingen	221
Gellen	452
Georgensguth	174

Gilgenau	319
Glauch	197
Grammen	800
Großalbrechtsort	387
Groß Blumenau	370
Groß Borken	510
Groß Dankheim	536
Großheidenau	137
Groß Jerutten	486
Groß Leschienen	408
Groß Schiemanen	1133
Groß Schöndamerau	655
Grünflur	59
Grünlanden	461
Grünwalde	724
Haasenberg	336
Hamerudau	343
Heideberg	64
Hellengrund	199
Hirschthal	40
Höhenwerder	304
Hügelwalde	533
Jakobswalde	32
Jeromin	61
Kahlfelde	32
Kallenau	414
Kannwiesen	196
Kaspersguth	92
Klein Dankheim	262
Kleinheidenau	148
Klein Jerutten	660
Klein Leschienen	118
Kleinruten	97
Klein Schiemanen	421
Kobbelhals	109
Kobulten	752
Konraden	136
Kornau	574
Krummfuß	185
Kukukswalde	306
Kutzburg	462
Langenwalde	429
Lehlesken	367
Lehmanen	250
Leinau	456
Lichtenstein	82
Liebenberg	985
Lilienfelde	250
Lindengrund	206
Lindenort	1230
Luckau	341
Maldanen	197
Malschöwen	364
Markshöfen	261
Materschobensee	249
Mensguth	1637
Michelsdorf	185
Milucken	116
Mingfen	774
Moithienen	326
Montwitz	528
Nareythen	256
Neuenwalde	97
Neufließ	327
Neu Keykuth	401
Neu Kiwitten	96
Neuvölklingen	95
Neu Werder	81
Neuwiesen	324
Ohmswalde	115
Ortelsburg	14234
Ostfließ	29
Parlösen	159
Passenheim	2431
Paterschobensee	234
Pfaffendorf	307
Plohsen	272
Preußenwalde	180
Puppen	1515
Radegrund	153
Rauschken	593
Rehbruch	173
Rheinswein	295
Rodefeld	217
Röblau	133
Rogenau	255
Rohmanen	571
Rohrdorf	211
Rudau	480
Rummau Ost	545
Rummau West	354
Ruttkau	266
Saadau	316
Samplatten	698
Scheufelsdorf	417
Schobendorf	252
Schobensee	34
Schönhöhe	151
Schrötersau	46
Schützendorf	575
Schützengrund	218
Schwirgstein	251
Seedanzig	318
Seenwalde	913
Stauchwitz	271
Theerwisch	567
Theerwischwalde	189
Treudorf	266
Ulrichssee	247
Wacholderau	317
Wagenfeld	83
Waldburg	287
Waldpusch	221
Waldrode	126
Wallen	343
Waplitz	230
Wappendorf	484
Wehrberg	120
Weißengrund	220
Wiesendorf	212
Wildenau	479
Wildheide	174
Wilhelmshof	666
Wilhelmsthal	439
Willenberg	2600
Worfengrund	104

Osterode	81 513
Adamsgut	54
Altfinken	275
Altstadt	225
Arnau	461
Baarwiese	241
Bednarken	151
Bergfriede	906
Bergling	183
Bieberswalde	1 027
Bienau	336
Biessellen	455
Bolleinen	273
Brückendorf	493
Buchwalde	1 330
Bujaken	2 239
Dembenofen	134
Döhlau	693
Döhringen	579
Domkau	291
Dröbnitz	1 008
Dungen	187
Eichdamm	48
Elgenau	676
Falkenstein	240
Faulen	215
Frödau	347
Frögenau	734
Gallinden	290
Ganshorn	275
Geierswalde	951
Georgenthal	25
Gilgenau	388
Gilgenburg	1 722
Glanden	173
Görlitz	149
Grasnitz	387
Grieben	497
Gröben	549
Groß Altenhagen	489
Groß Kirsteinsdorf	354
Groß Lauben	54
Groß Lehwalde	583
Groß Maransen	112
Groß Nappern	262
Groß Werder	31
Grünfelde	241
Gusenofen	276
Haasenberg	259
Heeselicht	243
Heinrichsdorf	100
Hinzbruch	70
Hirschberg	826
Hohenstein	4 245
Ilgenhöh	359
Johannisberg	75
Jonasdorf	87
Jugendfelde	106
Jungingen	96
Kämmersdorf	169
Kernsdorf	304
Ketzwalde	433
Klein Gehlfeld	92
Klein Lehwalde	180
Klein Maransen	105
Klein Reußen	95
Kleintal	21
Klonau	282
Köllmisch Lichteinen	317
Königsgut	533
Kompitten	56
Kraplau	349
Kunchengut	372
Kurken	121
Langstein	52
Lautens	306
Leip	622
Lichteinen	191
Liebemühl	2 434
Lindenau	244
Lindenwalde	282
Locken	780
Lubainen	358
Ludwigsdorf	339
Luttken	47
Luzeinen	34
Magergut	47
Makrauten	105
Manchengut	248
Marienfelde	530
Marwalde	665
Meitzen	84
Mertinsdorf	244
Mispelsee	383
Mittelgut	147
Mörken	557
Moldsen	270
Moschnitz	235
Mühlen	563
Nadrau	230
Neudorf	137
Neuhain	196
Osterode	19 519
Osterschau	334
Osterwein	1 268
Osterwitt	286
Parwolken	126
Paulsgut	458
Persing	138
Peterswalde	688
Platteinen	280
Plichten	207
Poburzen	40
Podleiken	159
Pötzdorf	387
Pulfnick	569
Ramten	177
Rapatten	262
Rauden	134
Rauschken	675
Reichenau	325

Rhein	145
Röschken	496
Rothwasser	43
Ruhwalde	216
Sabangen	142
Sallewen	212
Sallmeien	39
Sassendorf	258
Schildeck	529
Schmückwalde	611
Schönhausen	69
Schwedrich	168
Schwenteinen	273
Schwirgstein	108
Seebude	133
Seemen	628
Seewalde	373
Sellwen	42
Sensujen	66
Sensutten	73
Seubersdorf	762
Seythen	182
Sophienthal	194
Spogahnen	98
Steffenswalde	385
Taberbrück	130
Tafelbude	305
Tannenberg	664
Taulensee	462
Tharden	216
Theuernitz	601
Thierberg	571
Thomareinen	249
Thomascheinen	192
Thymau	188
Thyrau	894
Tolleinen	65
Treuwalde	71
Turauken	204
Waplitz	519
Warglitten	54
Warneinen	81
Warweiden	186
Waschette	43
Wilken	152
Wilmsdorf	71
Wittigwalde	141
Wittmannsdorf	791
Witulten	139
Wönicken	153
Worleinen	260

Rößel	51 832

Adlig Wolken	64
Atkamp	145
Bansen	244
Begnitten	68
Bergenthal	214
Bischdorf	332
Bischofsburg	8 463
Bischofstein	3 163
Bredinken	994
Buchenberg	58
Bürgerdorf	345
Damerau	213
Elsau	253
Fleming	632
Frankenau	927
Freudenberg	887
Fürstenau	212
Gerthen	202
Glockstein	501
Groß Bößau	657
Groß Köllen	816
Groß Mönsdorf	416
Großwolken	155
Heinrichsdorf	283
Kabienen	765
Kekitten	199
Klackendorf	582
Klawsdorf	895
Klein Bößau	128
Kleisack	140
Komienen	345
Krämersdorf	305
Krausen	531
Krausenstein	28
Krokau	535
Labuch	307
Landau	237
Lautern	781
Legienen	558
Lekitten	243
Linglack	208
Lokau	519
Loßainen	357
Modlainen	180
Molditten	248
Nassen	163
Neudims	795
Ottern	199
Paudling	80
Plausen	561
Plößen	351
Polkeim	240
Porwangen	166
Prossitten	589
Raschung	607
Ridbach	617
Robaben	660
Rochlack	326
Rößel	5 058
Rosenschön	97
Rothfließ	983
Samlack	338
Santoppen	563
Sauerbaum	650
Scharnigk	252
Schellen	415
Schönborn	291

Schöndorf	292
Schöneberg	441
Seeburg	3022
Soweiden	366
Sternsee	934
Stockhausen	534
Sturmhübel	528
Teistimmen	292
Tollnigk	269
Tornienen	204
Voigtsdorf	407
Waldensee	280
Walkeim	300
Wangst	148
Wengoyen	683
Willims	364
Wonneberg	366
Zehnhuben	66

Sensburg 54443

Allmoyen	309
Altensiedel	347
Alt Gehland	155
Althöfen	148
Altkelbunken	504
Aweyden	657
Babenten	342
Balz	96
Biebern	192
Borkenau	155
Brödienen	527
Bruchwalde	276
Buchenhagen	249
Bussen	518
Charlotten	41
Dietrichswalde	197
Dommelhof	54
Eckertsdorf	605
Eichelswalde	108
Eichhöhe	291
Eichmedien	736
Eisenack	234
Erlenau	609
Fasten	255
Fedorwalde-Peterhain	303
Gansen	315
Ganthen	381
Giesenau	440
Glashütte	229
Glognau	91
Gollingen	203
Grabenhof	515
Groß Stamm	80
Groß Steinfelde	208
Grünbruch	177
Grunau	357
Gurkeln	207
Guttenwalde	241
Hammerbruch	370
Heinrichsdorf	301
Hermannsruh	40
Hirschen	371
Hohensee	509
Hoverbeck	560
Immenhagen	105
Isnothen	135
Jägerswalde	227
Jakobsdorf	409
Julienhöfen	769
Kaddig	83
Karwen	419
Kersten	344
Kleinort	62
Klein Stamm	58
Koslau	434
Kranzhausen	36
Krummendorf	348
Kruttinnen	436
Kruttinnerofen	226
Langanken	262
Langenbrück	272
Langendorf	566
Lasken	68
Lindendorf	474
Lißuhnen	22
Lockwinnen	281
Lucknainen	110
Macharren	372
Maradtken	367
Mertinsdorf	893
Moythienen	201
Muntau	260
Neberg	191
Neu Gehland	160
Neukelbunken	151
Nickelshorst	297
Niedersee	772
Nikolaiken	2627
Peitschendorf	1645
Pfaffendorf	249
Polommen	68
Prausken	498
Preußenort	186
Preußental	222
Proberg	312
Prußhöfen	593
Pustnick	305
Rechenberg	608
Rehfelde	268
Reuschendorf	376
Ribben	520
Rosoggen	308
Rotenfelde	154
Rudwangen	327
Salpia	347
Salpkeim	1495
Schaden	268
Schlößchen	102
Schmidtsdorf	754
Schniedau	80

Schnittken	274
Schönfeld	493
Seehesten	492
Selbongen	558
Sensburg	9877
Siebenhöfen	109
Sixdroi	101
Sonntag	565
Sorquitten	455
Spirding	121
Stangenwalde	405
Steinhof	282
Surmau	411
Talhausen	146
Talten	527
Tiefendorf	95
Ukta	1274
Wachau	180
Wahrendorf	400
Warpuhnen	577
Weißenburg	645
Wigrinnen	473
Zollernhöhe	358

Regierungsbezirk Marienwerder

Stadtkreis:

Elbing	85952

Landkreise:

Elbing	28149

Aschbuden	236
Bartkamm	109
Baumgart	487
Behrendshagen	347
Birkau	75
Böhmischgut	157
Bollwerk	395
Cadinen	448
Conradswalde	267
Dambitzen	421
Damerau	370
Dörbeck	631
Drewshof	173
Dünhöfen	159
Ellerwald I. Trift	211
Ellerwald II. Trift	181
Ellerwald III. Trift	411
Ellerwald IV. Trift	220
Ellerwald V. Trift	252
Fischerskampe	293
Groß Röbern	288
Groß Steinort	628
Groß Wickerau	191
Grunau Höhe	533
Haselau	191
Hoppenau	155
Hütte	214
Kämmersdorf	256
Kahlberg-Liep	742
Kerbshorst	164
Klakendorf	49
Klein Wickerau	164
Königshagen	158
Kraffohlsdorf	683
Lärchwalde	1176
Lenzen	998
Maibaum	495
Meislatein	167
Möskenberg	85
Moosbruch	162
Narmeln	295
Neuendorf Höhe	249
Neuendorf-Kämmereidorf	70
Neuhof	182
Neukirch Höhe	602
Neukrug	114
Nogathau	466
Oberkerbswalde	349
Plohnen	190
Pomehrendorf	351
Preußisch Mark	248
Pröbbernau	269
Rückenau	157
Schlammsack	48
Schönwalde	211
Schwarzdamm	63
Serpin	179
Stoboi	582
Streckfuß	306
Succase	770
Terranova	1245
Tolkemit	3875
Trunz	661
Unterkerbswalde	308
Vöglers	188
Wöklitz	328
Wolfsdorf Höhe	286
Zeyerniederkampen	682

Marienburg	39073

Altfelde	1026
Alt Rosengart	189
Augustwalde	405
Baalau	108
Eschenhorst	160
Fischau	471
Grunau	556
Hohenwalde	763
Jonasdorf	175
Kampenau	449
Katznase	462
Klettendorf	136
Königsdorf	445
Kronsnest	236
Lindenwald	374
Marienburg	27318
Markushof	632
Notzendorf	317
Parwark	63
Preußisch Königsdorf	334
Preußisch Rosengart	367
Pruppendorf	137
Reichfelde	301
Reichhorst	92
Rosenort	72
Schlablau	173
Schönwiese	226
Schwansdorf	248
Sommerau	665
Sorgenort	295
Stalle	301
Thiensdorf	173
Thiergart	638
Thiergartsfelde	197
Thörichthof	179
Wengeln	145
Wengelwalde	242

Marienwerder	45318
Bauthen	712
Brakau	583
Daubel	240
Dietmarsdorf	489
Ellerwalde	605
Garnsee	2003
Gilwe	382
Groß Grabau	202
Groß Krebs	1031
Groß Nebrau	321
Groß Weide	344
Johannisdorf	505
Klein Grabau	482
Klein Krebs	237
Klein Nebrau	226
Klösterchen	455
Klötzen	876
Kunkenau	372
Kurzebrack	495
Lamprechtsdorf	338
Littschen	740
Mahren	467
Mareese	1026
Marienwerder	20484
Mergental	247
Mewischfelde	311
Neuhöfen	290
Niederzehren	1085
Oberfeld	230
Ottlau	557
Ottotschen	279
Pankendorf	347
Paradies	125
Rachelshof	393
Reussenau	183
Rosainen	446
Rospitz	534
Rundewiese	567
Schadewinkel	117
Schinkenberg	486
Schulwiese	85
Sedlinen	906
Seubersdorf	429
Stangendorf	334
Tiefenau	761
Treugenkohl	316
Unterberg	255
Unterwalde	377
Wandau	584
Weichselburg	273
Weißenkrug	438
Weißhof	150
Zandersfelde	290
Ziegellack	308

Rosenberg	63368
Bischofswerder	1828
Bornitz	332
Buchfelde	300
Charlottenwerder	263
Dakau	409
Daulen	193
Deutsch Eylau	13922
Drulitten	94
Faulen	195
Finckenstein	1822
Freiwalde	240
Freudenthal	532
Freystadt	3351
Frödenau	449
Goldau	546
Gramten	533
Groß Babenz	357
Groß Bellschwitz	459
Groß Falkenau	328
Groß Herzogswalde	527

Groß Jauth	525
Groß Nipkau	362
Groß Peterwitz	1 083
Groß Plauth	381
Groß Rohdau	569
Groß Schönforst	368
Groß Sehren	697
Groß Stärkenau	208
Guhringen	1 092
Gulbien	504
Gunthen	213
Hansdorf	308
Harnau	449
Heinfriede	85
Heinrichau	1 122
Hochfelde	78
Jacobsdorf	340
Jakobau	252
Kalitten	325
Karrasch	205
Klein Albrechtau	704
Klein Radem	205
Klein Schönforst	83
Klein Sehren	125
Klein Tromnau	825
Konradswalde	500
Langenau	709
Languth	99
Laskowitz	635
Limbsee	324
Ludwigsdorf	443
Luisenseegen	22
Melchertswalde	162
Montig	459
Mosgau	227
Neudorf	435
Neuguth	201
Peterkau	371
Rahnenberg	249
Raudnitz	528
Riesenburg	8 051
Riesenkirch	917
Riesenwalde	357
Rosenau	307
Rosenberg	4 480
Rothwasser	150
Schakenbruch	121
Schalkendorf	246
Scheipnitz	393
Schönberg	905
Schönerswalde	105
Schornsteinmühle	123
Sommerau	922
Sonnenberg	271
Stangenwalde	508
Steenkendorf	141
Stein	356
Stradem	386
Susannenthal	90
Tillwalde	551
Wachsmuth	514
Winkelsdorf	322

Stuhm	40 453
Altendorf	37
Altmark	1 283
Ankemitt	452
Baalau	149
Baumgarth	975
Blonaken	125
Bönhof	696
Braunswalde	1 000
Bruch	304
Budisch	145
Christburg	3 604
Deutsch Damerau	574
Dietrichsdorf	664
Georgensdorf	345
Groß Brodsende	219
Großwaplitz	642
Grünhagen	259
Güldenfelde	142
Heinrode	303
Hohendorf	343
Honigfelde	690
Iggeln	90
Jordansdorf	221
Kalsen	241
Kalwe	474
Kammerau	34
Kiesling	319
Klein Brodsende	83
Konradswalde	587
Laabe	165
Laase	104
Lichtfelde	666
Losendorf	233
Mahlau	93
Menthen	284
Mirahnen	236
Montauerweide	364
Morainen	493
Neudorf	813
Neuhöferfelde	294
Neumark	814
Neunhuben	67
Niklaskirchen	1 446
Pestlin	759
Peterswalde	361
Pirklitz	182
Polixen	168
Portschweiten	411
Posilge	966
Preußisch Damerau	127
Ramten	161
Rehhof	2 874
Rudnerweide	161
Sadlacken	222
Schönwiese	376
Schroop	725

Stangenberg	253	Tragheimerweide	484	Usnitz	734
Stuhm	7372	Trankwitz	611	Wadkeim	620
Teschendorf	394	Troop	365	Wargels	220
Tiefensee	291			Weißenberg	544

DIE WICHTIGSTEN QUELLEN

Goldbeck, J. F.: Vollständige Topographie des Königreiches Preußen, 2 Bde., Königsberg und Leipzig 1785-1789

Boetticher, A.: Die Bau- und Kunstdenkmäler der Provinz Ostpreußen, 9 Bde., Königsberg 1889–1899

Heise, J. und Schmid, B.: Die Bau- und Kunstdenkmäler der Provinz Westpreußen, Bd. III und IV, Danzig 1884–1919

Keyser, E. (Hsg.): Deutsches Städtebuch, Bd. 1, Stuttgart/Berlin 1939

Dehio, G.: Handbuch der deutschen Kunstdenkmäler, München 1952

Weise, E. (Hsg.): Handbuch der historischen Stätten – Ost- und Westpreußen, Stuttgart 1966

Quast, F. v.: Denkmale der Baukunst in Preußen, Berlin 1852

Clasen, K.H.: Die mittelalterliche Kunst im Gebiet des Deutschordensstaates Preußen, Frankfurt 1979 (Reprint)

Ulbrich, A.: Kunstgeschichte Ostpreußens, Frankfurt 1976 (Reprint)

Wünsch, C.: Ostpreußen, Berlin 1960

Lorck, C. v.: Dome, Kirchen und Klöster in Ost- und Westpreußen, Frankfurt 1982 (Reprint)

Holst, N. v.: Der deutsche Ritterorden und seine Bauten, Berlin 1981

Ambrassat, A.: Die Provinz Ostpreußen, Königsberg 1896, Frankfurt 1978 (Reprint)

Kirn, P.: Politische Geschichte der deutschen Grenzen, Leipzig 1944

Harmjanz, H.: Völkerkunde und Siedlungsgeschichte Altpreußens, Berlin 1942

Gause, F.: Geschichte des Preußenlandes, Leer 1966

Schumacher, B.: Geschichte Ost- und Westpreußens, Göttingen 1957, Würzburg 1977 (2. Aufl.)

– Altpreußische Biographie, Bd. I–III, 1941–1963

– Zeitschrift für Geschichte und Altertumskunde Ermlands, lfd.

– Amtliches Verzeichnis der Wohnbevölkerung am 17. Mai 1939 im Land Preußen, Berlin 1942

– Baedeckers Reiseführer
Nordostdeutschland 1935; Norddeutschland 1935

– Meyers Reiseführer – Ostpreußen 1935

– Westermanns Lexikon der Geographie, Braunschweig 1961

– Meyers Enzyklopädisches Lexikon, Mannheim 1971–1979

Hermanowski, G.: Ostpreußen-Lexikon, 2. Aufl. Mannheim 1982 (dort weitere Quellen)

Die Städte Ostpreu

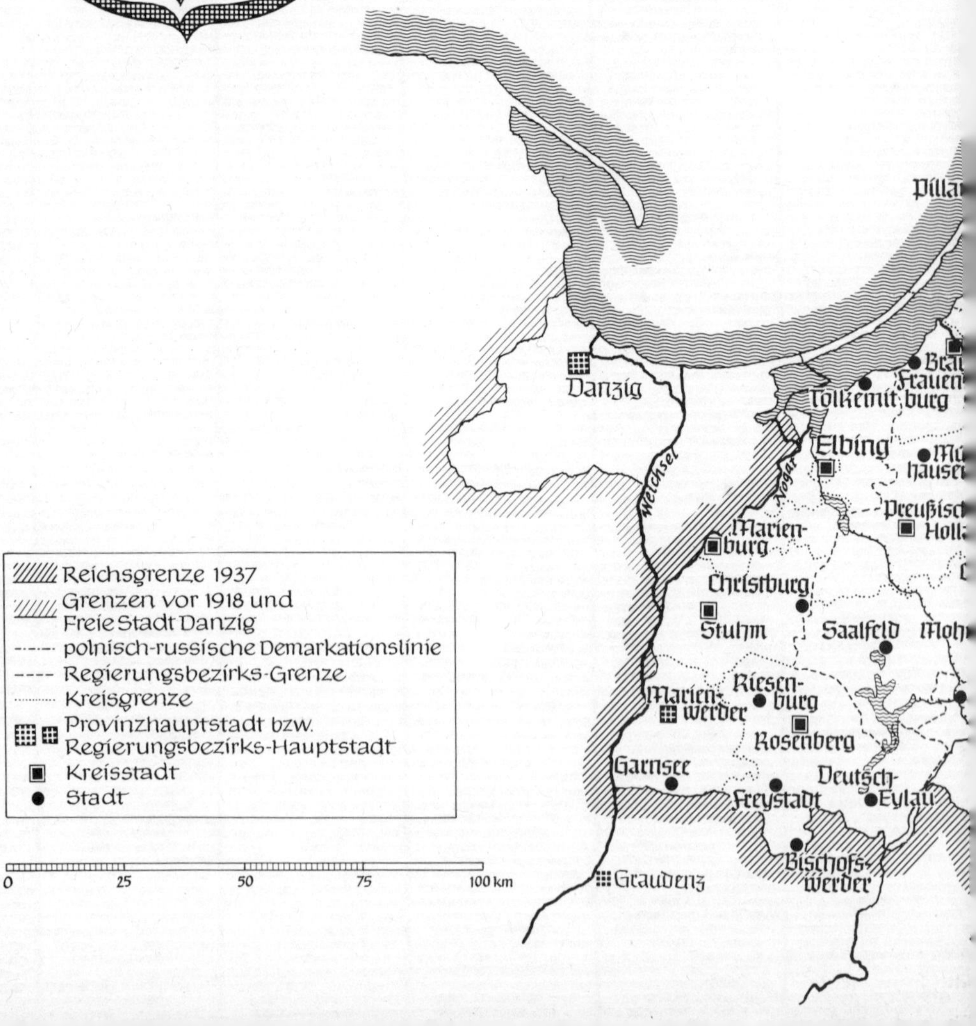